U0631922

通衢镇志

TONG QU ZHEN ZHI

通衢镇志

《通衢镇志》编纂委员会 编

通衢镇地处沟通赣南、粤东、闽西南诸州县古官道要冲，北宋时期此地已设立『驿站』，谓『路当闽广之冲，轮蹄释不绝于道』，名之。通衢历史悠久，山川锦绣，古迹众多，骚人墨客多有咏赋，志文历有所载。至今，城堡砖垣依稀，古屯遗风犹存，古宅俨然依旧，『景翰』风范流传，驿道卵石错嵌，是千年古镇。

中国文史出版社
CHINA CULTURAL AND HISTORICAL PRESS

图书在版编目（CIP）数据

通衢镇志 /《通衢镇志》编纂委员会编. -- 北京：中国文史出版社，2024. 12. -- ISBN 978-7-5205-5074-1
Ⅰ. K926.55
中国国家版本馆CIP数据核字第2025AX3247号

责任编辑：高 贝

出版发行：中国文史出版社
社 址：北京市海淀区西八里庄路69号院 邮编：100142
电 话：010-81136606 81136602 81136603（发行部）
传 真：010-81136655
经 销：全国新华书店
印 刷：广州市彩源印刷有限公司
开 本：787mm×1092mm 1/16
印 张：31.25 字数：595千字
版 次：2025年1月第1版
印 次：2025年1月第1次印刷
定 价：220.00元

《通衢镇志》编纂机构及组成人员

《通衢镇志》编纂委员会

顾　　问： 叶桂栋 张　军 陈　浩 叶宗平 黄益平 林云东

主　　任： 黄　康（前）　袁新卫（后）

副主任： 黄玲玲（前）　丘福源（后）

委　　员： 张　敏 李日升 邱东平 曹　浩 钟　忆 徐焕坤 黄　芮 吴恒科 张忠平 刘　凯 郑志初 陈秀霞 陈剑锋 曾焕华 黄颂颂 刘慧穗 李　玲 黄益军 黄腾宇 黄奕翔 黄永明 刁家乐 袁军华 王靖勉 吴秀昌 具俊旭 何　强 曾新坤 何雪珍 何军辉 吴军明 叶明灯 叶伟权 叶志江 赖达均 黄辉青 陈贵平 叶伟青 叶碧棠 罗威力 叶恩廷 陈春标 张权金 傅森良 廖惠东 陈永亮 王雄强 叶艺青 刘纯燕

《通衢镇志》编纂办公室

主　　任： 陈秀霞（兼）

副主任： 袁军华（兼）

成　　员： 罗志平 黄滨娜 张　健 黄莹莹

《通衢镇志》编辑部

主　　编： 陈元青（前）　陈卫平（后）

副主编： 邹立红（前）　黄滨娜

编　　辑： 江德威 叶志超 张培光 陈福才 叶坤华 鞠文平 黄小明

学术指导： 朱光进

摄　　影： 邹立红 陈伟东 黄滨娜

部分照片摄影（提供）者： 叶伟汉 邓振华 徐洲华 邬富春

审定单位： 龙川县地方志办公室

龙川县通衢镇人民政府

序

袁新卫　丘福源

通衢镇古时就是闽粤古驿道（兴梅地区连接珠三角地区的主要官道）上的重镇，历史悠久，钟灵毓秀，历来有“文化之乡”的美誉。一直以来，通衢人都祈盼有一部系统、完整和准确地记录通衢镇域发展变迁的著述，铭记历史，传承文明，服务当代，惠荫子孙。如今，我们期盼已久的首部《通衢镇志》终于付梓出版了，这是通衢人民政治和文化生活的一件大好事，可喜可贺！

《通衢镇志》记载了通衢镇自然和社会各方面的历史和现状，是贮存通衢丰富史料和灿烂文明的“百宝箱”，是可供人们鉴古揆今、资政育人、启迪进取的地方性百科全书。该志书分镇情概况、政治、政法·民政·军事·宗教、农林·水利·农村、工业·交通·电力·邮政通信、商贸·财税·金融、文化·教育·卫生·体育、居民生活、文物遗迹、人物故事十篇，约59.5万字。该志书内容翔实，图文并茂，既像一部壮丽的史诗，真实地讲述了通衢镇的历史沿革、风土人情和发生过的重大事件，又宛如一轴秀美的画卷，生动地再现了各个时期通衢人民发奋图强、奋斗不息的生产生活情景。即将与读者见面的《通衢镇志》，堪称“一方之全史”，也是乡土教育的好教材。

编纂《通衢镇志》，是通衢镇一项重大的文化建设工程，是对通衢镇自然和社会诸方面的历史和现状进行一次系统、全面的总结。为了编纂《通衢镇志》，各村各单位和社会各界人士都给予了积极的配合和大力的支持，编志人更是付出了辛勤劳动、倾注了大量心血，故《通衢镇志》的字里行间无不凝聚了通衢人炽热的爱乡情愫！值此，特向付出辛劳和心血的编志人士表示衷心的感谢和致敬，并对关心、支持和帮助编纂镇志的各村各单位和社会各界人士致以诚挚的谢意！

历史是人民创造的，也是人民书写的。读史以明智，知古可鉴今。祈愿每一位读到《通衢镇志》的人，都能够从中更好地了解通衢、亲近通衢，为通衢这片山清水秀的沃土注入新的生机与活力，为历史悠久、具有深厚文化底蕴和光荣革命传统的家乡的经济和社会发展做出新的更大的贡献。

因此，愿向大家推荐这部志书，望能开卷有益。

是为序。

2024年9月

注：袁新卫，时任中共通衢镇委员会书记；丘福源，时任中共通衢镇委员会副书记、通衢镇人民政府镇长。

龙川县地图

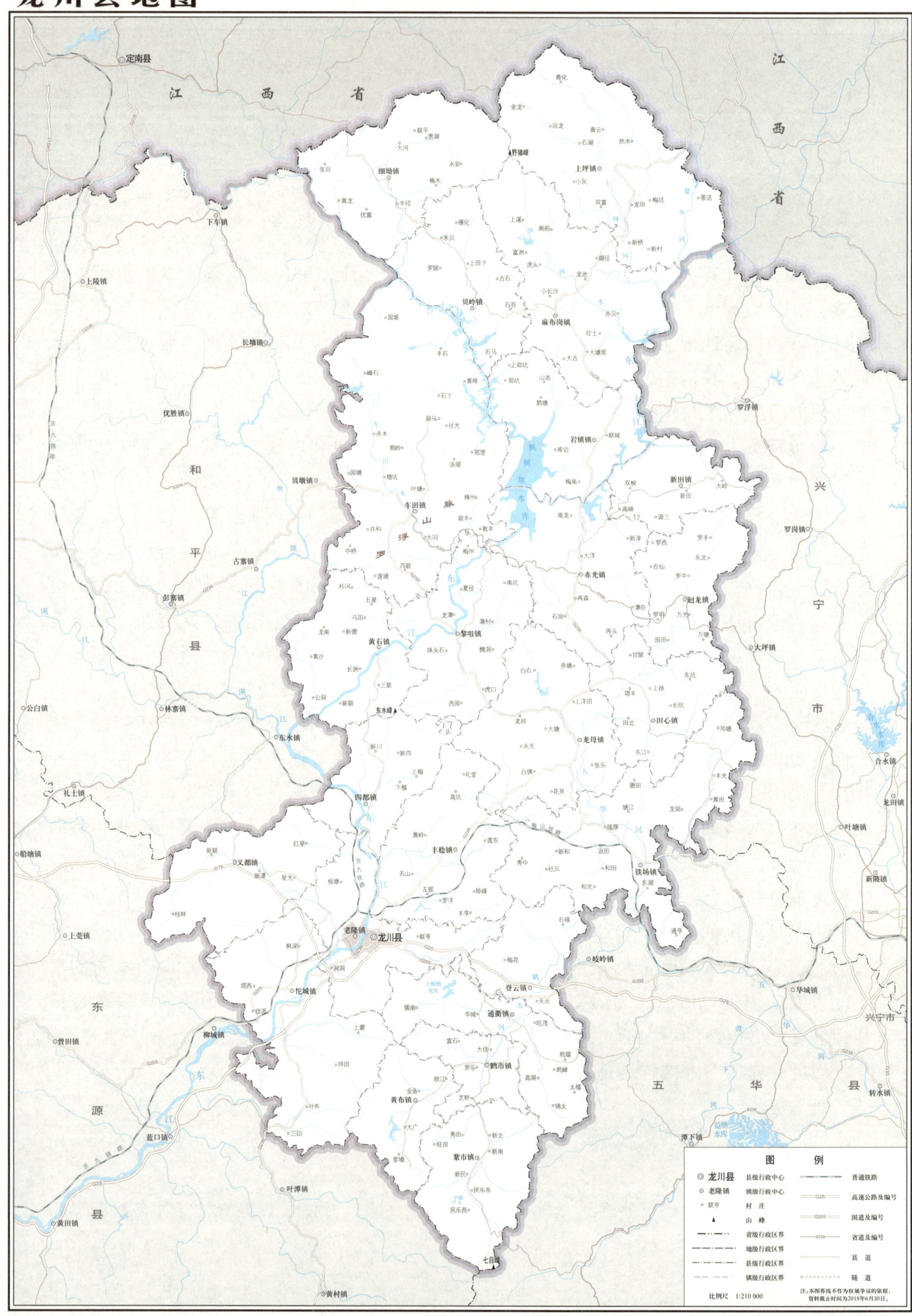

审图号：粤S（2018）030号

广东省国土资源厅 监制

通衢镇在龙川县地图中的位置

通衢镇航拍图（局部）

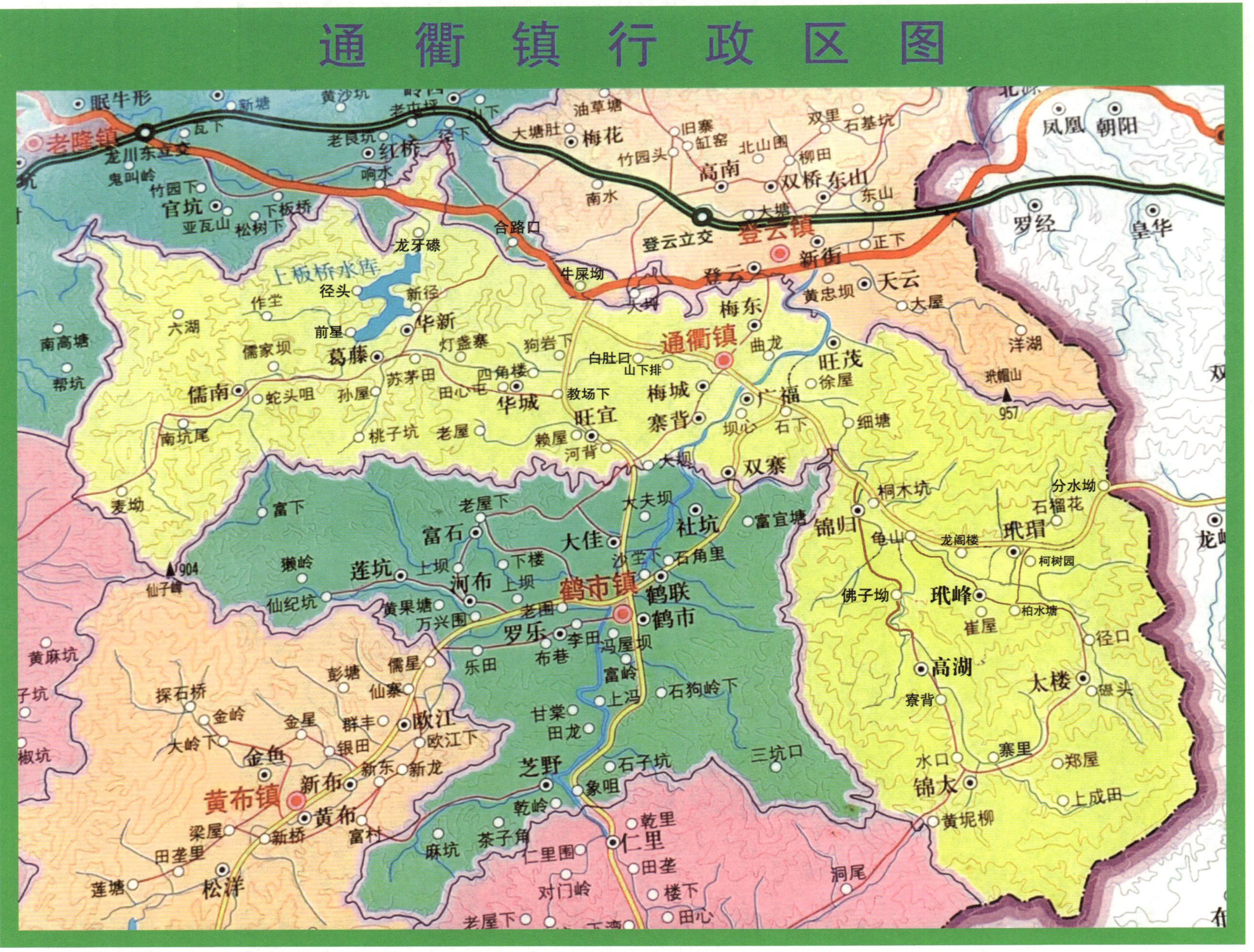
通衢镇行政区图
老隆镇
登云镇
通衢镇
鹤市镇
黄布镇
上板桥水库
凤凰
朝阳
罗经
皇华
梅花
高南
双桥
东山
新街
天云
洋湖
梅东
曲龙
旺茂
梅城
广福
寨背
华城
旺宜
华新
葛藤
儒南
双寨
社坑
大佳
富石
河布
莲坑
鹤联
鹤市
罗乐
锦归
玳瑁
玳峰
高湖
太楼
锦太
欧江
新布
黄布
金鱼
松洋
芝野
仁里
红桥
官坑

通衢镇府机关大门

通衢镇府机关大院全景

通衢墟镇全貌

自然风光

玳瑁山

滴水潭瀑布（锦归村）

雄龟山（玳峰村）

雎龟山（玳峰村）

上板桥水库（华新村）

通衢河新貌

金色田野（华城村）

千年古榕（2020年）

蓝关（古属通衢）

景韩书院纪念门坊

通衢电影院

中共合路口联络站遗址

李荣故居

犁耙　锄头和铁搭　畚箕

插箕　箩　簸箕

米筛　风车　砻

石磨　碓　木桶

水缸

酒瓮

茶罐

饭甑

八仙桌

吊篮

斗笠

蓑衣

鸡笼

竹椅

坐栏

煤油灯

龙川县第四区抗美保家生产暨民兵检阅动员大会（1951年1月5日）

20世纪70年代通衢公社改河工程万人动员大会

20世纪70年代通衢公社改河施工现场

20世纪70年代华城大队茶场茶农在采茶

锦归石灰厂全貌

佛子坳水电站厂房

20世纪70年代高湖大队全貌

通衢街一角（2005年）

通衢供销门市（2019年）

通衢镇府机关办公楼（2001年）

锦归乡府机关大院（1987年）

人文景观

客家民居（梅东村）

古戏台（华城村）

万里碧道（通衢段）

深圳宝安（龙川）产业转移工业园（局部）2023年

建设中的工业园（2011年）

知青度假村（旺茂村）

冷水坑革命烈士纪念碑

崔兰烈士纪念碑

通衢中学

龙川县第三人民医院

通衢电信大楼

通衢镇中心小学

锦归幼儿园

通衢邮政大楼

通衢广播电视站

通衢农商行

通衢供电所

通衢镇综治中心

通衢镇政务服务大厅

各村（居）民委员会办公楼

玳瑁村委会

玳峰村委会

太楼村委会

锦太村委会

高湖村委会

锦归村委会

旺茂村委会

广福村委会

双寨村委会

梅东村委会

梅城村委会

寨背村委会

旺宜村委会

华城村委会

华新村委会

葛藤村委会

儒南村委会

通衢社区

锦归社区

特色产业

果蔗（旺茂村）

杭白菊（珖瑁村）

黑米稻（华城村、锦太村）

香芋（珖峰村）

玉米基地

蔬菜基地

通衢美食

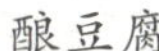

酿豆腐

卷春、香信

煎粄

艾粄

灰水粽

酿菜卷

乡村新貌

通衢镇标

广福水陂

机械化播种

省道S238线（通衢段）新貌

乡村公路候车亭

美丽乡村

广场舞

乡村文化广场

儿童游乐区（万里碧道旁）

社会活动

朱小丹省长等领导在通衢镇金竹坑视察森林碳汇重点生态工程示范点时植树（2012年6月12日）

朱小丹省长在梅东村慰问贫困户（2016年5月）

卢钟鹤副省长在华城小学调研（2000年1月19日）

何添发先生（前排左四）回乡省亲留影（1996年7月9日）

张克明先生（前排左四）回乡省亲留影

廖寿煌先生（前排右二）返母校（通衢中学）参观

廖仕毅先生（前排右一）返母校（通衢中学）参观

何启治先生（右二）回乡省亲留影（2024年11月20日）

文明实践基层主题活动

科技“三下乡”活动

乡村志愿清洁活动

奖学金、助学金颁发活动

国画 绿茵闲情（叶绿野）

国画 鸟鸣山更幽（叶绿野）

国画 荔香醉人（叶绿野）

国画 竹雀（叶绿野）

油画 客家山村（陈建中）

油画 有麦穗的窗（陈建中）

油画 通衢风景（陈建中）

油画 有铁环的大门（陈建中）

国画 秋趣（叶庆瑜）

国画 晚节香（叶庆瑜）

国画 春晴（叶丰才）

国画 今日菜篮子（叶丰才）

国画 云逸山水间（赖国运）

国画 太楼村（李春鸣）

国画 大展鸿图（叶松、伍衡石、陈翠薇、苏松乐、梁伟成、邵喜柱）

国画 鸟与果（叶东风）

《红色羊城》系列雕塑（叶东风）

中共三大

广州农民运动讲习所

广州起义

广州解放

伟大复兴

雕塑 抗日英雄杨靖宇（叶青峰）

雕塑 冼星海（叶国良）

书法（张克明）

书法（孙春桂）

书法（陈颖琳）

书法（陈伟东）

摄影作品

劳动音符（陈伟东）

乡道今见（黄滨娜）

编志工作掠影

《通衢镇志》编纂工作座谈会

主要编写人员在研究工作

《通衢镇志》培训与研讨会

《通衢镇志》评审会

通衢镇领导班子成员合影（2021年10月）

通衢镇领导班子成员合影（2023年8月）

编志人员与领导合影

前排（左起）黄滨娜 陈卫平 朱光进 袁新卫 丘福源 陈元青 陈秀霞
后排（左起）黄小明 黄莹莹 鞠文平 叶志超 陈福才 张培光

凡　例

一、编纂本志书的指导思想：以马克思列宁主义、毛泽东思想、邓小平理论、“三个代表”重要思想、科学发展观和习近平新时代中国特色社会主义思想为指导，遵循辩证唯物主义和历史唯物主义的立场、观点和方法，全面、客观、系统地记述本镇的历史和现状。

二、本志书按照“尊重历史，存真求实，越境不书，详今略古，述而不论”的基本原则，记述通衢镇属地内的事物，上限不等高（有些事物、行业从发端记起，有些事物、行业追溯到有记载的年代），下限止于2022年末（部分人物名录的内容记述至2023年）。

三、本志书除引文外，一律采用规范语体文记述。大事记采用编年体记述。所涉地理、历史、社会、经济、文化等内容采用纲目式志体记述，横分纵述，详今略古，执简驭繁。

四、本志书体裁以记、志为主，表、录为辅，图、照为补，按篇、章、节、目编排（序、凡例、概述、大事记、附录、编后记未列入纲目序列），采用横式排版。

五、本志书采用国家统一公布的规范简化汉字（必要时使用的繁体字例外），标点符号遵循国家标准出版规定（GB/T 15834—2011《标点符号用法》）执行。

六、本志书使用的纪年，中华民国前使用朝代年号纪年，括注公元年份；中华民国成立后的均使用公元纪年。志书中表述的“中华人民共和国成立前”以1949年9月30日为止，“中华人民共和国成立后”以1949年10月1日为始。

七、本志书的公元纪年时间和数字，统一使用阿拉伯字表述。

八、本志书度量衡单位，按当时的历史习惯或法定计量单位记述。非引文数量一般按法定计量单位记述，有代号的只在表中使用。

九、本志书记述历史朝代、地名、人名、官职、组织机构时，均按当时称谓直书，首次出现的历史地名括注现地名。

十、本志书所涉各项数字，一般采用县、镇统计部门数据，有些欠缺数据以有关部门或单位正式提供为准。

十一、本志书“人物故事篇”分为人物传、人物录、人物表。“人物传”遵循“生不立传”的原则，收录的人物为有突出业绩或对社会有突出贡献且已故的本镇人士或非本地出生但在本镇活动的外籍人士。“人物录”收录的为当代省（部）级、厅（司、局、师）级干部、文教科卫体界知名人士。“人物表”收录的为历史上科举（含官职）人士、革命烈士、立功或伤残军人、当代科（营）级以上干部、文教科卫体界获得高级技术职称人士、获省直部门以上表彰奖励人员、对本地或国家发展有较大贡献或影响的各界人物、知名台胞侨胞及百岁以上寿星等。

十二、本志书的资料来源，绝大部分录自古籍，如《广东通志》《惠州府志》《龙川县志》和龙川县部门志，选用时不予注明出处；各级文史档案及有关人士的书摘、回忆录，经鉴别考证后载入，一般不注明出处。

概 述

通衢镇位于龙川县东南部，韩江上游，地理位置为东经115° 27′ 至 115° 45′ 、北纬23° 95′ 至24° 09′ ，东与五华县毗邻，南连鹤市镇、紫市镇，西临佗城镇、老隆镇，北接登云镇、老隆镇，距离县城老隆13千米。地貌属高丘陵，中间为小盆地，其余为山间丘陵。地势西北高、东南低，由西北向东南倾斜。东有玳瑁山（海拔956.9米），西有仙子嶂（海拔904米），境内鹤市河、锦归河等主要河流在旺茂村汇合后流经登云镇，再汇入五华县境内的韩江，儒南河流经儒南、葛藤村注入上板桥水库，后汇入岭西河，流入东江。总面积100.7平方千米，总人口3.8万人，下辖17个行政村、2个社区，共有307个村民小组。

通衢，因其独特的交通地理位置而得名。自唐武德五年（622年）广东开通东线古驿道（兴梅地区连接珠三角地区的主要官道）后，通衢因地处沟通粤东、赣南、闽西南诸州县古官道要冲（境内古驿道段为“当风坳—石径—径头—新径—合路口—牛屎坳—通衢驿站—廻玳桥—蓝关”），故取“通衢”之名。后有“三省通衢”之说。

通衢境内资源丰富，经济得到发展。全镇拥有耕地18500亩（其中水田16000亩、畲地2500亩）、池塘1800亩、山地106000亩，为种植粮食作物（主要为水稻、番薯、玉米、小麦、黄豆等）、经济作物（主要为蔬菜、水果、竹木等）和养殖业（主要为家禽、家畜、淡水鱼类等饲养）提供了基本条件。通过引进和推广科学种养技术，1997年实现年亩产“吨粮镇”，1998年实现年亩产“吨谷镇”，种养业已形成以种植“名优特”水稻（如杂优稻、黑米稻）、蔬菜、水果（如旺茂村果蔗）、菊花（玳瑁村杭白菊）和养殖经济价值较高的禽、畜、鱼为主的新格局，大大提升了农副产品的质量和经济效益。1993年实现了荒山造林绿化目标，山林面积102617.9亩，森林覆盖率达到67.9%。玳瑁村石榴花、锦归村梧峯地下有储量丰富且品质优良的石灰石资源，被开发后用于烧制石灰、水泥和加工成石米、复粉等建材产品，成为镇域经济的支柱产业。境内水资源丰富，利用水力资源先后兴建了上板桥水库及水电站（县属）、佛子坳水电站、广福陂水电站、龙下水水电站；开发玳瑁山、仙子嶂浅层无污染地下水资源，用于居民饮用水。此外，利用本地特有资源，创办缸瓦、斗笠、钟表维修、制秤、修锁、编绞绳索、爆竹等手工业和旺茂知青度假村旅游业。2012年后，深圳宝安（龙川）产业转移工业园在本镇的落户和兴起，给本镇镇域经济发展注入了强大的活力。2022年，全镇农业总产值2.28亿元，人均可支配收入20137元。

通衢基础设施配套日臻完善，人民群众生活水平明显提高。自1931年4月老隆至蓝关的公路修通后，本镇公路交通逐步发展，已形成了河惠莞高速公路穿镇而过、国道G205线横贯镇北、省道S341线（牛屎坳至双头）斜贯东西、省道S328线（牛屎坳至鹤市）和县道X152线（马军坳至鹤市）贯穿南北、村村通硬底化公路的交通网络新格局。墟镇街道和大多数村道安装了路灯。20世纪90年代，镇内所有单位和大多数家庭安装了电话（1997年开通了程控电话），中国电信、中国移动、中国联通信号基本覆盖全镇，所有单位和大多数家庭都用上了电脑、网络电视，手机使用已普及大众化。医疗卫生设施进一步健全，镇卫生院已升级改造为龙川县第三人民医院，各村都设有医疗卫生站，配备了乡村医生。随着经济迅速发展和基础设施的改善，居民的生活水平得到了明显提升，如今衣食无忧，住的是新楼房，老少看电视，联络用手机，出行有车辆，真正过上了小康生活。

通衢历史悠久，文化底蕴深厚，教育事业持续兴旺。自唐朝广东开通东线古驿道之后，北宋时期设立通衢驿站，通衢街道逐渐形成，明洪武九年（1376年）设立通衢巡检司。明正德十四年（1519年）工部主事李中贬任通衢驿丞，见驿东多梅树，遂建"爱梅亭"，经常在亭中接待文人墨客，吟诗作对，一时"爱梅亭"闻名遐迩。据记载，历史上有李纲、杨万里、李调元、李中、任可容、王英、宋湘、钟鼎鸣、徐琪、叶璧华等宦官名贤在本地题诗，还有朝廷命官黄景升、陈安、张秀八、邹元标、黄海山、朱海山、欧阳泰、李中、林孟端、林如宾、蔡道森等先后在通衢任职，他们向当地民众传授中原地区先进的思想理念、文化知识和生产技术，促进了先进思想和文化的传播和发展，也留下了大量宝贵的文化沉淀。明洪武八年（1375年），在通衢驿右创办的云衢社学，为当时全县6所社学之一。清康熙二十年（1681年）后，社学渐废，一度以义学代替，多地陆续出现了私办的私塾、经馆。清咸丰十一年（1861年）前，在云衢社学原址扩建创办景韩书院，该书院后来逐渐发展为县立高等小学、县简易师范学校、县第三初级中学。清朝末年废科举，1912年实行新学制，兴起了办学热潮。民国时期通衢曾有初级中学1所、完全小学7所、初级小学31所。中华人民共和国成立后，通衢文化教育事业蓬勃发展，成绩斐然，2012年5月创建成为广东省教育强镇。在客家人"崇文重教，耕读传家"的优良传统文化熏陶下，通衢历代学子人才辈出，名扬一方，明清时期有举人张大纲、马俊、张兆行、张兆熊、张兆泉、张鼎吉、张孚吉、张履吉、汤宗光、黄彙征、傅雄才、傅松溪、陈绮芳（武解元）、陈经芳、陈开第、廖宋祺、廖元文，还有一大批贡生、廪生、生员；当代有知名作家何启治、著名国画家叶绿野、旅法油画家陈建中、雕塑家叶国良和叶东风、书法家孙春桂、核化学专家叶玉星、医学专家刘金文和陈东、旅美科学家陈纪文、国家铁路和城市轨道专家廖国才；1956年至2010年，通衢先后有9人考入清华大学、北京大学。

通衢具有光荣的革命斗争传统，是革命老区镇。1925年12月，田心屯成立了农民协会，组建了农军。1927年冬，锦归村冷水坑、玳峰村崔屋也相继成立了农民协会。1928年3月10日，田心屯、冷水坑等地农军参加了鹤市武装暴动。1929年3月成立中共冷水坑支部后，该支部在上级党组织的领导下，大力开展党组织和党员发展工作，秘密建立地下党活动据点，积极配合中央苏区反"围剿"斗争，开展游击武装活动。1934年农历八月十二锦归村冷水坑发生共产党游击队遭遇国民党军吕炽营和地方县警、民团共500多人包围"进剿"的惨烈战斗。1939年1月20日，田心屯召开了有900多人参加的"华宜乡民众抗日自卫协会"成立大会，后又通过各种会议和举办夜校、妇女识字班等活动，广泛宣传抗日斗争，唤起民众组成抗日民族统一战线。1940年夏，中共在新径、合路口分别建立党支部。1945年8月，中共合路口支部、新径支部相继恢复，还建立了中共广福支部。1946年6月东江纵队北撤后，龙川成立了以黄素为书记的"中共龙川县临时工作委员会"，机关驻地为黄素、叶春标任教的通衢梅城小学。随后，建立了中共旺茂支部、华城支部，恢复了中共锦归支部，建立川南武工队，扩建新生游击大队一中队，先后选送二三十名青年参加中国人民解放军，组织民兵配合武工队打击地方反动势力，镇压了干扰和破坏革命的地主恶霸、敌特分子，挑选一批地下党员参加各乡乡长、副乡长、保长竞选，以取得对敌斗争的主动权。1948年农历二月初一，太楼村、玳峰村发生了川南武工队和民兵遭遇国民党龙川县自卫大队何乙添中队及地主武装100多人"围剿"的激烈战斗。1948年下半年中共梅城支部建立后，通衢大部分乡村都建立了中国共产党的基层组织。1949年5月16日，通衢有300多名民兵参加了解放鹤市的战斗。在长期的革命斗争中，通衢涌现了早期民主革命知名人士李荣和优秀革命干部崔兰、陈丽川、张克明、廖寿煌、黄烈、黄素、叶青及叶亚日、叶秉章、叶日标、梅添（陈明三）、黄火苟、张修、张洪贞、张纯珍、黄坤胜、罗振彬等一大批革命烈士。1957年，锦归村冷水坑被广东省人民政府评划为第二次国内革命战争时期革命根据地村庄。1991年8月，儒南、葛藤、华新、华城、寨背、梅城、梅东、双寨、广福、旺茂、锦归、高湖、锦太、太楼、玳峰村被河源市老区建设委员会补划为抗日战争时期、解放战争时期革命根据地村庄，同时，通衢镇也被评划为革命老区镇。

历久弥新，续写华章。步入建设中国特色社会主义新时代，通衢镇正致力于谋划经济建设和社会发展新篇章，积极推进乡村振兴战略，切实搞好各项民生工程，保护和建设好生态环境，继续做好对古文化的挖掘和保护工作，求真务实，踔厉奋发，勇毅前行，努力建设具有千年古镇特色的文明、秀美、幸福通衢。

大事记

唐代

武德五年（622年），广东开通东线古驿道（官道），自广州经龙川城、通衢、蓝关通潮州，逐渐形成通衢街道。

元和十二年（817年），韩愈被贬为潮州刺史，途经通衢古驿道，写下著名诗文《左迁至蓝关示侄孙湘》。

宋代

北宋期间，设龙川通衢驿站。

淳熙七年（1180年）正月，南宋文学家、官员杨万里到广东任职途经通衢驿时，写下著名诗文《发通衢驿见梅有感》。

明代

洪武七年（1374年），陈安（时任副都尉）奉朝廷兵部之命统兵来龙川平剿叛乱，驻军田心屯执行军务。

洪武八年（1375年），在通衢驿右创办云衢社学。

洪武九年（1376年），设立通衢巡检司，改通衢驿站为通衢马驿，典史黄九成于古榕西创建通衢巡检司署和通衢马驿署。

洪武二十三年（1390年），设立田心、岭西军屯，由千户所统管。

成化十年（1474年），重建通衢巡检司署和通衢驿署。

弘治十七年（1504年），筑田心屯土城。

正德九年（1514年），工部主事李中被贬为通衢驿丞。

正德十一年（1516年），田心屯土城改筑砖城。

嘉靖二十二年（1543年），通衢梅城张大纲，考取癸卯科举人；嘉靖二十八年（1549年）任福建省德化知县。

嘉靖四十四年（1565年），通衢城筑砖城墙。嘉靖年间，通衢巡检司迁老隆。古驿道沿线建有官桥铺、县前铺、驿管（驿邮）、涧步铺、赤岭铺（老隆）、乾坑铺（官坑）、合路口铺（岭西）、通衢铺。

嘉靖至隆庆年间，田心屯乡绅陈兰捐资并带领屯民从儒南蛇头嘴筑陂拦水，开沟约7千米，引水至葛藤苦连坪注入华城河，在苏茅田筑坝拦水，引水至田心屯灌溉农田数百亩。

隆庆元年（1567年），重修通衢驿署。

隆庆二年（1568年），通衢筑城，通衢巡检司从老隆复迁通衢旧址。

万历二十五年（1597年），重修通衢驿署。

崇祯十一年（1638年），分大中小三等入学，大五十、中三十、小十五。

崇祯十二年（1639年），巡按御史李云鸿檄各州县学立社学。

清代

顺治七年（1650年），明朝抚臣王芋不甘异族同治，号召民众抗清复明，聚集乡兵数万，驻兵通衢，派先锋高进印、魏锋率部扫荡河源，与清兵大战。

雍正十一年（1733年），龙川添设目兵（铺兵）驻防，通衢铺，铺兵三名。

雍正十二年（1734年），重修通衢城墙。

乾隆五十二年（1787年），春旱至四月始雨，全县大饥荒，斗米八百钱。

乾隆五十二年（1787年），田心屯乡绅张居达率村民整修儒南蛇头嘴水陂，挖深加固引水沟，大大增加了引水量，改善了田心屯数百亩农田灌溉的状况。知县丁兆凯立碑。

嘉庆十一年（1806年）夏，龙川瘟疫传染，病死者众。

嘉庆二十三年（1818年），增设蓝关（登云）、合路口（岭西）、岩下（岩镇）、石马径（贝岭）、埋山坳（石坑）兵卡。

嘉庆年间，在田心屯筑乌泥塘水陂灌田百余亩。

咸丰二年（1852年），法国传教士始来龙川传教，先在旺宜塘借老书房施医、布道。

咸丰六年（1856年），红头军罗阿添部于锦归遭登云、雅寄乡团夹击，遂移至和平。

咸丰十一年（1861年）前，已创建通衢景韩书院。

光绪六年（1880年），法国传教士在旺宜塘购地建天主教堂。

光绪十七年（1891年），8月龙川地震，11月大风拔树，冬稻失收。

光绪十九年（1893年）7月，暴雨成灾。同月29日，东山水口壅塞至新墟渔子渡以上叶和聚屋，牛、猪溺死，房屋倒塌，叶姓大陂、三星桥无不冲坏，百年未有。

光绪二十七年（1901年），龙川三四个月无雨，早稻仅收四成。

宣统二年（1910年），元旦日食，继而狂风大作。同月4日半夜地震。全县天花流行，病死甚多。

民国时期

民国三年（1914年）3月，大雨成灾；5月复大水。

民国四年（1915年）6月，大水成灾。

民国五年（1916年），龙川县鼠疫流行，一时人心惶惶。

民国七年（1918年）2月，龙川地震数次；鼠疫流行，死人甚多，市无棺卖。

民国八年（1919年）12月，广东省政府撤销军屯。

民国十四年（1925年），通衢田心屯成立农民协会。

民国十六年（1927年）冬，通衢成立美山、田心屯南门、西门、东兴、葛藤坪5个农民协会。

民国十七年（1928年）

2月，龙川县革命委员会于四甲上印寨成立，将四甲、坪田及鹤市、通衢、登云、紫市、黄布等地革命武装合编为“东江工农革命军”。

3月10日凌晨5时，龙川革命委员会主席黄克率东江工农革命军第一军400余人进攻鹤市。是日，田心屯农军240多人，冷水坑农军20多人参与策应，因军事情报被劫，未能参加暴动。

农历腊月初九、初十，张发奎部与李济深部5万余人，在通衢锦归、玳瑁、玳峰和鹤市社坑一带激战，双方死伤者众。

民国十八年（1929年）3月，通衢域内成立中共冷水坑支部（崔兰任书记）。

民国十九年（1930年）1月，大雪封山，严寒冻死耕牛无数。

民国二十年（1931年）4月，隆岐（老隆至五华岐岭）公路竣工，正式通车。不久，隆鹤（老隆—鹤市）、鹤博（鹤市—博丰）公路通车。

民国二十二年（1933年）6月，罗屏汉于新村南扒战地会议后，派曹进洪率领赣南挺进队入龙川，逐步恢复了龙川下拳、大塘肚、岐岭、马布、冷水坑、东山、洋塘、双桥等地的革命活动。

民国二十三年（1934年）8月12日凌晨，赣南挺进队和五兴龙中心县委20多人在锦归冷水坑遭国民党军吕炽一个营和五华、龙川两县警卫队500多人包围，激战2小时，游击队员全部遇难或被俘。

民国二十四年（1935年），创办广东省立老隆师范学校，校址暂设通衢景韩书院，县立简易师范并入。

民国二十五年（1936年）7月12日，龙川遭遇特大暴雨。

民国二十六年（1937年）10月，龙川县民众抗敌后援会成立，发动全县民众捐赠钱粮，支援抗日战争。

民国二十七年（1938年）

为便于百姓于日寇飞机轰炸时疏散，拆毁通衢城墙。

8月，葛藤村人廖寿煌前往延安参加革命，在延安抗大总校学习。

10月中旬，日军多架飞机对大江桥、老隆师范学校、通衢牛屎坳、登云鱼子渡等地进行轰炸。

12月，梅东村人黄烈调往延安抗日军政大学。

是年，张克明加入中国共产党，任县委委员、统战部部长，中大服务团支部书记。创办《龙川日报》，任社长；组织龙川青年抗日先锋队，任秘书长。

民国二十八年（1939年）1月20日，华宜乡在中共地方组织的发动下于田心屯华城小学球场召开民众抗日自卫协会成立大会。

是年冬，田心屯村民在葛藤村响水潭上面筑水陂并开挖新沟约2公里，引水经葛藤坪注入华城河，再从苏茅田水陂引入田心屯灌溉农田。

民国二十九年（1940年）

因建华城小学校舍，拆毁田心屯部分城墙。

9月，恢复中共龙川县委，管理范围扩大到龙川、和平、连平、紫金、河源、五华等县，罗国青任中共鹤市区委书记。

是年，建立中共新径支部、中共合路口支部。同年，通货膨胀，田赋改征实物。冬季大雪纷飞，竹子多被压断。

民国三十年（1941年），发生洪灾，冲垮堤坝和桥梁。

民国三十一年（1942年），2月春旱不雨至4月。

民国三十二年（1943年），2月大旱至5月中旬才下雨。5月，日寇攻占潮州，大批难民流落通衢。

民国三十四年（1945年）8月15日，日本投降，通衢村民和学校师生欢庆抗战胜利。

民国三十五年（1946年）

3月，中共九连山人民自卫总队短枪队在通衢与登云交界处大坪里截获国民党银行运送钞票的货车一辆，截获国民党纸币6麻袋，遂即运到九连山总部。

6月30日，龙川成立“中共龙川县临时工作委员会”，黄素任县临工委书记，机关驻地设在黄素任教的通衢梅城小学。

7月，国民党政府发行的关金券贬值，导致物价暴涨。

8月，建立中共旺茂支部。

民国三十六年（1947年）1月，建立中共华城支部。

民国三十七年（1948年）

农历二月初一，中共川南武工队在太楼组织民兵操练时，遭县自卫大队何悦添中队、乡自卫队及地主武装围剿，激战3个多小时，后乘黄昏突围。

3月底，中共川南游击队新生一中队在锦太上成田遭到国民党县、区自卫队200多人的包围，经过激战后突围。

6月11日，中共川南武工队黄素组织20余人袭击通衢地主叶友龙，被发现后，果断突围，后安全转移。

民国三十八年（1949年）

3月29日，东二支四团第一大队及川南、川中武工队开赴天阳破仓分粮。

5月14日，省保安十三团团长曾天节和吴奇伟、张苏奎等将领发表声明，率部起义，并配合东二支主力团解放老隆。毛泽东、朱德发来复电。是日，龙川县宣告解放。

5月16日，郑忠、黄素、郑板、杨群等率部和通衢民兵300余人攻入鹤市墟，缴获自卫队机枪2挺、长短枪100多支，逮捕了一批反动分子，鹤市地区（含鹤市、紫市、黄布、通衢、登云等地）解放，张淑民任鹤市区区长。

6月1日，中共龙川县委、龙川县人民政府在老隆成立。

6月11日，在鹤市举行万人大会，庆祝鹤市区人民政府成立，由郑子明、张淑民等分别致辞并讲话。

6月12日，龙川县人民政府委任张淑民、刘承尧为正、副区长，分别委任了登云、锦归、梅城、华新、鹤市、金鱼、宦江、紫乐、雅寄9个乡的乡长、副乡长。

中华人民共和国成立后

1949年

10月1日，中华人民共和国成立，龙川县属广东省东江行政委员会。龙川全县划分第一（老隆）、第二（鹤市，含通衢）、第三（铁场）、第四（黎咀）、第五（贝岭）行政区。黄素、叶春标先后任中共鹤市区委书记，郑忠任区长。

1950年

4月28日，召开龙川县首届各界人民代表会议。郑忠任鹤市区委书记，郑铮任区长。

10月，全县开始土地改革运动。各村成立农民协会。

是年冬，通衢发动青年参加中国人民志愿军，奔赴抗美援朝前线。

1951年

6月，全县开展清匪反霸，退租退押的“八字运动”。

冬，龙川县开展土改复查运动，翌年11月结束。

1952年

1月，全县开展“查田定产”并发放土地证。

3月，在区公所机关大院召开中共龙川县第四（通衢）区第一次代表大会，选举产生中共龙川县第四（通衢）区第一届委员会，丘培林任书记、任长祥任副书记。稍后，龙川县第四（通衢）区第一届人民代表大会在区公所机关大院召开，选举丘培林为区长、叶亚新为副区长。

7月，全县国家机关、企事业单位开展反对贪污、反对浪费、反对官僚主义的

“三反”运动。同时，在私营工商业中开展反对行贿、反对偷税漏税、反对盗骗国家财产、反对偷工减料和反对盗窃国家经济情报的“五反”运动。

1953年

年初，组织农业互助组，开展“查田定产”工作。

5月，鹤市河沿岸的三、七、八、十、十二等5个区18个乡山洪暴发。

7月，全县开展第一次人口普查工作。

1954年

6月，第四（通衢）区第二届人民代表大会在区公所机关大院召开，选举崔庆周为区长、崔来德为副区长。

8月，隆耀电厂技术工人黄来九（通衢籍）当选为广东省第一届人民代表大会代表。

是年，各村成立农业初级合作社。是年大旱，农业减产。

1955年

6月，第四区公所改为通衢区公所，区长崔庆周，副区长鞠道新、钟运兰、廖武。

秋，全县掀起大农业合作化运动高潮，成立高级农业合作社。

1956年

6月8—16日，中国共产党龙川县第一次代表大会在老隆召开。

9月，原龙川县第三中学更名为龙川县通衢中学。

1957年

11月，通衢玳瑁松塘水库（小二型）动工兴建。

是年，锦归村冷水坑被广东省人民政府评划为第二次国内革命战争时期革命根据地村庄。

1958年

1月，中共通衢乡第一次代表大会在通衢乡府大院召开，选举产生中共通衢乡第一届委员会，委员9人，罗易任书记，叶木星任副书记。

10月1日，撤乡建社，全县成立11个人民公社，不久后调整为13个人民公社。通衢并入鹤市公社。

10月，上板桥水库动工兴建。11月，上板桥水库移民253户1280人分别迁移至通衢三联大队和附城岭西、官坑、涧洞大队。

冬，通衢与全国各地一样开办公共食堂，农村实行“一平二调”、刮“共产风”、搞“大跃进”。

1958年，通衢电影院落成，建筑面积600平方米，院内设有850个座位。

1959年

春节，龙川县人民政府派以著名作家、文学评论家萧殷为团长的慰问团来冷水坑老苏区慰问。

4月，通衢人民公社从鹤市人民公社析置，陈云廷任书记。

春夏间，浮夸风、瞎指挥、强迫命令盛行，推行高指标、水稻高度密植（“双龙出海”“蚂蚁出洞”“满天星”），造成粮食严重减产。农民吃不饱，普遍出现水肿病。

6月11—15日，暴雨成灾，全县各地山洪暴发。

7月，通衢人民公社第三届人民代表大会在公社机关大院召开，选举崔庆周为社长、周世昌为副社长。

1960年

6月，上板桥水库发生重大险情。

1961年

9月9日，七目嶂附近下暴雨，通衢降雨100毫米，灾情严重。

9月，通衢与全国各地一样解散食堂，以生产队为核算单位，允许开荒扩种，扩大自留地。开始纠正和退赔处理“一平二调”“共产风”等问题。

1962年

6月，中国人民解放军陆军53013部队分别进驻华城、华新、旺宜、双寨、广福、玳瑁村。

冬，兴建通衢大河头水陂，陂东岸为广福，西岸为梅城。

12月，解散了以生产队为单位的全民免费公共食堂，转入家庭式生活用膳。

1963年

9月，鹤市、通衢等地开始筹建部队营房。

10月，全县分别开展“五反”（反对贪污偷窃、反对投机倒把、反对铺张浪费、反对分散主义、反对官僚主义）运动。

1964年

春，通衢大河头水陂建成，陂长99米，高3米，陂面浆砌石混凝土结构，东灌渠长4.5千米，西灌渠长4千米。

5月，通衢公社与全县其他地方一样，掀起学习毛泽东著作运动高潮。

6月16日，通衢发生特大水灾。

1965年

春，完成上板桥水库除险加固工程建设，坝高32米，坝面长220米，最大库容1333万立方米。

3月，中共通衢公社第三次代表大会在通衢公社机关大院召开，选举产生中共通衢公社第三届委员会，委员16人，邹连彬任书记，叶金凌、叶木星、叶德进、钟碧云任副书记。

是年，在通衢公社双桥大队、樟塘水库举办水轮泵技术训练班，训练来自各公社的安装水轮泵的农民技术员81人，学习时间7天。

1966年

5月28日，龙川县委、县人民政府组织各级干部群众学习中央“五·一六”通知。之后，通衢公社与全国各地一样，掀起全面破“四旧”高潮，破坏了许多历史文化遗迹。

冬，通衢中学一大批师生开始参与全国“大串连”。

1967年

春，各级党委受冲击，“大批判”天天搞，“斗批”“夺权”使各级党组织陷入瘫痪。军队支“左”，实行军管，掀起“抓革命、促生产”高潮。

冬，通衢中小学校“复课闹革命”，“工宣队”“贫宣队”进驻学校。

1968年

2月29日，成立通衢人民公社革命委员会，通衢人民公社第四届人民代表大会在公社机关大院召开，选举产生公社革命委员会，叶德进为主任，骆满荣、叶高辉为副主任。

8月，各大队成立医疗站，培养了一批“赤脚医生”。

9月，小学学制改为五年制，并开办附设两年制初中班。

10月，中国人民解放军陆军53513部队与53013部队换防入驻华城、华新、双寨、广福、玳瑁等村。

1970年

5月，开始在玳瑁村石榴花（地名）筹建中国人民解放军陆军505野战医院。

7月15日，中共通衢公社第四次代表大会在通衢公社机关大院召开，选举产生中共通衢公社第四届委员会，骆华安为书记，李石星为副书记，池佳明、骆培兰、邹庚水、马仁愿、黄民生为常委。

7月，枫树坝水电厂开始动工兴建，通衢公社组织民工支援该工程建设。

是年，掀起农业学大寨运动。

1972年

6月，中国人民解放军陆军505野战医院进驻玳瑁村石榴花（地名）。

1973年

4月7—8日，通衢、鹤市公社2天降雨量390毫米，2小时降雨量达161毫米，10个大队被洪水围困。

下半年，开展批林批孔运动。

是年，开始对“文化大革命”初期及“清理阶级队伍”中的冤假错案予以平反纠正。

1975年

冬，全县开展“反击右倾翻案风”运动。

1976年

是年，晚造遭受历史罕见的寒露风袭击，水稻大面积减产。

10月，实施通衢河改河工程。

12月，供销社发生火灾事故，造成商品、物资、房屋被焚，损失严重。

1977年

春，完成通衢河广福桥至登云东山水口段新河道开挖工程。

秋，完成老河道平整造田工程；恢复全国高校招生考试制度，多名“老三届”高中毕业生考上大专院校。

是年，兴建龙川县牛屎坳变电站。

1978年

4月，中共通衢公社第五次代表大会在通衢公社机关大院召开，选举产生中共通衢公社第五届委员会，委员11人，骆华安为书记，陈敬贤、罗志欣为副书记。稍后，通衢公社第五届人民代表大会在公社机关大院召开，选举产生新一届公社革命委员会，叶适为主任，陈敬贤、罗志欣、张群彬、邹庚水为副主任。

1979年

是年，贯彻落实中央〔1979〕5号文件，为改造好的地富反坏右分子摘帽，并为所有地富子女家庭成分新定为社员。

1980年

8月18—21日，中共锦归公社第一次代表大会在锦归大队井下布尾召开，选举产生第一届中共锦归公社委员会，曹建华为书记，吴初、叶秋琼为副书记。

10月，撤销通衢公社革命委员会，改为通衢公社管理委员会。各大队革命委员会随之改称大队管理委员会。

同月，通衢公社第六届人民代表大会在通衢公社机关大院召开，选举产生公社管理委员会，张金光为主任，叶素招、陈江海为副主任。

10月27—29日，锦归公社第一次人民代表大会在锦归大队井下布尾召开选举产生公社管理委员会，叶秋琼为主任，叶日廷、吴锦添为副主任。

冬，全公社普遍实行了“包产到户”的联产承包责任制。

1981年

6月，通衢公社与全国各地一样掀起计划生育高潮。从此，每年五六月，九十月开展2次计划生育行动高潮，持续20多年之久。

1982年

7月，全国开展第三次人口普查。公社抽调精干力量，全面完成了人口普查登记和编码工作任务。

10月，开展“严打”行动。

冬，开展划分责任山到户工作。

1983年

7月26日，受当年第四号强台风影响，通衢、锦归地区普降大暴雨，降雨量达343毫米，出现山洪暴发。

10月，龙川县牛屎坳变电站建成投产，为35千伏变电站，容量为3150千伏安，变电站占地面积4.5亩。同月，完善农田包产到户责任制，对责任田进行小调整。

是年，暴发猪瘟疫“五号病”，经畜牧兽医站采取系列防治措施，基本消灭了猪瘟疫，遏制了“五号病”的流行，把本镇生猪死亡率控制在3%以下。

1984年

1月，全县企业开始实行利改税制度。重点对供销社、合作商店营业额定税到单位、门店。

3月，开始推广杂优水稻种植，通衢、锦归区干部下乡推广杂优稻种子。

1985年

9月10日，通衢、锦归区党政领导与学校师生共同庆祝第一个教师节，促进了尊师重教风尚的形成。

1986年

开始施行16周岁以上公民办理使用“居民身份证”。

是年冬，全省第一次山区工作会议在韶关召开，省委书记林若提出“五年种上树，十年绿化广东”的号召，拉开了群众性消灭荒山造林绿化的序幕。之后，通衢、锦归连年组织人力分点育苗（采用营养杯育苗，主要品种是湿地松），每年冬春组织群众上山打穴种树。

12月，通衢区、锦归区分别改为通衢镇、锦归乡。

1987年

3月19—21日，中共锦归乡第二次代表大会在锦归村新桥墟原锦归区公所机关大院召开，选举产生第二届中共锦归乡委员会，邓雪光为书记，张永添、林维强、叶捌初为副书记。

3月22—24日，锦归乡第二次人民代表大会在锦归村新桥墟原区公所机关大院召开，选举张永添为乡长，叶明周、曾玉青为副乡长。

4月，中共通衢镇第六次代表大会在通衢镇府大院召开，选举产生中共通衢镇第六届委员会，委员9人，邓观坤为书记，张锡俊、张国锋、叶素招为副书记。稍后，通衢镇第六届人民代表大会在镇府大院召开，选举张锡俊为镇长，张碧礼、戴庶民为副镇长。

1988年

是年，落实侨房政策，取消城镇居民粮油定购统销供应。

1989年

6月23—24日，全县普降“百年一遇”的大暴雨，山崩房塌，冲毁桥梁，全县死亡13人，重伤16人。

冬，按县委工作部署，通衢镇、锦归乡进行土地承包责任制第二轮小调整，定为30年不变。

1990年

1月，锦归乡环乡公路全线贯通。

7月1日，全国开展第四次人口普查工作。

7月30—31日，紫市、鹤市、黄布、通衢、锦归等乡镇，普降大暴雨，4小时内降雨量达155.2毫米，死亡8人，经济损失严重。

8月14—15日，中共通衢镇第七次代表大会在通衢镇府大院召开，选举产生中共通衢镇第七届委员会，委员9人，黄兆勇为书记，罗仕伟、张国锋、陈坚庆为副书记。稍后，通衢镇第七届人民代表大会在通衢镇府大院召开，选举罗仕伟为镇长，张碧礼、戴庶民为副镇长。

8月14—15日，中共锦归乡第三次代表大会在玳瑁村原锦归乡府大院召开，选举产生第三届中共锦归乡委员会，张文浩为书记，林维强、黄国洪、田武为副书记。

8月17—19日，锦归乡第三次人民代表大会在玳瑁村原锦归乡府大院召开，选举林维强为乡长，叶明周、李学泉为副乡长。

1991年

2—5月，罕见大旱，数月未下雨。

3月，为了贯彻落实县委、县政府关于“改造学校危房”的指示精神，通衢镇、锦归乡学校危房改造工作全面铺开，采取乡贤捐资、群众集资、政府补贴等渠道陆续建成部分钢筋水泥结构的教学楼，校园校貌逐步改善。

8月，儒南、葛藤、华新、华城、寨背、梅城、梅东、双寨、广福、旺茂、锦归、高湖、锦太、太楼、玳峰15个村被河源市老区建设委员会评划为抗日战争时期、解放战争时期革命根据地村庄；通衢镇、锦归乡被河源市老区建设委员会评划为革命老区镇。

10月30日，全国政协委员、民革中央监委副主席张克明（原籍华城村）出席在龙川县城老隆召开的“广东龙川客家联谊会”成立大会，经选举当选为广东龙川客家联谊会会长。

12月28日，普降大雪，全镇大地一片雪白，山上部分树木被压断。

1993年

3月，中共通衢镇第八次代表大会在通衢镇府大院召开，选举产生了中共通衢镇第八届委员会，黄兆勇为书记，罗仕伟、骆福清为副书记。稍后，通衢镇第八届人民代表大会在通衢镇府大院召开，选举张碧礼为镇长，叶木香、张伟雄、陈永兴为副镇长。

3月21—22日，中共锦归乡第四次代表大会在原锦归乡府大院召开，选举产生第四届中共锦归乡委员会，张文浩为书记，林维强、田武、叶明周为副书记。

3月23—25日，锦归乡第四次人民代表大会在原锦归乡府大院召开，选举林维强为乡长，曾玉青、李学泉为副乡长。

1996年

3月29—30日，中共锦归镇第五次代表大会在原锦归镇府大院召开，选举产生第五届中共锦归镇委员会，郑明青为书记，叶明周、曾高军、王小庆为副书记。

4月1—3日，锦归镇第五次人民代表大会在原锦归镇镇府大院召开，选举叶明周为镇长，李学泉、陈卫平为副镇长。

4月，中共通衢镇第九次代表大会在通衢镇府大院召开，选举产生中共通衢镇第九届委员会，黄健为书记，曾玉青、张碧礼、黄勇平为副书记。稍后，通衢镇第九届人民代表大会在通衢镇府大院召开，选举曾玉青为镇长，陈俊强、张伟雄、黄贤添为副镇长。

7月6—7日，中国华侨联合会党组副书记、专职副主席何添发（原籍玳瑁村）在省、市、县侨联领导陪同下抵龙川视察省亲。

1997年

通衢镇、锦归镇实现粮食亩产“吨粮镇”。

1998年

通衢镇、锦归镇实现水稻年亩产“吨谷镇”。同年，全县统一开展“严打”行动。

1999年

3月，中共通衢镇第十次代表大会在通衢镇府大院召开，选举产生中共通衢镇第十届委员会和中共通衢镇纪律检查委员会，曾玉青为书记，陈俊强、黄仕平、黄勇平为副书记；黄仕平为纪委书记（兼），叶永辉为纪委副书记。稍后，通衢镇第十届人民代表大会在通衢镇府大院召开，选举陈俊强为镇长，张伟雄、黄贤添、黄清云为副镇长。

3月12—13日，中共锦归镇第六次代表大会在原锦归镇府大院召开，选举产生第六届中共锦归镇委员会和中共锦归镇纪律检查委员会，钟德均为书记，王小庆、郑明忠、叶坤茂为副书记；王小庆为纪委书记（兼），何杨柳为纪委副书记。

3月15—17日，锦归镇第六次人民代表大会在原锦归镇府大院召开，选举陈卫平、叶俊明为副镇长。

是年，管理区改为村（行政村）。土地承包期再延长30年。

2000年

10月12日，全国政协委员、民革中央监委副主席张克明（原籍华城村）在龙川一中举行《回忆与怀念》首发仪式，市人大副主任袁南炽、县长丘钦城等出席。

2001年

10月7日，县政府授予通衢域内“锦归玳瑁优质菊花生产基地”称号、“通衢旺茂果蔗生产基地”称号。

2002年

3月，中共通衢镇第十一次代表大会在通衢镇府大院召开，选举产生中共通衢镇第十一届委员会和新一届中共通衢镇纪律检查委员会，曾玉青为书记，陈俊强、钟方先、黄清云为副书记；邓伯根为纪委书记，叶志超为纪委副书记。稍后，通衢镇第十一届人民代表大会在通衢镇府大院召开，选举陈俊强为镇长，黄贤添、郑国营、张伟雄、黄清云为副镇长。

3月11—12日，中共锦归镇第七次代表大会在原锦归镇府大院召开，选举产生第七届中共锦归镇委员会和新一届中共锦归镇纪律检查委员会，钟德均为书记，黄仕平、叶坤茂为副书记；叶坤茂为纪委书记（兼），杨志江为纪委副书记。

3月14—16日，锦归镇第七次人民代表大会在原锦归镇府大院召开，选举黄仕平为镇长，陈卫平、何杨柳为副镇长。

2003年

3月，河（源）梅（州）高速公路建设开工。

4月，非典型肺炎流行。

2004年

7月，停止缴交公余粮，粮所停止经营。

2005年

6月20日，全镇遭受百年一遇的洪涝灾害，位于鹤市河通衢段的大河头水陂被冲毁。

2006年

11月，中共通衢镇第十二次代表大会在通衢镇府大院召开，选举产生中共通衢镇第十二届委员会和新一届中共通衢镇纪律检查委员会，钟锐为书记，杨海华、廖军为副书记；叶书利为纪委书记，叶志超为纪委副书记。稍后，通衢镇第十二届人民代表大会在通衢镇府大院召开，选举杨海华为镇长，叶云辉、邬剑锋、陈金川、黄新明为副镇长。

冬，深圳宝安（龙川）产业转移工业园落户通衢。通衢镇开启土地征收工作，征收梅城村、梅东村土地，拆迁房屋，搬迁地坟。

2008年

龙川县（通衢）工业园破土动工，持续征收通衢镇梅城村、梅东村土地，拆迁房屋，搬迁地坟。

2010年

通衢镇成立教育基金会，筹集资金180多万元。

2011年

6月，中共通衢镇第十三次代表大会在通衢镇府大院召开，选举产生中共通衢镇第十三届委员会和新一届中共通衢镇纪律检查委员会，廖军为书记，魏建洪、陈金川为副书记；杨华火为纪委书记，叶志超、廖东波为纪委副书记。稍后，通衢镇第十三届人民代表大会在通衢镇府大院召开，选举魏建洪为镇长，余政隆、黄金坤、郑明辉、连建辉为副镇长。

2012年

4月13日，通衢镇投资1500万元的教育创强工作顺利通过广东省教育强镇督导验收专家组的督导验收，成为广东省教育强镇。

6月12日，省长朱小丹、副省长刘昆率省直有关部门负责同志到通衢镇华城村金竹坑的森林碳汇重点生态工程造林示范点，现场检查河源推进新一轮绿化广东工作进展情况。在山上，朱小丹省长等领导拿起锄头亲手种下多棵杜英苗和樟树苗，并为树苗培土浇水。

12月31日，通衢中学举办建校151周年庆典活动，市、县领导黄晨光、段邦贤、杨伟平、黄春彭、蓝智慧、郑明青等到场祝贺。

是年，通衢镇投资400万元兴建镇劳动保障所、计生服务所、财政所办公大楼。同年，修建东门客家风情街。

2014年

1月，葛藤村创建成为广东省卫生村。

11月，在葛藤村下径竹园老里塘设立县生活垃圾处理场。

12月上旬，美国世界中华民族基金会会长、美籍华侨邱继来通衢镇开展公益活动，为500名空巢老人送上棉被、棉衣一批。

是年，通衢镇投资50万元兴建自来水工程，解决了通衢墟镇居民饮用水困难。同年，新建墟镇垃圾转运站1个、垃圾池17个。

2015年

是年，通衢镇投资300多万元建成了占地面积8893平方米的通衢镇文化广场，新建7个村文化活动中心。同年，通衢镇投资300万元升级改造通衢知青度假村旅游公路4公里。

2016年

5月28日，广东省农办副主任、扶贫办主任梁建到通衢镇梅东村检查指导新时期精准扶贫工作。

5月30日，省长朱小丹、副省长袁宝成等领导到深圳松岗街道帮扶的通衢镇梅东村调研指导工作。

6月3日，广东省原中央苏区农村超高速无线局域网应用试点工作现场会在龙川召开，参观了通衢镇梅城村超高速无线局域网应用试点建设情况。

9月，中共通衢镇第十四次代表大会在通衢镇府大院召开，选举产生中共通衢镇第十四届委员会和中共通衢镇纪律检查委员会，廖军为书记，陈金川、骆宝、余政隆为副书记；杨华火为纪委书记，叶玉文、刘晓银为纪委副书记。稍后，通衢镇第十四届人民代表大会在通衢镇府大院召开，选举陈金川为镇长，郑明辉、陈秀霞、张敏、李伟东为副镇长。

是年，广东画院写生基地落户通衢镇。

2017年

6月，龙川县田家炳中学、龙川一中宏图学校、通衢镇中心小学入选第二批河源市文明校园。

12月中旬，龙川县通衢镇中心小学荣获2017年“广东省绿色学校”称号。

是年，龙川县（通衢）工业园区规划扩至寨背、旺宜等片区。河（源）惠（州）莞（东莞）高速公路建设开工。

2018年

11月8日，来自广州和香港特别行政区的5名企业家到通衢中学开展“捐资助学，情满通中”爱心捐款活动，现场出资9万元资助30名品学兼优的学生。

是年，通衢镇实现农村通自来水。

2019年

6月，全镇暴发洪灾，17个行政村普遍出现洪涝灾害。

年底，河惠莞高速公路建成通车。

是年，鹤市河通衢段防洪减灾工程竣工。同年，完成了全镇17个村级卫生站建设，通衢镇获“河源市卫生镇”称号，梅城村、锦归社区获“广东省卫生村”称号，玳瑁村、玳峰村、梅城村、锦归社区获“河源市卫生村”称号。

2020年

年初，新冠疫情开始在全球暴发。通衢镇严格落实疫情防控各项工作要求。设立防控指挥部1个，组织挂钩工作小组7个，形成大网格1个、中网格19个、小网格63个。全年排查湖北返乡人员18人（含1名武汉返乡人员），严格采取3监1医学观察防护措施。镇内无发生疑似或确诊病例。

8月8日凌晨，通衢墟镇千年古榕树突然发生倒塌，5条枝干的其中4枝从中部“劈开”折断，只剩下一根枝干没有倒塌。经省、市林业专家现场详细查看，初步判断古榕树倒塌原因系枝干中间镂空，不足以支撑侧枝重量而导致的自然倒塌。

8月24日，通衢镇锦太村获省级“一村一品”专业村称号。

11月20日，龙川县召开农村人居环境整治现场推进会。其间，县长杨利华率队到通衢镇锦归村、广福村查看人居环境整治进展情况。

是年：

1.通衢镇扎实开展“三清三拆三整治”、农村人居环境整治“百日行动”，完成“三拆除”1.74万平方米、村委会通自然村道路硬化110.32千米、自然村村内道路硬化119.01千米；完成55个自然村1.04万户集中供水项目；新建公厕24座、完成户厕整改63户。年内，55个自然村建立垃圾收运处理体系，设置垃圾收集点462个，55个自然村配备保洁员47人，统一制作垃圾屋46个，55个自然村分散式雨污分流管网建设，设立“四小园”110余处。

2.通衢镇积极推进深圳宝安（龙川）产业转移工业园扩园建设工作，实施“工业立镇、借外发展”战略，大力推进深圳宝安（龙川）产业转移工业园三期扩园建设项目，完成征地53.63公顷，拆除建筑物及其他设施6处共2348.38平方米，迁移坟墓41座。积极推进中建二局二期、六纵路、县第三人民医院、通衢中学升级征地拆迁工作，完善园区、院区、校区基础设施建设。

3.通衢镇深入贯彻落实中央、省、市、县脱贫攻坚工作部署，科学制定发展规划，大力发展特色产业，多方筹措帮扶资金，建立健全扶贫机制，强化落实扶贫责任。全镇465困难户1193人全部脱贫，4个省定贫困村全部出列。

2021年

9月，中共通衢镇第十五次代表大会在通衢镇府大院召开，选举产生中共通衢镇第十五届委员会和新一届中共通衢镇纪律检查委员会，黄康为书记，黄玲玲、邱东平、曹浩为副书记；黄芮为纪委书记，黄颂颂、袁军华、叶碧清为纪委副书记。稍后，通衢镇第十五届人民代表大会在通衢镇府大院召开，选举黄玲玲为镇长，张忠平、陈秀霞、陈剑锋、黄益军、黄腾宇、黄奕翔、曾焕华为副镇长。

是年：

1.全镇持续做好常态化疫情防控工作，持续推进新冠病毒疫苗接种。3～11岁儿童第一针新冠疫苗接种1048人，完成率94%。

2.通衢镇完成龙川县第三人民医院项目建设规划土地征收1.48公顷，稳步推进龙川县第三人民医院建设。

3.完成通衢中学扩建规划储备用地征收2.60公顷；完成工业园六纵路开工建设土地征收0.7公顷、梅东尹屋山土地征收2.67公顷、梅城村土地征收3.33公顷；完成公墓山建设土地征地8公顷；完成旺宜村和华城村土地征收11.33公顷。有效地梳理了工业园土地征收明细、批而未征、供而未征、已用未征、水土流失等历史遗留问题，稳步开展安置区调查、处置工作，推进留用地货币补偿和征地养老保障金发放工作。

4.继续实施乡村振兴战略，改善农村人居环境。全年拆除泥砖瓦房47万平方米；改造无害化卫生户厕13户。夯实生活垃圾常态化管理，实行“户收集、镇转运、县处理”垃圾收运处置体系。推进“四小园”建设和农村集中供水全覆盖攻坚行动。

2022年

是年：

1.全镇持续做好常态化疫情防控工作。

2.全域推进农村人居环境综合整治，累计拆除破旧泥砖房2377间374094平方米，全镇55个自然村基本完成“三清三拆三整治”工作。

3.全面铺开“四小园”建设，因地制宜打造示范点110个，“四小园”建设走在全县前列。

4.农村基础设施加快完善，村内道路硬化、集中供水和生活垃圾处理基本实现全覆盖，农村生活污水处理设施建设有序推进。55个自然村完成雨污分流建设，基本实现雨污分流全覆盖。“厕所革命”加快推进，无害化卫生户厕普及率100%。

5.加快推进华城等4个村创建社会主义新农村示范村和广福村创建市级生态宜居美丽乡村示范村，锦太村入选广东省“一村一品、一镇一业”专业村。乡村振兴“三年取得重大进展”目标基本实现。

目录

第一篇　镇情概况

第一章 历史沿革及行政区划

第一节 历史沿革

先秦

据《尚书》的《禹贡》篇记述，古时龙川属扬州南境，周武王十三年（公元前1122年）定南海为藩服，龙川之土隶之。春秋为南越，战国属楚，称“百越”。通衢属百越。

秦朝

始皇三十三年（公元前214年），始建龙川县，筑土城为县治所（今佗城），隶属南海郡，通衢属之。

汉朝

高祖十一年（公元前196年），赵佗归汉，保留封地，龙川县仍属南越国辖地，通衢属之。

武帝元鼎六年（公元前111年），汉平南越，仍置南海郡龙川县，通衢属之。

晋朝

咸和六年（331年），析龙川置兴宁县，通衢仍属龙川县。

太和元年（366年），析龙川置雷乡县，通衢属雷乡县。

南朝

南朝宋年间（420—479年），撤雷乡并入龙川县，通衢属之。

南朝梁天监二年（503年），析南海置梁化郡。龙川县析置雷乡县，均属梁化郡。通衢属雷乡县。

隋朝

开皇九年（589年），明县志载：置总管府于龙川，通衢属之。

开皇十年（590年），废梁化郡，置循州。通衢属之。

开皇十一年（591年），总管府迁归善（今惠州），将龙川并入河源县，雷乡并入兴宁县，通衢属之。

大业元年（605年），改循州置龙川郡，通衢属之。

唐朝

武德五年（622年），龙川郡设为循州总管府，通衢属之。

贞观元年（627年），置岭南道，循州属之，通衢属之。

天授二年（691年），废循州置雷乡郡，复雷乡县，通衢属雷乡县。

天宝元年（742年），改雷乡郡为海丰郡，通衢属之。

乾元元年（758年），废海丰郡复循州，通衢属之。

五代十国

南汉乾亨元年（917年），循州改名祯州，仍治归善县。循州移治雷乡县（今龙川县佗城）。通衢属之。

宋朝

龙川县行政区划实行都图制，划分10个都（坊）辖36图，通衢属宁仁都。

开宝四年（971年），置广南东路，循州属之。废雷乡，复龙川县，通衢属龙川县。

北宋熙宁四年（1071年），建置长乐县。北宋熙宁五年（1072年）割龙川南部区域于长乐管辖，通衢属长乐县。

宣和二年（1120年），龙川改雷江县，属循州，通衢属雷江县。

绍兴三年（1133年），废雷江复龙川县，属循州，通衢属龙川县。

至元十三年（1276年），废广南东路设置江西行中书省广东道，循州改路，通衢属之。

至元二十三年（1286年），循州路降为散州，龙川县属循州，通衢属龙川县。

元朝

龙川县行政区划沿袭旧制，仍实行都图制，通衢属宁仁都。

明朝

龙川县行政区划沿袭旧制，仍实行都图制，通衢属宁仁都。

洪武元年（1368年），设置广东行中书省，惠州路改府，循州仍存，龙川县属循州，通衢属之。

洪武元年（1368年），废循州并入惠州府，龙川县属之。是年，废循州并入惠州府，通衢属龙川县。

洪武九年（1376年），广东行中书省改为广东布政使司，龙川县属惠州府，通衢属龙川。同年，设立通衢巡检司。

正德十三年（1518年），龙川县析置和平县，均属惠州府，通衢仍属龙川。

嘉靖二年（1523年），龙川仍属惠州府，通衢仍属龙川。

万历二十五年（1597年），创建有4个社仓：东通衢驿、西张坊、南坑田（亨田）

乡、北十一都。

清朝

嘉庆十四年（1809年），实行约堡制，通衢属内：通衢城、登云约、十三户约。

光绪元年（1875年），设置惠嘉潮道，龙川县属惠州府，通衢仍属龙川。

中华民国

民国元年（1912年），龙川县设11个警察区，通衢属第三警察区。

民国二年（1913年），废广东布政使司和惠州府，设置广东都督府潮循道，龙川县属之，通衢仍属龙川。

民国十五年（1926年），龙川县隶属广东省东江行政委员会，通衢属之。

民国二十年（1931年），龙川县隶属广东省东江绥靖专员公署，通衢属之。

民国二十六年（1937年），龙川县隶属广东省第四行政专员公署，通衢属之。是年，实行联乡制，全县设5个联乡，通衢属二联乡（鹤市）。

民国三十五年（1946年），龙川县隶属广东省第六行政专员公署，通衢属之。

中华人民共和国

1949年5月16日，鹤市地区（含鹤市、紫市、黄布、通衢、登云）解放。6月12日，龙川县人民政府委任九个乡乡长，原通衢属内有4个乡：登云乡、锦归乡、梅城乡、华新乡。

1949年10月，中华人民共和国成立后，龙川县隶属广东省东江行政委员会，通衢属之。

1949年秋，实行区、乡、村制，通衢隶属龙川县第二（鹤市）区。

1950年，龙川县隶属东江行政专员公署，通衢属之。

1952年3月，实行小区小乡制，通衢为龙川县第四（通衢）区。是年，龙川县隶属粤东行政专员公署，通衢属之。

1955年6月，龙川第四（通衢）区公所改称为通衢区公所。

1956年，龙川县隶属惠阳地区专员公署，通衢属之。

1957年12月，通衢区撤区设乡，通衢境内析置通衢乡、登云乡。

1958年10月1日，建立鹤市人民公社，通衢属之。

1959年4月，通衢人民公社从鹤市人民公社析置。是年，龙川县隶属韶关地区专员公署，通衢属之。

1963年，龙川县复隶属惠阳地区专员公署，通衢属之。

1968年，龙川县隶属惠阳地区革命委员会，通衢属之。

1978年3月，通衢人民公社析为通衢人民公社、登云人民公社、锦归人民公社。

1981年，龙川县隶属惠阳地区专员公署，通衢属之。

1983年12月，通衢人民公社、锦归人民公社改为通衢区、锦归区，大队改设小乡。

1986年12月，通衢区、锦归区分别改为通衢镇、锦归乡，小乡改设管理区，原生产队改设村民小组。

1988年1月，撤销惠阳地区，龙川县隶属河源市管辖，通衢属之。

2003年，撤销锦归镇建置，原辖区并入通衢镇。

第二节 行政区划

宋代

龙川设10个都（坊）辖36图。

宁仁都，去县25～90里，辖下泡水、岭西、田心、通衢、曾田、义都、四都、莲塘。

通衢属内设为宁仁都岭西、田心、通衢。

元代

沿袭旧制。

明代

洪武二十三年（1390年），宁仁都设田心军屯、岭西军屯。

田心军屯：东至鳌坑口（锦归冷水坑），南至鹤树下，西至仙子嶂，北至岭西屯。屯域辖：现在的华城、华新、葛藤、儒南；现在的大佳、社坑、鹤联、罗乐、河布、富石、莲坑。

岭西军屯：东至大嵋山（玳瑁山），南至田心屯界，西至乾坑（官坑），北至罗洋（丰稔）。屯域辖：现在的红桥、岭西、联新；现在的旺宜、寨背、梅城、梅东、双寨、广福、旺茂、锦归、高湖、锦太、太楼、玳峰、玳瑁；现在的天云、新街、东山、双桥、高岭、南水、梅花、石福。

嘉靖元年（1522年），龙川南部登云约、十三户约、金鱼约、雅寄约及田心屯、岭西屯、通衢司等地区为兴乐图，隶属宁仁都。

清代

嘉庆十四年（1809年），龙川行政区实行约、堡制，全县设2城48个约（堡）。

通衢属内设通衢城、十三户约、登云约。

通衢城辖：现在的儒南、葛藤、华新、华城、旺宜、寨背、梅东、旺茂、梅城、广福、双寨；现在的红桥、岭西（原岭西屯分出登云约、十三户约后，剩余的堡又合称为旺茂屯）、联新。

十三户约辖：现在的锦归、高湖、锦太、太楼、玳峰、玳瑁；现在的大佳、社坑、鹤联、罗乐、河布、富石、莲坑。

登云约辖：现在的天云、新街、东山、双桥、高岭、南水、梅花、石福。

民国时期

民国元年（1912年），龙川县设11个警察区，辖1个厢、16个堡、36个约（屯）。

通衢属第三警察区，通衢属内设登云约、十三户约、田心屯、岭西屯。

登云约辖：天云、新街、东山、双桥、高岭、南水、梅花、石福。

十三户约辖：通衢属内锦归、高湖、锦太、太楼、玳峰、玳瑁；鹤市属内大佳、社坑、鹤联、罗乐、河布、富石、莲坑。

田心屯辖：儒南、葛藤、华新、华城、旺宜。

岭西屯辖：原岭西屯的半屯（清嘉庆年间已分屯，岭西屯由已分出去的堡为半屯，剩余的堡称旺茂屯为半屯）。

旺茂屯辖：岭西（除已分出去的堡之外）、旺宜、寨背、梅东、旺茂、梅城、广福、双寨。

民国十九年（1930年），建制区划调整，龙川县设7个区6个镇119个乡。

通衢隶属龙川县第三区（鹤市），通衢属内设通衢镇、华宜乡、登云乡、锦归乡。

通衢镇辖：岭西、梅东、梅城、广福。

华宜乡辖：儒南、华新、华城、旺宜。

登云乡辖：天云、新街、东山、双桥、高岭、南水、梅花、石福。

锦归乡辖：锦归、成泰（包括高湖、锦太、太楼）。

民国二十一年（1932年），建制区划调整，实行区、乡、保、甲制，龙川县设7个区、126个乡（镇）、516个堡。

通衢仍隶属龙川第三区（鹤市），其属内区划不变。

通衢镇辖：岭西、梅东、梅城、广福。

华宜乡辖：儒南、华新、华城。

登云乡辖：天云、新街、东山、双桥、高岭、南水、梅花、石福。

锦归乡辖：锦归、成泰。

民国二十六年（1937年），实行联乡制，全县设5个联乡、66个乡（镇）、482个堡。

通衢隶属龙川第二联乡（鹤市），设通衢乡、锦归乡、登云乡。

通衢乡辖：岭西、儒南、华新、华城、梅东、梅城、广福。

锦归乡辖：锦归、成泰、玳瑁。

民国三十六年（1947年），全县设3个区署、39个乡、420个堡。

通衢属第一区（佗城），设梅城乡、华新乡、锦归乡、登云乡。

梅城乡辖：梅东、梅城、广福。

华新乡辖：儒南、华新、华城、岭西。

锦归乡辖：锦归、成泰。

中华人民共和国成立后

1949年秋，实行区、乡、村制，龙川县设5个区、39个乡镇。

通衢属第二区（鹤市），设梅城乡、华新乡、锦归乡、登云乡。

梅城乡辖：梅城、广福。

华新乡辖：华宜（华城、旺宜）、新岭（新径、岭西）。

锦归乡辖：锦归、玳瑁、锦太。

1952年3月，实行小区小乡制，龙川县共辖13个区，186个乡镇。

通衢隶属龙川县第四区，辖华新乡、三联乡、华城乡、旺寨乡、梅城乡、广福乡、锦归乡、锦太乡、玳瑁乡、登云乡。

1955年6月，龙川县第四区改称通衢区。

1957年8月，龙川县设2个镇25个乡。

通衢属内设通衢乡、登云乡。

通衢乡辖：三联（原新岭乡的岭西并入老隆镇）、华城（含原岭西乡合路口、良口塘）、梅城、广福、锦归、玳瑁、锦太。

1958年10月，龙川县建立11个人民公社，185个管理区、802个生产大队、8709个生产队。

通衢隶属鹤市人民公社。通衢域内有15个大队：三联、华城、梅城、广福、锦归、玳瑁、锦太、天云、新街、东山、双桥、高岭、南水、梅花、石福。

1959年，鹤市人民公社析置通衢人民公社。

通衢人民公社辖管理区：三联、华城、岭西（7月并入，同年11月又并入城镇公社）、梅城、广福、东方红（1958年双寨称东方红，从广福分出）、锦归、玳瑁、锦太、天云、新街、东山、双桥、高岭、南水、梅花、石福。

1960年后，实行所有制规模小调整。

通衢人民公社辖大队：三联、儒南（1960年从三联分出）、华城、旺寨、梅城、梅东（1960年梅东从梅城分出）、广福、东方红、锦归、玳瑁、锦太。（1965年，旺茂从广福分出；1976年，旺寨大队分出旺宜大队和寨背大队。）

1978年，通衢人民公社析置为通衢人民公社、锦归人民公社、登云人民公社。

通衢人民公社辖大队：儒南、三联、华城、旺宜、寨背、梅城、梅东、东方红、广福、旺茂。

锦归人民公社辖大队：锦归、高湖、锦太、太楼、玳峰、玳瑁。

1983年12月，龙川县设1个区级镇（老隆）和28个区，下辖乡253个，自然村1541个。

通衢人民公社、锦归人民公社分别改为通衢区、锦归区。

通衢区辖乡：儒南、三联、华城（旺宜并入华城）、梅城（1983年11月，寨背并入梅城乡）、梅东、双寨、广福（旺茂并入广福乡）。

锦归区辖乡：锦归、高湖、锦太、玳瑁（太楼并入玳瑁）、玳峰。

1986年12月，龙川县设22个镇、7个乡，小乡建制改设管理区。通衢区改设为通衢镇，锦归区改设为锦归乡。

通衢镇辖管理区：儒南、葛藤（1986年12月，葛藤、华新从三联拆分）、华新、华城、旺宜（1986年12月从华城分出）、寨背（1986年12月从梅城分出）、梅城、梅东、双寨、广福、旺茂。

锦归乡辖管理区：锦归、高湖、锦太、太楼（1986年12月从玳瑁分出）、玳瑁、玳峰。

1993年10月，龙川县内7个乡全部改为镇建制，锦归乡改为锦归镇，所辖管理区不变。

1998年，管理区建制改设行政村。

通衢镇辖11个行政村和1个社区：儒南、葛藤、华新、华城、旺宜、寨背、梅城、梅东、双寨、广福、旺茂及通衢社区。

锦归镇辖6个行政村和1个社区：锦归、高湖、锦太、太楼、玳峰、玳瑁及锦归社区。

2003年5月，撤销锦归镇建置，原辖区并入通衢镇。

通衢镇辖17个行政村和2个社区：儒南、葛藤、华新、华城、旺宜、寨背、梅城、梅东、双寨、广福、旺茂、锦归、高湖、锦太、太楼、玳峰、玳瑁及通衢社区、锦归社区。

通衢镇共有村民小组307个。各行政村下辖村民小组如下：

玳瑁村（23个）：新联、旭日、旭东、延风、联丰、红日、石榴花、联新、曙光、龙一、龙二、红光、红星、红中、新兴、益群、东兴、星一、星二、星三、马岗、光明、红联。

玳峰村（21个）：桥头、江岭、中心屋、星五、星塘、高峰、东星、星峰、雄东、雄星、辉煌、辉东、红东、江环、江围、中峰、五峰、五高、朝东、红心、田心。

太楼村（9个）：第一、第二、第三、第四、第五、第六、第七、第八、第九。

锦太村（22个）：锦联一、锦联二、锦联三、锦联四、锦联五、锦联六、寨里一、寨里二、寨里三、寨里四、寨里五、寨里六、郑屋一、郑屋二、郑屋三、水口一、水口二、水口三、水口四、水口五、水口六、水口七。

高湖村（15个）：寮一、寮二、广背、广南、花岗、江下、蓝屋、老屋、礼前、坜坑、楼下、上岗、上屋、枚坳、新屋。

锦归村（18个）：梧峯一、梧峯二、梧峯三、梧峯四、梧峯五、梧峯六、梧峯七、梧峯八、梧峯九、井下一、井下二、井下三、井下四、冷水一、冷水二、桐木一、桐木二、桐木三。

旺茂村（20个）：五一、五二、新屋、老屋、飞娥、湖洋塘、中间段、桥头、竹巷、新忠、九一、九二、路上、墩下、八一、八二、路下、社龙、万塘、佳社。

广福村（10个）：上排、下排、上角、下屋、石下、下段、大屋、上屋、河头、坝心。

双寨村（13个）：张一、张二、李屋、孟树下、围一、围二、围三、上散、下散、新一、新二、新三、山下。

梅东村（12个）：幸福、中心、联合、东风、曲龙、白桥、陶坑、杉树下、桥头、茶山、樟太、新屋。

梅城村（20个）：红一、红二、红三、红四新屋、红四老屋、上新屋、下新屋、茶壶耳、黄屋、才子一、才子二、才子三、老屋、新立、五栋屋、石街、东门一、东门二、张屋、塘背。

寨背村（10个）：罗屋、对门岭、老屋、寨背坳、围肚、社下、新屋、墩里、大坪、树头下。

旺宜村（15个）：老屋、对面、高桥、赖屋、瓦厂下、田龙、河背、上新屋、下新屋、上排、四角楼、神公里、红崩江、水口、岭头。

华城村（49个）：城东、下东门、下河头、余屋、钟屋一、钟屋二、光明一、光明二、上教场、下山、坳尾、红旗、中山、南门、下教场、牛屎坳、下红光、石简、红光、茶坑、松峰、红星、东方、上山、蓝屋、树丫公、黄家廖、大夫第、三丫沟、大屋、田心、司马、儒林、新屋、塘头下、水楼、华山、大坳、华山一、华山二、石街、西门、北楼、黄家排、石围、东风、山下、四角楼、大地堂。

华新村（9个）：卫东、新合、旺新、新中、红卫、爱群、新来中、苏田、新红。

葛藤村（24个）：桃西、桃新、联新、联一、联二、桃东、下坑一、下坑二、下坑三、富连坪、孙一、孙二、塘下、石下、葛藤、二藤、湖洋塘、桥头、飞娥、光明、五星、前进、径头、作坐。

儒南村（17个）：七三、七一、红日、七二、七新、简下、道一、道二、新一、新二、中一、中二、八一、大王神、梅子、下营、上营。

第二章 自然概况

第一节 地理环境

通衢镇位于龙川县东南部，韩江上游，地理位置为东经115° 27′ 至 115° 45′ 、北纬23° 95′ 至24° 09′ ，东与五华县岐岭镇毗邻，南与五华县潭下镇和紫市镇、鹤市镇相连，西临佗城镇、老隆镇，北与登云镇、老隆镇接壤。通衢镇地貌属高丘陵，中间为小盆地，其余为山间丘陵。通衢镇地势是西北高、东南低，由西北向东南倾斜，西部和东南部是连绵起伏的高山。

自唐武德五年（622年）广东开通东线驿道（兴梅地区连接珠三角地区的主要官道）后，通衢因地处沟通粤东、赣南、闽西南诸州县古官道要冲（从今老隆镇红桥村下板桥“当风坳”至登云镇天云村“蓝关”，全长约15千米），谓“路当闽广之冲，轮蹄释不绝干道”，故取“通衢”之名。全镇总面积100.73平方千米，有耕地1.85万亩、山地10.6万亩，镇府机关驻通衢街，距县城约13千米。

第二节 山 脉

通衢镇两面环山，丘陵起伏，层峦拔翠，有两大山脉走向。

东南面：玳瑁山主峰海拔956.9米，其分支山脉绵延玳瑁、玳峰、太楼、锦太、高湖、锦归。海拔500米以上的山峰有：王子天顶822米、石榴花北山801米、嶂肚顶780米、梁屋北山701米、笔架山694米、鸡公髻顶683米、大水坑山674米、朱子石山628米、尖栋山571米、长坑尾顶山562米、桐木北山551米、五高北山548米、亚婆笼山540米、岗顶山524米、大山脑山512米。

西面：位于4镇（通衢、鹤市、黄布、佗城）交界处的仙子嶂，主峰海拔904米，其分支山脉绵延儒南、葛藤、华新等村，海拔500米以上山峰有：儒南大岭头山583米、堆禾嶂（燕子岩）628米。

第三节 水 系

通衢镇的河流分属韩江水系和珠江水系，主要属韩江水系。

属韩江水系的有：

1.鹤市河。鹤市河分别发源于紫市镇七目嶂和黄布镇宦境鸡公髻山。在紫市镇境内为雅寄河，在鹤市墟镇附近与另一支流黄布河汇合。鹤市河通衢段从通衢镇中间流过，汇合了旺宜河、华城河、锦归河，经通衢镇双寨村、广福村、旺茂村、寨背村、梅城村、梅东村，再流经登云镇流入五华县境内韩江，境内河长3.8千米。

2.锦归河：发源于太楼村河山坑、落坑和锦太村上成田东侧山坑。上游由两大条支流汇成：一是河山坑和落坑—合坝口（流经太楼村、玳峰村、玳瑁村、锦归村），又称玳瑁河，全长约7千米；二是上成田东侧山坑—合坝口（流经锦太村、高湖村、锦归村），又称双里河，全长9.47千米。两大支流在锦归村合坝口汇合后，流经旺茂村汇入韩江上游的鹤市河通衢段，全长约13千米。

3.华城河：发源于葛藤村桃子坑，流经葛藤村、华新村、华城村、梅城村后注入鹤市河通衢段，全长9.64千米。

4.旺宜河：发源于华城村华山，汇入旺宜村张马坑小河，流经旺宜村，在旺宜村与寨背村交界处流入韩江上游的鹤市河通衢段，全长约4.7千米。

属珠江水系的是儒南河。儒南河发源于仙子嶂北麓的梅子坑，沿途汇入麦坳河、桃板坑河、作坣河，流经葛藤村注入上板桥水库，再流经老隆镇红桥村、官坑村、老隆村流入东江，全长6.2千米。

第四节 地质土壤

一、地质

通衢镇最老地层为震旦系，遍布全镇，厚度不详。锦归片分布有石炭系，厚度185～520米。

通衢镇的土质主要有两种：一是变质砂页岩，遍布全镇；二是石灰岩，主要分布在锦归片。

二、土壤

根据《广东省龙川县测土配方施肥项目耕地地力评价成果报告》（2009年2月）资料，通衢镇的土壤情况如下：

通衢镇的土壤主要是红壤土，普遍属酸性土。其成因是：由于龙川县地处中亚热带南缘，受高温潮湿季风影响，土壤富铝化明显，淋溶作用强烈，因而形成了土色红化、土层深厚、质地黏重、土壤酸性的红壤。

通衢镇的耕地土壤有机质含量范围在5～58.4（g/kg），平均值为35（g/kg），耕地土壤有机质含量达到丰富的水平。耕地土壤含氮量范围在0.11～1.88（g/kg），平均值为1.20（g/kg），耕地土壤含氮量较高，但水稻田的含氮量仍有一定程度缺乏。耕地土壤含磷量范围在0.02～1.25（mg/kg），平均值为0.52（mg/kg），耕地土壤含磷量中等，不缺乏。耕地土壤含钾量范围在0.96～24.56（mg/kg），平均值为16.37（mg/kg），耕地土壤缺钾较严重。在微量元素方面，耕地土壤缺硼元素较严重。较合适的施肥配方比例为：氮：磷：钾=1：0.29：0.79。

表 1-2-1　　通衢镇水稻田土壤养分情况

有机质（g/kg）			全氮（g/kg）			碱解氮（mg/kg）			有效磷（mg/kg）			速效钾（mg/kg）		
含量范围	平均值	总体水平	含量范围	平均值	总体水平	含量范围	平均值	总体水平	含量范围	平均值	总体水平	含量范围	平均值	总体水平
21~55	35	中上	0.8~1.6	1.22	中下	79~223	154	中下	11~84	38.6	极丰	4~85	31	极缺乏

表 1-2-2　　通衢镇耕地地力等级划分

项目	一级	二级	三级	四级	五级	六级	小计
面积（m^2）	3700	3935	3599	5618	6949	1580	25381
比例（%）	14.58	15.5	14.18	22.13	27.38	6.28	100

第五节 气 候

通衢镇地处广东东北部，韩江上游，属中亚热带季风气候区，季风明显、光照充足、雨量充沛，冬冷夏热，春暖迟，秋寒早，春夏多东南风，湿度大，秋冬多东北风，空气干燥，气温低，多年平均气温20.5度，最高39.6度，最低零下3.6度，其中1月份8—11℃，为全年最低气温期，以后逐渐回升，7月份升至高峰为27.5℃以上，9月份开始下降，12月份降至11～13℃，无霜期约320天。多年平均降雨量约1600～1800毫米，比全县多年平均降雨量略高，蒸发量约为1040毫米，降雨集中在夏秋季。

通衢镇的气候能满足双季稻和喜温作物生长对温、光、水条件的要求，但降雨量因年际和年内季节不同差异较大，常有低温阴雨、暴雨洪涝、寒露风和春、秋旱等灾害天气出现，从而引发一些自然灾害，给人民群众的生产生活造成严重影响。

第六节 资 源

一、土地资源

通衢镇属山多田少的地方。通衢镇的山地主要分布在东南部和西部，北部是丘陵矮山，土层深厚，土质主要是红壤土，质地尚好，有机质较多，水土保持较好，各种植物长势都较好。

通衢镇在2010年有耕地面积18000多亩，其中水田近16000亩，畲地2500多亩，但后来由于丢荒较多，至2018年，耕地面积13000多亩。2019年后，政府组织耕地垦复工作，耕地面积有所回升。

表 1-2-3　　通衢镇土地利用现状一级分类面积汇总

单位：公顷

行政区域 名称	合计	耕地	园地	林地	草地	镇村及工矿用地	交通运输用地	水域及水利设施用地	其他用地
通衢镇	10445.13	1385.75	56.31	7598.97	130.80	763.14	79.48	356.78	73.90

表 1-2-4　　通衢镇农作物播种面积及粮食、花生生产情况

年份	农作物播种面积（亩）	粮食		稻谷		花生	
		播种面积（亩）	总产量（吨）	播种面积（亩）	总产量（吨）	播种面积（亩）	总产量（吨）
2010	37224	28825	11548	22335	10286	173	488
2011	37833	28348	11620	22246	10514	2823	491
2012	38522	28440	11533	22246	10324	2836	498
2013	39765	28462	11206	22208	10051	2847	519
2014	37672	28949	12140	22808	10967	2847	502
2015	37802	28960	12051	22771	10920	2849	505

年份	农作物播种面积（亩）	粮食		稻谷		花生	
		播种面积（亩）	总产量（吨）	播种面积（亩）	总产量（吨）	播种面积（亩）	总产量（吨）
2016	38418	29023	11981	22837	10840	2849	504
2017	23101	16369	7208	14332	6824	2258	392
2018	15816	13423	6061	12678	5909	797	139
2019	28751	21877	10471	20316	10147	2001	358
2020	29539	22589	10421	20930	10080	2020	362
2021	33922	23617	10986.5	21813	10608	2204	392
2022	32771	22232	10410.1	20174	9945.9	2280	411

表 1-2-5　　通衢镇林地面积情况

单位：亩

序号	村别	林地面积	序号	村别	林地面积
1	合计	102617.9	10	华新	4846.6
2	玳峰	4285.3	11	华城	6349
3	玳瑁	10096.8	12	旺宜	2651.8
4	锦归	9731	13	寨背	386.2
5	高湖	9473.8	14	梅城	335.6
6	锦太	13930.3	15	梅东	424.7
7	太楼	5769.9	16	双寨	989.9
8	儒南	16719.1	17	广福	1025.9
9	葛藤	11167.7	18	旺茂	4434.3

二、动物资源

1.野生动物

野兽主要有：山猪、箭猪、黄猄、狸类、穿山甲、黄鼠狼、山兔等。

野禽主要有：老鹰、鹞婆、乌鸦、喜鹊、鹧鸪、雉鸡、毛鸡、斑鸠、禾花雀、麻雀、鹩哥、画眉、猫头鹰、白鹤、赤鸡、翠鸟、胡鸭、雁鹅、燕子、啄木鸟、蝙蝠等。

河溪里的鱼类主要有：鱼目、鱼兼、鲮、石鱼历、沙鱼更、鲶、河鱼生、鲫鱼、猪姆锯、白鳝、黄鳝、湖鳅等。

两栖动物有：甲鱼、龟、青蛙等。

爬行动物主要是蛇类，有过山峰、饭杓头、背箕甲、金环蛇、银环蛇、青竹蛇、红线香、草花蛇、泥蛇、蛤姆蛇等。

昆虫：蜜蜂、各种野蜂、各种蝴蝶等。

2.家养动物

家畜主要有：猪、狗、猫、兔、牛（水牛、黄牛）、羊等。

家禽主要有：鸡、鸭、鹅、白鸽等。

池塘水库养鱼主要有：鲩、鳙、鲢、鲤、鲮、鲫、塘虱等。

三、植物资源

1.粮食作物

粮食作物主要是水稻，早、晚两造，都引种杂优新品种，一般亩产千斤以上。杂粮有番薯、麦类、玉米、木薯、粟米、高粱等。

2.经济作物

种植的经济作物共100多个品种，其中豆类有黄豆（大豆）、花生、红豆（禾花豆）、绿豆、米豆、蚕豆、豌豆，还有麻类、甘蔗、茶叶、烟叶、油茶等，蔬菜有芥菜、白菜、麦菜、茄、瓜、葱、蒜、姜等20多类。

3.水果

成片经营的水果很少，多为群众在房前屋后、田头畲尾种植。主要有桃、李、枇杷、柑、橘、柚、柿、沙梨、禾梨等。

4.药材

药材栽培的极少，野生的有金樱子、金银花、车前草、野菊花、岗稔根、石老鼠、勾藤、白枫、毛冬青、路路通等。

5.竹木

竹类品种主要有黄竹、泥竹、茶竹、麻竹、毛竹（苗眉竹）、簕竹、金竹、厘竹等，多为人工种植。

林木有松树、杉树、樟树、柯树、杂木、油桐、油茶等。

四、水力资源

通衢镇位于龙川县东南部，韩江上游，属亚热带季风性气候，多年平均降雨量约1620毫米，比全县多年平均降雨量略高，蒸发量约为1040毫米，降雨量充沛。通衢镇的水力资源集中在鹤市河、锦归河、儒南河支流，已基本上得到开发利用。

一是在儒南河下游龙牙礤处筑大坝建成上板桥水库（中型）及其水电站（县属）。

二是修筑广福陂拦截鹤市河通衢段河流，在广福桥上游建成一座集发电、灌溉功能的水利工程，2005年6月20日广福陂遭特大洪水冲毁。2007年，在距广福桥往下游方向约200米处重建一座集发电、灌溉功能于一体的水利工程，安装2台发电机组，装机容量225千瓦。

三是在高湖村广南墩筑碧嘴陂拦截河水，开凿引水渠约300米，引水至佛子坳东侧，利用约40米的水位落差，建成佛子坳水电站，发电机装机容量75千瓦。

四是在太楼村村口滴水礤上方筑陂拦截河水，经100多米引水渠，穿越110多米的隧道后，利用80多米的水位落差，建成龙下水水电站，发电装机容量75千瓦。

五、矿产资源

通衢镇的矿产资源主要有石灰石、瓷土。石灰石主要分布在玳瑁村石榴花至锦归村梧峯一带，该石灰石资源不但储量丰富，且质地优良，除用于烧制石灰外，还用于制水泥、石米、复粉等建材产品。瓷土主要分布在儒南村一带。

六、旅游资源

旺茂知青度假村：位于旺茂村茂北片，于2007年开始兴建，是以“知青文化”为主题的旅游休闲度假胜地，景区首期开发占地面积200亩，有体现我国20世纪60年代的建筑风格，陈列有当年知青劳动用的农具、知青证等物品，张贴、悬挂着知青时代的报纸、标语等。景区背后的大嵋山（又称玳瑁山、罗经山），主峰高959.5米，是龙川县、五华县的分界山，在山顶上可俯视龙川、五华、兴宁3县风景。

上板桥水库景区：位于国道G205线南侧，距县城老隆约11千米。水库集雨面积23平方公里，最大库容1333万立方米，正常库容1080万立方米，死库容220万立方米。可开发库区水上项目、环湖徒步、垂钓等休闲旅游项目。目前建有农家山庄、民宿等设施。

滴水潭瀑布：位于锦归村桐木坑深处，瀑布高30多米，飞流直下，上部如一幅整齐而平滑的布帘，而后被扯成几个小绺，下部飞瀑四溅，如碎玉散落。滴水潭瀑布下面是滴水潭，积水面积约50平方米，水深近2米，滴水潭的东、西、北三面都是几十米高的陡峭绝壁，紧紧把水潭围住，仅留西南一个口让潭水流出。滴水潭瀑布翠藤蔓绕，环境幽静。目前尚未开发。

第七节 自然灾害

一、水灾

主要记载中华人民共和国成立后的灾情。

1952年，水灾。6月28日，突降暴雨，三、四、五区发生近二十年来未有过的水灾。

1953年5月，水灾。东江、铁场河、鹤市河沿岸山洪暴发，龙川水文站记载降雨量569.6毫米。同年秋旱，8～11月连续4个月少雨。

1960年，水灾。5月5日大雨，东江老隆水位涨4.39米，多地受淹，全县死25人。6月6日，降雨88.4毫米，鹤市地区降雨更大，上板桥水库水位暴涨，新筑水坝发生险情，水库有漫坝危险，且在距涵出口20米处冲决渠堤，威胁大坝安全。县委副书记郑伯坤、副县长陈超赶赴水库指挥抢险，动员机关、学校、附近公社大队社员投入战斗，日夜突击加高土坝，开挖溢洪道，堵塞涵口减小出流。建一座宽2米、长150米的木陡槽，把涵口排出的水引到下游。还请解放军工兵连前来支援，爆破开挖出一条50米长的临时溢洪道。投入抢险人数7000人，历时8天，战胜洪水，渡过险关。

1961年，水灾。8月16日，突遭暴雨，10个小时降雨200毫米。8月26—27日，连续降雨190毫米，为80年一遇，东江水位高72.49米，是有记载以来最高纪录。9月9日，紫市七目嶂地区连降暴雨，雨量190毫米，鹤市河沿河房屋、水稻田、水利工程悉数被毁，受灾严重。

1964年，特大水灾。6月12—16日，东江上游连续降雨300～400毫米，东江水位高73.73米，为200年一遇，创有记载以来新高，全县因灾死亡22人，鹤市、通衢墟镇被淹。

1966年6月23日，水灾。6月降雨564毫米，洪水冲垮河堤、水圳、陂头、桥梁多处，沿河两岸稻田损毁严重。

1968年6月13日，水灾。6月降雨709毫米，洪水冲垮河堤、水圳、陂头、桥梁多处，沿河两岸稻田损毁严重。

1973年4月7—8日，水灾。普降大雨，2小时降雨161毫米，2天降雨390毫米，加上4月上旬以来连续降雨，总降雨达522毫米，多地被洪水包围，多民房倒塌。

1980年，风灾、冰雹、水灾、秋旱。4月21—23日，3天降雨322毫米，4月份共降雨606毫米，是60年来最大降雨月份。

1983年，气候、水情反常，一年4次较大水灾，全年降雨量超历史，总降雨2606.2毫米。其中1—3月份共降雨量1156.5毫米，占年降雨量的44.4%。7月26日特大暴雨，3小时降雨225毫米，连续9小时共降雨327毫米，并伴有7级以上大风，雷电交加，山洪暴发，灾情严重。

1985年先后出现8次暴雨。6月24—25日受第四号台风影响，平均降雨150毫米，25日8时至26日4时仅20个小时，降雨量达222.9毫米。

1990年，出现4次暴雨和大暴雨。4月11日，降雨112毫米；6月16日，降雨127.3毫米，局部降雨253.9毫米，紫市、鹤市、通衢等镇受灾严重；7月30日，受第9号台风影响，暴雨成灾，河水猛涨，决堤漫顶，交通通信中断，涉及面广，广福村一名儿童因灾死亡。

1992年，水灾。因长时间低温阴雨，比往年提前40天进入汛期。4月份降雨量达253.9毫米，各地因土质含水量呈饱和状态而导致大范围崩山、滑坡、滑堤，水利设施受损，农田受淹。7月，受第7、8号台风影响而降暴雨，通衢镇黎公陂河堤决口，水利设施受损严重。

1995年，水灾。全县因山体滑坡倒塌房屋致死9人，洪水淹死6人。

1996年，水灾。

1997年，水灾。

1998年，水灾。

2000年，水灾。

2001年，水灾。先后遭受4次不同程度的水灾，最为严重的是3月25日，遭受龙卷风和暴雨冰雹袭击，全县经济损失5000万元。

2005年4月25日至26日，强降水。6月19日至23日，出现3天暴雨强降水天气过程。

2006年由于受强龙舟水及“珍珠”“碧利斯”和“格美”台风的影响，出现大到暴雨的降水，导致河流、山塘水库的水位暴涨。

2007年4月23—24日，受高空槽、切变线和锋面低槽的共同影响，出现强降雨过程。5月5日夜间至7日，普降大到暴雨，局部大暴雨。6月7日至10日，受低槽、南海暖湿气流和台风“风神”影响，普降暴雨，局部大暴雨。

2008年6月，大暴雨。

2010年9月2日晚，热带风暴“狮子山”携狂风暴雨袭击本县，全县平均累计降雨136.6毫米，其中累计雨量150毫米以上的镇14个。

2012年7月大暴雨。

2013年5月15—16日，龙川受大暴雨袭击，平均每小时降雨量达100毫米以上，属50年一遇。8月大暴雨。

2015年3月，大暴雨。

2015年5月3日8时至4日8时，连续24小时降雨，造成鹤市部分河段漫堤，导致大量农作物被淹。

2019年5—6月，大暴雨。

2020年6月大暴雨。通衢镇加快“6·10”“6·12”灾后家园重建工作。完成道路淤泥清理工作；修复受损道路40宗1632米；修复受损桥梁4座；修复山塘、水库6座；修复损毁堤坝1345米；修复水圳218.5米；受灾水田、农作物、水产养殖类恢复耕作生产；完成“严损户”房屋修缮14户；完成“全倒户”房屋重建5户。

二、旱灾

1901年3—4月，不雨，早造仅收三四成。

1902年，立春后大旱，至4月8日才下雨。

1915年9月，秋旱，官绅请道士巫师祈雨无效。

1942年2—4月，不雨，溪多断流，田尽裂。

1943年2—5月中旬，大旱，很多田无水开耙，延至4月才下大雨。农民把逾期打节的秧苗投插。无秧的，只好补播“大冬”。

1946年，春旱，30%稻田受旱。

1951年9月上旬至10月上旬，旱灾。

1953年，秋旱，旱情持续82天。

1955年，春夏大旱。1954年9月至1955年4月，连续8个月未下透雨，降雨总量仅279.5毫米，泉源枯竭，不少地方靠挑水、戽水给水田供水，才能插秧。县政府发动干部群众参与抗旱。

1956年4月，春旱。

1959年，春旱。

1963年，春旱。2—7月未降透雨，其中2—5月只降雨251毫米，旱情持续时间长，是百年未遇，全县受灾面积24万亩。同年秋旱。

1977年，春旱。1—4月仅降雨145.5毫米，很多田无水插秧，发动干部群众抗旱，打降雨弹。

1980年，风灾，8月至10月秋旱。

1984年，夏秋大旱。

1985年，秋旱。9月底至10月中旬滴雨未下。

1986年，秋旱。9月7日至10月16日，连旱40天滴雨未下，农田龟裂、禾苗晒死、小溪断流，严重秋旱。

1990年，夏旱。6月下旬至7月底，连续40天少雨。

1999年，春旱。2月中旬至3月上旬，连续32天干旱，严重春旱。

2001年冬至2002年，出现冬、春、夏连旱，出现自1963年以来40年一遇的严重干旱，到5月上旬，仍有不少水田无法插植，已插秧的水田基本上受旱情威胁。

2004年，全年降雨只有1118.6毫米，与往年对比减少35%，山塘水库水量严重减少。

2007年7月受到热带高压脊的影响，高温少雨天气持续25天，降水量与历史同期比偏少7成，旱情严重。

2009年冬夏秋连旱，全年降水量比历史年平均值偏少3.3成，给居民和牲畜饮水、农业灌溉造成影响。

2011年春旱，1月至4月，降水持续偏少，农作物耕种和灌溉受影响。

三、风灾、冰雹

1962年夏，狂风大作，损收三成。

1975年10月中旬，“广二”和“选二”水稻抽穗刚齐，14号台风带着寒露风突袭，气温骤降至15℃，稻穗不能结实，以致大减产。

1976年，晚造遭受寒露风袭击，数日寒若隆冬，不少禾苗被冻死，晚造损失严重。

1978年9月下旬，受寒露风影响，晚造收成锐减。

1980年3月4日，有大风冰雹。

1984年4月20日，受台风外围环流影响，风力达7级。

1987年3月10日，受高空飑线过境影响，出现了雷雨大风天气。

2000年3月26日，普降冰雹。

2005年3月22日，由于强对流天气，出现了飑线、雷雨大风天气，造成很多树木、瓦房被破坏。

四、低温阴雨、霜冻

1976年3月中旬，早造谷种已全部播下，下旬天气变坏，阴雨连绵，气温在2.7℃～8.5℃徘徊，烂秧率达60%。至清明节，各生产队改用晒场育秧，半个多月即可铲插。

2008年1月24日至2月16日受强冷空气影响，寒冷天气持续时间长，给交通、电力、种植业、养殖业造成不同程度的灾情。

五、雪灾

1950年12月27日，特大冰雪。

1975年12月7—9日，一连三天大雪。

1976年12月上旬大雪，大地皆白，雪满瓦坑，高山的竹木多被折断。

1991年12月28日，全县普降大雪。

六、虫灾

1977年，早造第二代受三化螟作祟，水稻的白穗率达30%～40%，为历史罕见虫灾。

1984年，晚造虫灾受灾面积3500亩。

1986年，早造稻瘟病严重，有些未及时施药的禾苗，只有对半收。

1991年，发生水稻三化螟灾情。

1994—1996年，连续三年发生水稻细菌性条斑病，大面积受灾。

1994—1997年，连续发生水稻稻瘿蚊虫害，大面积受灾。

2000年，发生水稻三化螟灾情。

七、地震

龙川县地处华南板块的河源—邵武地震断带中间（从西南到东北贯穿佗城到新田等镇）。据省地震数据库记载，1979—2004年，龙川境内发生小于1级地震47次，1.0～1.9级地震7次，2.0～2.9级地震11次。通衢本地总体上地震较少，震级不大。1987年8月2日寻乌发生5.5级地震，波及通衢镇。1994年9月16日下午2时21分，我国台湾海峡发生7.3级地震，本地有强震感。2012年2月16日，河源市区与东源县交界处（震中位于东源县锡场镇）发生4.8级地震，通衢镇有强烈震感，个别老房屋出现裂缝。

八、疫情

嘉庆十一年（1806年）夏，瘟疫传染，病死者众。

宣统二年（1910年），全县天花流行，病死甚多。

民国五年（1916年），龙川县鼠疫流行，一时人心惶惶。

民国七年（1918年）2月，地震数次；鼠疫流行，死人甚多，市无棺卖。

2002年11月至2003年3月，发生非典疫情。非典，即非典型肺炎，临床上称为重症急性呼吸综合征（SARS），首先在河源市区发生，后向全国扩散，一时人心惶惶。龙川县境内未出现病例。

2020年至2022年，连续3年发生新冠疫情。通衢镇成立疫情防控指挥办，下设综合协调、疫情防控、防疫宣传、物资保障、安全保卫、后勤保障等小组。层层压实责任，筑牢人民群众生命健康安全防线。加强常态化疫情防控工作，其间，进行2次疫情防控演练。推进新冠病毒疫苗接种，有效筑牢疫情防控屏障。

第三章 姓氏人口

第一节 姓氏及其来源

通衢镇本地各姓居民大多都有完整的《族谱》，流源脉络分明，记载详尽。但也有的姓氏族谱遗失，其渊源仅凭个别长者的回忆。根据本地居民的族谱资料，通衢镇本地的居民均为汉族客家人，都是在宋、元、明、清时期由邻县、邻市、邻省迁入，而原住民无历史资料可究。通衢镇本地居民现有40个姓，分别是：叶、陈、张、何、曾、黄、吴、李、崔、刘、赖、廖、徐、郑、王、钟、周、江、林、赵、傅、孙、邓、陶、马、梁、罗、谢、唐、杨、尹、巫、佘、戴、简、肖、鞠、卢、冼、卓。

表 1-3-1　　　　通衢镇本地居民姓氏基本情况一览

通衢镇居民姓氏汇总表

姓	分布村居	来　源	人口	在本地入居后传至第几代
叶	锦归村	入居祖叶应春，系全国叶姓第99代，于明代洪武末年由兴宁龙归洞移居本县蓝田坜口，后迁入玳峰南山，稍后又移居锦归梧鲞唇塘围，现传至第28代。叶应春后裔再迁至高湖村、锦太村、梅城村、梅东村、寨背村、广福村、旺茂村。今住锦归村的叶姓人，为叶氏第5代叶茂富（三房）、叶茂贵（四房）的后裔。今住高湖村的叶姓人，由锦归村梧鲞围迁入，为叶氏第5代叶茂祯（长房）、叶茂富（三房）的后裔。今住锦太村上成田的叶姓人，为叶氏第13代叶见森（由高湖花岗迁入）、第14代叶周（由锦归冷水坑迁入）的后裔。	2800	28
	高湖村		994	26
	锦太村		255	28
	旺茂村		16	
	广福村		416	26
	寨背村		936	
	梅城村		951	
	梅东村	一支入居祖叶清春由登云东山迁入，另一支由梅城村迁入。	452	
	旺茂村		21	

续表

通衢镇居民姓氏汇总表

<table>
<tr><td rowspan="10">陈</td><td>华城村</td><td rowspan="4">入居祖陈安原籍潮州市凤塘，于明洪武七年（1374年）统兵来龙川县平剿叛乱，驻军田心屯时迁入。有后裔分迁至华新村、葛藤村、儒南村、梅城村、旺宜村。</td><td>1755</td><td>26</td></tr>
<tr><td>华新村</td><td>175</td><td>26</td></tr>
<tr><td>葛藤村</td><td>754</td><td>26</td></tr>
<tr><td>儒南村</td><td>510</td><td>25</td></tr>
<tr><td>梅城村</td><td>约160年前由田心屯迁入。</td><td>70</td><td>7</td></tr>
<tr><td rowspan="2">旺宜村</td><td>一支系义门陈后裔，300多年前从兴宁市泥陂镇迁入。</td><td>1400</td><td>14</td></tr>
<tr><td>一支系华城陈氏入居祖陈安的后裔从华城村迁入。</td><td>200</td><td>4</td></tr>
<tr><td>梅东村</td><td>一支于清末由东莞茶园下迁入曲龙，另一支由登云镇梅花村迁入花树头。</td><td>663</td><td>12</td></tr>
<tr><td>太楼村</td><td>入居祖陈孟秀，大约于明代嘉靖初年由本县老隆岭西村良厚塘迁入。</td><td>113</td><td>23</td></tr>
<tr><td rowspan="8">张</td><td rowspan="5">华城村</td><td>1.入居祖张秀八，原籍江西省袁州府萍乡县三堡村平十里朱木桥。明洪武二十二年（1389年）以官骑射都尉功调田心屯卫所，在华城村开基立业。其后裔再迁至华新村、葛藤村、儒南村。</td><td rowspan="5">2987</td><td rowspan="5">23</td></tr>
<tr><td>2.入居祖张源善，原籍福建，明洪武年间迁惠州，后迁入田心屯城。</td></tr>
<tr><td>3.入居祖张晓初，原籍大埔，18岁从原籍来老隆当佣工，后经商。清道光十七年（1837年）迁入田心屯田寮下开基立业。</td></tr>
<tr><td>4.入居祖张同利，于民国十八（1929年）年迁入茶坑。</td></tr>
<tr><td>5.入居祖张祥云，原籍登云双里张屋，1936年迁入茶坑开基立业。</td></tr>
<tr><td>葛藤村</td><td>一支系华城入居祖张秀八的后裔，从华城迁入石下；另一支于清代从五华、黄布迁入桃子坑。</td><td>573</td><td>24</td></tr>
<tr><td>儒南村</td><td>系华城入居祖张秀八的后裔，从华城迁入。</td><td>560</td><td>23</td></tr>
<tr><td>华新村</td><td>系华城入居祖张秀八的后裔，从华城迁入。</td><td>118</td><td>23</td></tr>
</table>

续表

通衢镇居民姓氏汇总表

<table>
<tr><td rowspan="3">张</td><td>梅城村</td><td>入居祖张大纲，于明朝从福建省吉水迁入。</td><td>202</td><td></td></tr>
<tr><td>双寨村</td><td>入居祖张仲智，于清初从黄布镇黄屋寮迁入。</td><td>212</td><td>25</td></tr>
<tr><td>锦归村</td><td>入居祖张养蜜，是全国张姓第55代，大约于清代康熙末年由兴宁大陈下迁入锦归冷水坑，现传至第13代。</td><td>96</td><td>13</td></tr>
<tr><td rowspan="5">何</td><td>玳瑁村</td><td rowspan="4">入居祖何仲华，于明成化十三年（1477年）由兴宁迁入泰楼村，后移居玳瑁村何屋，现传至第24代。今住玳峰村的何姓人，是本域何氏的后裔。今住梅东村的何姓人，于20世纪50年代由玳峰村迁入。</td><td>2360</td><td>24</td></tr>
<tr><td>玳峰村</td><td>1170</td><td>31</td></tr>
<tr><td>锦太村</td><td>381</td><td>29</td></tr>
<tr><td>梅东村</td><td>3</td><td>3</td></tr>
<tr><td>华城村</td><td>入居祖何九经，原居佗城南门，于清康熙年间迁入华城教场下。</td><td>136</td><td>25</td></tr>
<tr><td rowspan="5">曾</td><td>华城村</td><td rowspan="2">入居祖曾秉达，于明初从江西抚州从军，充小旗来龙川田心屯，入居下东门，现有19人。清末，由部分后裔迁至华新村灯盏寨。</td><td>69</td><td>25</td></tr>
<tr><td>华新村</td><td>74</td><td></td></tr>
<tr><td>玳瑁村</td><td rowspan="3">入居祖是曾景宗和曾宗海叔侄俩，他们分别属全国曾姓第57、58代，大约于明代宣德年间由登云镇北山围迁入玳瑁石榴花，居住三四十年后，曾景宗移居太楼村，现传至第24代;曾宗海移居玳峰村曾岗围，现传至第25代。</td><td>1708</td><td>29</td></tr>
<tr><td>玳峰村</td><td>1260</td><td>24</td></tr>
<tr><td>太楼村</td><td>107</td><td>23</td></tr>
<tr><td rowspan="7">黄</td><td>梅东村</td><td>于北宋时期由江西南昌迁入。</td><td>738</td><td>23</td></tr>
<tr><td>锦太村</td><td>入居祖黄节，于明嘉靖元年（1522年）前后由本县鹤市镇大佳村迁入锦太村上成田。</td><td>178</td><td>22</td></tr>
<tr><td>葛藤村</td><td>从登云镇迁入。</td><td>168</td><td>24</td></tr>
<tr><td>梅城村</td><td>一支从鹤市镇社坑村迁入，另一支从梅东村迁入。</td><td>232</td><td></td></tr>
<tr><td>双寨村</td><td>于清初从鹤市镇迁入。</td><td>1115</td><td>21</td></tr>
<tr><td>寨背村</td><td>从鹤市社坑村迁入。</td><td>32</td><td></td></tr>
<tr><td>华城村</td><td>于1921年从鹤市镇社坑村迁入华城村牛屎坳，一世祖黄松江，现已传5代，共有13户，男丁54人。</td><td>271</td><td>5</td></tr>
</table>

续表

通衢镇居民姓氏汇总表

<table>
<tr><td rowspan="3">黄</td><td>儒南村</td><td>一支从鹤市莲坑村山纪坑迁入儒南村桃板坑，另一支是黄崇金、黄荣金兄弟俩于康熙年间从鹤市大佳村迁至葛藤坪后再迁入。</td><td>50</td><td>25</td></tr>
<tr><td>广福村</td><td>于中华人民共和国成立前从鹤市镇社坑迁入。</td><td>83</td><td>23</td></tr>
<tr><td>旺茂村</td><td>从黄布镇欧江村、登云镇天云村云路迁入。</td><td>123</td><td></td></tr>
<tr><td rowspan="3">吴</td><td>广福村</td><td rowspan="2">于明朝从五华县迁入，入居祖吴宗志，约于明万历十六年（1588 年）由五华县青塘围迁入锦太村上成田。</td><td>244</td><td>24</td></tr>
<tr><td>锦太村</td><td>1209</td><td>21</td></tr>
<tr><td>梅东村</td><td>于民国初从广福村迁入。</td><td>43</td><td>99</td></tr>
<tr><td rowspan="6">李</td><td>华城村</td><td>入居祖李火德，于明洪武年间迁入。</td><td>91</td><td>23</td></tr>
<tr><td>太楼村</td><td>入居祖李春苑约于明代崇祯初年由五华县辽湖迁入。</td><td>489</td><td>29</td></tr>
<tr><td>葛藤村</td><td>从铁场镇欧田村迁入，迁入时间不详。</td><td>295</td><td>27</td></tr>
<tr><td>梅城村</td><td>从五华县大富坪迁入。</td><td>86</td><td></td></tr>
<tr><td>双寨村</td><td>入居祖李文清，于清初从福建迁入。</td><td>53</td><td>21</td></tr>
<tr><td>儒南村</td><td>入居祖李子梅于清道光五年（1825年）从紫金县风郎山迁入，历经21世。</td><td>60</td><td>21</td></tr>
<tr><td rowspan="4">崔</td><td>玳峰村</td><td rowspan="4">崔姓入居祖崔缙孙，大约于明正统三年（1438年）由本县老隆镇板塘村迁入玳峰村，现传至第33代。今住玳峰村的崔姓人，为第3代崔时忠（长房）、崔华忠（二房）之次子崔润、崔信忠（三房）的后裔。今住高湖村寮背的崔姓人，为第3代崔华忠（二房）之长子崔琳的后裔，从玳峰村迁入。今住广福村的崔姓人，为第3代后裔，从玳峰村迁入。今住玳瑁村的崔姓人，从玳峰村迁入。</td><td>910</td><td>33</td></tr>
<tr><td>高湖村</td><td>101</td><td>27</td></tr>
<tr><td>广福村</td><td>27</td><td>21</td></tr>
<tr><td>玳瑁村</td><td>36</td><td>31</td></tr>
<tr><td rowspan="4">刘</td><td>旺茂村</td><td>由兴宁市合水迁入。</td><td>720</td><td>26</td></tr>
<tr><td>广福村</td><td>于明朝从梅州兴宁迁入。</td><td>110</td><td>25</td></tr>
<tr><td>华城村</td><td>入居祖刘洪，于清乾隆十八年（1753年）从旺茂村迁入田心屯果子园，不久移居城内大井头。</td><td>65</td><td>3</td></tr>
<tr><td>梅城村</td><td>于清朝从兴宁市岗背镇迁入。</td><td>83</td><td>21</td></tr>
</table>

续表

通衢镇居民姓氏汇总表

赖	梅东村	由福建迁入。	76	
	旺茂村	由福建迁入。	620	18
	广福村	于明朝从福建迁入。	45	17
	华城村	于清乾隆年间从五华县登山湖迁入华城村轿顶。	4	21
	儒南村	入居祖赖循富从五华县登山湖迁入儒南村麦凹。	170	12
廖	葛藤村	一支（上廖）于明朝从兴宁迁入葛藤村，另一支入居祖廖念一郎携第三子从五华县大都迁入华新村新径。1958年10月，因兴建上板桥水库，一部分廖姓人外迁至岭西、红桥、官坑、涧洞等地。现居住葛藤、华新村廖姓共有867人。	570	20
	华新村		297	19
徐	旺茂村	由江苏省泗洪县迁来。	610	23
郑	锦太村	入居祖郑元富，约于明弘治十一年（1498年）从登云镇新街村迁入锦太村郑屋。	581	23
王	儒南村	于明朝万历年间，从兴宁市石马镇迁入。	258	25
	梅城村	从兴宁市石马镇迁入。	125	
钟	华城村	一支入居祖钟定，于明末从鹤市迁入华城村公塘；一支入居祖钟杨芳，于清朝年间从鹤市芝野村迁入上教场钟屋，至今传13代；一支于1968年从黄布大广村迁入华城村石涧。	352	
	华新村	系华城入居祖钟定的后裔，从华城村迁入。	9	
	儒南村	入居祖钟缴英从五华县铁罗霸迁至华新村，后迁入儒南村南坑尾。	21	22
周	华城村	入居祖周歧山于明初从五华县水寨镇迁入田心屯东兴。	200	25
	华新村	系华城村入居祖周歧山的后裔，从华城迁入。	162	
江	华新村	入居祖江溢于清初从五华迁至田心屯，后迁至老隆镇涧洞。另一个入居祖江浩于清崇德年间随父从江西出征到蓝口清剿贼寇，后江浩留在田心屯任巡道长，清顺治年间迁入新径围岗里，1958年10月因兴建上板桥水库移居华新村。	54	
	葛藤村	系华新村立居祖江浩、江溢的后裔。原居新径，因1958年10月兴建上板桥水库移居葛藤村前星。	210	26
	广福村	从江西迁入。	23	26
林	广福村	于清朝从福建迁入。	234	22

续表

通衢镇居民姓氏汇总表

赵	葛藤村	于明弘治年间从江西省寻乌县车头村迁入田心屯，其后裔赵希荣迁至葛藤村前星。	210	26
傅	华新村	于明朝中叶从佗城镇迁入。	189	
孙	葛藤村	于明初从佗城迁入。	171	26
邓	梅东村	于清中期从五华县迁入。	83	26
	儒南村	于 100 多年前从登云镇双桥村迁入儒南村南坑尾。	70	21
	华城村	于民国十年（1921年）从登云镇新街村河岭迁入华城村白肚口。	18	4
陶	梅东村	于秦朝迁入。	148	17
马	华城村	入居祖马添奇，于明朝初期迁入。	101	23
	寨背村	由兴宁市移入。	10	
梁	玳瑁村	入居祖约于明代嘉靖末年迁入玳瑁村梁屋。	98	
罗	寨背村	由兴宁市福兴镇迁入。	75	
谢	梅东村	从龙母镇洋田村迁入。	4	
	梅城村	从江西省迁入。	58	
唐	梅城村	从丰稔镇迁入。	60	
杨	梅东村	从紫市镇迁入。	55	
尹	梅城村	从河南省迁入。	52	
巫	葛藤村	于清朝中期从田心镇下塔迁至华新村新径，因 1958 年 10 月兴建上板桥水库，移居葛藤村前星。	48	25
余	华城村	于明代中叶从江西迁入。	41	23
戴	梅城村	于明代从兴宁迁入。	35	
简	华城村	于明初从福建迁入华城村坳尾。	28	24
肖	儒南村	约 300 年前，从兴宁市迁入儒南村麦坳。	22	21
鞠	梅城村	于明初从江西迁入梅城村，有后裔迁黄布金鱼约。清宣统年间第十六世鞠子容从黄布返迁通衢墟。	15	21
	梅东村	于 20 世纪 50 年代由梅城村迁入。	4	21
卢	华新村	入居祖卢观发，于 1929 年迁至田心屯果子园后，移居华新村。	10	
冼	梅城村	于明朝从紫金县迁入。	3	
卓	玳瑁村	入居祖卓伟均，于 1957 年从五华县歧岭镇双山村迁入玳瑁村龙阁楼。今全部人口迁移外地。	20	3

第二节 人口状况

近20年来，在通衢镇周边的佗城坑子里、四甲牛背岭、附城龙台、紫市坪岭头、九龙岗、登云东山鲤鱼山、龙母墟背、车田陈屋、枫树坝五合等地发现大批石刀、石斧、石锄、石箭、石环等先民用具，以及方格纹、米字纹等陶片。这些先民遗物经科学鉴定属新石器时代中晚期遗物。可见早在三千多年前就有人类在通衢这块土地上生存活动。龙川自秦始皇三十三年（公元前214年）建县以来，历经秦、汉、唐、宋、元、明、清等朝代，生生不息。

宋代以前，通衢镇人口数据无从查考。

中华人民共和国成立后，通衢镇随着生产的发展，人口迅速发展。1982年7月第三次人口普查时，通衢公社、锦归公社总人口32176人（通衢公社20848人，锦归公社11328人）。1990年7月第四次人口普查时，通衢镇、锦归乡总人口29980人（通衢镇19468人，锦归乡10512人）。2000年11月第五次人口普查时，通衢镇、锦归镇总人口35188人（通衢镇21968人，锦归镇13220人）。2010年11月第六次人口普查时，通衢镇人口20420人。2020年11月第七次人口普查时，通衢镇常住人口17333人。2020年底，通衢镇户籍人口38057人，其中男性19673人，占51.7%，女性18384人，占48.3%。年龄结构：18岁以下8824人，占23.2%，18～38岁9399人，占24.7%，39～60岁13275人，占34.9%，60岁以上6559人，占17.2%。2022年，通衢镇户籍人口37909人，其中男性19696人，女性18213人。年龄结构：18岁以下8279人，18～35岁8764人，35～60岁13666人，60岁以上7200人。

通衢镇2010—2022年人口情况，如表1-3-2所示：

表 1-3-2

通衢镇2010—2022年户籍人口情况

单位：人

年份	年末总户数（户）	年末总人口												常住人口			
		合计	城镇人口	乡村人口	性别		年龄				出生情况			常住人口	计划生育人口系统数据		
					男	女	18岁以下	18~35岁	35~60岁	60岁以上	合计	男	女		常住人口	出生率‰	死亡率‰
2010	10541	39108	1413		19878	19230	9573	12092	12219	5224				20420	37795	14.18	5.3
2011	10990	39526	1398		20058	19468	9582	12311	12022	5611				20512	26443	14.92	5.47
2012	11061	38764	1223		19769	18995	9397	12448	12060	4859				20532	28388	10.26	3.31
2013	11442	39366	1134		20087	19279	9446	12615	11914	5391				20533	34772	12.13	7.03
2014	11319	39765	1115		20292	19473	9538	13149	11833	5245	717	384	333	20484	21121	13.1	6.7
2015	11062	39397	1022	38375	20141	19256	9507	12541	11812	5537	621	328	293	19912	19457	15.7	6.74
2016	11613	39518	5067	34451	20169	19349	9534	11582	12392	6010	644	314	330	19912	19457	15.7	6.74
2017	11620	39387	4988	34399	20160	19227	9485	11056	12633	6213	568	272	296	19614	17736	15.77	9.1
2018	11560	38765	4888	33877	19952	18813	9290	10416	12714	6345	555	300	255	18883	17279	14.62	11.48
2019	11621	38384	4827	33557	19823	18561	8980	9793	13012	6599	398	213	185	18034	17320	12.72	10.75
2020	11596	38057	4714	33343	19673	18384	8824	9399	13275	6559	448	246	202	17333	17174	11.6	11.02
2021	11652	37866	4677	33189	19635	18231	8560	9030	13509	6767	296	163	133				
2022	11767	37909	4659	33250	19696	18213	8279	8764	13666	7200	247	138	119				

表 1-3-3　　通衢镇2010—2020年常住人口与计划生育数据情况

2010年（跨年度2009年10月至2010年9月）	常住人口	计划生育原始报表数据		
		总人口	出生率（‰）	死亡率（‰）
	20420	37795	14.18	5.30
2011年（跨年度2010年10月至2011年9月）	常住人口	计划生育原始报表数据		
		总人口	出生率（‰）	死亡率（‰）
	20512	26443	14.92	5.47
2012年（自然年1月至12月）	常住人口	计划生育全员人口系统数据		
		总人口	出生率（‰）	死亡率（‰）
	20532	28388	10.26	3.31
2013年（自然年1月至12月）	常住人口	计划生育全员人口系统数据		
		总人口	出生率（‰）	死亡率（‰）
	20533	34772	12.13	7.03
2014年（跨年度2013年10月至2014年9月）	常住人口	计划生育全员人口系统数据		
		总人口	出生率（‰）	死亡率（‰）
	20484	21121	13.1	6.7
2015年（跨年度2014年10月至2015年9月）	常住人口	计划生育全员人口系统数据		
		总人口	出生率（‰）	死亡率（‰）
	20157	20025	14.44	7.24
2016年（跨年度2015年10月至2016年9月）	常住人口	计划生育全员人口系统数据		
		总人口	出生率（‰）	死亡率（‰）
	19912	19457	15.7	6.74
2017年（自然年1月至12月）	常住人口	计划生育全员人口系统数据		
		总人口	出生率（‰）	死亡率（‰）
	19614	17736	15.77	9.1
2018年（自然年1月至12月）	常住人口	计划生育全员人口系统数据		
		总人口	出生率（‰）	死亡率（‰）
	18883	17279	14.62	11.48
2019年（自然年1月至12月）	常住人口	计划生育全员人口系统数据		
		总人口	出生率（‰）	死亡率（‰）
	18034	17320	12.72	10.75
2020年（自然年1月至12月）	常住人口	计划生育全员人口系统数据		
		总人口	出生率（‰）	死亡率（‰）
	17333	17174	11.6	11.02

第三节 计划生育

中华人民共和国成立后，制定《中华人民共和国婚姻法》，实行一夫一妻制。1964年，开始宣传晚婚。按照国家政策规定，城镇男28周岁、女25周岁，农村男25周岁，女22周岁为晚婚标准。1965年晚婚标准改为男25周岁、女23周岁。1980年新婚姻法实施后，晚婚逐年下降。近年来，由于城市化、工业化进程加快，晚婚现象又逐年上升。

中华人民共和国成立初期，1949年至1953年，是鼓励生育的阶段，严格限制节育和人工流产，人口发展无计划、无限制。由于受到“养儿防老、多子多福、传宗接代”等封建生育观影响，1950年至1957年，通衢镇出现第一次人口生育高峰；1958年至1961年，由于三年国民经济困难，人口增长速度有所下降；1962年至1972年，人口快速增长，出现第二次人口生育高峰。1973年至1980年，是提倡节育的阶段：1970年以后，普遍宣传和实施计划生育，且力度越来越大。1971年国务院转发卫生部军管会、商业部、燃料化学工业部《关于做好计划生育工作的报告》提出“一个不少，三个多，两个刚刚好”的口号，全面开展计划生育工作，人口增长速度有所控制。1980年至2001年是严格执行计划生育政策的阶段：1982年，党中央把计划生育确定为国家的基本国策，全面推行晚婚、晚育，一对夫妻生育一个子女，各地实行计划生育目标任务，强化计划生育工作措施，效果显著，人口出生率与人口自然增长率得到明显控制。2011年11月，《中华人民共和国人口与计划生育法》实施后，实行“双独二胎”；2013年，实施一方是独生子女的夫妇可生两个孩子的政策；2016年1月，全面放开二孩政策；2021年8月，《中华人民共和国人口与计划生育法》修改，全面开放三孩政策。

通衢镇与各地一样，经历从中华人民共和国成立初期人口快速增长，到提倡节育，再到实施计划生育、严格控制人口增长的过程。为落实计划生育政策，通衢镇、锦归镇（乡）分别设立了计划生育办公室及计划生育服务所，并在村级设立计划生育专干。通衢镇计划生育办公室历任主任：叶云辉、陈斌城、陈碧霞；锦归镇（乡）计划生育办公室历任主任：叶俊明、叶书利。2014年后，国家逐渐放松计划生育管理，生育率有所回升，2015年通衢镇人口生育率达到15.7‰，但以后又呈下降趋势，至2020年仅为11.6‰，本地户籍人口呈下降趋势，人口结构正在发生变化，少子化、老龄化问题已开始呈现。

第四节 人口流动

中华人民共和国成立前，人口可以自由流动。由于中国属半封建半殖民地式的生产关系，大部分土地为私有，人们可以通过买卖土地实现人口迁移流动。自秦平南越后，中原汉族居民逐步南移迁徙，与龙川当地先民杂居融合，后客家先民多次南迁入境，经二千余年的历史沧桑，现在龙川已成为汉族客家人密集居住的地方。从通衢镇本地居民保留下来的族谱可以看出，通衢本地居民大多是从兴梅地区迁移而来，各姓群众的祖先在通衢本地立基的时间都不长，较长的也不足1000年。而原住民无一存者，也无历史资料可究，仅留下一些遗迹及一些仍按原住民姓氏命名的地名。

1958年1月，颁布了《中华人民共和国户口登记条例》，确立一套严格的户口管理制度，严格限制农民进入城市，限制城市间人口流动，在城市与农村之间构筑了一道高墙，形成城乡分离的“二元经济模式”。在农村土改分田后，由土地分给农户，到合作化，再到公社化，实行土地公有制，大部分土地属生产队所有，农民的身份关系也归属于生产队，农村之间农民的人口流动极少。1978年国家实施改革开放政策后，各地经济快速发展，特别是作为改革开放“领头羊”的深圳经济特区，经济发展更为迅速，一方面经济特区的发展需要大量的劳动力，另一方面农村在实行联产承包责任制后，产生大量的富余劳动力需另找出路，因而出现了“东西南北中，发财到广东”的现象。通衢镇有大量的中青年人到珠三角地区（特别是深圳、广州、东莞、惠州等地区）务工。由于深圳经济特区于1982年6月设立人口管理关卡，其他地区的人员需持有边防证才可进入深圳经济特区，当时办理一张进入深圳的“特区边防证”，要经过单位政审、派出所核查、公安局办证3个程序。2008年1月，边防证正式停止办理。至2018年，经国务院批准撤销深圳经济特区管理关卡。随着大量人口到珠三角地区务工，需要在当地长时间居住，1984年广东省开始实施暂住证制度。外地务工人员凭劳动合同或居委会居住证明可办理《暂住证》。2015年10月《居住证暂行条例》实施后，《暂住证》改为《居住证》。

在改革开放政策后，通衢镇人口不断流出。据龙川县统计局统计，通衢镇2020年户籍人口为38057人，常住人口只有17333人，常住人口只占户籍人口的45.5%，很多人口虽然户籍仍登记在本镇，但人已长期在外地居住，以至于在本地常住的人口已不足本地户籍人口的一半。

第四章 街道

通衢街道，位于通衢镇梅城村内，是通衢镇府机关所在地，距县城老隆约13千米。

因唐朝开通的广东东线官驿途经通衢，从而逐渐形成了通衢街道。北宋时期设通衢驿站，明初置通衢巡检司并改设通衢马驿站，都有力推动了通衢街道发展。明嘉靖四十四年（1565年），由官方主导和出资，民间募捐和劳作，在原通衢驿站砖城基础上扩建通衢砖城，城内有一直街（即古驿道通衢街段），均由鹅卵石铺成，故称为“石街”。此直街设有米行、纸行、盐行、猪行等店铺，主要经营布匹、杂货、药材、副食、熟食等。抗日战争时期，为便于民众疏散而躲避日寇飞机轰炸，当局遂下令拆除通衢旧城垣。

中华人民共和国成立后，通衢街道保留了原有的直街（即老街），街道除原有的商业店铺、邮电所外，陆续进驻了供销社、手工业社、照相馆、食品站、书店、农机站等单位，集市贸易也逐渐热闹起来。1979年后，通衢镇（公社、区）通过政府主导，多方集资的方式，斥资整修了旧街道，新建街道2条，增建了农贸市场，文化站、农行、信用社、工商所、邮政电信、供电所等单位先后新建了办公大楼，街道都铺筑了水泥路面。21世纪初，随着深圳宝安（龙川）产业转移工业园落户通衢，通衢街道于2014年规划并新建了东门直街。至2022年，通衢街道已有明显扩展，有店铺200多间，街道容貌焕然一新，商贸活动日益繁荣。

第五章 各村（社区）村情概况

第一节 玳瑁村

玳瑁村位于通衢镇东部，北靠玳瑁山，东与五华县毗邻，南、西南与玳峰村交界，西北与锦归村相连，四面环山，水域充足，环境优美，距通衢墟镇7千米。玳瑁村有何、曾、崔、梁、卓、徐6个姓氏，共有785户3133人，常住人口1050人。该村分为4个自然村：星光、庐江、星东、红龙；有23个经济合作社：星一、星二、星三、益群、东兴、马岗、光明、石榴花、联丰、延风、曙光、红日、联新、旭日、旭东、新兴、新联、龙一、龙二、红中、红星、红光、红联。耕地面积2380亩，其中水田1285亩，旱地1095亩；山地11500亩。村支部设书记1名，副书记1名，委员1名；村委会6人，主任1名，副主任1名，委员4名。

中华人民共和国成立初期，实行区、乡、村制，在全县（龙川县，余同）设五个区，玳瑁属鹤市区锦归乡管辖。1952年3月，实行小区小乡制，全县共辖十三个区186个乡镇。玳瑁属龙川第四（通衢）区锦归乡管辖。1955年6月，龙川第四（通衢）区改称通衢区，玳瑁属通衢区锦归乡管辖。1957年12月，全县撤区建乡，通衢区分为通衢乡、登云乡，玳瑁属通衢乡管辖。1958年10月，撤乡建公社，玳瑁大队属鹤市人民公社管辖。1959年7月，由鹤市公社分出通衢公社，玳瑁大队属通衢公社管辖。1978年，通衢公社析置锦归公社，玳瑁大队属锦归公社管辖。1983年11月，玳瑁乡属锦归区管辖。1986年12月，锦归区改为锦归乡，玳瑁管理区（村）属锦归乡管辖。1993年10月，锦归乡改为锦归镇，玳瑁管理区属锦归镇管辖。1999年，管理区建制改设行政村，玳瑁村属锦归镇管辖。2003年5月，撤销锦归镇，原辖区并入通衢镇，玳瑁村属通衢镇管辖。

玳瑁村主要道路是省道S341线和村道。省道S341线（牛屎坳至五华县双头墟），于1974年全面通车，是龙川县的骨架公路之一。该线按山岭重丘三级路标准施工，路基宽8.5米，路面宽7米，1996年全线铺设水泥路面。村内道路皆已实现硬底化，并安装了路灯。

村内建有村级小学1所（玳瑁小学），曾是锦归镇中心小学，开设一至六年级，在校学生223人。2011年撤销，并入鑫辉小学还建有1所幼儿园，在园儿童130人。

玳瑁村有小（二）型水库松塘水库1座，库容正常为27万立方米，最大33万立方米，灌溉面积630亩。

种植、加工杭白菊是玳瑁村的传统产业。由于玳瑁村位于龙川县通衢镇大嵋山脚下，四面环山造就独特的“山地中小盆地”地形及气候，很适合杭白菊生长。“熟蒜头”“菊花干”，是玳瑁村品牌农产品。玳瑁村于1969年从浙江桐乡引入了杭白菊花种苗，经过二十多年的种植改良，已初具规模。1999年秋，在锦归镇政府的重视下，又从浙江桐乡引进优选杭白菊品种，鼓励和支持村民种植，现在已经成为该村主要经济作物。玳瑁杭白菊用玳瑁河水灌溉，施用农家肥，纯手工采摘、蒸煮杀青后自然晾晒，质地优良，可当药用，也可作茶饮。

玳瑁村有丰富、优质的石灰石资源，原锦归乡政府所属的玳瑁石灰厂、玳瑁石料厂、玳瑁水泥厂曾经设在玳瑁村。玳瑁石灰厂始建于1913年，开始是挖井开采石灰石，建造石灰窑烧制石灰。至中华人民共和国成立前，共建有12座小型间歇石灰窑。1953年，该采石井、石灰窑收归通衢供销社经营，有40多名职工。1959年后转由通衢公社经营，至1978年后由锦归公社经营，随着投入的增加，生产规模不断扩大，产量、产值也不断提高。玳瑁石灰厂主要产品包括石灰、石灰粉等。

玳瑁村曾是锦归镇（乡）政府机关所在地。1987年9月，锦归乡（镇）政府机关从锦归村新桥墟迁入。随着乡（镇）政府机关的迁入，一些企事业单位进驻到玳瑁村，包括锦归供销社、锦归信用社、锦归税务站、锦归畜牧站、锦归食品站等，这些企事业单位后来也随着锦归镇政府的撤销而撤离。通衢镇敬老院设在玳瑁村。

玳瑁村曾有驻军。1962年6月，中国人民解放军某营驻扎在玳瑁村芦江一带，不久撤走。1964年，中国人民解放军某营驻扎在玳瑁村马岗一带，1965年迁至石榴花。1971年6月，在玳瑁村石榴花设立中国人民解放军陆军505野战医院（团级单位），该医院除为部队服务之外，也对地方开放，于1985年冬大裁军整编时被撤编。1991年9月，中国人民解放军陆军某高炮营进驻原陆军505野战医院设于玳瑁村石榴花的院区，至1994年9月撤离。1997年10月，中国人民解放军广州军区设立军事监狱劳教队，进驻玳瑁村石榴花原陆军某高炮营营区，至2013年3月撤编。

玳瑁村有光荣革命历史。新民主主义革命时期，玳瑁村是中共兴龙县委领导的游击队活动区，村民何亚明于1933年参加中共兴龙县委领导的驳壳队，1934年8月在锦归村冷水坑战斗中牺牲。

玳瑁村曾有一个集市，叫坳子墟，位于玳瑁村东北部与五华县境交界处。该集市兴起于明代景泰年间至嘉靖年间，路两边建起店铺，开设百货、药材、染布、禽畜交易、客栈等。每逢农历一、四、七日为墟日，周边居民都前来赶集，市面繁荣热闹，成为名噪一方的商品集散地。至清代后逐渐冷落，目前仅有一座庙址。

近年来，为提高农村居民生活质量，玳瑁村投入近100万元，在庐江自然村打造集健身、娱乐、休闲于一体的文体广场。该广场占地面积8.8亩，绿化面积70%，采用园林式建筑，设有长廊、花坛。广场内绿化整洁、树木茂盛，空气清新。村民们可以在广场上打球、跳广场舞、看电影等。近年，玳瑁村曾获得“河源市文明村镇”等荣誉称号。

表1-4-1　　　　玳瑁村历届党支部书记、村委会主任名录

姓名	性别	任职时间	职务	备注
崔　祥	男	1952—1953 年	乡长	玳瑁乡
崔庆禄	男	1953—1956 年	乡长	玳瑁乡
崔松胜	男	1956—1965 年	书记、主任	玳瑁大队（乡）
罗坤林	男	1965—1967 年	书记、主任	玳瑁大队
曾道华	男	1967—1970 年	书记、主任	玳瑁大队
何荣奎	男	1970—1976 年	书记、主任	玳瑁大队
何发欣	男	1976—1977 年	书记、主任	玳瑁大队
何炳香	男	1977—1978 年	书记、主任	玳瑁大队
何发欣	男	1978—1981 年	书记、主任	玳瑁大队
何甘州	男	1981—1989 年	书记、主任	玳瑁大队、乡、管理区（太楼并入玳瑁乡）
曾友源	男	1989—2014 年	书记、主任	玳瑁管理区、村
何华宗	男	2014—2020 年	书记、主任	玳瑁村
何　强	男	2020 年—	书记、主任	玳瑁村

玳瑁村地名：

玳瑁村。因原辖区内有两个形似玳瑁的山，故名。

冬瓜艮。因从前村里人都以冬瓜为主要经济作物，且村落建在山坡上，故名。

大　圳。因村落边有一条深水沟，故名。

莲塘角。因以前有一大片长满莲花的池塘，该村位于其侧端，故名。

岭背塘。因该村落位于一座山岭的背面，地势低洼，故名。

山　下。因村落地处山脚下，故名。

竹园下。因村落周边均是竹林山地，故名。

金龟洞。因传说该地有处山洞曾出现过金龟，故名。

柯树园。因村落周围柯树多，故名。

赖石湖。因旧时赖姓人家与石姓人家相隔一个大湖，故名。

莲塘尾。因以前有一大片长满莲花的池塘，该村位于莲塘的尾部，故名。

梁　屋。因最初梁姓人家在此屋聚居，故名。

龙阁楼。因该座建筑规模壮观，气势磅礴，工艺精美，故名。

马　岗。因此地山形似马鞍，故名。

棉地里。因建村时村落棉花茂盛，具有花开富贵的意思，故名。

上山塘。建村时，因村靠大山，大山上有口天然大山塘，故名。

石榴花。因该地以前种有很多石榴树，每逢石榴花开放时十分美丽，故名。

塘头里。因村中心有口池塘，该处位于其前端，故名。

旺田围。因该地村民认为肥水不流外人田，故名。

新　街。因村落地平面阔而集中，逐步形成集市，故名。

崎岭崀。因其山路崎岖、凹凸不平，故名。

第二节 玳峰村

玳峰村位于通衢镇东部，距通衢墟镇6.5千米，北以玳瑁河为界与玳瑁村相邻，西以锦归河为界与锦归村毗邻，南以曾岗畲山脉、尖栋山山脉为界与高湖村、锦太村相连。玳峰村一共有4个自然村、21个经济合作社。崔屋自然村（东星、星峰、星塘、星五、中心屋、高峰、桥头）、南山自然村（雄星、雄东、田心、朝东、红心、辉东、辉煌）、勤丰自然村（江岭、江环、江围）、台丰自然村（五高、五峰、中峰、红东）。2020年，全村户籍有866户、3340人。2022年玳峰村有党员总数66名，正式党员66名，村“两委”干部7人，村支书兼村主任1名，副书记、副主任各1名，村委会委员4名。村委办公楼建在崔屋，为3层钢筋水泥结构，面积约500平方米。

中华人民共和国成立初期，实行区、乡、村制，在全县设5个区，玳峰属鹤市区锦归乡管辖。1952年3月，实行小区小乡制。玳峰属龙川第四（通衢）区锦归乡管辖。1955年6月，龙川第四（通衢）区改称为通衢区，玳峰属通衢区锦归乡管辖。1957年12月，全县撤区建乡，通衢区改为通衢乡、登云乡，玳峰属通衢乡管辖。1958年10月，撤乡建公社，玳峰管理区属鹤市人民公社管辖。1959年7月，由鹤市公社分出通衢公社，玳峰大队属通衢公社管辖。1978年，通衢公社析置锦归公社，玳峰大队属锦归公社管辖。1983年11月，玳峰乡属锦归区管辖。1986年12月，锦归区改为锦归乡，玳峰管理区（村）属锦归乡管辖。1993年10月，锦归乡改为锦归镇，玳峰管理区属锦归镇管辖。1999年，管理区建制改设行政村，玳峰村属锦归镇管辖。2003年，撤销锦归镇，原辖区并入通衢镇，玳峰村属通衢镇管辖。

玳峰村坐落于山间谷地，村境内主要山岭有尖栋山，高约400米；大嵋山，高约956.9米，玳峰村三面环山，一面环水，中间丘陵盆地有一条锦归河流，河水从太楼流经村内，大片水田靠近河边，方圆3平方公里。玳峰村耕地面积1340亩，其中水田面积938亩，人均耕地面积0.28亩；林地面积7500亩。玳峰村民主要耕种水稻，兼种植花生、大豆、玉米、蔬菜、番薯、香芋、菊花、水果等农作物。村民主要收入靠种养和外出务工。

玳峰村主要道路是省道S341线和村道。省道S341线又叫牛双线（牛屎坳至五华县双头镇），于1974年全面通车，是龙川县的骨架公路之一，按山岭重丘三级路标准施工，路基宽8.5米，路面宽7米，1996年全线铺设水泥路面。目前村内道路都实现硬底化，并安装路灯。

玳峰小学是一所六年制小学，创立于1971年，学生人数最多时达400人，1983年和2004年分别兴建一栋钢筋水泥结构的教学楼；2011年，该校撤销，并入鑫辉小学。

玳峰村有崔、何、曾3个姓氏，建有崔氏、何氏、曾氏宗祠。村民均为汉族，客家民系，使用客家方言。

玳峰村内有两座形状独特的山（雄龟山和雌龟山）。雌龟山坐落于玳峰村西北部的锦归河东岸，由两座小山岗组成，远处俯瞰，犹如一只刚爬上河岸的乌龟。雄龟山位于玳峰村东部，由2座小山和2个山坡组成，站在高处俯视，酷似一只由东向西趴在小河岸边，即将被鱼钩钩住的探头伸颈向上的乌龟。雄龟山、雌龟山分别位于村东、村西，村民根据“雌大雄小”的特征，来命名2座酷似乌龟小山岗，小的叫雄龟山，大的叫雌龟山。据说“锦归”的地名，就起源于这两座龟山，称“金龟”。

玳峰村有光荣的革命历史。新民主主义革命时期，玳峰村是中共五兴龙县委领导的游击队活动区。村里主要革命人物有崔兰（1904—1930年）。崔兰又名如平，玳峰村崔屋人，1923年加入广州手车工会，投身工人运动，次年参加工团军平息广州商团反革命暴乱，1925年加入工人纠察队参加省港大罢工，1927年5月加入中国共产党。1927蒋介石叛变革命后，他与叶卓等同志奉命回乡发展农会，巩固农军，配合东江大暴动，进军鹤市失败后遭通缉。组织转移后，又潜往梅县，参加叶剑英同志领导的武装起义。1929年3月任龙（县城）老（隆）鹤（市）区委书记。任职期间，不怕艰险，工作出色，被上调五兴龙中心县委任军事委员，1931年10月，被诬为“AB”团分子，在兴宁大坪双头山枫树坑遇害，时年27岁。1986年2月被龙川县人民政府追认为烈士。

近年来，玳峰村党总支部团结一致，全心全意服务于人民，努力建设富裕、文明、美丽、和谐社会主义新农村。村党总支部曾被中共龙川县通衢镇委评为“先进党支部”，被中共龙川县委评为“先进基层组织”，也曾被评为龙川县“优秀村”“文明村”和“广东省卫生村”。

表1-4-2　　玳峰村历届党支部书记、村委会主任名录

姓 名	性别	任职时间	职务	备注
崔庆周	男	1951—1953年	乡长	玳瑁乡
崔庆禄	男	1953—1956年	书记、主任	玳瑁乡
崔松胜	男	1956—1965年	书记、主任	玳瑁大队（乡）
曾森庆	男	1966—1978年	书记、主任	玳峰大队
曾凡茂	男	1978—1994年	书记、主任	玳峰大队、乡、管理区
曾新福	男	1994—1998年	书记、主任	玳瑁管理区、村
曾凡兴	男	1998—2016年	书记、主任	玳峰村
崔文生	男	2016—2017年	书记、主任	玳峰村
何金坤	男	2017—2020年	书记、主任	玳峰村
曾新坤	男	2020年 —	书记、主任	玳峰村

玳峰村地名：

玳峰村。从玳瑁分出时，为区分玳瑁，又因本村内前后都有出名的山峰（前玳瑁，后尖栋），故名。

曾岗艮。因旧时该村落多姓曾，且附近多山岗，故名。

柏水塘。因村落位于水塘附近，周围多柏树，故名。

北岭顶。因村落倚靠北岭顶这座山，故名。

曾岗围。因其位于曾岗村附近，且被山岗包围，故名。

崩岗头。因村建在崩岗头山脚下，故名。

崔　屋。因最初为崔姓人在此开村，故名。

岭排里。因村落依傍山岭下而建，故名。

楼　下。旧时，郑氏祖宗分房，为防盗窃建起角楼，后来村民陆续在其附近山边建起楼房，故名。

上　屋。因所建房屋在村中地势较高，故名。

上新屋。因在老屋的上方新建房，故名。

田心里。因村位于盆地中央，四围均为农田，故名。

下　坝。因此地为洪水冲积而成的坝地，又是新街地形最低的地方，故名。

下　岭。因村落建造在山岭下，故名。

下　屋。因位于聚集居住的老屋下方，故名。

旱水坑。因居民点位于山坑处（坑为溪谷之意），因其村落所处山坑缺水多旱，故名。

后　岗。因其村落前方有一座山岗，故名。

老井头。因其村有一口古井，故名。

第三节 太楼村

太楼村位于通衢镇东南部，距通衢墟镇约12千米。东与五华毗邻，南接锦太村，西与高湖村、玳瑁村相连，北与玳峰交界。有上村、下村2个自然村，4个片（后岗、池塘、陈屋、径口），9个村民小组。2022年全村有286户、1056人。党支部下设2个党小组，有党员28人，村干部5人。

中华人民共和国成立初期，实行区、乡、村制，太楼属鹤市区锦归乡管辖。1952年3月，实行小区小乡制。太楼属龙川第四（通衢）区锦归乡管辖。1955年6月，龙川第四（通衢）区改为通衢区，太楼属通衢区锦归乡管辖。1957年12月，通衢区分为通衢乡、登云乡，太楼属通衢乡管辖。1958年10月，撤乡建公社，太楼大队属鹤市人民公社管辖。1959年7月，由鹤市公社分出通衢公社，太楼大队属通衢公社管辖。1978年，通衢公社析置锦归公社，太楼大队属锦归公社管辖。1983年11月，太楼并入玳瑁乡属锦归区管辖。1986年12月，小乡建制改设管理区，太楼管理区属锦归乡管辖。1993年10月，锦归乡改为锦归镇，太楼管理区属锦归镇管辖。1999年，管理区建制改设行政村，太楼村属锦归镇管辖。2003年，撤销锦归镇，原辖区并入通衢镇，太楼村属通衢镇管辖。

太楼村民有李、陈、曾3个姓氏。李姓于明崇祯初年从五华华城迁入，陈姓于明嘉靖初年从老隆岭西良厚塘迁入，曾姓于明正统年间从玳瑁村石榴花迁入。世居村民均为汉族，客家民系，使用客家方言。

太楼村主要道路是乡道169线和村内道路。乡道169线北边在锦归村与县道X152线连通，南与乡道202线连通。村内道路都实现硬底化，并安装路灯。

太楼村耕地面积665亩，其中水田面积527亩，旱地138亩；林地面积8870亩。村民传统以从事农业为主，主要种植油茶、水稻、瓜果，饲养牲畜等。主要收入靠农业生产及外出务工。太楼村有不少村民从事腐竹加工。太楼村地处山区，村民历来较重视山林管理。20世纪60年代，太楼村曾兴办河山坑林场，封育松杉林300多亩。

太楼村于1941年创建“私立文新小学”，学生有三十多名。解放后太楼并锦太改名为“锦太小学”，学生有300多人。1956年后改名“太楼小学”，后因外出务工人口增多导致在家读书学生人数下降。2011年整合资源，太楼小学合并至通衢镇锦归鑫辉中心小学，同时保留一至三年级班级教学点。2017年开始，太楼小学没有再设班级，校舍改为村委会办公楼。

太楼村于1984年通电，20世纪90年代通电话，2012年通自来水，2014年通网络。2020年，村中办起医疗站、文化娱乐中心，建起水泥球场。每逢春节，村委会都以自然村为单位组织篮球、拔河、广场舞等比赛活动。2012年，太楼村被龙川县委、县政府评为“文明村”。

位于玳峰村东部，镇属龙下水电站，从太楼村径口拦截河水，经100多米引水渠，穿越110多米长的隧道后取80多米落差发电，装机1台，装机容量 75千瓦，设计水头65m,设计流量0.2m/s,年均发电量约14.4万kWh。目前处于正常运行状态，从业人员2人。

太楼村有光荣的革命历史。1948年正月底，中共领导的川南游击队约50人在礤头（太楼村旧称）组织民兵集训。农历二月初一，遭到国民党县自卫队何乙添中队、乡自卫队及地主武装200多人“围剿”。在突围战中，游击队员叶忠、廖洋、廖仔，民兵崔继添不幸被俘杀害。

表1-4-3　　太楼村历届党支部书记、村委会主任名录

姓 名	性别	任职时间	职 务	备注
李亚日	男	1950 —1953 年	乡长	锦太乡
叶添才	男	1954 —1956 年	书记、主任	太楼乡
叶剑文	男	1957 —1960 年	书记、主任	太楼乡大队
王金华	男	1961 —1963 年	书记、主任	太楼大队
崔庆禄	男	1964 —1966 年	书记、主任	太楼大队
陈木松	男	1967 —1977 年	书记、主任	太楼大队
李学文	男	1978 —1980 年	书记、主任	太楼大队
李伯周	男	1981 —1986 年	副乡长	玳瑁乡（太楼并入）
李浩华	男	1987 —2014 年	书记、主任	太楼管理区、村
李伯兴	男	2014 —2020 年	书记、主任	太楼村
何雪珍	女	2020 年 —	书记、主任	太楼村

太楼村地名：

太楼村。取自原名磜头的象生字，故名。

池塘口。因其村落多池塘，且位于村口，故名。

岗子里。因开村时在山岗中间建设房子，故名。

楼　子。因村落的房子楼房居多，故名。

石来口。因村落有好多大石头，这些石头给村民经济生活和居住建筑提供了便利，带来了好运，故名。

陈　屋。因陈姓在此落居建房，故名。

黄猄塘。因明清时期，此处山中多黄猄，故名。

径　口。原称过山窝、径背，上榴村通往磜里必经道路，两边环山、地形狭小，故名。

岭　下。因在玳瑁山脚下，有山坡山地，故名。

砾　头。因该村奇形怪状石头多，有人叫其石头村，后村民改称砾头，故名。

第四节 锦太村

锦太村（原地名为成田）位于通衢镇东南部，距离通衢墟镇约10千米，东、南部毗邻五华县，西与紫市、鹤市相连，北与高湖、太楼交界。乡道Y169线从村中经过。村落坐落于山间谷地，有钨矿和铁矿等自然资源。村中主要山岭有鸡公岭山，高约600米；太子山，高约800米；文角山，高约600米。全村耕地面积1239亩，林地面积11736亩。锦太村现有锦联、水口、寨里、郑屋4个自然村；有22个村民小组，分别为锦联一至六村民小组、水口一至七村民小组、寨里一至六村民小组、郑屋一至三村民小组。截至2022年，全村有720户，户籍人口2542人，其中男性1363人，女性1179人；80岁以上112人，最年长者97岁(女)。村委会共有干部6人；党支部共有党员48人，下设3个党小组。

中华人民共和国成立初期，实行区、乡、村制，锦太属鹤市区锦归乡管辖。1952年3月，实行小区小乡制。锦太属龙川第四（通衢）区锦归乡管辖。1955年6月，龙川第四（通衢）区改为通衢区，锦太属通衢区锦归乡管辖。1957年12月，全县撤区建乡，通衢区分为通衢乡、登云乡，锦太属通衢乡管辖。1958年10月，撤乡建公社，锦太大队属鹤市人民公社管辖。1959年7月，由鹤市公社分出通衢公社，锦太大队属通衢公社管辖。1978年，通衢公社析置锦归公社，锦太大队属锦归公社管辖。1983年11月，锦太乡属锦归区管辖。1986年12月，小乡建制改设管理区，锦太管理区属锦归乡管辖。1993年10月，锦归乡改为锦归镇，锦太管理区属锦归镇管辖。1999年，管理区建制改设行政村，锦太村属锦归镇管辖。2003年，撤销锦归镇，原辖区并入通衢镇，锦太村属通衢镇管辖。

锦太村由吴、何、叶、黄、郑姓祖辈先后立基，随人口增多而形成。其中，吴姓于元末从福建迁至广东五华，于明万历十六年（1588年）从五华青围塘迁入；何姓于明代从玳瑁何屋迁入；叶姓于明代从锦归村梧蓥围，迁入；黄姓于明代从鹤市大佳迁入；郑姓于明代从登云新街迁入。世居村民均为汉族，客家民系，使用客家方言。祖籍在该村的华侨130多人，主要分布于东南亚国家。另有我国香港、台湾同胞数人。

村民以从事传统农业为主，主要种植水稻、瓜果，养殖猪、牛、鸡、鸭等畜禽。锦太村是通衢镇最偏远的山区村，也是首批省级“一村一品、一镇一业”专业村，当地主要发展油茶和黑米水稻种植产业。村中建有一个150亩的油茶种植基地，实施“合作社+致富带头人+农户”模式。村内合作社黑稻种植规模约800亩，每亩田可产黑稻800—900斤，加工成黑米经济效益每亩约4900元。黑米水稻种植产业，解决了大量农田撂荒问题，提升了农业种植效益。

该村于解放初期征收寨里村瓜子山创建“育才学校”，有学生200多人。1950年后改名“锦太小学”，至1970年学校有附设初中班，招收初中一、二年级学生，全校有学生300多人，20世纪七十年代末撤销附设初中班。学校至今仍然保留。该村1971年通电话，1992年通电，2014年通网络，并实现全村村道硬底化。

锦太村成田水口石是有名的石质材料，韧不苏口，利用成田水口石打造的石磨尤为独特，有“过年不馊”的美誉，是加工米粉、磨豆腐的优质工具。锦太村很多吴氏村民从事砻、磨、碓等石器制作产业。这些石质研磨用具，是加工农产品必不可少的生产生活工具，经久耐用，可用百年。

锦太村水口有座娘娘庙，始建时间不详，于2013年重修，庙内供奉观音，每年农历腊月廿八村民会到庙里拜观音娘娘；锦联有座石古大王庙，始建时间不详，于2003年重修，庙内供奉神灵为石古大王，每月初一、十五村民会到庙里上香；郑屋有娘娘庙，始建时间不详，庙内供奉观音，每月初一、十五村民会到庙里上香。村里现存宗祠两座，其一为吴氏成田文阁宗祠，始建于明代，于1993年重修，占地面积约50平方米，主要建筑为悬山式一进殿，有斗门。其二为仙塘尾吴氏宗祠，始建时间不详，于1990年重修，占地面积约50平方米，为悬山式一进殿，有斗门。叶姓族人于2019年修建叶氏祠堂，何氏族人也相继修建何氏祠堂，黄姓族人于2021年修缮黄氏祠堂。

2016年，锦太村被列为省定贫困村，由深圳宝安区城市更新和土地整备局与河源市中级人民法院帮扶。累计投入各类帮扶资金935万元，围绕贫困村退出和贫困户“八有一超”要求，共设置和推进项目44个。经过对口帮扶，村集体经济收入从2015年收入不足8000元提高到2020年的39.2万元，从省级相对贫困村出列。

锦太村有光荣革命传统，解放战争时，吴美兰家曾经是中国共产党的地下联络站。

锦太村加强党建引领，发展村集体经济，取得良好治理成效，先后获得“广东省民主法治示范村”“广东省卫生村”“广东省一村一品专业村”“龙川县党建工作示范点”“龙川县文明村”“龙川县健康村”等荣誉称号。村党支部曾被评为“河源市先进基层党组织”。

表1-4-4　　锦太村历届党支部书记、村委会主任名录

姓 名	性别	籍贯	任职时间	职务	备注
吴文华	男	锦太村	1956 —1960 年	书记	锦太乡
黄卫源	男		1960 —1963 年	书记、主任	锦太大队
崔松胜	男	玳峰村	1963 —1964 年	书记、主任	锦太大队
张高球	男	华城村	1964 —1967 年	书记、主任	锦太大队
吴锦添	男	锦太村	1967 —1970 年	书记、主任	锦太大队
何桂海	男	锦太村	1970 —1972 年	书记、主任	锦太大队
吴松茂	男	锦太村	1972 —1975 年	书记、主任	锦太大队
叶金妹	男	锦太村	1972 —1982 年	大队长	锦太大队
吴坤才	男	锦太村	1975 —1984 年	书记、主任	锦太大队
叶明才	男	锦太村	1982 —1984 年	乡长	锦太乡
叶明才	男	锦太村	1984 —2014 年	书记、主任	锦太乡、管理区、村
吴瑞胜	男	锦太村	2014 —2017 年	书记、主任	锦太村
何军辉	男	锦太村	2017年—	书记、主任	锦太村

锦太村地名：

锦太村。与太楼分行政单位时，取吉祥名称锦太。

伯公坛。一种说法是据传开村先祖是位德高望重的老者，尊为“伯公”，为纪念先祖，故名；另一种说法是该处原有伯公坛，故名。

伯公輋。据传开村先祖是位德高望重的老者，尊为“伯公”，为纪念先祖，旁边最初多为旱地，“輋”一般指没有水利设施的旱地，故名。

大中角。因村落建于地势为三角形的中央，故名。

高塘里。因姓高村民在此开村，村落有口水塘，故名。

黄泥柳。因该地土质为赤红壤，且旧时种植柳树多，故名。

岗　背。村落依山岗而建，故名。

寮　里。因建村于长潦涌之冲积沙滩内，故名。

上成田。建村时，原与下成田合为一村叫成田村，后来分村，分为上、下成田，因

其居上，故名。

石结塘。因村落里有口水塘，塘岸垒石，周边石块成堆，故名。

下成田。建村时，原与上成田合为一村叫成田村，后来分村，分为上、下成田，因其居下，故名。

张大塘。因姓张村民建村，村落有口大水塘，故名。

郑　屋。由于郑、邓屋相邻，平行建房各一座，该屋郑姓人氏居住，故名。

锦　联。原名上成田，后由多个生产队合为一个村，故名锦联。

第五节 高湖村

高湖村位于通衢镇东南部，东临太楼村，南连锦太村，西与鹤市村、鹤联村交界，北接锦归村、玳峰村，距通衢墟镇7千米。高湖村划分为湖东、湖西2个自然村，15个村民小组，该村四面环山，乡道Y169线经过，韩江支流穿村而过，户籍人口1398人，常住村人口约200人，多数是60岁以上老人，村以农业、外出务工为主。村设党支部1个，有党员29人，村干部5人。高湖村行政办公地址1972年前在高湖村湖东片楼下磨刀石，1992年新建于高湖村湖东片楼下磨刀石主路边，2021年迁到高湖村湖东片楼下队（原高湖学校大楼）。

中华人民共和国成立前，实行区、乡、保、甲制，高湖保属鹤市区锦归乡管辖。中华人民共和国成立初期，实行区、乡、村制，高湖属鹤市区锦归乡管辖。1952年3月，实行小区小乡制。高湖属龙川第四（通衢）区锦归乡管辖。1955年6月，龙川第四（通衢）区改为通衢区，高湖属通衢区锦归乡管辖。1957年12月，撤区建乡，通衢区分为通衢乡、登云乡，高湖属通衢乡管辖。1958年10月，撤乡建公社，高湖大队属鹤市公社管辖。1959年7月，鹤市公社分出通衢公社，高湖大队属通衢公社管辖。1978年，通衢公社析置锦归公社，高湖大队属锦归公社管辖。1983年11月，高湖乡属锦归区管辖。1986年12月，小乡建制改设管理区，高湖管理区属锦归乡管辖。1993年10月，锦归乡改为锦归镇，高湖管理区属锦归镇管辖。1999年，管理区改设行政村，高湖村属锦归镇管辖。2003年，撤销锦归镇，原辖区并入通衢镇，高湖村属通衢镇管辖。

小乡建制改设管理区，锦归区改设为锦归乡，高湖管理区属锦归乡管辖。1993年10月，锦归乡改为锦归镇，高湖管理区属锦归镇管辖。1999年，管理区改设村民委员会，全县设30个乡镇393个村（居）民委员会，高湖村属锦归镇管辖。2003年，撤销锦归镇，原辖区并入通衢镇，高湖村属通衢镇管辖。

高湖村民有叶、崔两姓。叶姓为叶应春第五代（叶茂祯、叶茂富）的后裔，由锦归村梧鲞围迁入；崔姓为崔缙孙第四代（崔琳）的后裔，从玳峰村迁入。

村民主要依靠农业为生，青年多外出务工。早期高湖村外出务工人员主要以做木杆秤为主。木杆秤被磅秤代替后，外出务工人员多转型镶牙行业，再后来更多的转型钟表修理行业，以人带人方式在外经营钟表行业，成为高湖村村民外出经济一大来源。高湖村于20世纪60年代通电话、70年代通电，1997年实现村道硬底化，2011年通自来水，2014年通网络。在国家实行精准扶贫及乡村振兴政策支持下，村里家家户户通自来水和网络，摘掉贫困村的帽子。村内农家书屋1间，藏书2000余册。建有篮球场1个，文化广场1个，村卫生站1间，候车亭1个，污水处理池1处。高湖村主要交通道路为乡道Y169线。

高湖村内曾建有小学1所，开设一至六年级，在校学生多时达200多人。随着改革开放形势发展，学生多随父母去到外地就读。学校遂停办，后改为高湖村委会办公地址。

高湖村传统民居为客家民居，现存宗祠3座。叶氏宗祠，始建于清代，2007年重修，占地面积150平方米左右，由老屋改建成悬山式二进殿，门前有圆形“风水池”。叶氏露公宗祠，始建于清代，于20世纪80年代重修，占地面积150平方米左右，由老屋改建成的悬山式三进殿，大门上匾额写着“露公宗祠”，门前有圆形“风水池”，主厅摆放有露公牌匾。十一世祖叶氏茂振公宗祠，始建于清代，2011年重修，占地面积80平方米左右，由老屋改建成悬山式三进殿，大门上匾额写着“茂振公宗祠”，门前有圆形“风水池”。

村中有财帛星君庙，始建于明代。2011年由香港同胞叶柏明出资重建，供奉财帛星君。逢年过节村民到庙里上香。村中有五谷阿公庙，始建于明代。2009年重建，供奉五谷阿公。逢年过节村民到庙里上香。

表1-4-5　　高湖村历届党支部书记、村委会主任名录

姓 名	性别	任职时间	职务	备注
叶以洪	男	1964—1982年	书记、主任	高湖大队
叶佛添	男	1982—1985年	书记、主任	高湖大队
崔建青	男	1985—1988年	书记	高湖乡
叶明裕	男	1988—1991年	书记、主任	高湖管理区
叶经灿	男	1991—2001年	书记、主任	高湖管理区、村
叶景兴	男	2001—2011年	书记	高湖村
叶经城	男	2001—2012年	主任、书记	高湖村
叶志超	男	2012—2013年	书记	高湖村，镇包村组长挂任
张　健	男	2013—2014年	书记	高湖村，镇包村组长挂任
叶明灯	男	2014年—	书记、主任	高湖村

高湖村地名：

高湖村。四周高山，中间一盆地，似湖而得名。

湖洋背。因村落处于一个大湖洋田的背面，故名。

礼　前。因祖先流传下来的道德观念和风俗习惯，故名。

广南墩。因该村落的南部有座桥，该桥墩建筑独特，故名。

高湖围。因村落的地势较高，湖都位于较高的位置，故名。

花罗岗。因山岗上每逢春天开满鲜花，故名。

上　岗。因村建于较高的山岗上，故名。

寮　背。因村落的房屋都背向大山，故名。

金　太。因曾有姓金的祖先在此地居住，故名。

石松坝。因该处有块大坝地，坝地旁有棵松树，故名。

双坑排。因聚落位于两条山坑口交合处，建筑呈带状，故名。

第六节 锦归村

锦归村，位于通衢镇中南部，距通衢墟镇约6千米。东与玳峰村相邻，南与高湖村交界，西连鹤市社坑村，北接广福村、旺茂村。锦归村下辖冷水坑、桐木、梧雚、井下4个自然村，18个经济合作社，全村735户、共2985人，常住人口约1500人，村委会干部6人。

中华人民共和国成立初期，实行区、乡、村制，锦归属鹤市区锦归乡管辖。1952年3月，实行小区小乡制。锦归属龙川第四（通衢）区锦归乡管辖。1955年6月，龙川第四（通衢）区改为通衢区，锦归属通衢区的锦归乡管辖。1957年12月，撤区建乡，通衢区分为通衢乡、登云乡，锦归属通衢乡管辖。1958年10月，撤乡建公社，锦归大队属鹤市人民公社管辖。1959年7月，由鹤市公社分出通衢公社，锦归大队属通衢公社管辖。1978年，通衢公社析置锦归公社，锦归大队属锦归公社管辖。1983年11月，全县设29个区镇253个乡，锦归乡属锦归区公所管辖。1986年12月，小乡改设管理区，锦归管理区属锦归乡管辖。1993年10月，锦归乡改为锦归镇，锦归管理区属锦归镇管辖。1999年，管理区改设行政村，锦归村属锦归镇管辖。2003年，撤销锦归镇，原辖区并入通衢镇，锦归村属通衢镇管辖。

锦归村始建于明洪武年间，村民姓氏有叶姓和张姓，多为叶姓。叶姓从玳峰村南山迁入，张姓于清康熙末年由兴宁大陈下迁入冷水坑。锦归村民均为汉族，客家民系，使用客家方言。

锦归村主要道路是省道S341线和锦归村至高湖村的村道。省道S341线（牛屎坳至五华县双头墟），按山岭重丘三级路标准施工，路基宽8.5米，路面宽7米，1974年全面通车，1996年全线铺设水泥路面。村内道路皆实现硬底化，并安装了路灯。

锦归村坐落于玳瑁山西南部，锦归河从村中间经过。村民以从事农业为主，收入主要靠农业生产及外出务工。主要经济来源有种植水稻、果木，养猪、养鸡，经商等。近年来，村实现土地流转589亩，主要产业有水稻、蔬菜、百合花。

锦归村有丰富、优质的石灰石资源，有可烧制高标号水泥的石灰石和可生产各种型号石粉的纯白石灰石。改革开放前，村里曾建有大型石灰窑，产品销往全县及兴宁、五华等县区；改革开放后，村民外出就业和务工增多，烧制石灰石的传统逐渐消失。原锦归乡政府所属的锦归石灰厂、锦归建材厂设在锦归村。锦归村曾于1970年开办锦归塑料厂。该厂是锦归村集体企业，主要生产水勺、尿勺、水桶、便桶、简易喷雾器等产品，最多时有20多名工人。该厂于20世纪80年代撤销。

锦归村曾是锦归乡（公社、区）机关所在地。1978年4月通衢公社析出锦归公社时，锦归公社革委会机关办公地点设在锦归村布尾；1979年7月，迁往锦归村新桥墟；1987年9月，又迁至玳瑁村。随着锦归公社办公地点设在锦归村，一些企事业单位也进驻到锦归村，包括锦归中学、锦归卫生院、锦归粮站等，设在锦归村境内的还有锦归供销社的1家百货纱布门市、1家副食门市、1家收购门市、1家生产资料门市，以及锦归信用社的1个营业点，锦归的1个道班。

锦归村内有座镇属佛子坳水电站，是1964年由通衢公社投资兴建的。该水电站从高湖村广南墩拦截河水，经约一公里引水沟，穿越佛子坳后形成约40米落差发电，装机容量75千瓦。该厂1964年至1978年由通衢公社经营，1978年5月后由锦归公社经营，2004年后承包给个人经营。

锦归村曾有一个集市，叫新桥墟。该墟位于锦归村西北部，始于清代咸丰年间，曾热闹一时，后因鹤市、天阳墟等集贸市场兴盛而衰落，至清末之后，继续开业的店铺只有三四间。

锦归村有一处独特的旅游资源——滴水潭瀑布。滴水潭瀑布隐于锦归村桐木坑深处，是玳瑁山的一处胜景。瀑布高30多米，飞流直下，上部如一幅整齐而平滑布帘，而后被扯成几个小绺儿，下部飞瀑四溅，如碎玉散落。瀑布冲击水潭，咚咚作响，仿佛是深山野岭中的狂野乐章。滴水潭瀑布下面是滴水潭，积水面积约50平方米，水深近2米，滴水潭的东、西、北三面都是几十米高的陡峭绝壁，紧紧把水潭围住，仅留西南一个口让沟水流出。滴水潭瀑布翠藤蔓绕，环境幽静。

锦归村有光荣的革命历史，冷水坑是革命老苏区。1927年冬，共产党领导的广州起义失败后，该村革命工人叶秉章从广州回到家乡，在中共龙川地下组织负责人叶卓的领导下秘密开展革命活动。不久，该村成立农民协会，组建农民赤卫队，掀起打土豪、抗租废债运动。1928年3月12日，该村曾派出20多人的农民赤卫队前去支援四甲、登云、鹤市等地革命武装，攻打国民党鹤市区公所。1932年夏，中共五兴龙中心县委古汉忠（五华人）、邹高景（江西南康人）等人来到该村，秘密发展一批中共党员，恢复农民赤卫队，开展打土豪、烧桥梁等游击斗争活动，重新燃起革命烈火，配合江西中央苏区反“围剿”斗争。该村革命组织的恢复，引起国民党龙川、五华两县当局的不安，以及附近土豪劣绅和驻扎在五华岐岭的国民党邓龙江师的仇视。1934年农历八月十二清晨，屯驻在登云东山的邓龙江师吕炽营及五华、龙川两县部分保安队、民团共500多人，偷偷将冷水坑山上山下包围起来，“围剿”中共党员和农民赤卫队。为防群众进山给游击队报信，敌方将村里男女老幼强行关押在张氏宗祠里。撤退到山上密林深处的赤卫队在与敌激战中，曹进洪、叶林祥等游击队员壮烈牺牲。在弹尽无援的困境下，邹高景、邝世新（江西寻乌人，已负重伤，被俘后被施以酷刑致死）、叶林祥、叶亚日、叶荣章、王成辉等人相继被俘。农历九月十八，敌人将邹高景、叶林祥、叶亚日、叶荣章、王成辉5名革命战士押回冷水坑大坟墩（地名），当众枪杀。被敌人视为“共党嫌疑分子”的叶春初、叶石华、叶秋仁、叶增祥、叶秋章、叶亚达、叶继成、叶炳汉8名无辜村民被“判”处二年或三年徒刑。现锦归村冷水坑自然村建有一座苏区革命烈士纪念碑，纪念曹进洪、叶任祥、叶荣章、邹高景、叶林祥等革命烈士。纪念碑建于1953年，坐南向北。碑体为长柱形，砖石、混凝土建筑，占地面积400平方米。1941年2月，冷水坑苏区的叶青光荣参加中国共产党，在白色恐怖下继续进行革命活动，建立冷水坑和锦归党支部，开展武装斗争。1947年秋，新生队队长杨群带领队伍来冷水坑隐蔽活动，逐渐将游击活动地区扩展到整个锦归。杨群、杨茂、黄素、郑朗、黄靖、叶青等同志经常在高湖、成田、崔屋等地开展革命活动，坚持到解放。

村里现存祠堂三座，其中，叶氏总宗祠始建于清代，重建于2013年，占地面积约600平方米，悬山式三进殿，大门上面雕刻有“叶氏宗祠”，门坪有圆形“风水池”，殿顶是琉璃瓦顶。代表性碑刻有叶氏家训碑刻，立于清代道光十六年（1836年），告诫叶氏族人不可随处建宅第。每年正月十二村民在宗祠举行隆重的上灯仪式，由上一年最早添丁的家长主持操办。当天上午在祠堂里燃放鞭炮，集体祭拜宗祖，把事先准备的添丁灯笼架上祠堂的正殿栋梁。张氏宗祠始建于2012年，占地面积120多平方米，硬山式一进殿，有斗门，小“回”字形，大门上面雕刻有“张氏宗祠”，殿顶是琉璃瓦顶。

村里现存多座庙宇。其中，七星娘娘庙始建于1956年，庙内供奉七星娘娘。每年九月初一村民都会到七星娘娘庙烧香祭拜。

村里流传神灵白马三郎传说。相传叶姓族人刚迁居到冷水坑居住，不久就有异姓入侵。叶姓族人组织村民抵抗，入侵者远远看见有一个人骑着白马立于山头，威风凛凛，便心生惧意悄悄退去，从此再也不敢入侵。据传骑着白马的人在家中排行老三，故村民以“白马三郎”称之。为感谢他，村民把每年农历十月初一定为他的诞辰，并在当天举行隆重的庆祝活动。当日上午，全村村民及一些外村人聚集在一起为白马三郎庆生，场面热闹。

村中现存古榕树3株，其中村中央的一株古榕树，至今，有300多年树龄，枝繁叶茂，树主干高3米，覆盖面积大概50平方米。夏天天气炎热，村民都会到这棵榕树下休闲纳凉。村里曾有一所六年制小学。

表1-4-6　　　锦归村历届党支部书记、村委会主任名录

姓 名	性别	任职时间	职务	备注
叶秋琼	男	1963—1970年	大队长、书记、主任	锦归大队
叶道荣	男	1970—1973年	书记、主任	锦归大队
叶德才	男	1973—1975年	书记、主任	锦归大队
叶道荣	男	1975—2002年	书记、主任	锦归大队、乡、管理区
叶友廷	男	2002—2005年	书记、主任	锦归村
叶惠良	男	2005—2013年	书记、主任	锦归村
叶惠群	男	2013—2017年	书记、主任	锦归村
刘春梅	女	2017—2020年	书记、主任	锦归村
叶伟权	男	2020年—	书记、主任	锦归村

锦归村地名：

锦归村。原名金龟洞，后取雅名锦归，意指钱财到来，故名。

曾仔屋。因旧时村落姓曾村民居多，村民都喜欢称他们的小孩叫“仔”，故名。

赤　田。因该地土质多为赤红壤，故名。

飞鹅头。因村落有座高山形似飞着的天鹅，故名。

高屋地。因村落位于一块坝地前端，故名。

白坟前。因解放前一户有钱人家在此地建了两座大型的白坟地，该居民点位于白坟前方，故名。

井　下。因位于汲水井的下端，故名。

冷水坑。位于山坑处，山泉水较冷，故名。

田　心。因在一片田中心建造房屋，故名。

马头下。因村中姓马人氏居多，村落位于村中下方，故名。

上　叶。因村落地势高，村民姓叶居多，故名。

松树墩。因该地位于盛长松树的一处山墩上，故名。

桐木坑。因村落周围都是高山，山中多桐树，每到初夏山上开满了桐树花，故名。

梧畬围。因该村落周围都是梧桐树，旁边最初多为旱地，“畬”一般指没有水利设施的旱地，故名。

新桥墟。因该地平坦，小店、摊点多，村口建有座新桥，故名。

亚塘屋。因有个叫亚堂的村民在此地立居，屋前筑有池塘，故后人称其为“亚塘屋”，故名。

第七节 旺茂村

旺茂村位于龙川县通衢镇中部，东靠玳瑁山，南接锦归村，西与广福村相邻，北接梅东村、天云村。全村总面积约1.5平方千米，距通衢镇墟镇约3千米；距县城约15千米。旺茂村总面积约6平方千米，耕地面积816亩，其中水田面积638亩；林地面积5704.2亩。下辖3个自然村（茂东自然村、茂西自然村、茂北自然村），20个经济合作社，总户数481户、人口约2182人。村党支部有党员18人，村干部4人。旺茂村委会位于茂东与茂北交界处。村委会办公楼由老屋改建而成，三层框架结构，面积约500平方米。

中华人民共和国建立以后，实行区、乡、村制，旺茂属龙川第二（鹤市）区梅城乡管辖。1952年3月，实行小区小乡制，旺茂属龙川第四（通衢）区梅城乡管辖。1955年6月，龙川第四（通衢）区改为通衢区，旺茂属通衢区梅城乡管辖。1957年12月，通衢区公所分为通衢乡、登云乡，旺茂属通衢乡管辖。1958年10月，撤乡建公社，旺茂属鹤市人民公社管辖。1959年7月，鹤市人民公社分出通衢人民公社，旺茂属通衢人民公社管辖。1965年，从广福大队分出旺茂大队，旺茂大队属通衢人民公社管辖。1983年11月，旺茂并入广福乡属通衢区管辖。1990年从广福乡分出旺茂村（后改为管理区），旺茂村管理区（村）属通衢镇人民政府管辖。1999年，管理区改设行政村。旺茂村属通衢镇管辖。

旺茂村主要有徐、赖、刘、黄、叶、陈等姓氏，均为汉族客家民系，讲客家话。徐氏于明洪武年间由江苏省泗洪县迁移而来，刘氏于300多年前由兴宁市合水迁移而来，赖氏于300多年前由福建省永定县迁移而来，黄氏由黄布镇欧江和登云镇云路迁移而来，叶氏由通衢镇高湖村迁移而来。

旺茂村地处大嵋山脚下，鹤市河下游地带，土层深厚，土地肥沃，灌溉方便。旺茂村民除种植水稻外，在20世纪七八十年代，家家户户还大量种植果蔗、水萝卜、冬瓜等经济作物，形成茂东的冬瓜、茂北的萝卜、茂西的甘蔗三大主导产业。旺茂的甘蔗不但个头高、茎粗，而且皮薄、节间长、蔗汁甜，水萝卜清脆爽口，个大质好，有“赖屋萝卜徐屋蔗”的好名声。旺茂村种植的水萝卜、冬瓜等蔬菜作物主要供应锦归、鹤市、登云等地驻军，并在通衢、鹤市等周边市场销售，还大量销往县城。20世纪90年代驻军撤走后，因销售量下降而减少种植。改革开放初期，很多村民从事镶牙、修钟表、制蓄电池等行业。

旺茂村地处鹤市河下游河边，与梅东村隔河相望，历史上经常因河水泛滥冲击两岸河堤，造成耕地和房屋损毁。1976年冬至1977年，龙川县政府实施通衢河段改直工程。该工程从广福桥至登云东山水口，将6920米老河裁弯改直为4700米新河，防洪标准为10年一遇。该工程包括旺茂村全河段。从此，旺茂村不再受河水威胁。旺茂村主要水利设施有两处：一是在茂西兴建的旺茂水陂，拦截锦归河水，灌溉旺茂村约600亩耕地。二是位于广福村的通衢水陂，于1964年建成，是浆砌石混凝土护面结构，东干渠长4.5公里，灌溉旺茂村耕地。

旺茂村的主要道路是连接省道S341线与旅游景点旺茂知青度假村的旅游道路，全长约2公里，硬底化路面宽6米。村内道路约有5公里，全部实现硬底化。2011年7月，教育创强时改为分教点。

旺茂村于中华人民共和国成立初期利用没收的地主屋兴办旺茂小学，1972年后在大嵋山脚下新建校址，开办小学1～5年级，初中1～2年级，最多时有学生200多人。近年来因学生减少，学校于2021年并入通衢镇中心小学。1968—1975年，通衢中学曾在大嵋山下（现旺茂知青度假村位置）兴办分校。

旺茂知青度假村是以“知青文化”为主题的旅游休闲度假胜地，位于旺茂村茂北。该特色旅游资源由乡贤赖达雄在2007年开始兴建。景区首期开发占地面积200亩，有反映中国20世纪60年代的建筑，陈列有当年知青劳动用的农具、知青证等物品，张贴、悬挂着知青时代的报纸、标语等。景区背靠大嵋山，爬山登高可看兴宁、五华、龙川三县。

旺茂村背后大嵋山有金矿资源。传说在清代曾有“番鬼”（外国人）在此处开挖金矿，后因“番鬼”调戏本地上山采割蕗草的妇女，引起民愤上报官府而被查封，至今仍有矿洞痕迹。

在旺茂村背后的大嵋山上，有上仙庙和下仙庙。上仙庙建在大嵋山顶，下仙庙建在大嵋山下（现旺茂知青度假村旁边），传说有呼风唤雨的能力。以前遇到天气大旱，便有民众自发到上仙庙祈求下雨，而雨水太多时，便有民众自发到下仙庙祈求刮风把雨吹走。

表1-4-7　　旺茂村历届党支部书记、村委会主任名录

姓 名	性别	任职时间	职 务	备注
何发欣	男	1965—1968 年	书记、主任	旺茂大队
黄永标	男	1969—1975 年	书记、主任	旺茂大队
刘秋文	男	1976—1994 年	书记、乡长、主任	旺茂大队、乡、管理区
赖永泉	男	1994—2011 年	书记、主任	旺茂管理区、村
刘德平	男	2011—2020 年	书记、主任	旺茂村
赖达均	男	2021 年—	书记、主任	旺茂村

旺茂村地名：

旺茂村。因旧时该地称“黄庙屯”，后更名为“旺茂屯”，中华人民共和国成立后，改称“旺茂村”，寓意人们祈盼人财两旺，生活富裕，故名。

徐　屋。因徐姓祖居建于此，故名。

飞众坪。因古时该聚落平坦集中，人们经常在此聚会，故名。

刘　屋。因刘姓最早在此地建房落居，故名。

书房下。因该屋在解放前兴办过学校，故名。

沙　湖。因村子附近有一个小湖，湖中多沙石涌泉，故名。

中关塅。因该地位于茂东自然村的中心地带，故名。

细　塘。因该处地形像一口小池塘，故名。

丰沙里。因旧时此屋出过一名神医，擅长为小孩治病，故名。

大　坪。因山脚处有一大开阔地，故名。

上赖屋。因该屋位于其赖姓祖屋的上端（靠近玳瑁山），故名。

下赖屋。因该屋位于其赖姓祖屋的下端，故名。

黄　屋。因此处居民最早的是黄姓人氏，故名。

墩　下。此地位于一山包之下，故名。

狗社龙。因此处地形似狗状，村头又像蛇形，旧称“狗蛇龙”，后更名为“狗社龙”，故名。

鹧鸪塘。因古时该处池塘的四周林木茂密，山上有许多鹧鸪（一种鸟类）飞来此地觅食，故名。

第八节 广福村

广福村位于通衢镇中部，东与旺茂村相邻，南与锦归村、双寨村相连，西与双寨村、寨背村相邻，北接梅城村、梅东村，距通衢墟镇约0.5千米。广福村有坝心、河头、大屋、石下、下段、上角、上屋、下屋、上排、下排10个村民小组，分3个自然片，分别为走马排、石马、太阳升；新农村建设分为2个自然村，分别为石马、太阳升。2022年全村有385户、1640人。党支部下设2个党小组，有党员33人，村干部4人。

中华人民共和国成立以后，实行区、乡、村制，广福属龙川第二（鹤市）区梅城乡管辖。1952年3月，实行小区小乡制，广福属龙川第四（通衢）区梅城乡管辖。1955年6月，龙川第四（通衢）区改为通衢区，广福属通衢区梅城乡管辖，1957年12月，全县撤区建乡，通衢区分为通衢乡、登云乡，广福属通衢乡管辖。1958年10月，撤乡建公社，广福管理区属鹤市人民公社管辖。1959年7月，由鹤市人民公社分出通衢人民公社，广福大队属通衢人民公社管辖。1983年11月，广福乡属通衢区管辖。1990年，广福管理区（村）属通衢镇人民政府管辖。1999年，管理区改设行政村，广福村属通衢镇管辖。

广福村辖区面积3.1平方千米，耕地面积1010亩，其中水田面积880亩、林地面积1500亩。村民以从事传统农业为主，主要种植水稻、瓜果，兼饲养猪、狗、牛、鸡等畜禽。村民收入主要靠农业生产及外出务工。传统食品有酿豆腐、炸煎堆、香信、卷春、艾粄、粽子等。改革开放以来，广福村民生活大大改善，经济收入逐年提高，家家户户盖起水泥楼房。

广福村位于韩江上游鹤市河边，锦归河在村中间经过。村落始建于明代，因叶、吴、林、刘、黄、赖、崔、江等姓先后立基，随人口增多而形成。叶姓于明初从梅州迁至广东龙川锦归，又于明代从龙川锦归迁至该地。吴姓于明代从梅州五华迁至该地。林姓于清代从福建迁至该地。刘姓于明代从梅州兴宁迁至该地。黄姓于中华人民共和国成立前从龙川鹤市社坑迁至该地。世居村民均为汉族，客家民系，使用客家方言。

村内主要公路有省道S341线（牛屎坳至五华县双头墟）和县道X175线。省道S341线按山岭重丘三级路标准施工，路基宽8.5米，路面宽7米，1974年全面通车，1996年全线铺设水泥路面。广福桥是该路跨鹤市河的公路桥，也是鹤市河通衢段唯一公路桥。该桥原为人行木板桥，1968年8月，由解放军驻龙部队修建成石拱桥，至1970年初完工，桥面宽6.7米，全长84米。目前村内道路皆实现硬底化，并安装了路灯。

横跨鹤市河通衢段的广福水陂，是通衢镇的重要引水工程。该工程于1964年建成，浆砌石混凝土护面结构，陂高3米，陂长99米；分东西灌溉干渠，东干渠长4.5公里，西干渠长4公里，灌溉面积5000亩。在广福陂上还兴建了广福水电站。该电站于1998年进行扩建，扩建后装机容量225千瓦，年发电量50万度。

该村于1944年创建“私立真正小学”。半年后，因革命斗争掩护需要，学校改名为“私立中正小学”，学生有40多人，解放后改名为“广福小学”，学生有300人。后因在校学生随外出务工父母外流而减少，学校遂停办，至2006年并入通衢镇中心小学。该村农田水利设施和农田基础设施完善，农户用上安全饮用水达95%。该村1972年开始通电，20世纪90年代通电话，1996年通自来水，2014年通网络，2020年办起医疗站。村里配有3个垃圾保洁员，每日定期收集清运垃圾到村口垃圾清运点。村中建有水泥球场、羽毛球场、娱乐广场、舞台和文化娱乐中心，每逢春节都以自然村为单位组织篮球、拔河、广场舞等比赛活动。

在广福村松柏坑，从1962年6月起先后有人民解放军某工兵营、某高炮营驻防，驻军于1994年撤编，营房基本废弃。村民叶建明曾于1996年创建广福机砖厂，后于2017年响应国家降低污染号召而关闭。

广福村马草坝林姓村民从清代迁至该地后，一直保留饲养鸬鹚捕鱼传统，利用鸬鹚在鹤市河、锦归河、东江河等河流捕鱼，作为家庭副业，直至1981年后因捕鱼量慢慢减少而消失。

村中现存一座吴氏公祠，始建于清代，于2015年重修，占地面积约500平方米，为悬山式二进殿，由老屋改建而成，大门上面雕刻有“吴氏公祠”，门前有圆形“风水池”。现存一座吴氏老屋，是传统客家民居建筑，始建于中华民国时期，占地面积约700平方米，主体建筑两栋两横屋，上五下五结构，瑏墙瓦面，现保存完好。

近年来，该村被龙川县委、县政府评为“文明村”。2021年该村获评广东省“卫生村”荣誉称号。

表1-4-8　　广福村历届党支部书记、村委会主任名录

姓　名	性别	任职时间	职　务	备注
郑雪成	男	1961—1964 年	书记、主任	广福大队
黄　泉	男	1965—1968 年	书记、主任	广福大队
吴金泉	男	1968—1974 年	主任	广福大队
林忠廷	男	1975—1984 年	书记、乡长、主任	广福大队、乡
叶培林	男	1984—1993 年	书记、乡长、主任	广福乡、管理区
林精忠	男	1993—1996年	书记、主任	广福管理区
吴建才	男	1997—2014年	书记、主任	广福村
赖小慧	女	2014—2020年	书记、主任	广福村
叶志江	男	2021年—	书记	广福村

广福村地名：

广福村。此地原称江木桥，后称为广福，一为“江木”谐音，二为解放后广大人民过上幸福生活之意。

大河头。因村落有条大河（鹤市河）流过，改老河道始点新河道，故名。

大　屋。因该屋占地面积16亩居多，建筑规模为三栋七杠，故名。

江　屋。因姓江的村民最早在此地落居，故名。

石　下。相传旧时此处地下有银矿，当地民众开挖后并无此矿，只挖出花岗岩石，故旧称“挖银石”，1958年改名为“石下”，故名。

叶　屋。因姓叶的村民在此地落居，故名。

马草坝。因此地原是一条小河与鹤市河的汇合处，河坝内绿草如茵，经常有人在此牧马，故名。

林　屋。因最初是林姓人家聚居地，故名。

坝　心。因此地原是鹤市河中间的一个沙坝，后河流改道，故名。

松柏坑。居民点位于山坑处，因此地傍靠矮山，山上松林茂密，柏树苍翠，故名。

马军坳。位于一山坳、三通（一通通衢、二通走马排、三通驻军营部），故名。

下　店。因此地原有一个茶摊，在村中位置偏下，故名。

下　塅。因此地位于松栢坑的下面，故名。

洪　屋。因以洪姓人家聚居为主，故名。

洪屋桥。因其建村时与洪屋村相隔一座桥，故名。

小河头。因村落有条河（锦归河）流过区域，始点改河道，故名。

走马排。因相传古时此地为驯马场，且村旁的山形酷似一匹黑色的骏马，故名。

老虎埂头。因该地形似卧虎状，聚落位于虎形前方，故名。

第九节 双寨村

双寨村位于通衢镇中部，东与广福村相邻，南与鹤市镇社坑村交界，西与鹤市镇大佳村毗邻，北接寨背村。面积3.2平方千米，距通衢墟镇约2.5千米。双寨村有孟山李张、新屋上下散、老围3个自然村，有孟树下、山下、李屋、张一、张二、新一、新二、新三、上散、下散、围一、围二、围三13个村民小组。2022年全村有342户、1380人（包括非农业人口）。党支部下设3个党小组，有党员42人，村干部4人。

双寨村原称“东方红”“双寨下”村。中华人民共和国成立以后，实行区、乡、村制，双寨属龙川第二（鹤市）区梅城乡管辖。1952年3月，实行小区小乡制，双寨属龙川第四（通衢）区梅城乡管辖，1955年6月，龙川第四（通衢）区改为通衢区，双寨属通衢区梅城乡管辖，1957年12月，全县撤区建乡，通衢区公所分为通衢乡、登云乡，双寨属通衢乡管辖，1958年10月，撤乡建公社，东方红大队属鹤市人民公社管辖。1959年7月，由鹤市公社分出通衢公社，东方红大队属通衢公社管辖。1983年11月，双寨乡属通衢区管辖。1990年，双寨管理区（村）属通衢镇管辖。1999年，管理区改设行政村，双寨村属通衢镇管辖。

村内主要道路为县道X175线（从马军坳经鹤市到黄布宦境）和沿鹤市河修筑的从广福至鹤市的乡道，2条主要道路和村内道路实现硬底化，并安装路灯。

双寨村坐落于韩江上游鹤市河边，全村耕地面积910亩，林地面积3200亩。在双寨村与鹤市镇大佳村之间的鹤市河上曾修筑黎公陂（木桩陂），引鹤市河水灌溉双寨村水田。1960年鹤市陂建好后，从鹤市陂引鹤市河水可直接灌溉至双寨村，水利条件较好。村民以从事传统农业为主，主要种植水稻、瓜果，饲养牲畜等，主要收入靠农业生产及外出务工。

双寨村重视教育，于1883年创建“卓新小学”，解放后改名为“双寨小学”，最多时有学生200人以上，后因外出务工人口增多导致在家读书的学生减少，学校遂停办，并于2014年并入通衢镇中心小学。

双寨村有黄、张、李3个姓氏。黄姓于清初从鹤市迁入，至今已有约500年历史。张姓于清初从黄布黄屋寮迁入，至今有400余年历史。李姓于清初从福建迁入。村民均为汉族，客家民系，使用客家方言。

双寨村南面山中还保存有一个防空洞，据传是民国时期军阀张发奎、李济深之战留下的“作战室”。1962—1985年，在双寨村的南部山边进驻中国人民解放军某枪械修理所。

双寨村山林茂盛，村民多种竹。村中有传统的竹篾编织手工业，曾经家家户户都懂编织工艺，有“斗笠花”之称，编织的斗笠、箩、畚箕等竹编用品在周边集市销售，一度成为各家各户主要副业收入来源。

改革开放以来，双寨村民生活大大改善，经济收入逐年提高，家家户户盖起水泥楼房。该村于20世纪70年代通电、80年代通电话，2013年通网络，2019年村中建设村卫生医疗站，2020年建成双寨村老人活动中心。2016年被龙川县委、县政府评为“五星平安村”；2018年被省爱国卫生运动委员会评为“广东省卫生村”。

表1-4-9　　双寨村历届党支部书记、村委会主任名录

姓　名	性别	任职时间	职　务	备注
黄裕香	男	1955 —1963 年	书记、主任	广福乡、大队
黄甘书	男	1963 —1978 年	书记、主任	双寨大队
黄坤林	男	1978 —1992 年	书记、乡长、主任	双寨大队、乡、管理区
黄居平	男	1992 —1997 年	书记、主任	双寨管理区
黄建锋	男	1997 —1999 年	书记、主任	双寨村
黄进林	男	1999 —2017 年	书记、主任	双寨村
黄辉青	男	2017 年—	书记、主任	双寨村

双寨村地名：

双寨村。明嘉靖年间就有人在此定居，后变成村落。因农舍多建于两处山寨之下，故名。

大圆墩。因此地山形呈圆状，且山体低矮坡度缓，故名。

马坑里。居民点位于山坑处，因马氏先祖最早在此地建村，故名。

孟树下。因此处原有孟姓人氏种植的一片树林，故名。

大窝里。因该村落在山谷处，故名。

老　围。因该屋构造呈半圆形，内有三层围龙，故名。

李　屋。因李姓最早在此落居，故名。

上　坝。因此地塅原是河道，河流改道后成为坝地，该处位坝地上端，故名。

小溪龙。因其流经村的一条小溪曲曲折折，形似游龙，故名。

第十节 梅东村

梅东村位于龙川县通衢镇中部，东与登云镇天云村、旺茂村相邻，西与旺茂村、广福村交界，西与梅城村相连，北接深圳宝安（龙川）产业转移工业园、登云镇新街村。该村距通衢镇政府1.5千米，距县城老隆15千米，下设曲龙、旺丁、幸福、樟太4个自然村，分为曲龙、白桥、东风、桥头、杉树下、陶坑、幸福、中心、茶山、樟太、联合、新屋12个经济合作社。2020年，全村人口2276人，有党员52人，村干部7人。

中华人民共和国成立初期，实行区、乡、村制。梅东属鹤市区梅城乡管辖。1952年3月，实行小区小乡制，梅东属龙川第四（通衢）区梅城乡管辖。1955年6月，龙川第四（通衢）区改为通衢区，梅东属通衢区梅城乡管辖。1957年12月，全县撤区建乡，通衢区分为通衢乡、登云乡，梅东属通衢乡管辖。1958年10月，撤乡建公社。梅东属鹤市人民公社管辖。1959年7月，通衢公社从鹤市公社分出，梅东大队属通衢公社管辖。1983年11月，梅东属通衢区梅城乡管辖。1990年，梅东管理区（村）属通衢镇管辖。1998年，管理区改设行政村，梅东村属通衢镇管辖。

梅东村北边是国道G205线，离长深高速公路登云出口1.5千米，是梅东村对外的主要道路。村内主要道路是941乡道，全长约2公里，该道路东接国道G205线和登云镇，西接通衢镇街道，2005年通过向上级申请资金和村民自筹资金，完成该路段硬底化。2014年通过向上级申请资金和村民自筹资金，完成旺丁自然村主要道路的硬底化建设，同时完成该路段的水渠三面光工程。村内道路约有15公里，实现了硬底化。至2020年，全村二十户以上主干道全面贯通水泥路并安装路灯。

梅东村自古以来是闽粤古道的必经之路（兴梅地区连接珠三角地区的主要道路）。北宋时期，通衢始设通衢驿，驿道经过梅东村。古驿道跨越鹤市河梅东段的桥梁，原为简易木桩竹排桥。每年雨水季节发洪水时，都会把桥面冲走，大多时间都要蹚水过河。清代由通衢镇华城村商人张三星出资，在通衢镇梅东村桥头地段与登云镇马蜂坝地段修建一座以麻石为桥面的石桥，称为廻玳桥（又称三星桥）。该桥桥面长约100米，由西南（梅东）方向直跨至东北（登云）方向，宽约1米，由6个桥墩组成。桥墩主要由糯米浆作为凝固剂做成，每墩距由3条长约20米、宽约0.5米的麻石组成。桥体两边各建茶亭1

个，茶亭高约3米，占地面积约30平方米，石墙瓦面，供人休息、歇脚。由于时代更迭和鹤市河改道，此桥只剩下梅东段的一处残桥墩和凉亭的一面墙。民国十八年（1929年）至民国二十年（1931年）4月修筑的老隆至蓝关公路（后来的官汕线、国道G205线），是龙川县境内第一条公路。该公路取代了沿用千年的古驿道。

梅东村原在鹤市河下游的西边，鹤市河是梅东村与旺茂村、登云镇天阳村的界河。1976年冬至1977年，龙川县人民政府实施通衢河段改直工程。该工程从广福桥至登云镇东山水口，将6920米老河裁弯改直为4700米的新河，防洪标准为10年一遇。通衢河改道后，对老河道进行修整造田工程。由于跌水工程施工质量差，后来多次被洪水冲毁，又多次进行治理。通衢河段改直工程包括梅东村全河段，新的鹤市河河道改为从梅东村村中通过，把梅东一分为二，分为河东片和河西片，为方便两边通行，兴建连接河东、河西的梅东桥。该桥长约100米，钢筋水泥结构一车道桥梁。

梅东村主要由黄、陈、叶、邓、吴、陶、赖、谢、杨、何、鞠11个姓氏组成。其中黄姓于北宋时期由江西南昌迁至该地，陈姓于清末由东莞茶园下迁至该地，叶姓于建国前期迁于该地，鞠姓于20世纪70年代末因通衢改河工程从梅城移民至该地。

梅东村有耕地面积960亩，其中水田面积710亩，人均耕地面积0.3亩，村内主要耕种水稻，兼种植花生、大豆、蔬菜、番薯等农作物。村民收入以年轻人外出打工、做生意为主。

梅东村主要水利设施有两处：一是通衢水陂，位于广福村、梅城村，为拦截鹤市河引水工程，于1964年建成，采用浆砌石混凝土护面结构，东干渠长4.5公里，西干渠长4.5公里；二是曲龙水陂，位于梅东村，拦截鹤市河引水工程，主要引水灌溉梅东村及登云镇耕地。曲龙水陂原是木桩水陂，每逢洪水都会被冲毁。改直通衢河段后，新建水泥混凝土结构水陂，起到良好的防洪灌溉作用。

1964年，通衢职业中学选址梅东村樟太自然村并投入使用，于2002年9月合并至通衢中学。1967年梅东小学在梅东村樟太自然村建立，2016年后由于村内多数小孩都跟随父母到外地就读，学校停办，并入通衢镇中心小学。

梅东村西面是龙川县宝通工业园。从2007年开始，龙川县人民政府开始大面积征收梅东村山地，兴办工业园。到2022年止，共征收梅东村土地700亩左右，拆迁房屋20座，涉及全村10个经济合作社。由于被征地，村里所剩林地不足300亩。征地所迁的坟，被安置到通衢公墓山。被拆迁房屋的村民，一部分被安置到通衢镇新开发的东门直街。

2015年，梅东村被定为省定相对贫困村。同年，国家实施第三轮相对贫困村帮扶政策。2016年，帮扶单位深圳松岗街道进驻梅东村，开展一系列扶贫项目，投资73万元建设党群服务中心。2018年党群服务中心落成，2019年9月梅东村委会办公场地搬至该中心。2016年，出资50万元入股投资县宝安（龙川）产业园，每年分红5万元，以增加村集体经济收入。同年，投资25万元建设村文化广场，并于2019年建成投入使用。2017年，投资40万元完成全村主要干道174盏路灯及20个监控布点安装；投入53万元建设梅东特色麻鸭基地（2020年该基地因环保问题关停）；投入111多万元修建村水利工程；投入15万元参与美化乡村工程。2018年，投入260余万元修建村道路；投入60万元建设光伏电站（2019年并网发电）；投入25万元修建村文化广场阶梯修缮及护坡；投入10万元建设一河两岸绿化工程；投入20万元建设村饮水安全工程。2019年，出资14余万元购置党群服务中心办公用品，投入22万元建设村公共厕所等。松岗街道在梅东村扶贫5年总投入967多万元，大大改善了梅东村人居环境。2020年底，梅东村胜利脱贫，2021年扶贫工作队撤队。

梅东村分别于2007年和2020年被评为“龙川县文明村”，2008年被评为“龙川县实施百村平安工程优秀村”。梅东村党支部于2011年被评为“龙川县先进基础党组织”。

表1-4-10　　梅东村历届党支部书记、村委会主任名录

姓　名	性别	任职时间	职　务	备注
陈少先	男	1964 —1968 年	书记、主任	梅东大队
黄昌连	男	1968 —1980 年	书记、主任	梅东大队
陈德周	男	1980 —1993 年	书记、主任	梅东大队、乡、管理区
黄坤才	男	1993 —1995 年	书记、主任	梅东管理区
黄彩华	男	1995 —1996 年	书记、主任	梅东管理区
黄伟清	男	1996 —2017 年	书记、主任	梅东管理区、村
陈伯强	男	2014 —2017 年	主任	梅东村
陈伯强	男	2017 —2021 年	书记、主任	梅东村
陈贵平	男	2021年—	书记、主任	梅东村

梅东村地名：

梅东村。1950年前属梅城乡，位于梅城东面，故名。

阿典屋。据传旧时建造此屋的先祖，名叫“黄阿典”，为纪念他，故名。

三栋屋。因其是该村最老的一座三栋两杠的房屋，故名。

坝　角。因村落建于坝的绕弯转角处，故名。

墩子头。因该地位于土墩旁，故名。

和合屋。因村落村民都希望大家能够和和睦睦，合家欢喜，故名。

花树头。解放前，因该地花草树木较多，植被丰富，故名。

沥头背。因位于该地花树头小沥背面，故名。

梅东桥西。因该处位于梅城一座桥梁的西面，故名。

下新屋。因此屋解放前属伪乡长叶培环居住，解放后，政府没收分给贫下中农住，地势位于新屋下端，故名。

白　桥。因解放前在此地用石灰、麻石砌成的一座白石桥，是鹤市至岐岭的必经之道，故名。

茶山下。因农户居住在该处西面茶山脚下，故名。

老　屋。因祖先在此居住，后再迁居新屋，故名。

桥　头。因该地位于原鹤市河通衢梅东村地段的桥岸边，故名。

谢　屋。因谢氏祖宗由龙川黎咀迁入此地而建的房屋，故名。

新　屋。因最初为黄姓人氏从老屋迁出另立房屋居住，故名。

杨　屋。因此地居住的都是杨姓人氏，故名。

坪　头。因在平坦场地的一头建造房屋定居，故名。

曲　龙。据传，解放前有位外地人发柬邀请该地一户人，误将原名“福龙”写成“曲龙”，此后当地人遂沿袭称之，故名。

杉树下。因该地古时有几棵高大的杉树，地势位于河东的下端，故名。

陶　坑。位于山坑处，因解放前该地姓陶的农户与花树头村姓陈的农户在此看管果木，并在此安居，故名。

旺丁湖。因旧时该地农户的祖宗是从外地迁移到该小盆地开垦定居，渴望发展人丁，故名。

樟大塘。因其开村先祖，以此地“樟树”和“鱼塘”取名，故名。

中湖坑。居民点位于山坑处，中部旧时有湖泊，故名。

第十一节 梅城村

梅城村位于通衢镇中部，东与梅东村相连，南与广福村、寨背村毗邻，西与旺宜村、华城村交界，北接深圳宝安（龙川）产业转移工业园，是通衢镇人民政府所在地，距县城13千米。梅城村三面环山，方圆40平方千米，有梅西、山下、才子、东门、塘背5个自然村20个经济合作社；有叶、黄、张、李、刘、王、唐、谢、戴、冼、鞠、陈、尹、周14个姓氏；全村有545户、2295人。梅城村设党支部1个，有党员44人，村干部9人。村委会办公大楼位于云鹤路旁，为三层水泥楼房，面积400多平方米。

中华人民共和国成立初期，实行区、乡、村制。梅城乡属鹤市区管辖。1952年3月，实行小区小乡制，梅城乡属龙川第四（通衢）区管辖。1955年6月，龙川第四（通衢）区改为通衢区，梅城乡属通衢区管辖。1957年12月，全县撤区建乡，通衢区分为通衢乡、登云乡，梅城属通衢乡管辖。1958年10月，撤乡建公社，梅城管理区属鹤市公社管辖。1959年7月，通衢公社从鹤市公社分出，梅城大队属通衢公社管辖。1983年11月，梅城乡属通衢区管辖。1990年，梅城管理区属通衢镇管辖。1999年，管理区改设行政村，梅城村属通衢镇管辖。

梅城村东南方有一条韩江支流（鹤市河通衢段），由南向东北流入韩江。鹤市河由紫市镇雅寄河和黄布镇金鱼河二支流汇合而成，流经龙川县鹤市、通衢、登云，流入五华县。西边有一条华城河，由葛藤村发源，流经华城村、梅城村再流入韩江支流。这条小河把梅城村西边划分为山下村和梅西村2个自然村；山下村分为红五队、红六队、红七队，梅西村分为红一队、红二队、红三队、红四（1）队、红四（2）队。小河两边堤竹茂密、水田成片，村民住宅依山而建。按上级“河长制”要求，村支部书记挂帅并兼任华城河梅城段“河长”。2019年，梅城村配合上级政府工作部署，整治河流环境污染，疏通河床，整修河堤，加装石级护栏，安装河堤路灯，建设健康碧道，美化周边环境，打造村民休闲娱乐场所。

梅城村耕地面积1200亩，其中水稻面积700亩，人均耕地0.5亩；林地面积1300亩。梅城村主要种植水稻，兼种花生、大豆、番薯、玉米、蔬菜等农作物。村民发挥临近街道市场优势，大办蔬菜基地，大量种植各种季节性蔬菜，供应市场需求；同时开办村砖瓦厂，经营鱼塘、门店等，增加经济效益。改革开放以来，梅城村民生活大大改善，经济收入逐年提高，家家户户盖起水泥楼房。

梅城交通便利。国道G205线公路在村北由西向东穿越而过，省道S341线（牛屎坳至五华县双头墟）自西向东贯穿全村，县道云鹤线（登云至鹤市）由北向南穿村而过。村内大小水泥路直通各自然村，并安装了路灯。

梅城工业新兴。西北边是龙川县工业园区，建成区达5平方公里。工业园区厂房高楼林立，道路交错纵横，环境绿化美化。园区形成电子电器、空气能、现代建筑工业化三大主导产业。

梅城历史悠久，名胜众多。梅城因明代中期“植万梅”、辟“爱梅亭”，筑通衢城而得名。北宋时期，梅城设“驿站”。明嘉靖四十四年（1565年），由邑绅张大纲倡筑通衢城。梅城（通衢城）城墙全长四百零八丈六尺，高二丈一尺五寸，东西门城楼二座，南北三小水门各小楼，共用银两千零八十二两，历时一年左右建成。东门城楼位于镇政府所在地，西门城楼位于上街尾，南门位于云鹤路通衢桥左右位置，北门位于通衢中学北顶操场边，北侧门位于通衢医院与尹氏祖屋背后之间。城东原建有“方公祠”，城西建有“三公祠”，城中古榕树旁建有“百灵祠”，城内正街建有“关帝庙”。民国初年，城楼初毁，抗日战争时期城墙被拆除，但街道完整。1979年后，修建了旧街道，新建街道2条，增建农贸市场，电信、供电所、文化站、金融商贸单位新建了办公楼，街道铺设了水泥路面。

梅城文教兴盛。宋代诗人杨万里、明朝诗人李中等骚人墨客在通衢多有咏赋，留下不少著名诗文。当地人因景仰韩愈学问，于清咸丰十一年（1861年）前筹资创建“景韩书院”，培养大批人才。城内有棵千年古榕树，见证古城兴衰发展，被誉为“东江古榕之王”，是古城的文化地标。梅城村现办有紫荆花幼儿园、梅城小学（现为通衢镇中心小学）。梅城村人才辈出，有清华大学毕业的工程师叶日泉，有美国马里兰州巴尔的摩药物研究所医药博士叶续源（其个人在通衢中心小学和通衢中学设立叶续源奖学金），有岭南画派画家叶绿野，及东江地区知名画家叶丰才、叶庆瑜等。2022年，梅城村有本科毕业生60人，人民教师30名，其中高级教师5人，在读硕士研究生5人。20世纪70年代，村里开始办起医疗站，可医治村民小病。梅城村文艺活动活跃，90年代以后村中办起文化娱乐中心。梅城村以自然村为单位，在年节组织广场舞、篮球、拔河比赛等活动。

表1-4-11　　梅城村历届党支部书记、村委会主任名录

姓名	性别	任职时间	职务	备注
陈少先	男	1959—1961 年	书记	梅城大队
李均区	男	1961—1962 年	书记	梅城大队
陈宏海	男	1963—1965 年	大队长	梅城大队
叶佛权	男	1969—1973 年	书记、主任	梅城大队
李金文	男	1970—1973 年	大队长	梅城大队
叶佛权	男	1973—1976 年	书记、主任	梅城大队
叶谦章	男	1976—1978 年	书记	梅城大队
叶兆兴	男	1979—1980 年	书记	梅城大队
叶德辉	男	1983—1988 年	书记	梅城乡、管理区
张金德	男	1993—1996 年	书记、主任	梅城管理区
叶宗平	男	1997—2012 年	书记、主任	梅城村
张国雄	男	2013—2015 年	书记、主任	梅城村
叶碧棠	男	2016 年—	书记、主任	梅城村

梅城村地名：

梅城村。明代正德年间建成通衢古城。明正德十四年（1519年），刑部主使李中谪于通衢驿任驿丞，见驿东多梅树，遂建“爱梅亭”，吟咏其中，后人慕其风雅，又将“通衢城”称为“梅城”。“通衢”和“梅城”两个地名至今沿用。

白肚排。因地处由白姓人氏开垦的土地定居，且地形似肚状，故名。

才子舍。因村落位于虎头山下，原叫“寨子社”，解放后，该村人才辈出，尤其在教育领域从事教学工作的人多，故后更名为“才子舍”，故名。

老虎坑。居民点位于山坑处，因该处山腰下面有一股清泉水，传说这里像老虎形卧在地上，清泉是老虎尿流出，故名。

石子岭。因该村山地石子众多，故名。

塘　背。因该村大部分建筑在两口大塘的背面，故名。

下　围。因其位于一座围龙屋的下端，故名。

山下排。因其村落在该地山脚处，房屋整齐排列成带状，故名。

杉树头。因此地原有一片较大的杉树林，后砍伐，故名。

石　涧。该处有泉水从石涧流下来，供村民生产生活用水，故名。

第十二节 寨背村

寨背村位于通衢镇中南部，鹤市河左岸，东接梅城村，南连双寨村、鹤市大佳村，西邻旺宜村，北接梅城村，距县城约20千米。地势自南向东倾斜，形成水流东甲地势。寨背村辖区东西长约4.7千米，南北宽约3.9千米，面积3.28平方千米，耕地面积880亩，其中，水田470亩、山地410亩。辖上坪、下坪、罗屋3个自然村，10个村民小组。至2022年末，全村405户、1400多人。

中华人民共和国成立以后，实行区、乡、村制，寨背属鹤市区梅城乡管辖。1952年3月，实行小区小乡制，寨背属通衢区梅城乡管辖。1955年6月，龙川第四（通衢）区改为通衢区，寨背属通衢区梅城乡管辖。1957年12月，全县撤区建乡，寨背属通衢乡管辖。1958年10月，撤乡建公社，寨背村和旺宜村合并为旺寨大队，属鹤市公社管辖。1959年7月，鹤市公社分出通衢公社，旺寨大队属通衢公社管辖。1976年，旺寨大队分出旺宜大队和寨背大队，寨背大队属通衢公社管辖。1983年11月，寨背和梅城合并为梅城乡，属通衢区管辖。1988年，寨背从梅城分出，设寨背管理区，属通衢镇政府管辖。1999年，管理区改设行政村，寨背村属通衢镇管辖。

寨背村原名“扩田”村，主要为纪念寨背村勤劳勇敢、开荒扩地的先祖而得名。寨背村有叶、罗、黄、马4个姓氏，均为汉族客家民系，使用客家话。叶氏由河南叶县迁入，罗氏由兴宁罗家迁入，黄氏由鹤市社坑迁入，马氏由兴宁迁入。由于人口发展较快，“扩田”村形成人多地少的局面，部分叶氏人口遂迁徙至四川、江西。

寨背村村民以农耕生产为业。主要种植水稻、番薯、木薯、玉米、小米、高粱等粮食作物和花生、黄豆、瓜类、蔬菜等经济作物，同时，结合实际选择茶叶、油茶、水果、竹木的种植。家庭饲养猪、牛、羊、兔、鸡、鸭、鹅、鸽等禽畜，利用水面，鱼塘养殖四大家鱼，兼营家庭酿酒、豆腐、腐竹、饼食等食品加工小作坊等。1979年农村体制改革后，村民除农耕生产外，许多青壮年进入改革开放大中城市创业或务工，广开经济门路，家庭生活水平有了明显改善和提高。村民居住房屋由传统的砖瓦房改建成现代钢筋混凝土结构楼房。

寨背村制陶业发达，烧制的缸瓦陶器外观精美，经济实用，历史上寨背烧制的缸瓦陶器销往梅州、惠州等地，还远销首都和国外，有秦缸汉瓦（缸瓦窑厂）之美称。中华人民共和国成立前，寨背村叶氏先辈叶华光组织缸瓦窑厂十三公司经理等，曾经在老隆兴建一条街道，专门销售缸瓦陶瓷，称为“寨背街”，即县城街道现在的“华光路”（东连人民路，西接共和路），全长400米。民间曾流传“广州有老隆街、老隆有寨背街”的说法。在20世纪六七十年代，每个生产队都有一条缸瓦窑，缸瓦产品不仅占据本地市场，还大量远销外地。寨背缸瓦厂于20世纪80年代末在改革开放大潮中停产，仍保存有坑尾古窑一座。

寨背村重视教育，不论多贫多苦都要送子女进学堂，涌现出不少人才。

寨背村是革命老区村，有光荣的革命斗争历史。在新民主主义革命时期，寨背村在游击队长黄素的带领下，发动缸瓦窑厂十三公司的武术教练和进步青年群众等，配合“东江纵队”开展游击活动。寨背村成为坚定的革命堡垒村、游击村。

寨背村交通便利，2005年建成环村公路硬底化砼路面4.5公里，2009年升级改造自然村人口较集中的3条支线公路，并安装环村路灯，所有路口安装电子眼。在鹤市河寨背段，建设防洪减灾工程，同时建成砼路面、绿化带、行人道等。新建成村委会大楼1栋，建设文化广场1座，配置健身器材。兴建千余平方米的第二体育广场，完善环绕广场的体育和文化设施，提升村文化、体育生活品位。

寨背村土地肥沃，物产丰富，是有机米生产基地、三高农业基地。2007年，实行土地流转，开发寨背农业生态园。

表1-4-12　　寨背村历届党支部书记、村委会主任名录

姓　名	性别	任职时间	职务	备注
罗栢泉	男	1952 —1958 年	书记	
叶日香	男	1958 —1961 年	书记	
叶瑞林	男	1961 —1964 年	书记	旺寨大队
叶俊恩	男	1964 —1967 年	书记	旺寨大队
叶火朋	男	1968 —1971 年	书记	旺寨大队
叶瑞林	男	1972 —1975 年	书记	旺寨大队
叶日南	男	1976 —1979 年	书记	旺寨大队
叶瑞林	男	1979 —1982 年	书记	旺寨大队
叶清恩	男	1982 —1984 年	书记、主任	寨背大队
叶瑞林	男	1985 —1989 年	书记	寨背乡、寨背管理区
叶日南	男	1990 —1995 年	书记	寨背管理区
叶作恩	男	1995 —1998 年	书记	寨背管理区
叶作恩	男	1999 —2014 年	主任	寨背村
叶恩廷	男	1999 —2013 年	书记	寨背村
叶恩廷	男	2014 年—	书记、主任	寨背村

寨背村地名：

寨背村。村背的虎头寨，与双寨隔河相望，古时同为通衢古城外围军事据点，故名。

坑　尾。位于山坑处，村落在坑的末端，故名。

罗　屋。因此屋一开始只住有一户姓罗的人家，故名。

上　坪。建村时，原与下坪合为一村叫坪口，后来分村，分为上坪和下坪，因其居上，故名。

下　坪。建村时，原与上坪合为一村叫坪口，后来分村，分为上坪和下坪，因其居下，故名。

第十三节 旺宜村

旺宜村又称旺宜塘（旧时也称三丫塘、黄泥塘），位于通衢镇南部，东与梅城村、寨背村相邻，南连鹤市镇大佳村，西、北部都与华城村交界，距通衢镇约3千米。全村分上、下塅2个自然村，下设高桥、瓦厂下、赖屋、神公里、河背、上排、田龙、下新屋、岭头、上新屋、老屋、对面、红崩江、水口、四角楼15个村民小组（经济合作社）。全村总人口1400多人，总户数430多户。祖籍在本村的港澳台同胞、华侨华人各有数百人，华侨主要居住在马来西亚。

中华人民共和国成立前，旺宜属鹤市区华宜乡管辖。中华人民共和国成立初期，旺宜属龙川第三（鹤市）区华新乡管辖。1952年3月，实行小区小乡制，旺宜属龙川第四（通衢）区旺寨乡管辖。1955年6月，龙川第四区改为通衢区，旺宜属通衢区旺寨乡管辖。1957年12月，全县撤区建乡，通衢区分拆为通衢乡、登云乡，旺宜属通衢乡管辖。1958年10月，撤乡公社、旺寨大队属鹤市公社管辖。1959年7月，鹤市公社分出通衢公社，旺寨大队属通衢公社管辖。1978年，旺寨大队拆分为旺宜大队和寨背大队，属通衢公社管辖。1983年12月，旺宜大队和华城大队合并为华城乡，属通衢区管辖。1987年，通衢区改为通衢镇，旺宜从华城乡分出，设旺宜管理区（乡），属通衢镇管辖。1999年，旺宜管理区改为旺宜村，属通衢镇管辖。

旺宜村因四周是山，山上有许多崩岗露出地表黄泥土，且耕地属小盆地，原称“黄泥塘”。后来，因人口快速发展，生活水平提高，财丁两旺，故改称“旺宜”。

旺宜村原有陈、叶、蔡、赖等姓，现仅存陈姓。现有的陈姓来自两支派，一支祖先约于明天启年间从兴宁笃陂迁来；另一支从华城迁来。村民均为汉族，客家民系，使用客家方言。

旺宜村耕地面积1000多亩，山地面积2287亩，人均耕地面积约0.7亩，主要种植水稻，旱地种植花生、黄豆、蔬菜、番薯等农作物。

旺宜村水利设施完善。村内的旺宜河发源于华城村廖家山，在旺宜村与寨背村交界处流入韩江上游鹤市河通衢段，全长约4.7公里。20世纪20—60年代，旺宜村在河道上修建红崩岗水陂、上陂、高桥水陂、石鼓墩水陂4座水陂。20世纪70年代初，对从高桥陂至上陂河道进行截湾改直，在张马坑、沙塘坑、高塘坑修建了3座较大型山塘。2017年，旺宜河列入中小流域（鹤市河）整治范围，对两边河堤进行格宾网石笼加固，消除安全隐患。

旺宜村交通便利，省道S238线自北向南贯穿全村。该村距河惠莞高速公路、河梅高速公路的登云（通衢）出口约5公里，距河惠莞高速的（鹤市、黄布）出口约8公里。村内硬底化道路约3公里。2016年，该村被列为省定贫困村，在帮扶单位和乡村振兴的政策支持下，完成村内道路8.6公里硬底化，并安装路灯286盏。

旺宜村曾有2间学校。一是天主教教堂在该村红崩岗设立的教会学校，创设于清宣统元年（1909年），为日新小学，面向全县教友学童招生。中华人民共和国成立后，该学校改为旺寨小学（旺寨乡的学校），其中1958—1961年改为民办中学，设初一、初二班，1961年后，再改为旺寨小学（为旺寨大队的学校）开设1～6年级小学，并曾开办附设初中初一、初二，学生多时近300人。1978年改为旺宜小学。该校后因就读学生减少，于2011年撤销，并入通衢中心小学，保留1～3年级教学点，2014年9月停办，旺宜村小学生分流到通衢中心小学和鹤市镇大佳小学。二是中华人民共和国成立前在河背设立的村办学堂，后成为旺寨小学分教点，至撤销。

旺宜村曾有中国人民解放军某部驻防。1961年，中国人民解放军某部进驻鹤市、通衢等地之前，临时借用该村上新屋、水口、上排等多座房屋，作为部队营建指挥部办公用房，历时约4年。营房建设完成后，该房屋归还给村民。20世纪60年代，中国人民解放军陆军某部进驻该村西南边的坳头。20世纪70年代，中国人民解放军某部进驻该村西北边的上村。

原通衢公社敬老院曾设在该村。1961年，通衢公社利用解放后没收的天主教教堂房屋，兴办通衢公社敬老院，收养原通衢公社（包括通衢、登云）孤寡老人和孤儿。1984年，落实党的宗教政策，将该房屋归还给天主教会，同时在该村上墩公路边另行兴建一栋占地200多平方米的二层钢筋混凝土结构楼房，继续兴办通衢敬老院。2005年，敬老院迁至锦归居委会。原敬老院房产无偿移交给该村（后来在该地兴建村委会办公大楼及广场）。

旺宜村有一座天主教教堂，于1820年由法国传教士兴建，名为“露德圣母堂”，由法国神父传教，1921年后由美国神父传教。中华人民共和国成立后，教会被政府取缔，教堂的房屋也被没收。当地政府利用教堂房屋作为粮所仓库，后又改办旺寨小学分教点，1961年后为通衢公社敬老院用房。1984年落实党的宗教政策，将该房屋归还给天主教教堂。2018年，拆除教堂部分房屋，兴建一栋约300平方米二层钢筋混凝土新教堂，继续开展宗教活动。每周的周日都有信奉天主教的群众到教堂参加宗教活动。

旺宜村民居大多为客家民居，现存有建于清代的陈氏宗祠1座。陈氏宗祠于2000年重修，占地面积2000多平方米，悬山式三进殿。大门上刻有一副永久性对联：横幅是“陈氏宗祠”，上联是“颍川世泽”，下联是“文范家声”。村内现还保留有上新屋、水口、四角楼、上排等多座比较完整的传统客家民居。20世纪80年代后新建不少钢筋混凝土结构楼房，村民都住上了新房。2016年，在全县开展的乡村振兴三清三拆行动中，村内原有很多砖瓦房老屋被拆除。2017年，在帮扶单位支持下，对该村部分旧房外立面进行装饰，村容村貌焕然一新。

旺宜村居民传统生活用水是井水。村内仍保留很多露天水井，主要有陈氏宗祠右边约50米的老水井和前面约100米的田边水井，是兴建祖屋时所挖，有300多年的历史；还有上下新屋、红崩岗等水井，都有几百年的历史。天主教教堂屋内有一口水井，是兴建教堂时所挖，至今已有200多年，井水深度20多米。1978年改革开放前，当地居民生活用水都是靠人工挑水，20世纪80年代有了手摇井或抽水机井，2018年政府实施村村通自来水工程后，村民普遍用上自来水。

旺宜村地势开阔，山地较少，山上的鲁萁及难以满足生产生活的燃料需求。以前生产生活的用火燃料，主要是山上的鲁萁（学名芒萁），少量柴木、杂草、作物秸秆等。20世纪六七十年代，开始有用煤做燃料；80年代开始使用石油液化气。近年来，厨房多使用电气化厨具。

1960年，通衢供销社在该村的水口兴办农村购销站。1980年，该购销站迁至该村坳里，至撤销。1972年，该村通电。20世纪90年代农村电网改造后，电力供应稳定，电费降低，电价稳定在每度0.60元左右。2000年后全村厕所改造，卫生条件大大改善。

村民收入主要靠农业生产及外出务工，也曾兴办私人企业和集体企业。1939年2月，村民陈荣增利用牛屎坳至鹤市公路和区位优势，私人开办大宜行车公司，公司站址设在旺宜塘，办理鹤市至牛屎坳往返客货运输业务，是全县最早的私人汽车运输服务。20世纪60年代初，旺宜村集体在高排老屋兴建缸瓦厂，占地约三亩。采用卧式窑，窑长约50米，用松树毛、山柏为主要燃料烧制成陶器，产品销往本县及邻县集市，增加集体收入。缸瓦厂于20世纪80年代末停产。1986年，本村村民利用闲置的部队营房兴办旺宜爆竹厂，并以“旺宜”二字为注册商标，吸收闲散的村民到该厂务工，以增加经济收入。该厂在2006年全省禁止兴办烟花爆竹厂时停产。1989年，还在旺宜爆竹厂内兴办造纸厂，利用回收的旧废纸，制成爆竹用纸，除自用外还供给附近本地爆竹厂。该厂在1998年停产。

2016年，旺宜村被列为省定贫困村，由龙川县政府办公室帮扶。在帮扶单位的大力支持下，投入近500万元资金，修建公用设施：一是在省道238线路旁兴建村委会大楼，钢筋混凝土3层半结构，占地面积约200平方米，建筑面积640多平方米；二是修缮水陂4座及其他农田水利灌溉设施；三是建设光伏发电站两座，共82千瓦。2019年，实施乡村振兴工程，投入近1500万元资金，兴建医疗站1个，公交车候车亭1个；铺设0.8公里柏油路面和绿化道路；建设污水处理厂1个，文化广场2个，以及乒乓球台等体育健身设施1批；

投资入股县工业园增加村集体经济收入。

旺宜村于1978年成立党支部，至2022年，有30名党员。近年来，该村获得“广东省乡村治理示范村”“河源市文明村”等荣誉称号。

表1-4-13　　旺宜村历届党支部书记、村委会主任名录

姓名	性别	任职时间	职务	备注
陈永光	男	1969—1972 年	书记	旺寨大队
陈慈兴	男	1978—1983 年	大队长	旺寨大队
陈慈兴	男	1984—1987 年	书记	华城乡
陈慈兴	男	1988—1990 年	书记	旺宜管理区
陈道雄	男	1991—1994 年	书记	旺宜管理区
陈慈兴	男	1995—1999 年	书记	旺宜管理区、村
陈育兴	男	1999—2014 年	书记	旺宜村
陈永生	男	1999—2002 年	主任	旺宜村
陈作焕	男	2014—2017 年	书记	旺宜村
陈文旺	男	2017—2019 年	书记	旺宜村
陈辉善	男	2017—2019 年	主任	旺宜村
陈春标	男	2019 年—	书记	旺宜村

旺宜村地名：

旺宜村。因该地四周是山，山上有许多崩岗露出地表层下面黄泥土，且耕作地属小盆地，原称“黄泥塘”，后来，该村人口发展快，过上好生活，财丁两旺，改称“旺宜”，故名。

上　陂。因该地在上方，且此处建有一座水陂，故名。

白石坑。位于山坑处，因该地有丰富的石灰石，石质呈白色，故名。

高　塘。因该处地势较高，且筑有一口大山塘，故名。

河　背。因该处祖居在小河流向的右边，现移居左边，故名。

赖　屋。因姓赖人曾经在此地建房落居，故名。

上　村。因该居民点位于村落的上方，故名。

上　排。因该屋位于其老屋上端一排耷地的上方，故名。

水　口。因位于该村的水源出口处，故名。

下　角。因该处与西边“上排”（地名）相对，且地势略偏下，故名。

小　边。因该地位于其聚落的小溪边，故名。

圣公里。因该地原有一座小圣坛，供奉着一个神像故名。

第十四节 华城村

华城村位于通衢镇中西部，东与梅城村、深圳宝安（龙川）产业转移工业园相邻，南连旺宜村、鹤市镇富石村，西与葛藤村、华新村毗邻，北接老隆镇岭西村、登云镇高南村，距通衢墟镇5千米。华城河和儒南响水陂引水沟从村中间穿流而过，河两边是一片片肥沃的平川田野。2022年，华城村有1541户5103人，下设东兴、新（星）光上、新（星）光下、高峰、华山5个自然村，49个经济合作社。全村总面积13.7平方千米，有耕地面积约2775亩、山林地面积约9406亩、水域面积189亩。中共华城村党支部不断发展壮大，由解放初期的几名党员发展至现今80多名党员的党总支部委员会。党总支部下设3个支部，分别为华高支部、新光支部、东兴支部。

明清时期，华城设军屯，称为田心屯。清嘉庆十四年（1809年）至民国初年，实行约（堡）制，田心屯设9个堡。民国三十六年（1947年）以后，区以下设乡（镇），先为华城乡，继而华宜乡（旺宜并入），后华新乡（岭西并入）。中华人民共和国成立以后，华城隶属鹤市区华城乡（含今华城村、华新村、葛藤村、儒南村）。1952年3月，实行小区小乡制，华城属通衢区华城乡管辖；1955年6月，龙川第四区改称为通衢区，华城属通衢区管辖；1957年12月，全县撤区建乡，华城属通衢乡管辖；1958年10月，撤乡建公社，华城大队属鹤市人民公社管辖；1959年7月，鹤市公社分出通衢公社，华城大队属通衢公社管辖；1983年11月，华城村和旺宜村合并为华城乡，属通衢区公所管辖。1988年，华城管理区（旺宜已分出），属通衢镇管辖。1999年，管理区改设行政村，华城村属通衢镇政府管辖。

华城村历史悠久，系古村落之一。明洪武二十三年（1390年）实行军田制，创建田心屯军屯（龙川设田心、岭西、上营、兴隆、白芒、马塘6个军屯），田心屯原所辖区域包括现在的华城村、华新村、葛藤村、儒南村，军屯驻地在华城，因此华城又称为田心屯。明朝弘治十七年（1504年），因流贼劫掠通衢司而筑通衢城，田心屯也进行筑城，又称华城，城墙用泥土夯筑，城墙全长265丈，高1丈2尺，设城门四座及门楼，即东门、下东门、南门、西门，北边无门而筑有楼。明朝正德十一年（1516年），因寇乱，又将田心屯城土城墙修筑成砖墙。城墙由各姓捐资修筑，其中：马姓捐筑城一半，陈姓捐筑37丈，张姓筑

3丈，曾姓捐筑7尺。该城墙至1930年建华城小学校舍时拆毁，屯城历经426年。

华城村（田心屯）位于韩江支流上游，自古以来就是交通要道，古道新径至鹤市路段（新径—黄竹坳—三丫沟—教场下—黄泥塘—大夫坝—鹤市墟）穿村而过，全长约9公里，是鹤市、黄布、紫市等地通往老隆的必经之地。1929年至1931年4月修筑的老隆至蓝关公路（国道G205线路段），也在华城村北经过。省道S328线（牛屎坳至鹤市）由北往南贯穿村东部。

华城村有光荣的革命斗争历史。土地革命时期（1927年冬），在中共鹤市地区地下党的领导下，佗城农会组织贫苦农民，保护切身利益，先后成立美山、南门、西门、东兴、葛藤坪5个农会。其中美山农会成立以后，刻“田心屯美山农民协会长铃”印一枚，制犁头旗1面（犁头旗现存放省革命历史博物馆），并进行会员登记，商讨减租减息问题。1928年3月9日，华城村农会响应叶卓领导的东江工农革命军“进攻鹤市”的号召，积极备战，推选陈明山（又名陈梅添，农会主席）为指导员，陈龙华为司令，张辉、张亚来为指挥，陈石继为号兵，曾寿林为通讯员，陈德裕、陈启焕、陈子荣、张德行为联络员，制定犁头红旗，确定口号“打倒贪官污吏、土豪劣绅”。10日晨，参加进攻鹤市的农军有240多人，在田心屯五谷岭头（现华城小学学校）集合举行誓师大会，准备前往攻打鹤市，后因未接到进攻命令而受阻。鹤市暴动失败后，在佗城西门处被杀害的有陈明山、陈龙华等7位烈士，被捕入狱的有陈锦兰、张添瑞、马纯秋、马善华、张能捷、陈波兴6人，受株连被迫外逃的有陈洪球、陈朝风、陈水兰、张亚钦、张辉、曾桥林、陈彩风、陈水林等人。抗日战争时期，1939年1月20日，张克明、陈国雄、张威远、张汉庭、陈子荣、陈金瀼、陈德裕、张友云、陈选材、张汉栋等组织发动民众，在华城小学（原北楼坪操场）成立“华宜乡民兵抗日自卫协会”，选举张汉庭为“华宜乡民兵抗日自卫协会”主席。参加人数近千人，县长邓鸿芹、司令张化如亲自组织并发表演讲，轰动全县。当时《龙川日报》发表社论《一个可以作为我们模范的乡村》，一时成为美谈。1939年1月21日，中共龙川县委举办“青年自我教育学习班”，选派田心屯的陈选材、张文栋、陈金瀼等7名青年参加学习。同年，新径村成立中共党小组，廖裕源为组长。1940年发展廖寿植、廖才、陈作梅等同志入党。经上级批准，成立“径苏党支部”，廖裕源为支部书记，陈杰为委员。1949年5月，龙川全县解放后，建立乡人民政府，收缴自卫队枪支弹药，发动群众献粮献物，迎接南下大军。不久，中共华山支部成立。9月，改名为中共华新乡支部，陈寿材任支部书记，当时有党员5人。1991年8月，经广东省人民政府批准，华城村、华新村、葛藤村、儒南村（均为田心屯所辖）为革命老区。

华城村历来以农业经济为主，由于华城地处丘陵山区，水资源分布不均，历来缺水。

自明至民国近600年来，华城人为解决水问题而不懈努力。嘉靖至隆庆年间，乡绅陈兰捐资筑儒南蛇头嘴水陂、开挖引水沟约7公里（从儒南蛇头嘴水陂起至葛藤苦连坪）。乾隆五十二年（1787年），乡绅张居达捐资扩修蛇头嘴至苦连坪段的老沟，为此，当时龙川知县丁兆凯于乾隆丁未年立碑表彰。民国二十八年（1939年）底，为解决村内农田灌溉问题，村里成立由张克明为总理事，张威远、张清泉、陈子荣等人为理事的水利建设理事会，雇请省驻鹤市水利建设队勘测，决定在响水潭上面筑水陂，开挖响水陂至葛藤坪的新沟。其时发动民众近万人上阵开挖沟渠，苦战一冬，于次年春竣工。1949年冬，在中共华新乡党支部、华新乡人民政府干部陈春材、张建荣、刘鹏荣带领下，组织发动群众奋战一冬春，将新沟葛藤坪段改直、扩阔、开深，同时再加高响水陂陂头，整修老沟。竣工后，新沟、老沟水流畅通，有效地确保华城村农田灌溉。1991年，实行民办公助的办法，整修蛇头嘴陂、响水陂及新沟。华城管理区组织群众，把整条新沟扩加宽加深，同时雇请专业队将响水陂至排尾四方井段，全长3586米的新水沟底全部砌石，确保新沟更加牢固。

华城村尊师重教，勤育人才。明清时期，华城有识之士为栽培乡邑子弟，纷纷设帐（馆）讲学。明增生陈所传办义学，清庠生陈昌言、陈登科、陈楷模、陈依周、张群修、张焕然等办私塾经馆，每馆就读学生数十人不等。中华民国提倡办新学，20世纪20年代后，老姓以姓氏（房）开办的有华南、植基、一新、梅花等初级小学。民国十四年（1925年）秋，在屯城北楼坪创办第三区区立第二高级小学，这所小学开始只有一个班，一个老师，十多个学生。1940年屯城各小学并入后，改为华城小学，发展至1975年，附设初中学生近1000人。1953年华城小学被评为惠阳地区群众性体育运动先进单位，省市县兄弟学校来校参观络绎不绝。1972年冬，在上级领导的关怀支持下，华城小学成立业余武术队（惠阳地区唯一）。1973年，参加惠阳地区武术表演赛，受到广大群众好评。武术队曾代表惠阳地区参加省第四届运动比赛。1975年，在张克明先生倡议下，隆重召开庆祝建校50周年大会。1992年，华城小学陈红艺参加全国小学奥林匹克数学竞赛时获得满分奖（广东五人之一，河源三人之一），1995年，陈红艺就读一中时参加全国初中奥林匹克化学比赛获得一等奖，后以优异成绩被清华大学录取。另有张卫星考取北京大学。1998年，华城小学被评为河源市山区一级学校，副省长卢钟鹤、省教育厅厅长江海燕曾莅临学校指导工作。

华城村有陈、马、张、李、曾、周、简、余、钟、何、赖、刘、邓等姓氏。陈姓陈安，原籍潮州海阳，于明洪武七年（1374年）统兵来龙川县平剿叛乱，驻军田心屯而迁入。马姓马添奇，原籍江南省扬州都县，明初从军迁入。张姓有5支，一是张秀八，原籍江西省袁州府萍乡县，于明洪武二十二年（1389年）调田心屯卫所迁入；二是张源善，原籍福建，于明洪武年间迁入惠州，后又迁入田心屯；三是张晓初，原籍大埔，于清道光十七年（1837年）迁入；四是张同利，于民国十八年（1929年）迁入；五是张祥云，于1936年从登云镇迁入。李姓李火德，原籍福建福州福清县，于明洪武年间拨派田心屯而开基。曾姓，于明初从江西抚州从军，充小旗来田心屯入籍。周姓周岐山，于明初从五华水寨迁入，还有一支从五华水寨上下坎迁入。简姓于明初从福建迁入。余姓祖婆谭氏于明中叶从江西携儿子来田心屯入籍。钟姓一是钟定，于明末从鹤市移居田心屯；二是钟杨芳，于清道光年间从鹤市迁入；三是于1968年从黄布大江迁入。何姓何九经，于清康熙年间从佗城迁入。赖姓，于清乾隆年间从五华登山湖迁入。刘姓刘洪，于乾隆十八年（1753年）从旺茂迁入。邓姓邓荀华、邓云华兄弟于民国十年（1921年）从登云迁入。

华城村仍保留较多宗祠。民国前各姓（房）在屯设有祠堂，如陈氏宗祠、张氏（秀公）宗祠、张氏（源善）宗祠、马氏、李氏、周氏、余氏等宗祠以及百灵祠。目前保存较好的宅院：大夫第，位于屯城外松树墩，系巨富张居达于清乾隆五十二年（1787年）兴建，三年建成，占地面积7469平方米，四栋四横，转四方围龙，东设斗门，共有9个厅18个天井（又名九厅十八井）、123个房间。还有司马第（树墩）、伯长宅（下山）、荣封第（西门口）、朝议第（蓝屋）等。

华城村内有很多坛庙、祠宇，具体如下：

关帝庙：位于屯城中央。

松风禅院：又名松风庵。清县志载，松风庵在田心屯水口，明崇德建，儒超群重修，解放初拆除。2014年，热心人士自募筹款重建松风禅院（经有关部门批准），现占地面积2万平方米，大雄宝殿建筑面积600平方米。

文昌阁：位于田心屯水口，松风庵后，乡绅张居达建。

文昌庙：位于屯城北楼，魁星楼，位于屯城钟楼下。

龙母娘娘：又名龙母庙，位于屯城外张马坪北边山脚。

华光庙：位于屯城外水口。

七圣娘娘：又名七娘坛。一是在东方岭，二是在黄家寮屋背。

五谷亚公：位于五谷岭头。

社令真官：位于排尾。

伯公：位于屯城关帝庙右侧。

福德祠：位于屯城大井头。

高圳庵：位于仙女嶂东西半山，还有兴隆庵、峨云庵、万缘庵、松风庵。

华城（田心屯）村仍保留有一种独特的语言，称为军声，是华城村陈氏开基祖陈安、张氏开基祖张秀八引入的军队通用语言，从明初到清末500年间，军声都是华城的主要语言。据说当时有一条不成文的规矩，逢年过节及祭祖时，不会讲“军声”的男丁不能分得猪肉（“丁子肉”），女子嫁出者，其子女可不讲军声，嫁入者，必须学会“军声”，否则不能分得猪肉。目前田心屯仍有三四十户能用军声沟通的，多数是陈安、张秀八的后代。

1962年6月始，村内先后两批进驻中国人民解放军某部某炮团，至1985年部队撤编。

近年来，华城村村容村貌有了较大改变。2010年，村委办公大楼、老年人活动中心、村文化广场、卫生医疗站建成投入使用。铺设硬底化村道约16公里，安装路灯230盏。建设戏楼1座，刻有楹联“四梢临翘影映处，佳节喜庆古戏楼”。农田灌溉水沟及排洪沟长约8公里，全面实现“三面光”。高峰自然村、华山自然村分别兴建了文化广场，面貌焕然一新。2016年9月，华城村被确定为省定扶贫村，2020年底实现脱贫目标。

表1-4-14　　华城村历届党支部总支书记、村委会主任名录

姓名	性别	任职时间	职务	备注
陈春才	男	1949—1952年	支部书记	华城乡
李均枢	男	1952—1964年	支部书记	华城大队
张高球	男	1954—1958年	支部书记	华城大队
廖来光	男	1964—1965年	支部书记	华城大队
张秉坤	男	1965—1975年	支部书记、主任	华城大队
张绍麟	男	1975—1988年	支部书记	华城大队、华城乡
张木恒	男	1988—1992年	支部书记	华城管理区
张培道	男	1992—1999年	支部书记	华城管理区、华城村
陈能文	男	1999—2002年	支部书记	华城村
张伟俊	男	2002—2008年	支部书记、主任	华城村
张绍建	男	2008—2012年	支部书记	华城村
张汉平	男	2012—2016年	支部书记	华城村
张艺平	男	2017—2021年	支部书记、主任	华城村
张权金	男	2021年—	支部书记、主任	华城村

华城村地名：

华城村。因明弘治十七年（1504年）在田心屯筑起城，后将田心屯取名为“华城”。

茶子凹。因村落山上种满油茶树，山形凹状，故名。

白肚口。因该地土质呈沙白色，且地形似人肚状，故名。

陈塘桥。因村落姓陈居民较多，村口有池塘、桥梁，故名。

大　坳。因其村落位于大山下低凹的地方，故名。

高场下。因旧时该地有屯军，是驯马、教习军士之处，原称“教场下”，后更名为“高场下”，故名。

上教场。因相传古代有军队在此驻扎，设大型教场操练，该村位于教场的上半片，故名。

松山口。因该山坑原有一片茂密的松树林，建有一座华光大帝庙，村落位于山坑口，故名。

田心屯。明洪武二十三年（1390年）设立田心屯，由千户所管辖，故名。

下教场。因相传古代有军队在此驻扎，设大型教场操练，该村位于教场的下部，故名。

高　桥。因村落地势较高，村口有座桥梁，故名。

公　唐。因解放前唐姓人氏在此地兴建房屋后，以其祖宗名字取名，故名。

狗岩下。因该地山脚下有一个“阿公”坛，山形像狗尾，故名。

河树头。因建村时，村四周荷树多，故原取名“荷树头”，后更名为“河树头”，故名。

大夫第。因清代该村名士张居达（又名张三星）诰赠朝议大夫，于清乾隆五十二年（1787年）在该处兴建房屋，故取名“大夫第”，故名。

蕉　坑。居民点位于山坑处，因该地野生蕉多，故名。

蓝　屋。因当地有个张姓老屋外外墙皆刷成蓝色，故名。

上　山。因位于华城至儒南村道的上端，故名。

司马第。明清时期，司马是州同、同知的别称，因古时该屋有位名士曾获以上职位之一，故可以挂“司马第”牌匾，故名。

四角楼。因该屋四角方位都建有三层楼阁，故名。

围　下。因该村落地势低，位于田心屯的下端，故名。

下　山。因其周围多山岗，村子位于华城至儒南村道的下端，故名。

黄家排。因此地最初为黄姓人氏居住，地势平缓且狭长，故名。

寮家山。又名桥顶，最初名叫诸家堂，因山脚下有茅寮做中伙生意，故名。

牛屎坳。因旧时此地周围水草丰盛，坳前有棵大果树，每年果熟时节，附近牧童到此放牧，致使牛屎遍布山坡，故名。

排　尾。因上山一排房屋前有条路，该地位于尾端，故名。

三丫沟。因该地有三条灌溉水沟相交，故名。

沙塘尾。因该处地带狭长弯曲，尾部有两个崩岗，泥沙常年冲积到"湖洋"田中，故名。

余家山。因最初姓余的村民在此山地落居，故名。

果子园里。因该屋以其祖宗名字而取名，故名。

第十五节 华新村

华新村，东与华城村相连，南与华城村、葛藤村交界，西邻葛藤村，北接老隆镇岭西村、红桥村。距通衢墟镇约6千米，距县城约8千米。因1982年从三联分出，取辖区两大自然村村名（华联、新径）各取一字而得名。2021年，全村人口480户，户籍人口1580人，其中移民人口1100多人，占全村总人口的78%，常住人口410人。有9个经济合作社，分别是爱群、旺新、新来中、苏田、红卫、卫东、新合、新中和新红。华新村党支部下设2个党小组，党员共35人，村干部5人，护林员3人。华新村于2012年获评"广东省卫生村"荣誉称号。

明洪武二十三年（1390年）宁仁都设田心屯军屯，华新属之。清嘉庆十四年（1809年），龙川县实行约堡制，华新隶属通衢城。民国元年（1912年）华新属龙川第三警察区。民国十九年（1930年），华新隶属龙川第三（鹤市）区。民国二十一年（1932年），实行区、乡、保、甲制，华新隶属龙川第三（鹤市）区。民国二十六年（1937年）实行联乡制，华新隶属通衢乡。民国三十六年（1947年），华新隶属龙川通衢属第一区署。1949年秋，龙川县实行区、乡、村制，华新属龙川第二（鹤市）区管辖。1952年3月，实行小区小乡制，华新隶属三联乡。1982年，华新、三联与前新合并成为三联乡。1983年，华新乡属通衢区管辖。1986年12月，设立华新村，隶属通衢镇。1990年，华新村改为华新管理区，隶属通衢镇。1998年，华新管理区又改为华新村，隶属通衢镇。

华新村三面环山，气候温和，村整体面积约7.6平方公里，其中山林面积6000余亩，水田面积930亩。唐代开通的广东东线古驿道经过华新村，现仍保留下径驿道旧址。村民主要从事农业和服务业，农作物以种植水稻、红薯、花生、玉米等为主。改革开放后，村民生活大大改善，经济收入提高，砖瓦房摇身变成小洋楼。村内有3条主干道，分别是Y164、Y165、Y166乡道。1964年，有中国人民解放军某炮团驻防，至1985年冬撤编。驻军期间，部队修建Y166乡道，连接华新村和县道151线。

华新村内基础设施完善，20世纪八九十年代，实现了水、电、路三通。现村内拥有文化广场、党员活动室、卫生站、农家书屋、健身活动室等服务设施。2021年底，建成移民的活动广场，总占地面积1500平方米。通过危房清理，村内绿树成荫，农房错落有致。

华新村下辖华联、新径2个自然村，主要姓氏有周、廖、傅、张、陈、江、卢、曾、钟等姓氏。1958年，龙川县兴建上板桥水库时，迁出移民人口约2500人，其中华新村内安置移民780多人。村内廖氏宗祠，始建于清代，2006年重修，占地面积约280平方米，悬山式一进殿，有斗门。

村内的三联小学建于1953年，当时为葛藤村、华新村、儒南村联办，位于华联自然村百祖第，占地面积6500平方米。该校初期开设小学；20世纪60年代后期至80年代初期办二年制附设初中；1971年至1972年，还办过二年制高中两个班（生源来自三联大队、儒南大队）。随着改革开放形势的发展，因不少村民外出谋生置业，生源逐渐减少，现阶段该校只开设小学。

华新村1962年创办华联缸陶厂，由华联生产队下辖四个生产小组合股经营，占地面积4亩，梯形拱窑全长60米，产品主要以水缸、酒瓮、煲钵、金埕、沟瓦等为主。缸陶厂全年收入盈利按入股份额分红，劳动力按日结算工资，增加生产队集体经济收入。1980年“路线工作队”将缸陶厂强制转移，由三联大队统办。1986年，缸陶厂交回华新村委会统办，1987年发包给农户，直至1992年关闭。

华新村是革命老区。1928年，田心屯（含华新）组织了240多人的农民军，制作了犁头旗，约定“打倒贪官污吏、土豪劣绅”口号，准备参加攻打鹤市。由于攻打鹤市失败，农民军有的被杀、有的坐牢、有的潜逃，家属也受株连。1938年，中共在华新建立了新径、合路口2个支部。1939年1月，华宜乡地下党组织在田心屯华城小学球场召开民主抗日自卫协会大会，参会人员近千人，众多抗日志士发表激昂演讲，大会通过《华宜乡民众抗日协会成立大会宣言》，主要内容有设立公斗公秤、开发水利、购置大刀、减免苛捐杂税等。会后这些决议的实行使得党组织更加充满活力。随后，中共龙川县委派党员教师到新径党支部，以学校为据点，开展秘密活动。1942年，中共龙川县委书记方定在陈杰家召开主持区委会议。以廖武、陈强等人为联络员，建立了中共地下党组织，动员许多青年积极参加东江纵队、武工队，投身于解放和建设祖国伟大事业中。改革开放以来，一大批群众积极投身社会主义现代化建设，为龙川革命老区接上了新时代高速发展的快速轨道，使龙川这片热土焕发出新的生机。

1962年6月始，先后有中国人民解放军某部某炮营驻扎村里，至1985年部队撤编。

表1-4-15　　华新村历届党支部书记、村委会主任名录

姓名	性别	任职时间	职务	备注
廖　坚	男	1949—1958年	书记、乡长	三联乡
叶日香	男	1958—1966年	书记	三联大队
陈佛明	男	1966—1968年	书记	三联大队
傅祥源	男	1968—1969年	书记	三联大队
陈作庭	男	1969—1977年	书记、主任	三联大队
张振锦	男	1977—1991年	书记、主任	三联大队，华新乡，华新村、管理区
江德威	男	1991—1994年	书记、主任	华新管理区
周耀明	男	1994—2005年	书记、主任	华新管理区、村
张焕德	男	2005—2017年	书记、主任	华新村
傅森良	男	2017年—	书记、主任	华新村

华新村地名：

华新村。1983年与三联分乡时辖区内有华联和新径2个自然村，两村名各取一字，故名。

灯盏寨。因从前村落没有电灯，村民都用灯芯点的煤油灯盏，且村落建在山形似灯盏的坡地上，故名。

枫角丫。因村落处于山咀，东西两边属山窝，呈“丫”字状，故名。

傅　屋。村落开村时多“傅”姓人居住，在该地落居，故名。

红角丫。因居住在村落最里面，村中有红杉树，故名。

曾　屋。因此地最初为曾姓开基建屋，故名。

黄竹坳。因此地生长有一大片黄竹，故名。

新来钟。因该地是钟姓人氏从外地迁入的落居点，故名。

苏茅田。因以前村落周边长满茅草，故名。

老里塘。因村落的最里面有口池塘，故名。

长　塘。因该地旁边有一片狭长地带的山坑田，故名。

路基排。因该地原盛长鲁萁（铁芒萁，以前农家烧火的燃料），人称“鲁箕排”，

后改名为“路基排”，故名。

新 径。因此地当时为新开的通往县城的道路，过往行人多，故名。

合路口。因通往岭西、三联、华城、南水多条路道汇合于此，故名。

新 合。因居住此地的村民是从库区移民过来的，且村落靠近合路口（地名），故名。

第十六节 葛藤村

葛藤村位于通衢镇西北部，东接华新村，西连儒南村，南邻鹤市镇富石村、莲坑村，北接老隆镇红桥村、官坑村，距通衢墟镇约18千米。面积约为819.95公顷，全村下辖3个自然村（葛藤、前星和桃联），共有24个村民小组：桃西、桃新、联新、联一、联二、桃东、下坑一、下坑二、下坑三、富连坪、孙一、孙二、塘下、石下、葛藤、二藤、湖洋塘、桥头、飞娥、光明、五星、前进、径头、作坣。截至2021年末，全村有821户，户籍人口2948人（包括非农业人口）。葛藤村党支部下设3个党小组（葛藤、前星和桃联），党员43人；村“两委”干部6人，护林员4人。

明洪武二十三年（1390年）宁仁都设立田心军屯，葛藤属之；清嘉庆十四年（1809年），龙川实行约堡制，葛藤属通衢城管辖；民国元年（1912年）葛藤属龙川第三警察区管辖；民国十九年（1930年），建制区划调整，葛藤属龙川第三（鹤市）区管辖；民国二十一年（1932年），实行区、乡、保、甲制，葛藤属龙川第三（鹤市）区管辖；民国二十六年（1937年）实行联乡制，葛藤属通衢乡管辖；民国三十六年（1947年），葛藤属龙川第一区署管辖；1949年秋，实行区、乡、村制，葛藤属龙川第二（鹤市）区管辖；1952年3月实行小区小乡制，华新乡拆分为华城乡、三联乡，葛藤属三联乡，隶属通衢管辖；1958年，葛藤属鹤市公社管辖；1959年，葛藤属通衢公社管辖；1960年，儒南从三联大队分出，属葛藤大队管辖；1978年属通衢公社管辖；1982年，三联大队分为葛藤大队、华新大队。1983年，葛藤大队改为葛藤乡，属通衢区管辖；1987年，葛藤乡改为葛藤管理区（村），属通衢镇管辖；1998年，葛藤管理区改为葛藤村，属通衢镇管理。

葛藤村先后有陈、张、廖、孙、李、黄、赵、江、巫9姓人在此立基创业。陈姓系田心屯陈氏开基祖陈安于明洪武七年（1374年）统兵来龙川县平剿叛乱，驻军期间创业入籍田心屯，其部分后裔迁入葛藤村；廖姓于明代中叶从兴宁迁入；孙姓于明初从佗城迁入；前星张氏于明代从华城迁入，桃联张氏分别于清代从五华、黄布迁入；李姓从铁场欧田迁入（迁入时间不详）；黄姓从鹤市大佳村大夫坝迁入。世居村民均为汉族，客家民系，使用客家方言。传统美食有酿豆腐、炸煎堆、香信、春卷、艾粄等。

葛藤村属丘陵地带，主要山岭有花山里、仙子岭，海拔约400米；群山环绕，中间低，四周高。葛藤村属于亚热带季风气候，常年吹东南—西北风，风速中低；村内为褶皱构造，地层属碳系，地下多分布石灰岩、沙石岩。村东北部有上板桥水库，还有多条河流小溪，基本可以满足农田灌溉需要。村民居住点呈条状、放射状分散居住。居住点多集中在地势平坦的山脚，靠近道路以及河流的地方。该村现有耕地面积1114亩，其中水田面积1022亩，人均耕地面积约0.37亩；林地面积583.31公顷（其中生态公益林约4476.15亩）。1980年建立以家庭为单位的联产承包责任制，在坚持土地为集体所有的前提下将土地分配到各户种植经营，1988年完成第二轮土地承包确权，2011年村开展林权改革确权。村民主要耕种水稻，兼种植玉米、花生、大豆、蔬菜、番薯等农作物。村民收入主要依靠农业生产及外出务工。

20世纪60年代至80年代，葛藤村前进、塘下、石下、二藤、孙屋、下坑都有部分家庭从事编绞绳索（俗称“打索”）手工业。利用自种或购进的黄麻皮、棕树毛等为原料，用专门工具编绞箩绳、牛绳（常用棕树毛编绞）、捆绑柴草用的“钩索”（用苎麻或菠萝麻料编绞），其产品除自用之外，绝大多数送交供销社收购部收购，以增加家庭经济收入。

20世纪60年代，石下生产队在葛藤坪创办水碓式粮食加工厂，1968年改为水轮机式碾米碾糠兼制米质粉丝的加工厂，1970年被当时三联大队收归改为大队办加工厂。20世纪70年代，石下生产队在石下桥北侧新办一个水轮机式碾米碾糠兼制米质粉丝的加工厂。20世纪80年代初实行农村体制改革后，三联大队办的粮食加工厂于80年代后期停办；石下生产队粮食加工厂于90年代停办。

北部有千年古驿道（俗称下径），已拓建并铺筑了硬底化路面。国道G205线横贯村北，乡道Y699、Y162、Y164从村内通过。

村中原有3间学校（三联小学、三联小学桃联分校和前星小学），后因教育资源整合、常住人口减少等原因，先后撤掉三联小学桃联分校和前星小学，现有1所小学（与华新村共有的三联小学）。20世纪70年代，村中办有医疗站，村民小病可以得到医治。因原医疗站年久失修，通衢镇政府于2020年在葛藤村文体广场边新建一座卫生站，有驻村医生1名。20世纪80年代初，村内有信用社营业点1个，20世纪90年代中期因银行资源整合撤离本村。该村于1971年通电，1990年通电话，2000年通自来水，2008年村主要道路实现水泥硬底化，2013年通网络。每个自然村都建有小型村民活动场所。村内建有文化娱乐中心、篮球场、活动广场等设施，在重大节假日期间村里都举办篮球比赛等文体活动，丰富村民文化生活。村内有农家书屋1间，藏书2000多册。

2005年“十百千万”干部下基层驻村期间，龙川县发改局派干部进驻葛藤村。

2013年至2015年，省经信委对口帮扶葛藤村，先后新建村委会办公大楼和经信综合楼各1栋，同时修建水渠、实施村道硬底化工程、安装太阳能路灯、配全三联小学教学设备等。2016年，时任广东省省长朱小丹曾到葛藤村检查指导扶贫工作。葛藤村是革命老区，抗日战争、解放战争时期建立有中共地下交通站，是川南游击队经常活动的根据地。该村曾涌现早期民主革命人士李荣和廖寿煌、孙志等一批共产党领导干部。

该村仙子岭山顶有座仙女娘娘庙，始建时间不详，2013年由村民捐款重建，供奉仙女娘娘。每月农历初一、十五都有村民到庙里上香。

村内有廖氏、李氏宗祠。廖氏宗祠，始建于清康熙年间（1662—1722年），重建于1996年，悬山式二进殿，大门上书“廖氏宗祠”，大门右边书“三洲世泽”，左边书“万石家声”，门坪有圆形“风水池”，殿顶是水泥瓦顶。李氏宗祠，始建时间不详，于2012年重建，占地面积150多平方米，由老屋改建而成。

表1-4-16　　葛藤村历届党支部书记、村委会主任名录

姓 名	性别	任职时间	职 务	备注
廖 坚	男	1949 —1958 年	书记、乡长	三联乡
叶日香	男	1958 —1966 年	书 记	三联大队
陈佛明	男	1967 —1968 年	书 记	三联大队
傅祥源	男	1968 —1969 年	书 记	三联大队
陈作庭	男	1969 —1977 年	书记、主任	三联大队
张石华	男	1978 —1986 年	书 记	三联大队
陈火文	男	1982 —1985 年	乡 长	三联乡
陈火文	男	1985 —1987 年	书记、主任	葛藤村
陈火文	男	1987 —1995 年	书 记	葛藤村、管理区
张石华	男	1987 —1992 年	主 任	葛藤村、管理区
赵德城	男	1995 —2005 年	书 记	葛藤管理区、村
孙春炎	男	2005 —2008 年	书 记	葛藤村

续表

姓 名	性别	任职时间	职 务	备注
廖德雄	男	2005 —2008 年	主 任	葛藤村
廖德雄	男	2008 —2010 年	书 记	葛藤村
陈艺林	男	2011—2013 年	主 任	葛藤村
张 敏	男	2010—2012 年	书 记	葛藤村
廖惠东	男	2013—2013 年	书 记	葛藤村
廖惠东	男	2014 —2017 年	主 任	葛藤村
陈金川	男	2014 —2015 年	书 记	葛藤村
陈艺林	男	2015 —2020 年	书 记	葛藤村
廖惠东	男	2017—2020 年	主 任	葛藤村
廖惠东	男	2021年—	书记、主任	葛藤村

葛藤村地名：

葛藤村。因古时多长葛藤，祖宗落居后取名葛藤。

桃子坑。居民点位于山坑处，因此地种植桃、李果树较多，故名。

上 坑。位于山坑处，因该地势较高，处于全村上方，故名。

飞鼠社。因建村时，村落有很多飞鼠，学名蝙蝠，后来村民建造了祭祀神坛，故名。

下 坑。居民点位于山坑处，因该地势偏下，处于全村下方，故名。

张 屋。因以张姓人家聚居为主，故名。

苦连坪。因其村中山地平缓且黄连树多，故名。

葛藤坪。因其村落周围坪地长满了葛藤，祖宗落居时取名“葛藤坪”，故名。

孙 屋。因孙姓人氏在该屋居住，故名。

凹子里。因其村落依山而建，位于山凹中间，故名。

坳 下。因居住地两边有一个大山坳，故名。

崩岗下。因该地水土流失形成山岗崩塌，房屋建在其下方，故名。

湖洋塘。因其村落所处地段低洼，田地常年积水，均系“湖洋田”，故名。

枫树阿公。因其村落有棵古老的枫树，村民都叫它“阿公树”，故名。

上 廖。因此地位于该村的上半片，且是廖姓人氏居住，故名。

飞寨塘。因该地四周群山环抱，中间地势低洼，似鸟入巢状，故名。

王家田。因解放前该处稻田属于王姓所有，故名。

家排里。因其村落的房屋排列整齐，故名。

围岗里。因该处位于上板桥水库上边，四周山岗包围，故名。

赵　屋。因早期赵姓人家聚居在此地，故名。

上高坪。因其地势较高，有一处草坪，故名。

深水坑。因居民点位于山坑处，溪谷水位深，故名。

新径头。因此地处在下径（路名）的起端，故名。

作　坐。因此地呈狭长山坑，田边、鱼塘边是用土垒起的小路，像小堤坝（俗称坐），故名。

第十七节 儒南村

儒南村位于通衢镇西部，东挨葛藤村，南连鹤市镇连坑村、黄布镇金鱼村，西邻佗城镇上蒙村、老隆镇涧洞村，北接老隆镇官坑村，距县城老隆20千米，距通衢镇约13千米。儒南是一个“九分山地，一分耕地”的山区村。儒南村分七村、道范、红星、大王神4个自然村，共有七三、红日、七一、七二、七新、简下、道一、道二、新一、新二、中一、中二、八一、大王神、梅子、上营和下营17个村民小组。2022年全村有421户、1302人（包括非农业人口）。村党支部有党员33人，村干部有4人。

明清时期，儒南隶属龙川田心屯；民国时期，儒南隶属龙川县第三警察区。中华人民共和国成立后，1949年，儒南村属龙川第三（鹤市）区华新乡管辖。1952年3月，儒南属龙川第四（通衢）区华新乡管辖。1955年6月，龙川第四（通衢）区改称通衢区，儒南属通衢区华新乡管辖。1957年12月，全县撤区建乡，儒南属通衢乡管辖。1958年10月，儒南属鹤市公社三联管理区管辖。1959年，从鹤市公社析置通衢公社，儒南属通衢公社三联大队管辖。1960年，儒南从三联大队分出，设儒南大队。1983年11月，儒南大队改设乡，隶属通衢区。1986年，儒南乡改为儒南村，隶属通衢镇。1990年，儒南村改为儒南管理区，隶属通衢镇。1998年重新更改为儒南村，隶属通衢镇。

儒南村西南侧有仙子嶂，海拔850米，是村内最高山峰。儒南村山清水秀、古朴风纯、地形独特、环境优美，村内主要河流有儒南河和道范河。乡道Y163和Y164通达村内，2019年完成村主干道硬底化，2020年1月全面安装路灯。儒南大王神自然村有一段通往县城的石阶古道，建设时期不明。该古道从太塘坑崀山底至山顶，路宽1米左右，每级1～10米，长约200米，现保存完好。

儒南村总面积18.3平方千米，耕地面积880亩，林地面积26300亩。儒南村民主要耕种水稻，兼种植番薯、花生、黄豆、姜、蔬菜等农作物。主要养殖鱼、鸡等，还个体经营酿酒和制腐竹小作坊。村中特色传统美食有酿豆腐、炸煎堆、香信、春卷和艾粄等。村民收入以家庭式种养和外出务工为主，村集体和村民经济收入相对滞后。全村200多户房屋集中建在乡道、村道两旁和山地与平原接合部，新建的房屋都是钢筋混凝土结构楼房，多数泥瓦房在乡村振兴“三清三拆三整合”行动中被拆除，村容村貌焕然一新。

儒南小学于2010年9月撤销并入三联小学。2015年12月，儒南村委会由旧村址迁至原儒南小学办公。2020年，儒南村建成广场文化娱乐舞台，建起水泥球场等。每逢春节，村委会都以自然村为单位组织篮球比赛等活动。

儒南村有王、陈、张、黄、李、肖、赖、邓、钟9个姓氏，建有王氏、陈氏、张氏宗祠，并修有族谱。王氏宗祠位于大王神自然村，始建于清代，2014年重建竣工，占地面积150多平方米，为悬山式三进殿。陈氏宗祠位于七村自然村，始建时间不详，由老屋改建而成，重建于2005年，建筑结构为悬山式二进殿，占地面积约60平方米，门坪有圆形“风水池”，殿顶是水泥瓦顶，大门上书“陈氏宗祠”。张氏宗祠位于七村自然村，始建时间不详，重建于2015年，由老屋改建而成，占地面积约200平方米。此外，在大王神和道范自然村各有一座土地庙，始建于清代，20世纪80年代重建，供奉土地公公，每月初一、十五有村民到庙里上香。

表1-4-17 儒南村历届党支部书记、村委会主任名录

姓 名	性别	任职时间	职 务	备注
邓韶英	男	不详	书 记	儒南大队
张先登	男	不详	书 记	儒南大队
张丑彬	男	不详	书 记	儒南大队
徐培香	男	不详	书 记	儒南大队
陈心田	男	1979—1980年	书 记	儒南大队
张培荣	男	1980—1995年	书记、主任、乡长	儒南大队、乡、村、管理区
陈荣标	男	1995—1999年	书记、主任	儒南管理区
王炳民	男	1999—2011年	书记、主任	儒南村
陈永亮	男	2011年—	书记、主任	儒南村

儒南村地名：

儒南村。因此地有两大自然村，儒家坝和南坑尾，各取一字合为儒南。

凹　子。因其聚落在一处山凹上，故名。

朝王母。因据传说该地是风水宝地，有一女性百年归世后葬于此，故名。

大王神。因此地原建有一座纪念性的大王庙，故名。

梅子坑。居民点位于山坑处（坑为溪谷之意），因该地旧时种植有很多酸梅的果树，故名。

林家湾。因该处地势平缓，林姓人氏最早在此开垦立居，故名。

马　屋。因马姓在此落居，故名。

麦　坳。因明朝时此地曾驻过骑兵，故叫“马坳”，后改称“麦坳”，故名。

南坑尾。居民点位于山坑处，因此地位于该村的西南部，有一条坑直通到尾，故名。

牛栏场。因此地原是牧牛的草场，故名。

枫树坑。居民点位于山坑处，因该村落周围山上原生有很多枫树，故名。

老屋下。因此屋是张姓人氏的祖居，故名。

马鞍石。因此地有一块裸露的大石，状似马鞍形，故名。

上　寨。因相传宋朝狄青部将刘庆曾带兵在此扎寨，该村在此地山麓上建房，故名。

社　前。因该处后侧原设有“阿公”小神社，故名。

社　下。因此地原设有神社“阿公”，故名。

石子背。因此地山上表面有众多裸露的山石，故名。

桃子窝。因此地形低洼，周边种植有桃林，故名。

王　屋。因王姓在此落居，故名。

下　村。因建村时只有两户，后人口渐多，分上、下两村（北部称上村，南部称下村），故名。

下　排。因该聚落位于中新（地名）段的下半片，房舍分布呈带状，故名。

下　营。因据传明朝时，此地曾驻扎官兵，分两处安营，故名。

樟树窝。因开村时，此地生有很多樟树，村民在樟树林中建设房屋，故名。

竹山下。因其位于竹山的下部，故名。

三坝戏。因其古代打仗期间，曾在此较平坦的坝地上搭台唱戏，与民同欢，故名。

三升种。因此地刚好种下三升稻谷种，故名。

三　湾。因该地位于进入南坑尾村的第三个湾处，故名。

蛇头咀。因此地位于山咀处，山咀状似蛇头，故名。

桃板坑。位于山坑处，因该地原种植成林的桃树和板栗，故名。

月形角。因此处地形像镰刀状月亮，故名。

儒家坝。因该地原是一片河坝滩，朱姓人氏最初在此开垦立居，称“朱家坝”，后来改称为“儒家坝”，故名。

何家坝。因其村落多坝田，且何姓村民居多，故名。

第十八节 通衢社区

因其是在通衢镇政府驻地的社区，故名。

通衢社区居民委员会于2017年4月正式挂牌，成立之初，社区干部4人，现社区“两委”干部5人，有党员18人。2015年前没有办公场所，由叶宗平作为筹建负责人，于2016年建成通衢社区办公楼，大楼三层半结构，总面积775平方米。

通衢社区居民委员会不断改善社区街道环境卫生，丰富社区文化，为社区居民群众提供便民服务。社区2017年被评为“龙川县五星级平安社区”，2018年被评为“河源市三星级宜居社区”，2021年度被评为“河源市文明村”，2021年被评为“龙川县新时代文明实践先进单位”。

截至2022年，通衢社区总人口900多人，居民人口800多人，外来人口400多人。

表1-4-18　　通衢社区历届党支部书记、居委会主任名录

姓名	性别	任职时间	职务
罗志平	男	2011—2016年	书记、主任
张国雄	男	2017—2020年	书记、主任
叶艺青	男	2020年—	书记、主任

第十九节 锦归社区

通衢镇锦归社区位于原锦归镇人民政府所在地，曾用名为通衢镇石榴花居民委员会。因其是在原锦归镇政府驻地设立的社区，故名。

1978年锦归公社从通衢公社分出来之后便成立了锦归居民委员会。由于居委会的户籍人口主要由机关、学校、企业、事业单位的干部职工落户构成，居民居住分散于各村，因而居委会没有设立专职人员，一直由玳瑁村委会兼管。2014年4月，因上级发

文要求完善街道居委会机构，由通衢镇委指派镇干部张健同志到居委会任书记，着手筹建居委会。

锦归街道居委会（原石榴花居委会）于2017年4月正式挂牌，成立之初干部3名，党员6人。居民总户数139户，总人口200余人，分设3个片区，有居民代表3人。社区现有干部4人、党员12人，居民总户数125户，总人口200余人。辖区内有锦归街幼儿园、鑫辉小学、敬老院、交通上落站、玳瑁村卫生站、多间商铺、金穗惠农通、惠农金融服务点等便民设施。

锦归社区2017年被龙川县委、县政府评为“五星级平安社区”，2018年被河源市评为“三星级”宜居社区。

表1-4-19　　锦归社区历届党支部书记、居委会主任名录

姓名	性别	任职时间	职务
张健	男	2014—2016年	书记
曾建明	男	2017—2020年	书记、主任
刘纯燕	女	2020年—	书记、主任

第二篇 政治

第一章 中国共产党的通衢组织建设

第一节 早期中国共产党通衢组织的活动和地方组织建立

一、早期中国共产党通衢组织的活动

1925年11月，龙川成立中共龙川县特别支部，相继成立了县农军总队和各群团组织。1925年12月，鹤市成立农民协会。不久，通衢田心屯也成立了农民协会。1927年冬，田心屯成立了美山、南门、西门、东兴、葛藤坪5个农民协会，锦归成立了冷水坑农民协会。农民协会为中国共产党在通衢的公开与地下活动打下了牢固的群众基础，提供了特定的条件和广阔的活动空间。

1927年，蒋介石发动"四一二"反革命政变后，我党转入秘密活动。11月，通衢属成立东（山）北（山）桥（双桥）联乡办事处支部和联乡农协办事处，开展"二五"减租、减息，组织农军军事训练告示等活动。1928年3月8日筹划的鹤市武装暴动，由于暴动前受总指挥部指派去传达攻打鹤市命令的钟彪被欧江"富户团"巡逻黄元增截获，将在钟彪身上搜查的各编队名册、作战部署报告给了区保安团，并将钟彪杀害。通衢田心屯参加鹤市武装暴动的农军队员240多人，按计划于3月10日在五谷岭头集合等待进军命令；冷水坑20多人也在等待进军命令。由于军事情报被截，农军未等到进军的命令，却等来了县警的抓捕。陈梅添（即陈明三）、陈龙华等7人被抓去佗城下郭坝杀害，被捕入狱的有陈金兰、张添瑞等6人。1929年3月，相继成立中共东山支部、中共冷水坑支部（崔兰兼书记）。为阻止粤军陈济棠部北上配合蒋介石夹击"围剿"中央苏区，通衢地下党组织游击队烧毁了渔子渡公路大桥。

1934年农历八月十一，中共五兴龙中心县委委员曹进洪及邹高景在锦归冷水坑召开游击队员紧急会议，遭民团跟踪。次日清晨，国民党军邓龙江师吕炽营纠集龙川、五华县警500多人，将整个冷水坑包围，先将冷水坑全村人关进村里张氏宗祠，然后疯狂烧山，围剿退守山林中的游击队。经过激战，游击队员全部遇难或被俘。中共游击队和冷水坑群众遭受了一场大劫难。至1935年8月，五兴龙革命根据地几乎全部沦陷，龙川革命斗争陷入低潮。

1938年3月，中共南方工委派麦文到龙川开展党的地下活动后，中共龙川地下党的组

织活动逐步恢复。合路口和良厚塘、新径和苏茅田分别建立党小组。1938年11月下旬，田心屯民众在张尉远带领下，有数十人参加了县临工委在莲塘小学召开的“龙川青年保卫家乡座谈会”。会后，在家乡组织抗日救亡团体“新华社”。1939年1月20日，田心屯在华城小学召开“华宜乡民众抗日自卫协会”成立大会，参加大会的有龙川县县长邓鸿芹及龙川各界知名人士共900多人。大会发表了宣言、决议和工作纲领。合路口小学举办夜校、妇女识字班。“龙川青年抗日先锋队”秘书长张克明，先后到通衢中学作抗日演讲；在田心屯、合路口、新径、良厚塘等地组织抗援队活动；在新岭乡乡公所召开抗日群众大会。通过各种会议和活动，大力宣传抗日，唤起民众组成抗日民族统一战线。1940年夏，新径、合路口分别建立党支部后，使川南地区的抗日和地下党游击武装斗争活动有组织、有领导、有计划地开展起来，在日军快要到达灯塔时，中共新径支部组织了7人短枪队去河源灯塔参加战斗；中共龙川县委书记方定在苏茅田陈国龙家主持区委委员培训班，建立地下党活动据点，地下党员协助东纵短枪队侦察，收集情报、隐藏队员、配合截获国民党官僚财物；中共后东特委梁威林，陈宽来等经常到通衢指导革命工作；中共新径支部还发展吸收了旺宜塘陈友兴入党。因此，通衢成了川南地下党游击武装根据地之一。1942年5月，中共粤北省委被破坏后，党组织暂停活动。

1945年8月，中共鹤市区特派员郑强明恢复了黄民、黄素组织生活；9月，恢复中共合路口支部，建立中共广福支部；1946年1月恢复中共新径支部（先由郑板任书记，后由廖武接任）。1946年6月30日，东江纵队北撤后，龙川成立“中共龙川县临时工作委员会”，任命黄素为县临工委书记，机关驻地为黄素、叶春标两人任教的通衢梅城小学。1946年8月，建立中共旺茂支部；1947年1月，建立中共华城支部；1947年2月，撤销后东特派员和九连区工委，成立“中共九连地方工作委员会”（九连工委），建立“东江人民抗征队”。川南地区也相继组建了武工队、武工组。为沟通信息和确保武工人员安全，全县建立4条交通联络线，通衢域内交通联络点有：锦归、成田、合路口、新径、上廖小学（飞寨塘）、廖寿煌廖寿桓家，通过这些交通站探听敌情，转送信件，掩护、护送部队和地下党人员的转移往来。1947年8月，撤销中共龙川临工委，10月成立中共川南工委，建立武装队伍，成立川南武工队，扩建新生一中队。动员青年参加武工队，合路口和新径、苏茅田青年各有10多人先后加入新生大队、前锋队、江防等队参加武装斗争。武工队活动在通衢、登云、锦归、鹿水洞一带。10月，根据中共河东分工委钟俊贤、王彪要消灭鹤市叶森中队的指示，中共川南工委书记黄素、委员叶春标带领300多名武装人员进入儒南麦坳隐蔽时，被一农妇发现告密，遂取消行动。一天，因发现叶森带自卫队在渔子渡一阁楼住宿收粮，中共川南工委书记黄素与新生队大队长张其初率武工队夜袭，被自卫队哨兵发现后猛烈扫射而退出。两次袭击虽未成功，却打击了敌方的嚣张气焰。

1948年1月，恢复中共锦归支部（冷水坑），冷水坑、崔屋、成田、井下、天阳、东山等村有二三十名青年参加部队，迅速装大了武装队伍。1948年初，我党加强了统战工作和两面政权建设，派黄中杰任登云乡副乡长，徐子恒任梅城乡副乡长，叶青任冷水坑保保长，廖武任新径保保长，温振强任良合保（原称良厚塘）保长，以此作为游击队内应，更好地掌握敌情。游击队对反革命分子叶亚新，不法骨干分子、恶性惯盗郑新友、邓亚昌等，及时抓捕枪毙。锦归乡长叶奇英还写了保证书，保证游击队在当地的活动安全，使中共川南工委、游击队的队伍不断壮大，稳步开辟游击根据地。1948年农历二月初一，中共领导的川南游击队在磜头组织民兵50余人操练时，遭县自卫大队何悦添中队、乡自卫队及地主武装围剿，游击队与敌激战3个多小时，打退敌人的进攻，游击队员叶忠、崔继添、廖洋、廖仔被捕，其中叶忠、崔继添遭杀害。3月底，中共川南游击队新生一中队在锦归上成田遭县、区自卫队包围，经过激战突围。6月11日，黄素、杨群、叶青带领10多名武工队员，带上地雷等武器，隐蔽在旺茂一赖姓农户家，计划袭击通衢墟反动地主叶友龙，后因行动暴露，下午5时遭国民党鹤市区自卫中队纠集100多人包围，武工队抓住时机，迅速突围撤退至玳瑁山。据群众举报，通衢马草坝敌特林深甫到处探听我军情，经常与县、区自卫队联系，农历五月二十七，被川南工委书记黄素带领武工队连夜抓获，在通衢双寨下执行枪决，并张贴布告，震慑了反动武装分子。1948年下半年，中共梅城支部建立后，通衢大部分乡村都建立了共产党的基层组织。至解放战争期间，中共新径、合路口支部先后发展有17名党员，其中中共合路口支部发展有12名党员。

1949年3月29日，在东江纵队第二支队钟忠、张惠民带领下，黄素率川南武工队与郑忠率川中武工队共200多人袭击天阳粮仓，当场抓获粮库主任黄学斌及30多名警卫，缴获长枪30多支、子弹1000多发，破仓分粮600多石，分给当地群众和留作军粮。

1949年5月14日，佗城、老隆解放；15日，郑忠、黄素、郑板、杨群等率领连队和登云、通衢民兵300多人，直插国民党反动派的鹤市警署，缴获德式机枪2挺，驳壳、长枪百余支，逮捕了一些反动骨干分子，宣告鹤市区解放。6月11日，鹤市举行万人大会，庆祝鹤市区人民政府成立。大会由郑子明、张淑民等分别致辞并讲话。6月12日，龙川县人民政府委任张淑民、刘承尧为正、副区长，分别委任了登云乡、锦归乡、梅城乡、华新乡、鹤市乡、金鱼乡、宦江乡、紫乐乡、雅寄乡9个乡的乡长、副乡长。6月，中共龙川县委任命黄素为中共鹤市区委书记。

二、早期中国共产党通衢地方组织建立

1929年3月，成立中共冷水坑支部，先后由崔兰（兼）、叶秉章（后）任支部书记，隶属中共龙川县临委龙（县城）老（老隆）鹤（鹤市）区委员会。

1939年上半年，时属通衢的合路口和良厚塘建立党小组，小组长黄克光（黄民）。新径和苏茅田建立党小组，小组长廖裕源（廖裕光），隶属中共龙川县委鹤市区委领导。

1939年冬，成立中共合路口支部（书记黄民）和中共新径支部（书记廖裕元），隶属中共龙川中心县委鹤市区委领导。

1940年，成立中共新径支部，廖裕元任支部书记，隶属中共龙川中心县委鹤市区委领导。

1942年夏，中共龙川县委书记方定在华新乡陈杰家召开中共龙川县区委委员培训班。

1945年9月，恢复中共合路口支部，支部所在地合路口小学，支部书记先后为黄民（兼）、曾慈光、黄伟，归中共鹤市区委特派员领导；成立中共广福支部，归中共鹤市区委特派员领导；成立中共广福支部，支部所在地广福小学，支部书记先后为黄素（兼）、黄子均，归中共鹤市区委特派员领导。

1946年1月，恢复中共新径支部，支部所在地新径小学，支部书记先后为郑板（兼）、廖武，隶属中共川南工委。

1946年8月，成立中共旺茂支部，支部所在地旺茂小学，支部书记徐子恒，隶属中央龙川县临工委。

1947年1月，成立中共华城支部，支部所在地华城小学，支部书记张建荣，隶属中央龙川县临工委。

1948年1月，恢复中共锦归支部，支部所在地冷水坑，支部书记叶青，隶属中共川南工委。

1948年下半年，成立中共梅城支部，支部所在地梅城小学，支部书记叶春标（兼），隶属中共川南工委。

第二节 中华人民共和国成立后通衢党组织建设

一、通衢党组织的建立和发展

中华人民共和国成立初，建立中共第二（鹤市）区委员会，通衢隶属龙川第二（鹤市）区。

1952年3月，通衢调整为龙川第四区，成立中共第四（通衢）区委员会。

1955年6月，龙川第四区改为通衢区，成立中共通衢区委员会。

1957年12月，撤区改乡，成立中共通衢乡委员会。

1958年10月，成立人民公社，通衢隶属鹤市公社。

1959年4月，通衢人民公社从鹤市人民公社析出，成立中共通衢公社委员会。

1968年3月，成立通衢公社党的核心小组，取代中共通衢公社委员会。

1970年6月25日，恢复中共通衢公社委员会。

1978年3月17日，通衢人民公社析置通衢、锦归、登云3个人民公社。通衢辖属内，同时成立中共通衢公社委员会、中共锦归公社委员会。

1983年12月，撤销人民公社改为区建制。通衢辖属内，成立中共龙川县通衢区委员会、中共龙川县锦归区委员会。

1986年12月，撤销区建制，改为乡镇建制。通衢辖属内，成立中共通衢镇委员会、中共锦归乡委员会。

1993年10月，锦归乡改为锦归镇建制，成立中共锦归镇委员会。

2003年5月，撤销锦归镇建置，其辖区并入通衢镇。

中共通衢镇（乡、公社、区）机关驻地一直设在通衢墟。原中共锦归镇（公社、区、乡）机关驻地初设在锦归村井下布尾，后迁至锦归村新桥墟，1987年8月迁玳瑁村。

二、中共通衢镇（乡、公社、区）历次代表大会

中共龙川县第四（通衢）区第一次代表大会，于1952年3月在通衢区公所机关大院召开。大会听取、审议了区党委会工作报告，讨论并通过了本次党代会决议。选举产生中共龙川县第四（通衢）区第一届委员会委员10人，其中，丘培林任书记，任长祥任副书记。

中共通衢乡第二次代表大会，于1958年1月在通衢乡府大院召开。大会听取、审议了乡党委会报告，讨论并通过了本次党代会决议。选举产生中共通衢乡第二届委员会，委员9人，其中，罗易任书记，叶木星任副书记。

中共通衢公社第三次代表大会，于1965年3月14日在通衢公社机关大院召开。大会听取、审议了公社党委会工作报告，讨论并通过了本次党代会决议。选举产生中共通衢公社第三届委员会，委员13人，其中，邹连彬任书记，叶金凌、叶木星、叶德进、钟碧云任副书记。

中共通衢公社第四次代表大会，于1970年7月15日在通衢公社机关大院召开。大会听取、审议了公社党委会工作报告，讨论并通过了本次党代会决议。选举产生中共通衢公社第四届委员会，委员19人，其中，骆华安任书记，李石星任副书记。

中共通衢公社第五次代表大会，于1978年4月12日，在通衢公社机关大院召开。大会听取、审议了公社党委会工作报告，讨论并通过了本次党代会决议。选举产生中共通衢公社第五届委员会，委员11人，其中，叶适任书记，陈敬贤、罗志欣任副书记。

中共通衢镇第六次代表大会，于1987年4月在通衢镇府大院召开。大会听取、审议了镇党委会工作报告，讨论并通过了本次党代会决议。选举产生中共通衢镇第六届委员会，委员9人，其中，邓观坤任书记，张锡俊、张国锋、叶素招任副书记。

中共通衢镇第七次代表大会，于1990年8月14日在通衢镇府大院召开。大会听取、审议了镇党委会工作报告，讨论并通过了本次党代会决议。选举产生中共通衢镇第七届委员会，委员9人，其中，黄兆勇任书记，罗仕伟、张国锋、陈坚庆任副书记。

中共通衢镇第八次代表大会，于1993年3月在通衢镇府大院召开。大会听取、审议了镇党委会工作报告，讨论并通过了本次党代会决议。选举产生中共通衢镇第八届委员会，委员8人，其中，黄兆勇任书记，罗仕伟、骆福清、陈坚庆任副书记。

中共通衢镇第九次代表大会，于1996年4月在通衢镇府大院召开。大会听取、审议了镇党委会工作报告，讨论并通过了本次党代会决议。选举产生中共通衢镇第九届委员会，委员8人，其中，黄健任书记，曾玉青、张碧礼、黄勇平任副书记。

中共通衢镇第十次代表大会，于1999年3月在通衢镇府大院召开。大会听取、审议了镇党委会工作报告，讨论并通过了本次党代会决议。选举产生中共通衢镇第十届委员会，委员9人，其中，曾玉青任书记，陈俊强、黄仕平、黄勇平任副书记。选举产生中共通衢镇纪律检查委员会，委员3人，黄仕平兼任纪委书记，叶云辉任纪委副书记。

中共通衢镇第十一次代表大会，于2002年3月在通衢镇府大院召开。大会听取、审议了镇党委会工作报告，讨论并通过了本次党代会决议，选举产生中共通衢镇第十一届委员会，委员7人，其中，曾玉青任书记，陈俊强、钟方先、黄清云任副书记。选举产生新一届中共通衢镇纪律检查委员会，黄清云兼任纪委书记，邓伯根任纪委副书记。

中共通衢镇第十二次代表大会，于2006年11月在通衢镇府大院召开。大会听取、审议了镇党委会工作报告，讨论并通过了本次党代会决议。选举产生中共通衢镇第十二届委员会，委员9人，其中，钟锐任书记，杨海华、廖军任副书记。选举产生新一届中共通衢镇纪律检查委员会，委员5人，其中，叶书利任纪委书记，叶志超任纪委副书记。

中共通衢镇第十三次代表大会，于2011年6月在通衢镇府大院召开。大会听取、审议了镇党委会工作报告，讨论并通过了本次党代会决议。选举产生中共通衢镇第十三届委员会，委员11人，其中，廖军任书记，魏建洪、陈金川任副书记。选举产生新一届中共通衢镇纪律检查委员会，委员7人，杨华火任纪委书记，叶志超、廖东波任纪委副书记。

中共通衢镇第十四次代表大会，于2016年9月在通衢镇府大院召开。大会听取、审议了镇党委会工作报告，讨论并通过了本次党代会决议。选举产生中共通衢镇第十四届委员会，委员10人，其中，廖军任书记，陈金川、骆宝、余政隆任副书记。选举产生新一届中共通衢镇纪律检查委员会，杨华火任纪委书记，叶玉文、刘晓银任纪委副书记。

中共通衢镇第十五次代表大会，于2021年9月在通衢镇府大院召开。大会听取、审议了镇党委会工作报告，讨论并通过了本次党代会决议。选举产生中共通衢镇第十五届委员会，委员8人，其中，黄康任书记，黄玲玲、邱东平、曹浩任副书记；选举产生新一届中共通衢镇纪律检查委员会，黄芮任纪委书记，袁军华、叶碧清任副书记。

中共通衢镇（乡、公社、区）历届委员会委员、副书记、书记

届次	职务	姓名	性别	籍贯	任职时间
第一届区党委	**龙川第四区**				**1952 年 3 月**
	书　记	丘培林	男		1952 年 3 月至 12 月
	副书记	任长祥	男		1952 年 3 月至 12 月
	委　员	张维民	男	华城	1952 年 3 月至 1957 年 12 月
	委　员	叶金凌	男	锦归	1952 年 3 月至 1957 年 12 月
	委　员	徐喜亭	男		1952 年 3 月至 1954 年 3 月 24 日
	委　员	叶木星	男	广福	1952 年 3 月至 1956 年 12 月 21 日
	委　员	陈海山	男		1952 年 3 月
	委　员	廖　武	男	葛藤	1952 年 3 月
	委　员	丘吉华	男		1952 年 3 月至 1957 年 12 月
	委　员	崔庆周	男	玳峰	1952 年 3 月至 1953 年 5 月 2 日
	书　记	任长祥	男		1953 年 1 月至 8 月
	副书记	陈海山	男		1953 年 1 月 31 日
	书　记	罗　易	男	佗城	1953 年 9 月至 1957 年 12 月
	副书记	陈海山	男		连任至 1954 年 6 月 11 日
	副书记	徐喜亭	男		1954 年 3 月 24 日至 1956 年 1 月 20 日
	副书记	崔庆周	男	玳峰	1953 年 5 月 2 日至 1957 年 12 月
	副书记	叶木星	男	广福	1956 年 12 月 21 日至 1957 年 12 月
	副书记	叶德进	男	登云	1956 年 11 月至 1957 年 12 月
	副书记	廖　武	男	葛藤	1957 年 8 月至 12 月
	委　员	崔来德	男	玳峰	1953 年 9 月至 1957 年 12 月
	委　员	魏继文	男	龙母	1953 年 9 月至 1957 年 12 月
	委　员	牛文禄	男		1954 年 6 月至 1957 年 12 月
	委　员	陈进奎	男		1954 年 6 月至 1957 年 12 月
	委　员	叶石标	男	锦归	1954 年 6 月至 1957 年 12 月
	委　员	邓昌锦	男		1953 年 10 月至 1957 年 12 月

续表

届次	职务	姓名	性别	籍贯	任职时间
第二届乡、公社党委	**通衢乡**				**1957年12月**
	书　记	罗　易	男	佗城	1958年1月至9月
	副书记	叶木星	男	广福	1958年1月至9月
	副书记	林观佑	男		1958年7月29日至9月
	委　员	廖　武	男	葛藤	1958年1月至9月
	委　员	罗流娇	女		1958年1月至9月
	委　员	黄琼玉	男	双寨	1958年1月至9月
	委　员	陈少先	男	梅东	1958年1月至9月
	委　员	骆彦钦	男		1958年1月至9月
	委　员	叶永生	男	通衢	1958年1月至9月
	委　员	李均枢	男	华城	1958年1月至9月
	通衢公社				**1959年4月**
	书　记	陈云庭	男		1959年4月至1961年12月1日
	副书记	黄　毓	男		1959年4月至1960年3月31日
	副书记	崔庆周	男	玳峰	1959年4月至1960年11月14日
	副书记	叶木星	男	广福	1959年4月
	副书记	林观佑	男		1959年4月至1960年7月1日
	副书记	吴来成	男		1960年11月14日至1962年6月
	副书记	乐国雄	男		1960年2月27日
	副书记	张伯祥	男		1960年2月27日
	委　员	叶乾瑶	男		1959年4月至1960年5月
	委　员	崔来德	男	玳峰	1959年4月至1960年7月
	委　员	叶日庭	男	寨背	1959年4月
	委　员	黄琼玉	男	双寨	1959年4月
	委　员	黄昌来	男	登云	1959年4月
	委　员	周世昌	男		1959年4月至1960年7月
	委　员	骆彦钦	男		1959年4月至1960年6月
	委　员	曾培良	男	义都	1959年4月
	委　员	李友兰	女	通衢	1959年4月
	委　员	郑进才	男	登云	1959年4月
	委　员	何松林	男		1959年4月
	委　员	邓德荣	男	登云	1959年4月至1961年12月
	委　员	叶周文	男	锦归	1959年4月
	委　员	陈少先	男	梅东	1959年4月
	委　员	李均枢	男	华城	1959年4月
	委　员	叶永生	男		1959年4月至1960年7月

续表

届次	职务	姓名	性别	籍贯	任职时间
	委　员	廖来光	男	通衢	1960 年 7 月
	委　员	张梅英	女		1960 年 7 月
	委　员	曾桂英	女		1960 年 7 月
	委　员	曾水清	男	铁场	1960 年 7 月至 1961 年 12 月
	委　员	吴玉昆	男		1960 年 7 月至 1961 年 7 月
	委　员	叶石标	男	锦归	1960 年 7 月至 1961 年 7 月
	委　员	叶添元	男	登云	1960 年 7 月
	委　员	廖　坚	男	葛藤	1960 年 7 月
第三届公社党委	**通衢公社**				**1965 年 3 月**
	书　记	邹连彬	男	田心	1961 年 5 月 30 日至 1965 年 5 月 19 日
	副书记	叶木星	男	广福	连任至 1965 年 5 月 19 日
	副书记	吴来成	男		连任至 1962 年 7 月
	副书记	乐国雄	男		连任至 1964 年 12 月 30 日
	副书记	张伯祥	男		连任至 1963 年 3 月
	副书记	韩长清	男		1961 年 5 月 30 日至 1962 年 8 月 30 日
	副书记	叶德进	男	登云	1962 年 8 月 3 日
	副书记	钟碧云	女	鹤市	1964 年 9 月 1 日
	副书记	余竹桓	男		1964 年 12 月 30 日至 1965 年 5 月 19 日
	委　员	叶日庭	男	寨背	连任至 1963 年 2 月
	委　员	黄琼玉	男	双寨	连任至 1964 年 3 月
	委　员	黄昌来	男	登云	连任至 1965 年 2 月
	委　员	曾培良	男	义都	连任
	委　员	郑进才	男		连任至 1964 年 7 月
	委　员	何松林	男		连任至 1964 年 6 月
	委　员	叶周文	男	锦归	连任至 1965 年 3 月
	委　员	李均枢	男	华城	连任
	委　员	陈少先	男	梅东	连任至 1965 年 4 月
	委　员	廖来光	男	华新	连任至 1966 年 4 月
	委　员	张梅英	女		连任至 1964 年 12 月
	委　员	曾桂英	女		连任至 1965 年 2 月
	副书记	叶金凌	男	锦归	1965 年 3 月 14 日至 6 月
	书　记	叶金凌	男	锦归	1965 年 7 月
	副书记	叶德进	男	登云	连任
	副书记	钟碧云	女	鹤市	连任
	副书记	殷金太	男		1965 年 3 月 29 日至 1966 年 2 月 21 日
	副书记	叶周文	男	锦归	1965 年 5 月 19 日

续表

届次	职务	姓名	性别	籍贯	任职时间
	委　员	曾培良	男	义都	连任
	委　员	李均枢	男	华城	连任
	委　员	廖来光	男	华新	连任至 1966 年 4 月
	委　员	叶高辉	男	高湖	1965 年 3 月
	委　员	崔庆周	男	玳峰	1965 年 3 月
	委　员	陈佛明	男	登云	1965 年 3 月至 12 月
	委　员	崔庆禄	男	玳峰	连任
	委　员	崔松胜	男	玳峰	连任
	委　员	骆满荣	男	黄石	1966 年 1 月
	委　员	张群彬	男	华城	1966 年 1 月
	委　员	张作周	男	通衢	1966 年 1 月
	委　员	郑月新	男	登云	1966 年 1 月
	委　员	黄大镜	男	附城	1966 年 1 月
第四届公社党委	**通衢公社**				**1970 年 7 月**
	书　记	骆华安	男	黎咀	1970 年 7 月 15 日至 1978 年 5 月 8 日
	副书记	李石星	男	铁场	1970 年 7 月 15 日至 12 月 8 日
	副书记	黄子连	男	铁场	1971 年 2 月 16 日至 1973 年 2 月 18 日
	副书记	池佳明	男	揭阳	1973 年 2 月 18 日至 1976 年 1 月 12 日
	副书记	黄明生	男	鹤市	1973 年 2 月至 1976 年 1 月 12 日
	副书记	叶秋琼	男	锦归	1975 年 9 月 9 日至 1978 年 4 月 12 日
	副书记	袁日伦	男	黎咀	1975 年 9 月 9 日
	副书记	钟木帮	男	新田	1975 年 9 月 9 日至 1977 年 6 月 11 日
	常　委	池佳明	男	揭阳	1970 年 7 月至 1973 年 2 月
	常　委	骆培兰	男	黄石	1970 年 7 月至 1972 年 7月
	常　委	邹庚水	男	龙母	1970 年 7 月
	常　委	马仁愿	男	贝岭	1970 年 7 月至 1974 年 9 月
	常　委	黄民生	男	鹤市	1970 年 7 月至 1973 年 2 月
	常　委	骆连招	女	黎咀	1972 年 7 月至 1975 年 6 月
	常　委	张群彬	男	华城	1974 年 2 月 22 日
	常　委	黄俊明	男	登云	1974 年 10 月至 1977 年 6 月
	常　委	黄梅玉	女	细坳	1975 年 6 月 17 日至 1978 年 4 月 12 日
	委　员	吴文新	男		1970 年 7 月至 1971 年 10 月
	委　员	张培荣	男	儒南	1970 年 7 月
	委　员	邓学初	男	梅东	1970 年 7 月
	委　员	林忠廷	男	广福	1970 年 7 月
	委　员	叶镜文	男	登云	1970 年 7 月

续表

届次	职务	姓名	性别	籍贯	任职时间
	委　员	何荣奎	男	玳瑁	1970 年 7 月
	委　员	赵丙秋	男	葛藤	1970 年 7 月至 1971 年 7 月
	委　员	黄仕才	男	登云	1970 年 7 月
	委　员	叶道荣	男	锦归	1970 年 7 月至 1975 年 4 月
	委　员	李友兰	女	通衢	1970 年 7 月
	委　员	刘贵兰	女	登云	1970 年 7 月
	委　员	王永烈	男	麻布岗	1970 年 7 月
	委　员	曾新传	男	佗城	1972 年 7 月
	委　员	叶添元	男	登云	1972 年 7 月
	委　员	张秉坤	男	华城	1972 年 7 月至 1974 年 2 月
	委　员	邓梅兰	女	登云	1972 年 7 月至 1975 年 8 月
	书　记	骆华安	男	黎咀	连任至 1978 年 5 月 8 日
	常　委	邹明秋	男	丰稔	1977 年 5 月 25 日至 1978 年 3 月
	常　委	吴发明	男	廻龙	1977 年 5 月 25 日至 1978 年 3 月
	常　委	邓学初	男	梅东	连任至 1978 年 3 月
	常　委	张培荣	男	儒南	连任至 1978 年 3 月
	常　委	林忠庭	男	广福	连任至 1978 年 3 月
	常　委	叶镜文	男	登云	连任至 1978 年 3 月
	常　委	何荣奎	男	玳瑁	连任至 1978 年 3 月
	常　委	黄仕才	男	登云	连任至 1978 年 3 月
	常　委	李友兰	女	通衢	连任至 1978 年 3 月
	常　委	王永烈	男	麻布岗	
	常　委	刘贵兰	女	登云	连任至 1978 年 3 月
	常　委	曾新传	男	佗城	
	常　委	叶添元	男	登云	
第五届公社党委	**通衢公社**				**1978 年 4 月**
	书　记	叶　适	男	登云	1978 年 5 月 8 日至 1981 年 2 月 24 日
	副书记	陈敬贤	男	登云	1978 年 4 月 12 日至 1979 年 3 月 9 日
	副书记	罗志欣	男	紫市	1978 年 4 月 12 日至 1982 年 3 月 2 日
	副书记	刘　镇	男	旺茂	1979 年 4 月 20 日至 1980 年 1 月 14 日
	副书记	张锡俊	男	华城	1979 年 10 月 26 日至 1983 年 11 月 30 日
	副书记	张金光	男	黄布	1980 年 1 月 14 日至 1983 年 11 月 30 日
	副书记	张群彬	男	华城	1980 年 1 月 14 日至 1981 年 3 月 17 日
	常　委	邹庚水	男	龙母	连任至 1982 年 6 月
	常　委	张群彬	男	华城	连任至 1980 年 1 月 14 日
	委　员	张培荣	男	儒南	连任至 1980 年 7 月
	委　员	林忠廷	男	广福	连任至 1980 年 7 月

续表

届次	职务	姓名	性别	籍贯	任职时间
	委　员	李友兰	女	通衢	连任至1980年7月
	委　员	刘贵兰	女	登云	连任至1980年7月
	委　员	王永烈	男	麻布岗	连任至1980年7月
	委　员	曾新传	男	佗城	连任至1980年3月
	委　员	叶添元	男	登云	连任至1980年7月
	委　员	黄春新	男	鹤市	1978年4月至1983年11月30日
	委　员	叶素招	女	梅东	1978年5月至1983年11月30日
	委　员	叶日香	男	寨背	1980年7月至1983年11月30日
	委　员	谢可球	男	丰稔	1980年7月至1983年11月30日
	委　员	周作瑚	男	和平	1980年7月至1982年7月12日
	委　员	邹庚水	男	龙母	1980年7月
	书　记	邓观坤	男	车田	1981年2月24日至1983年11月30日
	副书记	周作瑚	男	和平	1982年7月12日至1983年11月30日
通衢区党委	**通衢区**				**1983年12月**
	书　记	邓观坤	男	车田	1983年11月30日至1987年4月
	副书记	周作瑚	男	和平	1983年11月30日至1987年2月12日
	副书记	张锡俊	男	华城	1983年11月30日至1987年4月
	副书记	叶素招	女	梅东	1987年2月12日至4月
	副书记	张国锋	男	华城	1987年2月12日至4月
	委　员	黄春新	男	鹤市	1983年11月30日至1987年4月
	委　员	黄桂煌	男	黄布	1983年11月30日至1985年7月19日
	委　员	叶素招	女	梅东	1983年11月30日至1987年2月12日
	委　员	黎任成	男	鹤市	1983年11月30日至1987年4月
	委　员	张振添	男	华新	1983年11月30日至1987年4月
	委　员	刘惠明	男	丰稔	1983年11月30日至1985年6月
	委　员	陈坚庆	男	梅东	1985年8月至1987年4月
第六届镇党委	书　记	邓观坤	男	车田	1987年4月至1989年1月
	副书记	张锡俊	男	华城	1987年4月
	副书记	张国锋	男	华城	1987年4月
	副书记	叶素招	女	梅东	1987年4月
	组织委员	黄春新	男	鹤市	1987年4月至1988年9月26日
	委　员	黎任成	男	鹤市	1987年4月
	委　员	张振添	男	华新	1987年4月至1989年4月
	委　员	黄春娥	女	黄布	1987年4月
	委　员	陈坚庆	男	梅东	1987年4月
	组织委员	陈永兴	男	旺宜	1988年9月26日至1990年5月

续表

届次	职务	姓名	性别	籍贯	任职时间
	书　记	张锡俊	男	华城	1989 年 1 月 17 日
	副书记	黄添德	男	梅东	1989 年 1 月 17 日
	副书记	罗仕伟	男	紫市	1989 年 4 月
	纪检委员	黄学培	男	鹤市	1989 年 5 月
第七届镇党委	书　记	张锡俊	男	华城	1990 年 5 月 17 日至 1990 年 8 月 14 日
	副书记	罗仕伟	男	紫市	1990 年 5 月 17 日
	副书记	张国锋	男	华城	1990 年 5 月 17 日
	副书记	陈坚庆	男	梅东	1990 年 5 月 17 日
	组织委员	陈永兴	男	旺宜	1990 年 5 月 17 日
	纪检委员	叶清恩	男	寨背	1990 年 5 月 17 日
	宣传委员	黎任成	男	鹤市	连任至 1991 年 1 月
	青妇委员	黄春娥	女	黄布	连任至 1992 年
	书　记	黄兆勇	男	紫市	1990 年 8 月 14 日
	武装委员	李维强	男	华城	1990 年 8 月 14 日
	副书记	骆福清	男	田心	1991 年
	宣传委员	黄学培	男	鹤市	1991 年
	妇女委员	黄清云	女	双寨	1992 年
第八届镇党委	书　记	黄兆勇	男	紫市	1993 年 3 月至 1995 年 8 月
	副书记	罗仕伟	男	紫市	1993 年 3 月
	副书记	陈坚庆	男	梅东	1993 年 3 月
	副书记	骆福清	男	田心	1993 年 3 月
	副书记	黄勇平	男	鹤市	1993 年 3 月
	组织委员	陈永兴	男	旺宜	1993 年 3 月至 1994 年 3 月
	妇女委员	黄清云	女	双寨	1993 年 3 月
	宣传委员	邓伯根	男	登云	1993 年 3 月
	武装委员	李维强	男	华城	1993 年 3 月
	纪检委员	陈俊强	男	葛藤	1993 年 3 月
	组织委员	陈俊强	男	葛藤	1994 年 3 月
	书　记	黄　健	男	登云	1995 年 8 月
第九届镇党委	书　记	黄　健	男	登云	1996 年 4 月至 1998 年 12 月
	副书记	曾玉青	男	玳瑁	1996 年 1 月 3 日至 1998 年 12 月
	副书记	张碧礼	男	双寨	1996 年 1 月 3 日
	副书记	黄勇平	男	鹤市	1996 年 4 月
	妇女委员	黄清云	女	双寨	1996 年 4 月
	组织委员	黄贤添	男	登云	1996 年 4 月
	纪检委员	张培琴	男	华城	1996年4月至1997年7月
	纪检委员	江德威	男	华新	1997年8月

续表

届次	职务	姓名	性别	籍贯	任职时间
	宣传委员	邓伯根	男	登云	1996 年 4 月
	武装委员	李维强	男	华城	1996 年 4 月
	书　记	曾玉青	男	玳瑁	1998 年 12 月 29 日
	副书记	陈俊强	男	葛藤	1998 年 12 月 29 日
第十届镇党委	书　记	曾玉青	男	玳瑁	1999 年 3 月 26 日
	副书记	陈俊强	男	葛藤	1999 年 3 月 26 日
	副书记	黄仕平	男	黄布	1999 年 3 月 26 日
	副书记	黄勇平	男	鹤市	1999 年 3 月 26 日
	组织委员	江德威	男	华新	1999 年 3 月 26 日
	宣传委员	邓伯根	男	登云	1999 年 3 月 26 日
	武装委员	李维强	男	华城	1999 年 3 月 26 日
	妇女委员	黄清云	女	双寨	1999 年 3 月 26 日至 2001 年 12 月
	青年委员	叶云辉	男	寨背	
	委　员	陈坚庆	男	梅东	1999 年 3 月 26 日
	副书记	钟方先	男	鹤市	2001 年 12 月 20 日
	副书记	黄清云	女	双寨	2001 年 12 月 20 日
第十一届镇党委	书　记	曾玉青	男	玳瑁	2002 年 3 月至 2005 年
	副书记	陈俊强	男	葛藤	2002 年 3 月至 2003 年
	副书记	钟方先	男	鹤市	2002 年 3 月至 2003 年
	副书记	黄清云	女	双寨	2002 年 3 月
	组织委员/宣传委员	江德威	男	华新	2002 年 3 月
	武装委员	李维强	男	华城	2002 年 3 月
	青年委员	叶云辉	男	寨背	2002 年 3 月
	副书记	钟　锐	男	麻布岗	2003 年 10 月
	副书记	廖　军	男	廻龙	2003 年
	副书记	何杨柳	男	玳瑁	2003 年 10 月
	妇女委员	梁　冰	女	太楼	2003 年 5 月
	委　员	叶云辉	男	寨背	2003 年 5 月
	书　记	钟　锐	男	麻布岗	2005 年
	副书记	杨海华	男	紫市	2005 年 5 月 8 日
第十二届镇党委	书　记	钟　锐	男	麻布岗	2006 年 11 月至 2010 年 1 月
	副书记	杨海华	男	紫市	2006 年 11 月至 2009 年 2 月
	副书记	廖　军	男	廻龙	2006 年 11 月至 2010 年 1 月
	委员、纪委书记	叶书利	男	锦归	2006 年 11 月
	组织委员	郑明辉	男	登云	2006 年 11 月
	武装委员	陈剑锋	男	儒南	2006 年 11 月
	宣传委员	陈斌城	男	通衢	2006 年 11 月

续表

届次	职务	姓名	性别	籍贯	任职时间
	青年委员	黄金坤	男	儒南	2006 年 11 月
	妇女委员	梁 冰	女	太楼	2006 年 11 月
	委 员	黄贤添	男	登云	2006 年 11 月
	委 员	郑国营	男	登云	2006 年 11 月
	委 员	陈秀霞	女	鹤市	2006 年 11 月
	委员、纪委书记	杨华火	男	车田	2008 年 1 月
	副书记	黄新明	男	黎咀	2008 年 11 月
	副书记	魏建洪	男	龙母	2009 年 3 月
	书 记	廖 军	男	廻龙	2010 年 1 月
第十三届镇党委	书 记	廖 军	男	廻龙	2011 年至 2015 年
	副书记	魏建洪	男	龙母	2011 年至 2016 年 5 月
	副书记	陈金川	男	车田	2011 年至 2016 年
	委员、纪委书记	杨华火	男	车田	2011 年 6 月
	组织委员	叶志刚	男	锦归	2011 年 6 月
	宣传委员	陈秀霞	女	鹤市	2011 年 6 月
	武装委员	陈剑锋	男	儒南	2011 年 6 月
	统战委员	陈斌城	男	旺宜	2011 年 6 月
	妇女委员	梁 冰	女	太楼	2011 年 6 月
	委 员	余政隆	男	义都	2011 年 6 月
	委 员	郑 雄	男	登云	2011 年 6 月
	委 员	张 敏	男	华城	2011 年 6 月
	委 员	张建锋	男	黄布	2011 年 6 月
第十四届镇党委	书 记	廖 军	男	廻龙	2016 年 9 月至 2017 年
	副书记	陈金川	男	车田	2016 年 9 月至 2021 年 6 月
	副书记	骆 宝	男	佗城	2016 年 5 月至 2017 年 4 月 14 日
	副书记	余政隆	男	义都	2016 年 9 月至 2021 年 7 月
	委员、纪委书记	杨华火	男	车田	2016 年 9 月至 2021 年 7 月
	武装委员	陈剑锋	男	儒南	2016 年 9 月
	组织委员	张建锋	男	黄布	2016 年 9 月至 2021 年 7 月
	宣传委员	郑 雄	男	登云	2016 年 9 月至 2021 年 7 月
	统战委员	廖东波	男	葛藤	2016 年 9 月至 2021 年 7 月
	妇女委员	梁 冰	女	太楼	2016 年 9 月至 2021 年 7 月
	委 员	曾凡兴	男	玳峰	2016 年 9 月至 2020 年 10 月
	书 记	杨耀星	男	紫市	2017 年至 2021 年 4 月 23 日
	副书记	张 敏	男	华城	2017 年至 2021 年 6 月
	委 员	陈斌城	男	旺宜	2017 年至 2021 年 7 月
	委 员	郑明辉	男	登云	2018 年至 2021 年 7 月

续表

届次	职务	姓名	性别	籍贯	任职时间
第十五届镇党委	书　记	黄　康	男	鹤市	2021 年 4 月至 2022 年 12 月
	副书记	邱东平	男	龙母	2021 年 6 月
	副书记	曹　浩	男	上坪	2021 年 6 月
	副书记	徐焕坤	男	博罗	2021 年 8 月
	副书记	黄玲玲	女	东源	2021 年 9 月至 2022 年 4 月
	委员、纪委书记	张森泉	男	黄布	2021 年 7 月 30 日至 2021 年 8 月
	委员、纪委书记	黄　芮	男	黄布	2021 年 8 月至 2022 年 10 月
	委　员	曾焕华	男	玳瑁	2021 年 4 月
	委　员	张忠平	男	紫市	2021 年 7 月至 2022 年 3 月
	组织委员	刘　凯	男	旺茂	2021 年 7 月
	武装委员	黄颂颂	男	黄布	2021 年 7 月
	宣传委员	刘慧穗	女	上坪	2021 年 8 月至 2022 年 12 月
	副书记	丘福源	男	黎咀	2022 年 5 月
	书　记	袁新卫	男	车田	2022 年 12 月

2.历次当选中共龙川县代表大会代表名录

当选中共龙川县第三次代表大会代表团名单（1970年8月31日至9月6日）

骆华安、叶太龙、叶日廷、骆连招、叶枚青、黄崇煌、谢强、黄才焕、叶秀英、邓建友、黄汉友、何奕清、赵观标、陈木松、徐培根、黄昌连、叶佛权、黄仁财、李友兰、张炳坤、陈作廷、张培荣、何荣奎、黄仕英、何桂海、叶道荣、叶佛添、曾森庆、邓明章、罗坤林、邓梅兰、郑发先、郑国景、郑孺风、郑文光、刘桂兰、林忠廷、陈永銧、邓学初、叶镜文、邓红枚

当选中共龙川县第四次代表大会代表团名单（1980年12月18日至22日）

刘永松、叶培林、吴坤林、陈慈兴、叶英娇、邬惠珍、叶适、张振锦、张木祥、张绍彝、叶玉香、叶德辉、张培荣

当选中共龙川县第五次代表大会代表团名单（1984年9月2日至4日）

邓观坤、邓生荣、邓荣胜、周道平、叶培林、陈德周、叶瑞林、陈火文、廖月娥、张木桓、邓雪光、曾细添、何甘州、曾亿茂、叶道仁、崔建青、吴坤才、曾太安、吴锦添

当选中共龙川县第六次代表大会代表团名单（1987年5月8日至11日）

邓观坤、叶素招、郑标、邓德荣、钟素娴、赖云泉、陈火文、叶水林、陈德周、曾细添、邓雪光、邓月英、曾亿茂、郑明才

当选中共龙川县第七次代表大会代表团名单（通衢、锦归）（1990年5月3日至5日）

张锡俊、陈家胜、邓德荣、谢强、张培荣、黄梅玉、陈慈兴、叶培林、叶素招、曾细添、张永添、叶惠珍、曾凡茂、叶明权

当选中共龙川县第八次代表大会代表团名单（1993年4月13日至15日）

叶细初、黄兆勇、吴新泉、陈火文、陈德周、刘雪静、邓荣胜、张培道、张月娥、曾细添、张文浩、叶道荣、叶学成、郑明才

当选中共龙川县第九次代表大会代表团名单（1998年4月7日至9日）

（不详）

当选中共龙川县第十次代表大会代表团名单（2003年3月27日至30日）

张国锋、陈作志、张木桓、叶宗平、廖任娇

当选中共龙川县第十一次代表大会代表团名单（2006年12月25日至26日）

（不详）

当选中共龙川县第十二次代表大会代表团名单（2011年10月27日至28日）

叶经城、叶恩廷、刘德平、李伯耀、李浩华、陈永亮、陈秀霞、陈金川、陈育兴、黄志平、黄志园、黄居平、崔风英、崔春梅、曾凡兴、廖军、魏建洪

当选中共龙川县第十三次代表大会代表团名单（2016年10月26日至28日）

廖军、骆宝、陈金川、杨华火、梁冰、叶建妹、叶恩廷、赖小慧、叶月林、叶艺、王广华、谢小敏

当选中共龙川县第十四次代表大会代表团名单（2021年10月29日至31日）

刘凯、邱东平、黄芮、曹浩、黄康、黄玲玲、江思琴、谢小敏、何军辉、黄敏

三、中共锦归镇（公社、区、乡）历次党代表大会

中共锦归公社第一次代表大会，于1980年8月18日至21日在锦归大队井下布尾召开。大会听取和审议了锦归公社党委会工作报告，讨论并通过了本次党代会决议，选举产生第一届中共锦归公社委员会和出席县第四次党代会代表。其中，曹建华任书记，吴初、叶秋琼任副书记。

中共锦归乡第二次代表大会，于1987年3月19日至21日在锦归村新桥墟原锦归区公所机关大院召开。出席这次党代会的党员代表共80人。大会听取和审议了锦归区党委会工作报告，讨论并通过了本次党代会决议，选举产生第二届中共锦归乡委员会和出席县第六次党代会代表。其中，邓雪光任书记，张永添、林维强、叶捌初任副书记。

中共锦归乡第三次代表大会，于1990年8月14日至15日在玳瑁村原锦归乡府大院召

开。大会听取和审议了上一届锦归乡党委会工作报告，讨论并通过了本次党代会决议，选举产生第三届中共锦归乡委员会。其中，张文浩任书记，林维强、黄国洪、田武任副书记。

中共锦归乡第四次代表大会，于1993年3月21日至22日在原锦归乡府大院召开。大会听取和审议了上一届锦归乡党委会工作报告，讨论并通过了本次党代会决议，选举产生第四届中共锦归乡委员会和出席县第八次党代会代表。其中，张文浩任书记，林维强、田武、叶明周任副书记。

中共锦归镇第五次代表大会，于1996年3月29日至30日在原锦归镇府大院召开。大会听取和审议了上一届锦归镇（乡）党委会工作报告，讨论并通过了本次党代会决议，选举产生第五届中共锦归镇委员会和出席县第九次党代会代表。其中，郑明青任书记，叶明周、曾高军、王小庆任副书记。

中共锦归镇第六次代表大会，于1999年3月12日至13日在原锦归镇府大院举行。大会听取和审议了上一届锦归镇党委会工作报告，讨论并通过了本次党代会决议，选举产生第六届中共锦归镇委员会和中共锦归镇纪律检查委员会。其中，钟德均任书记，王小庆、郑明忠、叶坤茂任副书记；王小庆任纪委书记（兼），何杨柳任纪委副书记。

中共锦归镇第七次党代表大会，于2002年3月11日至12日在原锦归镇府大院召开。大会听取和审议了上一届锦归镇党委会工作报告，讨论并通过了本次党代会决议，选举产生第七届中共锦归镇委员会和新一届中共锦归镇纪律检查委员会及出席县第十次党代会代表。其中，钟德均任书记，黄仕平、叶坤茂任副书记；叶坤茂任纪委书记（兼），杨志江任纪委副书记。

中共锦归镇（公社、区、乡）委员会历届委员、副书记、书记

届次	职务	姓名	性别	籍贯	任职时间
第一届公社党委	**锦归公社**				**1978年4月16日至1983年11月**
	书　记	曹建华	男	上坪	1978年5月8日至1980年10月30日
	副书记	吴　初	男	广福	1978年4月12日至1980年4月29日
	副书记	叶秋琼	男	锦归	1978年4月12日至1981年1月5日
	副书记	杨月山	男	紫市	1979年3月25日至1983年11月29日
	副书记	张永添	男	紫市	1982年3月18日至1983年11月29日
	书　记	邓雪光	男	登云	1982年7月20日至1983年11月29日
	常　委	叶日廷	男	寨背	1978年4月24日至1980年8月21日

续表

届次	职务	姓名	性别	籍贯	任职时间
	常　委	郑月新	男	登云	1978 年 4 月 21 日至 1980 年 8 月 21 日
	常　委	刘惠青	女	黎咀	1978 年 5 月 6 日至 1980 年 8 月 21 日
	委　员	黄大钦	男	佗城	1978 年 7 月 11 日至 1983 年 11 月 29 日
	委　员	何荣奎	男	玳瑁	1978 年 4 月至 1980 年 8 月 21 日
	委　员	叶道荣	男	锦归	1978 年 4 月至 1980 年 8 月 21 日
	委　员	张培志	男	紫市	1979 年 10 月 8 日至 1983 年 11 月 29 日
	委　员	黄小琴	女	佗城	1980 年 9 月至 1983 年 11 月 29 日
	委　员	陈佛明	男	登云	1980 年 9 月至 1983 年 11 月 29 日
	委　员	叶日廷	男	寨背	1980 年 9 月至 1983 年 11 月 29 日
	委　员	郑月新	男	登云	1980 年 9 月至 1983 年 11 月 29 日
锦归区党委	**锦归区**				**1983 年 11 月 30 日至 1987 年 3 月 21 日**
	书　记	邓雪光	男	登云	1983 年 11 月 30 日至 1987 年 3 月 21 日
	副书记	张永添	男	紫市	1983 年 11 月 30 日至 1987 年 3 月 21 日
	副书记	杨月山	男	紫市	1983 年 11 月 30 日至 1984 年 12 月
	副书记	林维强	男	佗城	1986 年 3 月 4 日至 1987 年 3 月 21 日
	副书记	叶捌初	男	锦归	1987 年 2 月 20 日至 3 月 21 日
	宣传委员	郑月新	男	登云	1983 年 11 月 30 日至 1987 年 2 月
	纪检委员	黄大钦	男	佗城	1983 年 11 月 30 日至 1987 年 3 月 21 日
	妇女委员	黄小琴	女	佗城	1983 年 11 月 30 日至 1986 年 7 月
	组织委员	叶捌初	男	锦归	1983 年 11 月 30 日至 1987 年 2 月 19 日
	青年委员	黄增金	男	佗城	1983 年 11 月 30 日至 1987 年 3 月 21 日
	委　员	黄森文	男	鹤市	1986 年 1 月 30 日至 1987 年 3 月 21 日
	委　员	钟春平	男	鹤市	1986 年 1 月 30 日至 1987 年 3 月 21 日
第二届乡党委	**锦归乡**				**1987 年 3 月 22 日至 1990 年 8 月 15 日**
	书　记	邓雪光	男	登云	1987 年 3 月 22 日至 1988 年 5 月
	副书记	张永添	男	紫市	1987 年 3 月 22 日至 1988 年 8 月
	副书记	林维强	男	佗城	1987 年 3 月 22 日至 1990 年 8 月 15 日
	副书记	叶捌初	男	锦归	1987 年 3 月 22 日至 1987 年 7 月 22 日
	副书记	黄森文	男	鹤市	1987 年 7 月 11 日
	副书记	黄国洪	男	铁场	1989 年 2 月 24 日至 1990 年 8 月 15 日
	书　记	张永添	男	紫市	1988 年 6 月至 1990 年 7 月
	纪检委员	黄大钦	男	佗城	1987 年 3 月 22 日至 1990 年 8 月 15 日

续表

届次	职务	姓名	性别	籍贯	任职时间
	青年委员	黄增金	男	佗城	1987 年 3 月 22 日至 1987 年 4 月
	组织委员	钟春平	男	鹤市	1987 年 3 月 22 日至 1987 年 11 月 19 日
	武装委员	余伟光	男	车田	1987 年 3 月 22 日至 1990 年 8 月 15 日
	组织委员	罗天奎	男	紫市	1989 年 6 月 28 日至 1990 年 8 月 15 日
	宣传委员	叶南平	男	锦归	1989 年 6 月 28 日至 1990 年 8 月 15 日
	妇女委员	何艺平	女	玳瑁	1987 年 7 月至 1990 年 5 月
第三届乡党委	**锦归乡**				**1990 年 8 月 16 日至 1993 年 3 月 22 日**
	书　记	张文浩	男	紫市	1990 年 8 月 14 日至 1993 年 3 月 22 日
	副书记	林维强	男	佗城	连任
	副书记	黄国洪	男	铁场	连任至 1991 年 4 月
	副书记	田　武	男	黎咀	1991 年 5 月至 1993 年 5 月 22 日
	组织委员	叶德友	男	高湖	1992 年 8 月 16 日至 1993 年 3 月 22 日
	宣传委员	叶南平	男	锦归	连任至 1992 年 8 月
	武装委员	余伟光	男	车田	连任
	党委委员	曾玉青	男	玳瑁	1990 年 8 月 16 日至 1993 年 3 月 22 日
	妇女委员	叶惠珍	女	锦归	1990 年 8 月 16 日至 1993 年 3 月 22 日
	纪检委员	叶益权	男	高湖	1992 年 8 月 16 日至 1993 年 3 月 22 日
第四届镇（乡）党委	**锦归镇（乡）**				**1993 年 3 月 23 日至 1996 年 3 月 30 日**
	书　记	张文浩	男	紫市	1993 年 3 月 23 日至 6 月
	副书记	林维强	男	佗城	连任至 1994 年 4 月
	副书记	田　武	男	黎咀	连任至 1996 年 3 月
	副书记	叶明周	男	高湖	1993 年 3 月 23 日至 1996 年 3 月 30 日
	副书记	叶德友	男	高湖	1995 年 8月
	组织委员	叶德友	男	高湖	连任至 1995 年8月
	宣传委员	陈卫平	男	葛藤	1993 年 3 月 23 日至 1996 年 3 月 30 日
	纪检委员	叶益权	男	高湖	连任至 1994 年 4 月
	武装委员	余伟光	男	车田	连任
	妇女委员	何玉平	女	玳瑁	1993 年 7 月至 1996 年 3 月 30 日
	书　记	黄江平	男	黄布	1994 年 11 月至 1996 年 3 月
	组织委员	吴国球	男	锦太	1995 年9月至 1996 年 3 月 30 日
第五届镇党委	书　记	郑明青	男	登云	1996 年 3 月至 1999 年 3 月
	副书记	叶明周	男	高湖	连任至 1999 年 3 月
	副书记	曾高军	男	登云	1996 年 3 月至 1999 年 3 月 13 日
	副书记	王小庆	男	梅城	1996 年 3 月至 1999 年 3 月 13 日
	组织委员	曾忠平	男	玳峰	1996 年 3 月 31 日至 1999 年 3 月 13 日

续表

届次	职务	姓名	性别	籍贯	任职时间
	宣传委员	叶俊明	男	高湖	1996 年 3 月 31 日至 1999 年 3 月 13 日
	纪检委员	何杨柳	男	玳瑁	1996 年 3 月 31 日至 1999 年 3 月 13 日
	武装委员	曾凡平	男	玳峰	1996 年 3 月 31 日至 1999 年 3 月 13 日
	妇女委员	何玉平	女	玳瑁	连任
第六届镇党委	书　记	钟德均	男	义都	1999 年 3 月至 2002 年 3 月 12 日
	副书记	王小庆	男	梅城	连任 2001 年 4 月
	副书记	郑明忠	男	登云	1999 年 3 月至 2001 年 5 月
	组织委员	曾忠平	男	玳峰	连任至 2001 年 1 月
	宣传委员	柳铁辉	男	丰稔	1999 年 3 月 14 日至 2002 年 3 月 12 日
	纪检委员	何杨柳	男	玳瑁	连任至 2000 年 4 月
	妇女委员	何玉平	女	玳瑁	连任至 2002 年 3 月 12 日
	武装委员	曾凡平	男	玳峰	连任
	纪检委员	黄伯锦	男	黄布	1999 年 5 月至 2002 年 3 月 12 日
	副书记	叶俊明	男	高湖	2001 年 4 月至 2002 年 3 月
	副书记	叶坤茂	男	义都	2001 年 5 月至 2002 年 3 月 12 日
	副书记	曾红莲	女	铁场	2001 年 8 月至 2002 年 2 月
第七届镇党委	书　记	钟德均	男	义都	连任至 2003 年 5 月
	副书记	黄仕平	男	黄布	2002 年 3 月至 2003 年 5 月
	副书记	叶坤茂	男	义都	连任至 2003 年 5 月
	组织委员	柳铁辉	男	丰稔	连任至 2003 年 5 月
	宣传委员	郑明辉	男	登云	2002 年 3 月 13 日至 5 月
	武装委员	曾凡平	男	玳峰	连任至 2003 年 5 月
	妇女委员	梁　冰	女	太楼	2002 年 3 月 13 日至 2003 年 5 月

第三节 中共通衢镇、锦归镇纪律检查委员会

党的纪律检查委员会是根据《中国共产党章程》规定设立的。《中国共产党章程》规定，党的基层委员会是设立纪律检查委员会，还是设立纪律检查委员，由它的上一级党组织根据具体情况决定。根据中共龙川县委的决定，1987年4月开始，镇党委会设立纪律检查委员，1999年3月开始，镇域内分别设立中共通衢镇纪律检查委员会、中共锦归镇纪律检委员会。

通衢镇历任纪律检查委员，纪律检查委员会副书记、书记

1987年4月，第六届镇党委会开始设纪律检查委员，纪律检查委员张振添。

1989年5月，纪律检查委员黄学培。

1990年3月，第七届镇党委会纪律检查委员叶清恩。

1993年3月，第八届镇党委会纪律检查委员陈俊强。

1996年4月，第九届镇党委会纪律检查委员张培琴（前）、江德威（后）。

1999年3月，设立第一届中共通衢镇纪律检查委员会，书记黄仕平，副书记叶云辉。

2001年3月，邓伯根任纪委副书记。

2002年3月，第二届中共通衢镇纪律检查委员会书记黄清云，副书记邓伯根。

2003年5月，杨志江任纪委副书记。

2006年11月，第三届中共通衢镇纪律检查委员会书记叶书利，副书记叶志超。

2008年1月，余政隆任纪委副书记。

2011年6月，第四届中共通衢镇纪律检查委员会书记杨华火，副书记叶志超、廖东波。

2016年，第五届中共通衢镇纪律检查委员会书记杨华火，专职副书记叶玉文、副书记刘晓银。

2021年，第六届中共通衢镇纪律检查委员会书记黄芮，副书记黄颂颂、袁军华、叶碧清。

锦归镇（乡）历任纪律检查委员，纪律检查委员会副书记、书记

1987年3月，第二届乡党委会开始设纪律检查委员，纪律检查委员黄大钦。

1990年8月，第三届乡党委会纪律检查委员叶益权。

1993年3月，第四届镇（乡）党委会纪律检查委员叶益权。

1996年3月，第五届镇党委会纪律检查委员何杨柳。

1999年3月，设立第一届中共锦归镇纪律检查委员会，书记王小庆，副书记何杨柳（前）、黄伯锦（后）。

2002年3月，第二届中共锦归镇纪律检查委员会书记叶坤茂，副书记杨志江。

第二章 政权建设

第一节 民国及以前政权建设

宋、元、明、清前期，龙川行政区实行都（坊）图制，通衢属内的岭西、田心、通衢均属龙川县宁仁都，宁仁都治所设在通衢，设有都署长、佥事等。通衢属内宁仁都设岭西图、田心图，各图设有图公署长、佥事等，图以下设里、邻。

明洪武九年（1376年），设立通衢巡检司，巡检司设有巡检，是朝廷命官。后来，巡检司明初的军事功能转向更为全面的行政功能。

明洪武二十二年（1389年），田心屯设立卫所。明洪武二十三年（1390年），宁仁都设立田心军屯、岭西军屯，屯民平时为农民，战时为士兵，屯的行政机构为卫所，所长为百户长，还设有佥事等。

明弘治十七年（1504年），田心屯筑土城。明嘉靖四十四年（1565年）在原通衢驿始建通衢城，设立城地方行政机构，设城长（非上级调派）。

清嘉庆十四年（1809年），行政区实行约、堡制，约设公署长、佥事等，堡设正、副堡长。

民国元年（1912年），行政区实行警察区、约、堡制。约、堡制的约，设立约公署长、佥事等，堡设立正、副堡长。

民国二十一年（1932年），建制区划调整，实行区、乡、保、甲制。在基层的乡、保、甲制中，乡建立乡公所，设所长、副所长，所丁若干；保设立正保长，副保长；甲设甲长。

历任驿丞、巡检司巡检、卫所所长、乡长名录

1.通衢驿驿丞

黄海山：明永乐十年（1412年）任。

欧阳泰：苍梧人，明天顺七年（1463年）任。

邱　道：建阳人，明成化十九年（1483年）任。

梁孔林：光化人，明正德六年（1511年）任。

黄　譲：浙江人，明正德年间任。

吴　明：南昌人，明正德年间任。

李　中：吉水人，刑部主事贬为通衢驿丞，明正德九年（1514年）任，后为广东佥事、广西提学副使、右佥都御史，副都御史。

林汝材：莆田人，明嘉靖二年（1523年）任。

娄元忍：山阳人，明嘉靖四十四年（1565年）任。

包　福：苍梧人，明隆庆二年（1568年）任。

王伯和：明隆庆五年（1571年）任。

雷　滨：清流人，明万历元年（1573年）任。

蔡道森：龙溪人，明万历三年（1575年）任。

2.巡检司巡检

明朝

邹元标 洪武九年（1376年）任

朱海山 永乐年间任。

黄　学 成化年间任。

吴　琪 南昌人，天顺三年（1459年）任。

魏回美 莆田人，成化十九年（1483年）任。

林孟端 上杭人，嘉靖四年（1525年）任。

罗世斌 欧宁人，嘉靖十三年（1534年）任。

陈希周，连江人，嘉靖四十年（1561年）任。

龚　藩 南昌人，隆庆元年（1567年）任。

马元德 会稽人，隆庆四年（1570年）任。

单明渭 奉化人，万历元年（1573年）任。

林如宾 莆田人，万历六年（1578年）任。

杜鸣凤 天启年间任。

清朝

刘士章 仁和人，顺治十五年（1658年）任。

王日新 山阳人，顺治十八年（1661年）任。

王公伟 三原人，康熙七年（1668年）任。

车禹声，会稽人，康熙二十六年（1687年）任。

李　奋 德州人，康熙三十八年（1699年）任。

赵洪益 赵城人，雍正三年（1725年）任。

黄履同 仪征人，乾隆九年（1744年）任。

周华炜 合肥人，乾隆十一年（1746年）任。

高　瞻 武进人，乾隆十三年（1748年）任。

赵庚言 大兴人，乾隆二十二年（1757年）任。

于朝拔 商河人，乾隆二十七年（1762年）任。

朱玉振 乾隆三十八年（1773年）任。

涂　瑗 乾隆三十八年（1773年）任。

薛维城 嘉庆十一年（1806年）任。

3.田心屯卫所长

明洪武二十二年（1389年），田心屯卫所所长（百户长）张秀八（江西袁州萍乡人）。

明代至清代，田心屯卫所12任所长（百户长）都由马姓马旺后裔担任。

明万历辛巳年（1581年），田心屯城城长陈所积。

4.乡长

民国时期，华宜乡乡长先后为张清泉、陈德裕；民国时期，华新乡乡长陈国璋。

1948年，梅城乡副乡长徐子恒。

民国时期，锦归乡乡长先后为叶奇英、何子江、叶道卓、曾采平、何南奇。

其他乡不详。

第二节 中华人民共和国成立后政权建设

1949年5月16日，鹤市地区解放。6月11日，鹤市区人民政府成立。通衢隶属鹤市区，域内设梅城乡、华新乡、锦归乡，6月12日由县人民政府委任了各乡乡长、副乡长。

1949年6月12日，龙川县人民政府委任张淑民、刘承尧为正、副区长，分别委任了登云乡、锦归乡、梅城乡、华新乡、鹤市乡、金鱼乡、宦江乡、紫乐乡、雅寄乡9个乡的乡长、副乡长。

1952年2月，龙川县设五个行政区，通衢隶属龙川县第二（鹤市）区人民政府。

1953年3月，龙川县调整为十三个区，通衢为龙川县第四区，成立龙川县第四区公所。

1955年6月，龙川县第四区公所改为通衢区公所。

1957年12月，撤销区建制，建立乡政权。通衢域内设通衢乡人民政府。

1958年10月，通衢隶属鹤市人民公社管理委员会。

1959年7月，通衢人民公社从鹤市公社析置，成立通衢人民公社管理委员会。

1968年2月，取消通衢人民公社管理委员会，改设通衢人民公社革命委员会。

1980年10月，撤销通衢人民公社革命委员会、锦归人民公社革命委员会，分别改设通衢人民公社管理委员会、锦归人民公社管理委员会。

1983年12月，公社改为区建制，通衢人民公社管理委员会、锦归人民公社管理委员会，分别改设通衢区公所、锦归区公所。

1986年12月，区改为镇建制，通衢区公所、锦归区公所，分别改设通衢镇人民政府、锦归乡人民政府。

通衢镇（乡、公社、区）政府机关驻地一直设在通衢墟。锦归镇（公社、区、乡）政府机关驻地先后设在锦归村井下布尾、新桥墟、玳瑁村。

第三节 人民代表大会

中华人民共和国成立初期，各级人民政府以召开各界人民代表会议的形式，代行人民代表大会的职权。1952年3月，龙川县第四（通衢）区召开了第一次人民代表会议。1953年3月1日，中央人民政府颁布了《中华人民共和国全国人民代表大会和地方各级人民代表大会选举法》（简称选举法），1954年6月后，龙川县各区政府开始实行人民代表大会制度。

一、通衢镇（区、公社）人民代表大会

第一届人民代表大会，于1952年3月在通衢区公所机关大院召开。大会听取和审议了工作报告，讨论并通过了本次人代会决议，选举丘培林为区长，叶亚新为副区长。

第二届人民代表大会，于1954年6月在通衢区公所机关大院召开。大会听取和审议了工作报告，讨论并通过了本次人代会决议，选举产生崔庆周为区长，崔来德为副区长。

第三届人民代表大会，于1959年7月在通衢公社大院召开。大会听取和审议了工作报告，讨论并通过了本次人代会决议，选举崔庆周为社长，周世昌为副社长。

第四届人民代表大会，于1968年2月29日，在通衢公社大院召开。大会听取和审议了工作报告，讨论并通过了本次人代会决议，选举产生叶德进为主任，骆满荣、叶高辉为副主任。

第五届人民代表大会，于1978年4月12日在通衢公社大院召开。大会听取和审议了工作报告，讨论并通过了本次人代会决议，选举产生叶适为主任，陈敬贤、罗志欣、张群彬、邹庚水为副主任。

1983年12月，通衢人民公社管理委员会改为通衢区公所，龙川县人民政府委任张锡俊为区长，张国锋、陈江海、张碧礼为副区长。

第六届人民代表大会，于1987年4月在通衢镇府大院召开，到会代表123人。大会听

取和审议了工作报告，讨论并通过了本次人代会决议。选举张锡俊为镇长，张碧礼、戴庶民为副镇长。选举产生出席参加县人代会的代表。

第七届人民代表大会，于1990年8月在通衢镇府大院召开。大会听取和审议了工作报告，讨论并通过了本次人代会决议，选举罗仕伟为镇长，张碧礼、戴庶民为副镇长。

第八届人民代表大会，于1993年3月在通衢镇府大院召开。大会听取和审议了工作报告，讨论并通过了本次人代会决议。选举黎任成为镇人大主席团主席；选举张碧礼为镇长，叶木香、张伟雄、陈永兴为副镇长。

第九届人民代表大会，于1996年4月在通衢镇府大院召开。大会听取和审议了工作报告，讨论并通过了本次人代会决议。选举叶木香为镇人大主席；选举曾玉青为镇长，陈俊强、张伟雄、黄贤添为副镇长。

第十届人民代表大会，于1999年3月在通衢镇府大院召开。大会听取和审议了工作报告，讨论并通过了本次人代会决议。选举陈坚庆为镇人大主席团主席，陈永兴为副主席；选举陈俊强为镇长，张伟雄、黄贤添、黄清云为副镇长。

第十一届人民代表大会，于2002年3月在通衢镇府大院召开。大会听取和审议了工作报告，讨论并通过了本次人代会决议。选举曾玉青为镇人大主席团主席，陈永兴为副主席；选举陈俊强为镇长，黄贤添、郑国营、张伟雄、黄清云为副镇长。

第十二届人民代表大会，于2006年11月在通衢镇府大院召开。大会听取和审议了工作报告，讨论并通过了本次人代会决议。选举钟锐为镇人大主席团主席，黄贤添、郑国营为副主席；选举杨海华为镇长，叶云辉、邬剑锋、陈金川、黄新明为副镇长。

第十三届人民代表大会，于2011年6月在通衢镇府大院召开。大会听取和审议了工作报告，讨论并通过了本次人代会决议。选举廖军为镇人大主席团主席，叶云辉为副主席；选举魏建洪为镇长，余政隆、黄金坤、郑明辉、连建辉为副镇长。

第十四届人民代表大会，于2016年9月在通衢镇府大院召开。大会听取和审议了工作报告，讨论并通过了本次人代会决议。选举黄金坤为镇人大主席团主席，叶云辉为副主席；选举陈金川为镇长，郑明辉、陈秀霞、张敏、李伟东为副镇长。

第十五届人民代表大会，于2021年9月在通衢镇府大院召开。大会听取和审议了工作报告，讨论并通过了本次人代会决议。选举张敏为镇人大主席团主席，郑志初为副主席；选举黄玲玲为镇长，张忠平、陈秀霞、陈剑锋、黄益军、黄腾宇、黄奕翔、曾焕华为副镇长。

1.人民代表大会主席团

按照《中华人民共和国全国人民代表大会和地方各级人民代表大会选举法》规定，1987年始设立镇人民代表大会主席团，为县、镇人民代表大会常设机构。

通衢镇人民代表大会主席团，于1993年第九届人民代表大会开始设立。

历届人民代表大会主席团主席、副主席

镇第八届人民代表大会人大主席团主席黎任成，1993年任。

镇第九届人民代表大会人大主席团主席叶木香，1996年4月任。

镇第十届人民代表大会人大主席团主席陈坚庆，副主席陈永兴，1999年3月任。

镇第十一届人民代表大会人大主席团主席曾玉青、副主席陈永兴，2002年3月任。

镇第十二届人民代表大会人大主席团主席钟锐，副主席黄贤添、郑国营，2006年11月任。

镇第十三届人民代表大会人大主席团主席廖军、副主席叶云辉，2011年6月任。

镇第十四届人民代表大会人大主席团主席黄金坤、副主席叶云辉，2016年9月任。

镇第十五届人民代表大会人大主席团主席张敏、副主席郑志初，2021年9月任。

历任镇（乡、区、公社）政府负责人

届次	职务	姓名	性别	籍贯	任职时间
区乡制	锦归乡乡长	叶云青	男	锦归	1949 年 6 月 11 日
		叶　青	男	锦归	1949 年 6 月 11 日至 1950 年 3 月
	副乡长	吴定开	男	锦太	1949 年 6 月 11 日至 1951 年 3 月
	副乡长	张贵泉	男	锦归	1949 年 6 月 11 日至 1950 年 3 月
		叶明新	男	锦归	1951 年 6 月至 1951 年 10 月
	梅城乡乡长	叶天全	男	梅城	1949 年 6 月 11 日
	副乡长	徐子恒	男	旺茂	1949 年 6 月 11 日
	华新乡乡长	陈选才	男	华城	1949 年 6 月 11 日
	副乡长	张建荣	男	华城	1949 年 6 月 11 日
	副乡长	廖伯汉	男	葛藤	1949 年 6 月 11 日
第一届区人民政府	**龙川第四区**				1952 年 3 月
	区　长	丘培林	男		1952 年 3 月至 12 月
	副区长	叶亚新	男		1952 年 3 月至 8 月
	副区长	叶　适	男	登云	1952 年 8 月至 1953 年 3 月
	副区长	陈海山	男		1952 年 9 月至 1953 年 1 月 31 日
	区　长	陈海山	男		1953 年 1 月31日至 1954 年 6 月11日
	副区长	崔庆周	男	玳峰	1953 年 5 月 2 日至 1954 年 6 月 7 日

续表

届次	职务	姓名	性别	籍贯	任职时间
第二届区、乡人民政府	区　长	崔庆周	男	玳峰	1954 年 6 月至 1957 年 12 月
	副区长	崔来德	男	玳峰	1954 年 6 月 11 日至 11 月 29 日
	副区长	邓昌锦	男		1954 年 11 月 19 日至 1957 年 12 月
	通衢区				**1955 年 6 月**
	副区长	鞠道新	男	梅城	1955 年 8 月 26 日至 1956 年 3 月
	副区长	钟运兰	男		1955 年 12 月 3 日至 1956 年 2 月
	副区长	廖　武	男	葛藤	1957 年 5 月 4 日至 1957 年 12 月
	通衢乡人民政府				**1957 年 12 月**
	乡　长	廖　武	男	葛藤	1958 年 1 月至 1958 年 9 月
	副乡长	张伯祥	男		1958 年 1 月至 1958 年 9 月
第三届公社管理委员会	**通衢公社**				**1959 年 4 月**
	社　长	崔庆周	男	玳峰	1959 年 7 月至 1960 年 11 月 14 日
	副社长	周世昌	男		1959 年 7 月至 1961 年 3 月
	副社长	曾培良	男	义都	1960 年 7 月 1 日至 1965 年 3 月
	副社长	张梅英	女		1960 年 7 月 1 日至 1962 年 12 月
	社　长	韩长清	男		1961 年 5 月30日至 1962 年 8 月3日
	副社长	王文志	男		1962 年 3 月 8 日至 1963 年 12 月
	社　长	乐国雄	男		1963 年 9 月17日至 1964 年 11 月8日
	社　长	余竹桓	男		1964 年 12 月 30 日至 1965 年 5 月
	社　长	叶木星	男	广福	1965 年 5 月 19 日至 1966 年 11 月
	副社长	崔庆周	男	玳峰	1965 年 3 月 26 日至 1968 年 3 月
	副社长	骆满荣	男	黄石	1965 年 12 月 26 日至 1968 年 3 月
第四届革命委员会	主　任	叶德进	男	登云	1968 年 2 月 29 日至 7 月 17 日
	副主任	骆满荣	男	黄石	1968 年 2 月 29 日
	副主任	叶高辉	男	高湖	1968 年 2 月 29 日至 1968 年 8 月31日
	主　任	骆华安	男	黎咀	1969 年 1 月17日至 1978 年 5 月8日
	副主任	骆满荣	男	黄石	连任至 1970 年 1 月 13 日
	副主任	池佳明	男	揭阳	1969 年 11 月 20 日至 1976 年 1 月
	副主任	李石星	男	铁场	1970 年 6月21日至 1970 年 12 月8日
	副主任	骆日星	男		1970 年 4 月18日至 1970 年 7 月6日
	副主任	黄子连	男	铁场	1970 年 12 月 14 日至 1973 年 2 月
	副主任	黄民生	男	鹤市	1971 年 5 月5日至 1976 年 1 月12日
	副主任	骆连招	女	黎咀	1972 年 5 月19日至 1975 年 11 月4日
	副主任	张群彬	男	华城	1974 年 2 月 22 日

续表

届次	职务	姓名	性别	籍贯	任职时间
	副主任	叶秋琼	男	锦归	1975年7月28日至1978年4月17日
	副主任	钟木帮	男	新田	1975年7月28日至1977年7月8日
	副主任	袁日伦	男	黎咀	1975年9月9日至1978年4月17日
	副主任	黄梅玉	女	细坳	1975年6月17日至1978年4月12日
	副主任	吴发明	男	廻龙	1977年5月25日至1978年4月12日
	副主任	邹明秋	男	丰稔	1977年5月25日至1978年4月12日
	副主任	邹庚水	男	龙母	1977年10月4日
第五届革命委员会	主　任	叶　适	男	登云	1978年4月12日至1980年10月
	副主任	陈敬贤	男	海丰	1978年4月12日至1979年3月9日
	副主任	罗志欣	男	紫市	1978年4月12日至1980年10月
	副主任	张群彬	男	华城	连任至1980年10月
	副主任	邹庚水	男	龙母	连任至1980年10月
	副主任	刘　镇	男	旺茂	1979年4月20日至1980年10月
	副主任	张锡俊	男	华城	1979年10月26日至1980年10月
	副主任	张金光	男	黄布	1980年1月14日至1980年10月
通衢公社管理委员会	主　任	张金光	男	黄布	1980年10月至1983年12月1日
	副主任	叶素招	女	梅东	1980年10月至1983年12月1日
	副主任	陈光海	男	广西	1980年10月至1983年12月1日
通衢区公所	区　长	张锡俊	男	华城	1983年12月1日至1987年4月
	副区长	张国锋	男	华城	1983年12月1日至1987年2月20日
	副区长	陈江海	男	广西	1983年12月1日至1985年11月
	副区长	张碧礼	男	双寨	1986年4月25日至1987年4月
第六届镇人民政府	镇　长	张锡俊	男	华城	1987年4月
	副镇长	张碧礼	男	双寨	1987年4月
	副镇长	戴庶民	男	铁场	1987年4月
	镇　长	张国锋	男	华城	1989年3月至1990年3月
第七届镇人民政府	镇　长	罗仕伟	男	紫市	1990年3月至1993年3月
	副镇长	张碧礼	男	双寨	1990年3月至1993年2月
	副镇长	戴庶民	男	铁场	1990年3月
	副镇长	叶木香	男	寨背	1991年1月
	副镇长	张伟雄	男	华城	1991年1月

续表

届次	职务	姓名	性别	籍贯	任职时间
第八届镇人民政府	镇　长	张碧礼	男	双寨	1993 年 3 月至 1995 年 12 月
	副镇长	叶木香	男	寨背	1993 年 3 月
	副镇长	张伟雄	男	华城	1993 年 3 月
	副镇长	陈永兴	男	旺宜	1993 年 3 月
第九届镇人民政府	镇　长	曾玉青	男	玳瑁	1993 年 4 月至 1999 年 3 月
	副镇长	陈俊强	男	葛藤	1996年4月
	副镇长	张伟雄	男	华城	1996年4月
	副镇长	黄贤添	男	登云	1996年4月
第十届镇人民政府	镇　长	陈俊强	男	葛藤	1999 年 3 月
	副镇长	张伟雄	男	华城	1999 年 3 月
	副镇长	黄贤添	男	登云	1999 年 3 月
	副镇长	黄清云	女	双寨	1999 年 3 月
第十一届镇人民政府	镇　长	陈俊强	男	葛藤	2002 年 3 月至 2003年
	副镇长	黄贤添	男	登云	2002 年 3 月
	副镇长	郑国营	男	登云	2002 年 3 月
	副镇长	张伟雄	男	华城	2002 年 3 月
	副镇长	黄清云	女	双寨	2002 年 3 月
	镇　长	钟　锐	男	麻布岗	2003 年至 2004 年
	镇　长	杨海华	男	紫市	2005 年 6 月
	副镇长	邬剑锋	男	丰稔	2005 年 11 月
第十二届镇人民政府	镇　长	杨海华	男	紫市	2006 年 11 月至 2008 年 1 月
	镇　长	廖　军	男	廻龙	2008 年 2 月
	副镇长	叶云辉	男	寨背	2006 年 11 月
	副镇长	邬剑锋	男	丰稔	2006 年 11 月
	副镇长	陈金川	男	车田	2006 年 11 月
	副镇长	黄新明	男	黎咀	2006 年 11 月
	副镇长	钟新辉	男	鹤市	2008 年 11 月
第十三届镇人民政府	镇　长	魏建洪	男	龙母	2010 年至 2016 年 5 月
	副镇长	余政隆	男	义都	2011 年至 2013 年
	常务副镇长	余政隆	男	义都	2014 年至 2016 年 9 月

续表

届次	职务	姓名	性别	籍贯	任职时间
	副镇长	黄金坤	男	儒南	2010 年至 2016 年 9 月
	副镇长	郑明辉	男	登云	2010 年至 2016 年 9 月
	副镇长	连建辉	男	黄布	2010 年至 2013 年末
第十四届镇人民政府	镇　长	陈金川	男	车田	2016 年 9 月至 2021 年 7 月
	常务副镇长	郑明辉	男	登云	2016 年 9 月至 2021 年 9 月
	副镇长	陈秀霞	女	鹤市	2016 年 9 月至 2021 年 9 月
	副镇长	张　敏	男	华城	2016 年 9 月至 2021 年 9 月
	副镇长	李伟东	男	太楼	2016 年 9 月至 2021 年 7 月
	副镇长	郑志初	男	锦太	2018 年 9 月至 2021 年 9 月
第十五届镇人民政府	镇　长	黄玲玲	女	东源	2021 年 9 月
	常务副镇长	张忠平	男	紫市	2021 年 9 月至 2022 年 3 月
	副镇长	陈秀霞	女	鹤市	2021 年 9 月
	副镇长	陈剑锋	男	儒南	2021 年 9 月
	副镇长	黄益军	男	旺茂	2021 年 9 月
	副镇长	黄腾宇	男	黄布	2021 年 9 月
	副镇长	黄奕翔	男	黎咀	2021 年 9 月
	副镇长	曾焕华	男	玳瑁	2021 年 9 月
	镇　长	丘福源	男	黎咀	2022 年 5 月
	副镇长	黄永明	男	龙母	2022 年 5 月

2.历届当选县人民代表大会代表名录

龙川县第五届通衢区代表团名单（1963年9月16—20日）

邹连彬、乐国雄、张梅英、叶金陵、叶青、刘清、徐喜亭、叶广庆、刘东林、曾宪宗、朱毓万、李均枢、陈六生、杨映池、黄子居、叶春英、孔笑英、叶满福、徐云太、张联辉、叶宜梅、黄兆麟、张秀英、邓云连、叶石标

龙川县第十届人民代表大会通衢镇代表团名单（1990年4月11—15日）

张国锋、徐日进、陈作志、张木桓、叶宗平、陈加梅、徐仕兰、廖任娇（女）、张玉珍（女）、林维强、吴平远、叶洪朋、何石龙、崔伟强

龙川县第十一届人民代表大会通衢镇代表团名单（1993年4月17—20日）

陈加梅、叶英明、郑丁英（女）、罗仕伟、廖任娇（女）、刘永松、张木桓、林维强、郑明青、黄新娥（女）、何文忠、曾新福

龙川县第十二届人民代表大会通衢镇代表团名单（1998年4月14—17日）

黄　健、黄伟清、吴建才、叶金霞（女）、陈元育、廖任娇（女）、郑明青、黄新娥（女）、黄龙彬、何菊珍（女）、叶道荣、吴志祥

龙川县第十三届人民代表大会通衢镇代表团名单（2003年3月31日至4月4日）

曾玉青、陈俊强、黄标勇、叶文鹏、黄淑萍（女）、陈玉娥（女）、张伟俊、叶宗平、赖永泉、钟德军、曾友源、叶明才、黄琴（女）、崔春梅（女）、叶雪洪

龙川县第十四届人民代表大会通衢镇代表团名单（2006年12月29日至2007年1月2日）

曾细添（女）、黄志明、钟锐、杨海华、廖德雄、陈惠琼（女）、张伟俊、黄居平、叶宗平、叶明才、曾友源、曾凡兴

龙川县第十五届人民代表大会通衢镇代表团名单（2011年11月16—19日）

李志雄、廖军、魏建洪、叶慧（女）、曾友源、叶明才、吴建才、叶惠良、张焕德、张汉平、叶宗平

龙川县第十六届人民代表大会通衢镇代表团名单（2016年11月13—15日）

李志雄、廖军、陈金川、黄金坤、叶海燕（女）、叶宗平、叶惠群、刘德平、罗婉婷（女）、刘纯燕（女）、陈永亮

龙川县第十七届人民代表大会通衢镇代表团名单（2021年11月19—21日）

叶伟雄、曾忠平、黄康、黄玲玲（女）、张敏、叶明灯、冯小芳（女）、曾虎彪、廖惠东、陈爱平、黄学颂、叶仕霞（女）、骆琪

二、锦归镇（公社、乡）历次人民代表大会

锦归公社第一次人民代表大会，于1980年10月27日至29日在锦归大队井下布尾召开。大会听取和审议了锦归人民公社革命委员会工作报告，讨论并通过了本次人代会决议，选举产生了锦归人民公社管理委员会和出席县第七次人代会代表7人。选举叶秋琼为主任，叶日廷、吴锦添为副主任。

锦归乡第二次人民代表大会，于1987年3月22日至24日在锦归村新桥墟原锦归区公所大院召开。大会选举产生锦归乡人民政府，选举张永添为乡长，叶明周、曾玉青为副乡长，选举产生出席县第九次人代会代表6人；听取和审议了锦归乡人民政府工作报告；讨论并通过了本次人代会决议。

锦归乡第三次人民代表大会，于1990年8月17日至19日在玳瑁村原锦归乡府大院召开。大会听取和审议了上一届锦归乡人民政府工作报告，讨论并通过了本次人代会决议，选举林维强为乡长，叶明周、李学泉为副乡长。

锦归乡第四次人民代表大会，于1993年3月23日至25日在原锦归乡府大院召开，大会

听取和审议了上一届锦归乡人民政府工作报告，讨论并通过了本次人代会决议，选举林维强为乡长，曾玉青、李学泉为副乡长。

锦归镇第五次人民代表大会，于1996年4月1日至3日在原锦归镇府大院召开，大会听取和审议了上一届锦归镇（乡）人民政府工作报告，讨论并通过了本次人代会决议，选举叶明周为镇长，李学泉、陈卫平为副镇长。

锦归镇第六次人民代表大会，于1999年3月15日至17日在原锦归镇府大院召开，大会听取和审议了上一届锦归镇人民政府工作报告，讨论并通过了本次人代会决议，选举陈卫平、叶俊明为副镇长。

锦归镇第七次人民代表大会，于2002年3月14日至16日在原锦归镇府大院举行，大会听取和审议了上一届锦归镇人民政府工作报告，讨论并通过了本次人代会决议，选举黄仕平为镇长，陈卫平、何杨柳为副镇长。

锦归镇（乡）人民代表大会主席团

锦归乡人民代表大会主席团，于1993年3月开始设立。历任人民代表大会主席团主席、副主席：

锦归乡第四届人民代表大会主席团主席张文浩，1993年3月26日兼任；副主席叶留荃，1993年3月26日任。

锦归乡第五届人民代表大会主席团主席郑明青，1996年4月3日兼任；副主席余伟光，1996年4月3日任。

锦归乡第六届人民代表大会主席团主席曾高军，1999年3月17日任。

锦归乡第七届人民代表大会主席团主席钟德均，2002年3月16日兼任；副主席黄伯锦，2002年3月16日任。

锦归镇（公社、区、乡）历届政府负责人

届次	职务	姓名	性别	籍贯	任职时间
第一届公社革命委员会	主　任	曹建华	男	上坪	1978 年 5 月 8 日至 1980 年 10 月 30 日
	副主任	吴　初	男	广福	1978 年 4 月 12 日至 1980 年 4 月 29 日
	副主任	叶秋琼	男	锦归	1978 年 4 月 12 日至 1980 年 10 月 30 日
	副主任	杨月山	男	紫市	1979 年 3 月 25 日至 1980 年 10 月 30 日
锦归公社管理委员会	主　任	叶秋琼	男	锦归	1980 年 10 月 31 日至 1982 年 1 月 5 日
	副主任	叶日廷	男	寨背	1980 年 10 月 31 日至 1983 年 11 月 30 日
	副主任	吴锦添	男	锦太	1980 年 10 月 31 日至 1983 年 11 月 30 日
	代副主任	叶留荃	男	高湖	1982 年 2 月 5 日至 1983 年 11 月 30 日

续表

届次	职务	姓名	性别	籍贯	任职时间
锦归区公所	区　长	张永添	男	紫市	1983 年 12 月 1 日至 1987 年 3 月 21 日
	副区长	叶日廷	男	寨背	1983 年 12 月 1 日至 1987 年 3 月 21 日
	副区长	叶留荃	男	高湖	1983 年 12 月 1 日至 1987 年 2 月 20 日
	副区长	杨建光	男	鹤市	1983 年 12 月 1 日至 1987 年 2 月 25 日
	副区长	黄森文	男	鹤市	1987 年 2 月 20 日至 1987 年 3 月 21 日
	副区长	钟春平	男	鹤市	1987 年 2 月 20 日至 1987 年 3 月 21 日
第二届乡人民政府	乡　长	张永添	男	紫市	1987 年 3 月 24 日至 1990 年 8 月 18 日
	副乡长	叶明周	男	高湖	1987 年 3 月 24 日至 1990 年 8 月 18 日
	副乡长	曾玉青	男	玳瑁	1987 年 3 月 24 日至 1989 年 5 月
	副乡长	李学泉	男	太楼	1989 年 9 月至 1990 年 8 月 18 日
第三届乡人民政府	乡　长	林维强	男	佗城	1990 年 8 月 19 日至 1993 年 3 月 25 日
	副乡长	叶明周	男	高湖	连任至 1993 年 3 月 25 日
	副乡长	李学泉	男	太楼	连任
第四届乡人民政府	乡　长	林维强	男	佗城	连任至 1994 年 4 月
	副乡长	曾玉青	男	玳瑁	1993 年 3 月 26 日至 1996 年 3 月 16 日
	副乡长	李学泉	男	太楼	连任
第五届镇人民政府	镇　长	叶明周	男	高湖	1996 年 4 月 3 日至 1999 年 3 月 16 日
	副镇长	李学泉	男	太楼	连任至 1999 年 3 月 16 日
	副镇长	陈卫平	男	葛藤	1996 年 4 月 3 日至 1999 年 3 月 16 日
第六届镇人民政府	镇　长	叶俊明	男	高湖	2001 年 3 月至 2002 年 3 月
	副镇长	陈卫平	男	葛藤	连任
	副镇长	叶俊明	男	高湖	1999 年 3 月 17 日至 2001 年 3 月
第七届镇人民政府	镇　长	黄仕平	男	黄布	2002 年 3 月 16 日至 2003 年 5 月
	副镇长	陈卫平	男	葛藤	连任至 2003 年 5 月
	副镇长	何杨柳	男	玳瑁	2002 年 3 月 16 日至 2003 年 5 月

第四节 镇政府主要机构设置

中华人民共和国成立后，随着形势的发展和各项事业建设的需求不同，政府机关的人数和行政机构也随之发生变化。

1949年6月至1951年，通衢隶属龙川县第二（鹤市）区，设梅城、华新、锦归乡。设正、副乡长，指导员文书（会统）、民兵队长、农会会长（主席）、妇委主任（会长）等职。

1952年3月至1957年8月，通衢为龙川县第四区，分设梅城、登云、华新、锦归乡。设正、副乡长，指导员文书（会统）、民兵队长、农会会长（主席）、妇委主任（会长）等职。

1957年9月至1958年9月，撤区并乡，设通衢乡。设正、副乡长，财会、统计、民政、文教助理、公安员、资料员和武装部长、干事等。乡（镇）工作人员由县统一调派。

1958年10月，通衢隶属鹤市人民公社，公社管理委员会内设财贸科、内务科、治安科、农林水科、文教卫生科、劳动工资科、畜牧水产科。

1959年7月，通衢人民公社从鹤市人民公社析置，公社机关设民政、武装、文教卫生、财粮助理员，财贸、工交、计统干事及公安员等。

1968年成立通衢公社革命委员会，革命委员会内设武装部和资料统计、文教、财粮、民政、经营管理、农林水、会计、总务等工作岗位。

1980年10月，通衢公社革命委员会、锦归公社革命委员会分别改为通衢公社管理委员会、锦归公社管理委员会，其内设机构与前（公社革委会）基本相同。

1983年12月，撤销通衢人民公社、锦归人民公社，分别设立通衢区公所、锦归区公所。区公所内设办公室、武装部、计划生育、民政、统计、财粮、司法、文教科技等助理员。

1987年3月，撤销通衢区公所、锦归区公所，分别设立通衢镇人民政府、锦归乡人民政府。镇（乡）府机关内设办公室、武装部和计划生育、民政、财粮、统计、文教、司法、科技、经管、国土等助理员。

1996年全县机构改革，镇人民政府撤销助理员，内设机构有：党政办公室、武装部、计划生育办公室、农林水办公室、社会事务办公室、财贸办公室、国土管理办公室、社会治安综合治理办公室。

2000年，镇（乡）府机关设置7大办公室：党政办公室、计划生育办公室、农林水办公室、财经办公室、社会事务办公室、村镇建设办公室和社会治安综合治理办公室。机关编制28～35名。

2004年，镇府机关设置6个办公室：党政办公室、计划生育办公室、财经办公室、社会事务办公室、村镇建设办公室、农林水办公室。镇编制40～50名。

2018年，通衢镇府机关内设14个室（所、中心）和人民武装部。14个室（所、中心）是：党政办公室、人大办公室、社会事务办公室、农业办公室、计划生育办公室、维护稳定及社会治安综合治理办公室、经济建设办公室、组织人事办公室、城镇管理办公室、应急管理办公室和环境保护办公室、统计办公室以及县派驻机构通衢国土资源所、通衢镇公共服务中心。下属事业单位有：农业服务中心、文化服务中心、计划生育服务所、建设环保站、城建办公室、水利管理服务所。

2020年全县机构改革，通衢镇机关内设10个党政机构、4个事业单位和1个武装部。10个党政机构是：党政综合办公室、人大办公室、党建工作办公室、纪检监察办公室、公共服务办公室（党群服务中心）、综合治理办公室、综合行政执法办公室、农业办公室、生态环境保护办公室、应急管理办公室。4个事业单位是：通衢镇财政结算中心、通衢镇退役军人服务站、通衢镇农林水服务中心、通衢镇综合服务中心。通衢镇行政机关核定编制36名，执法编核定6名，事业编制核定28名。

第五节 镇政府主要服务机构设置

镇府主要服务机构有“七站八所”。“七站八所”是指县市区及上级部门在乡村的派出机构，这里的“七”“八”都是概指，并非确数。主要有：一是乡镇直属事业站（所），包括农机站、文化站、计生服务所、广播电视站、环保站等；二是县直部门与乡镇双重管理的站（所），包括公安派出所、司法所、国土所、财政所、农技站、水利站、林业站、社保事务所等。

第三章 政协联络工作

根据《中国人民政治协商会议组织法》，人民政协地方委员会的设置最低至县级，乡镇设置政协联络员，开展政协日常工作。1988年，通衢镇、锦归乡分别设立政协联络组。2017年10月，通衢镇设立政协联络工作委员会。设工委主任1人，办事员1人。2019年以前，部分乡镇设置政协联络员，未设置政协联络员乡镇，由党委统战委员或指定其他人员负责。2019年开始，各镇设置政协联络员，随后设置政协联络工作委员会。

一、通衢镇政协联络工作历任负责人

1988年9月26日，通衢镇政协联络组副组长黄春新。

1988年10月14日，通衢镇政协联络组组长（副科级）黄春新。

1993年3月，通衢镇政协联络组组长黄学培。

2010年以前，由镇党委组织委员兼管政协工作。

2011年至2015年，镇政协工作由统战委员陈斌城兼管。

2016年至2020年，镇政协工作由统战委员廖东波兼管。

2017年至2021年，通衢镇政协联络工作委员会主任余政隆。

2022年至2023年，通衢镇政协联络工作委员会主任邱东平。

锦归镇（乡）政协联络工作历任组长：

1990年8月至1993年3月，张培志。

1993年3月至1996年3月，徐培香。

1996年3月至1999年3月，余伟光。

二、政协委员

1.省政协委员

广东省第八、九、十届政协委员会委员：黄晨光

2.市政协委员

河源市第二、三、四届政协委员会委员：黄晨光

河源市第五、六、七届政协委员会委员、副主席：黄晨光

河源市第六届政协委员会委员、常委：叶长春

河源市第七届政协委员会委员、常委：叶长春、赖冬美

河源市第八届政协委员会委员、常委：叶长春；委员：赖冬美。

3.县政协委员

龙川县政协第一届委员会委员：黄素（1980.12）

龙川县政协第二届委员会委员：陈选才、陈宏才、刘永松（1984.4）

龙川县政协第三届委员会委员：陈宏才、刘永松、黄广安、张基生（1987.5）

龙川县政协第四届委员会委员：叶柏明、陈奕平、孙春桂（1990.4）

龙川县政协第五届委员会委员：叶柏明（1993.4）

龙川县政协第六届委员会委员：叶柏明（1998.4）

龙川县政协第七届委员会委员：叶柏明（2003.3）

龙川县政协第九届委员会委员：赖冬美、罗志平（2011.12）

龙川县政协第十届委员会委员：赖冬美、罗志平、陈伯强、张国雄（2016.11）

龙川县政协第十一届委员会委员：罗威力、张雪晖（2021.11）

第四章 群团组织

1927年冬，通衢城内曾先后成立农民协会、妇女会。

1949年5月后，通衢城内陆续成立共青团、妇女联合会、农民协会、工会、少年先锋队、科学技术协会。

“文革”初期，通衢城内各群众团体受到冲击，一度停止活动，1968年2月，成立工代会，取代龙川县工人联合会；1972年4月，恢复成立了共青团组织，1973年3月，恢复了总工会和妇女联合会，1973年12月，成立了贫下中农协会。1976年10月，粉碎“四人帮”以后，特别是党的十一届三中全会以来，通衢镇各群众团体组织进一步得到了充实和加强，各群众团体组织认真贯彻执行党的各项方针、路线和政策；积极参加社会主义现代化建设，为两个文明建设作出了贡献。1984年5月，撤销了贫下中农协会。

20世纪九十年代，通衢城内先后成立华侨事务联合会、关心下一代工作委员会。

20世纪上叶，通衢镇先后设立统战办、科学技术委员会。

第一节 农民协会

农民协会，是区域内农民为了保护自己，维护自身的权益和生命财产的安全，自发组织、建立起来的民间组织，不是权力机构，但在特定的历史发展时期，以过渡形式的权力，行使至政权机构的建立。在我国土地革命和解放战争时期，农村中的农民协会提出"一切权力归农会"的口号，部分农会也这样行使了过渡形式的权力。

1927年冬，在中共鹤市地区组织的领导下，田心屯成立了农民协会，主席陈梅添（即陈明三）。之后，陆续建立了美山、南门、西门、东兴、葛藤坪5个农会组织。农会成立以后，进行会员登记，商讨减租减息决定，确定"打倒贪官污吏、土豪劣绅"的口号。如美山农会成立以后，刻有"田心屯美山农民协会长"印一枚，制作犁头旗一面（现收藏于省革命历史博物馆）。实行"二五"减租行动，制定公斗（葛藤坪农会黄竹坳村制定的减租公斗现收藏于龙川县博物馆）。此外，农会又组建田心屯农民自卫军240多人，为"鹤市暴动"做好训练、策应和战斗准备。

1928年，冷水坑人叶秉章（入党名叶震球）参加省港大罢工和广州起义失败后回到家乡，与叶任祥、叶亚日、叶科祥、叶文新等人组织农民协会。参加农民协会的会员有：叶任祥、叶亚日、叶添太、叶文星、叶俊祥、叶春初、叶秋仁、叶石华等10多人，在村中的"三角块"（地名）竖起犁头旗，领导农民打土豪，减租减息，提出"一切权力归农会"的口号，设立公斗、公秤。同时，与田心屯、旺茂屯等周边农会联合起来，共同执行公斗公秤、减租减息决定。使用的公斗、公秤，以100市斤为标准，经检验合格烙上火印后，方可使用。外地地主进入通衢所属地也需遵守，否则砸斗。

1950年4月，通衢域内各乡成立农民协会。随着农村互助组、合作社的建立，农会组织随后自然消失。

1964年8月，通衢公社和各大队都成立了贫下中农协会。1967年"文革"初期，贫下中农协会一度停止工作。

1973年12月，通衢公社和各大队恢复了贫下中农协会。"文革"期间，贫下中农协会曾组织贫下中农宣传队进驻通衢各中小学，参与学校管理。1984年5月，贫下中农协会被撤销。

第二节 共青团

一、共青团通衢镇委员会

1949年8月，通衢域内成立了青年团组织。

1952年3月，成立中国新民主主义青年团龙川县第四区委员会。

1953年4月，成立中国新民主主义青年团龙川县通衢区委员会。

1957年5月，改称为中国共产主义青年团龙川县通衢区委员会。

1957年12月，撤区建乡，成立中国共产主义共青团通衢乡委员会。

1959年4月，成立中国共产主义共青团通衢人民公社委员会。

1967年初起，通衢共青团组织在“文化大革命”期间受到冲击停止工作。

1972年后，恢复共青团组织。

1983年11月，撤销人民公社建制，成立中国共产主义共青团通衢区委员会。

1987年4月，撤区建乡、镇，中国共产主义共青团通衢区委员会改为中国共产主义共青团通衢镇委员会。

历任（公社、区）青年团委员会书记、副书记

魏继文（1953年6月任副书记）、叶木星（1954年1月任副书记）、罗流娇（女，1955年4月任书记）、陈少先（1958年1月任书记）、邓德荣（1959年4月任书记）、崔庆禄（1960年7月任书记）、叶梅青（1963年2月任副书记）、黄子连（1971年4月任书记）、黄添德（1971年4月任副书记）、刘惠明（1978年4月任书记）、刘惠明（1983年12月任书记）、李清红（1987年6月任副书记）、叶素招（1990年8月任书记）、黄清云（1993年任书记）、张月球（1996年任书记）、郑雄（1999年任书记）、叶云辉（2002年任书记）、黄金坤（2006年任书记）、叶志刚（2010年10月任书记）、张敏（2011年任书记）、陈惠容（2012年任书记）、张敏莉（2016年9月任书记）、刘惠穗（2021年10月任书记）

二、共青团锦归镇委员会

1978年4月，锦归公社从通衢公社析置，成立中国共产主义共青团锦归公社委员会。

1983年12月，中国共产主义共青团锦归公社委员会更名为中国共产主义共青团锦归区委员会。

1987年4月，撤区建乡，中国共产主义共青团锦归区委员会更名为中国共产主义共青团锦归乡委员会。

1993年10月，乡改镇，中国共产主义共青团锦归乡委员会更名为中国共产主义共青团锦归镇委员会。

历任锦归镇（公社、区、乡）青年团委员会书记、副书记

刘惠青（女，1979年6月任书记）、黄增金（1979年6月任副书记）、杨月山（1983年9月任书记）、钟春平（1983年9月任副书记）、杨月山（1983年12月任书记）、钟春平（1983年12月任副书记）、叶南平（1987年7月任书记）、何艺平（1987年7月任副书记）、叶俊明（1991年1月任副书记）、曾忠平（1993年10月任书记）、柳铁辉（1997年10月任书记）、郑明辉（1999年12月任书记）

第三节 妇女联合会

一、通衢镇妇女委员会

1927年冬，通衢城内成立了田心屯妇女会，开办合路口小学妇女识字班。

1952年3月，通衢城内成立通衢区民主妇女联合会。1958年1月，通衢区民主妇女联合会被撤销，成立通衢乡、民主妇女联合会。1958年10月，通衢乡妇女联合会被撤销（并入鹤市公社妇女联合会）。1959年4月，成立了通衢公社妇女联合会。“文化大革命”开始后，妇联组织受到冲击，机构被取消。1973年7月，通衢公社设立妇女委员会，各大队设妇代会。1983年12月，通衢城内成立通衢区妇女联合会、锦归区妇女联合会。1987年4月，撤区建乡镇，通衢城内分别成立通衢镇妇女联合会、锦归乡妇女联合会。2003年5月，锦归镇妇女联合会并入通衢镇妇女联合会。2017年4月，妇女联合会改为妇女联合执行委员会，设主席、副主席。

历任镇（公社、区）妇女委员会主任、主席

郑云添（1952年3—1954年2月）、罗水（1954年3月—1957年12月）、罗流娇（1958年1—10月）、张惠珍（1959年4月—1960年6月）、曾桂英（1960年7月—1962年1月）、张梅英（1965年8月—1967年4月）、叶素招（1967年5月—1968年2月）、骆连招（1971年8月—1975年6月）、黄梅玉（1975年7月—1978年4月）、叶素招（1978年5月—1983年12月）、叶素招（1983年12月—1987年2月）、黄春娥（1987年4月）、黄清云(1992—2002年)、梁冰（2003—2016年）、刘惠穗（2021年10月—2022年10月）、陈秀霞（2022年11月任）

二、锦归镇（公社、区、乡）妇女委员会

1978年4月，锦归公社从通衢公社析置，成立锦归公社妇女联合会。

1983年12月，锦归公社妇女联合会更名为锦归区妇女联合会。

1987年4月，撤区建乡，锦归区妇女联合会更名为锦归乡妇女联合会。

1993年10月，乡改镇，锦归乡妇女联合会更名为锦归镇妇女联合会。

2003年5月，锦归镇妇女委员会并入通衢镇妇女联合会。

历任锦归镇（公社、区）妇女委员会主任

刘惠青（1978年5月—1980年8月）、黄小琴（1980年8月—1983年12月）、黄小琴（1983年12月—1986年7月）、何艺平（1987年7月—1990年5月）、叶惠珍（1990年8月—1993年3月）、何玉平（1993年7月—2002年3月）、梁冰（2002年3月—2003年5月）

第四节 工 会

1949年5月龙川解放，通衢各行业成立工会，工会的主要任务是组织工人恢复生产和营业。

1951年11月，在龙川县总工会指导下，通衢区教育、商业等行业的工会组织先后成立，工会的主要任务是组织工人恢复生产和营业。1953年4月，工会改称工人联合会。1958年实行公社化后，通衢公社卫生、粮食等行业工人联合会相继成立。工会组织号召、动员工人积极参加“五反”运动，协助政府开展清税工作。进入社会主义改造时期，工会积极参加各企业的联营、合营等活动。私营工商业改造运动基本结束后，工会的职能逐渐转为单位职工的福利机构。

1967年“文革”初期，工人联合会一度停止活动，机构被撤销。

1973年3月，工会组织才逐渐恢复，通衢公社有镇府工会、教育工会、供销工会。工会组织逐步健全，工会工作步入正常轨道。

2011年6月，在原有工会基础上成立通衢镇工会委员会。

2021年2月，通衢镇工会委员会更名为通衢镇工会联合会。同年，成立通衢镇政府机关工会委员会。

至2022年12月，本镇工会组织有镇府工会、小学教工会、供销工会、医院工会。

历任工会主席

镇府工会：陈惠容、张月球、黄 科、黄力辉

小教工会：叶巧明、黄才定、邹雄飞

供销工会：邓德仁、钟振雄

医院工会：叶秉锐、廖洪流

第五节 少年先锋队

1950年6月，通衢域内各小学都成立了中国少年儿童队。1953年6月，中国少年儿童队改称中国少年先锋队（简称少先队）。1954年至1966年，通衢各小学都建立了少先队组织，以学校为单位设少先队大队部，下设若干个中队，每个中队下设若干个小队。每个大队聘任总辅导员（成人）1人，设正、副大队长和旗手，学习委员、组织委员、文体委员等干部，每个中队聘任辅导员（成年）1人，设正、副中队长，每个小队设正、副小队长，少先队干部均由少先队员选举产生。每个星期学校安排一节课为少先队活动时间，少先队大队部每月开展一次有意义的活动，这些活动在辅导员的指导下，主要由少先队员自己举行。

1967年至1972年，少先队组织被取消，由“红小兵”组织取代。

1978年10月，通衢各小学恢复少先队组织，少先队活动走向正轨。少先队先后开展了“我们爱科学”“可爱的祖国”“人人争戴新风尚小红花”“五讲四美三热爱”“红领巾读书读报奖章”等活动。从此，通衢镇各小学都建立了少先队大队部，适龄儿童入队率达100%。

第六节 华侨事务联合会

20世纪九十年代，通衢域内通衢镇、锦归镇（乡）都成立了华侨事务联合会（简称侨联），通衢镇府、锦归镇（乡）府分别设立华侨事务联合办公室，由各镇（乡）领导兼任侨联主席，配备2–3名干部。

通衢镇侨联（2003年5月锦归镇撤销后，其侨联并入）是侨联的基层组织，其履行以下职责：一、负责做好与旅居国外的通衢籍华侨、归侨、侨眷的联络、沟通和协调等工作；二、大力宣传和贯彻国家侨务法律的方针政策，为辖区内归侨、侨眷提供法律咨询等服务，严格执行国家关于侨务的方针政策，依法维护归侨、侨眷的合法权益；三、上门入户开展侨情调研，倾听归侨、侨眷的心声，关心归侨、侨眷的工作和生活等情况；四、每年都组织开展慰问困难归侨、侨眷活动。

第七节 关心下一代工作委员会

20世纪中期，通衢域内通衢镇、锦归镇都成立了关心下一代工作委员会（简称关工委），分别由1名镇领导分管关心下一代有关工作。

通衢镇关工委（2003年5月锦归镇撤销后，其关工委并入）成立以来，按照县关工委的工作部署，认真履行关工委的工作职责，根据本镇实际情况，加强与镇内中小学的密切联系，以深入学校调研、邀请有关领导和法律工作者作报告等方式，积极开展关心下一代成长的引导和教育工作，产生了一定影响，取得明显效果。

第八节 统战办

2011年始，通衢镇设立统一战线工作办公室（简称统战办），由1名镇领导兼主任，配备1名干部。

通衢镇统战办主要负责全镇统一战线的方针政策宣传、社情民意调研等工作，具体处理镇内统一战线有关事务。

第九节 科学技术协会

2021年10月，通衢镇成立科学技术协会。科学技术协会认真履行“四服务一加强”职责，充分发挥党和政府联系科学技术工作者的桥梁纽带作用，特别是在开展新冠肺炎疫情防控科普、青少年科普教育以及加强科协基层组织建设等方面发挥积极作用，取得较好成绩。

第三篇

政法·民政·军事·宗教

第一章 政 法

第一节 公安派出所

1949年5月龙川县解放，于1949年11月成立龙川县公安局。1959年通衢公社从鹤市公社分出来后，未设公安派出所，只设公安特派员。1981年，根据上级建设“一社一所”的要求，龙川县公安局在通衢域内分别设立通衢派出所（一直保持至今）、锦归派出所（至2003年撤销锦归镇时撤销）。公安派出所主要负责辖区内户籍管理和社会治安工作，为保一方平安发挥中流砥柱作用。至2022年，通衢派出所有民警5名、辅警8名。

通衢派出所历任所长：谢可球、叶清恩、叶志坚、郑国珍、黄鹏远、王新琼、邓春野、张宏良、杨勇军。

锦归派出所历任所长：陈佛明、郑锋、张腾飞、王新琼。

第二节 司 法

1949年5月—1980年，通衢司法行政由县人民法院管理。1981年1月县成立司法局后，通衢镇、锦归镇分别配备司法员。1995年，通衢域内分别设立通衢司法所、锦归司法所（至2003年5月撤销锦归镇时撤销）。2022年，通衢司法所拥有办公用房120平方米，产权独立，设施完备，功能齐全，是全省规范化司法所之一，现有干部1名、专职人民调解员2名。为充分发挥司法所的职能作用，全镇共建立镇、村（居）调委会20个，其中镇调委会1个、村（居）调委会19个，调委会成员共97人。

1978—1994年，通衢镇（公社、区）司法助理员：曾伟雄、何杏明、黄继海、叶木香。

1995—2022年，通衢司法所历任所长：黄继海、杨伟元、杨裕、魏颖、骆伟理。

1978—1994年，锦归镇（公社、区、乡）司法助理员：黄增金、黄仕源、叶益权、曾东信。

1995—2003年，锦归镇历任司法所所长：何杨柳、郑明辉。

第三节 综 治

2020年8月，通衢镇成立信访维稳综合治理中心（简称综治中心）。通衢镇综治中心是通过集中办公等方式整合资源和力量，依托综治信息系统，建立协作配合、精于高效、便民利民的实体化工作平台，发挥实战功能，实现信息互通、优势互补、工作联动。由镇党委书记兼任综治中心主任，分管维稳的副书记兼任综治中心副主任，综治办专职副主任任综治中心专职副主任。派出所、司法、民政、人社、信访派员入驻综治中心办公，其他部门依托综治信息系统办公或入驻综治中心办公。

2021年，通衢镇深入推进“平安通衢”“法治通衢”，常态化开展扫黑除恶专项斗争工作。加强禁毒宣传，严厉打击毒品犯罪。扎实推进“雪亮工程”，全面完成“七五”普法工作。扎实推进“中心+网格化+信息化”建设，积极开展矛盾纠纷排查及化解工作，信访形势总体稳中向好。是年，有效化解基层矛盾纠纷19宗。

2022年，深入开展“7+2”安全隐患大排查大整治百日攻坚行动，排查消防安全领域隐患点64处，全部整改完毕。排查森林防火领域风险隐患点112处，全部整改完毕。排查道路交通安全领域隐患40处，整改37处；排查城乡建筑安全领域隐患点100处，全部整改完毕；排查削坡建房领域隐患44处，整改42处；排查地质灾害治理领域隐患3处，整改2处；排查水利防汛领域隐患点25处，全部整改完毕；排查燃气安全领域隐患32处，全部整改完毕；排查危化品，烟花爆竹、非煤矿山、工贸矿安全领域6处，全部整改完毕。

通衢镇信访维稳综合治理中心历任负责人：廖东波、赖素婷、张敏莉、具俊旭、叶大为。

第四节 法 庭

1986年7月，通衢人民法庭成立，负责通衢、登云、锦归行政区域内的民事纠纷案件。初始借用通衢镇老招待所办公，后在通衢、登云、锦归党委、政府的大力支持下，选址上街尾（通衢老农机站旧址）新建钢筋混凝土结构一层近300平方米的办公、生活用房，并于1990年春节后迁入新址办公。通衢人民法庭是龙川县人民法院的派出机构，法官、干警保持有3至4人。

建庭以来，通衢人民法庭认真指导和协助乡镇司法所调处民事纠纷，将大量的民事纠纷化解在基层。建庭14年来，共审结民事案件近千件，受到政府和社会一致好评，多次被县法院评为先进单位。

2000年2月，通衢人民法庭撤销并入鹤市人民法庭，原通衢人民法庭的业务、职责等均由鹤市人民法庭承接。

通衢人民法庭历任庭长：黄桂秋、陈炯旺。

第二章 民 政

中华人民共和国成立初期，各区设民政助理员。民政工作主要任务有民主建制、优抚、复员安置、社会救济、生产救灾、户籍、行政区划、社团登记、婚姻登记、宗教侨务、殡葬改革等。

第一节 民政救助

民政部门的社会救助政策主要有：城市居民最低生活保障、农村居民最低生活保障、特困人员救助供养、临时救助、残疾人“两项补贴”、孤儿基本生活保障6项救助政策。

2022年，通衢镇共救助34人，临时救助14人；其中医疗救助金额183650元，临时救助金额21000元，救助金额共计204650元。

至2022年，通衢镇共有残疾人956人，其中享受残疾人护理补贴人员680人，发放金额共2056320元，享受困难生活补贴人员303人，发放金额共683568元，2022年发放残疾人两项补贴共计2739888元。为了有序推进基层残疾人文化建设，活跃基层残疾人文化生活，让残疾人居家享受到基本康复体育服务和文化服务，通衢镇坚持组织残疾人员参加农业技能等培训，截至2022年底，我镇共有10名残疾人员到县城供销酒楼参加“农村电商实用技术”培训，参加人员分布在6个村（居），通过培训，使残疾人在生活、工作方面得到了一定的帮助。

2020年成立通衢镇康园中心。

为保证孤儿的基本生活和健康成长，进一步完善孤儿社会救助制度，积极做好农村留守儿童关爱保护工作。经摸排，通衢镇现有孤儿人数为0，事实无人抚养儿童人数为38人。2022年累计发放救助金共598728元。

表3-2-1　2015—2023年通衢镇特困供养人员发放统计

年份	户数	月发放（元）	年合计（元）
2015年	265	129055	1548660
2016年	251	122237	1466844
2017年	232	125280	1503360
2018年	229	146560	1758720
2019年	155	120125	1441500
2020年	160	136160	1633920
2021年	153	143208	1718496
2022年	157	152290	1827480
2023年	165	168300	2019600

表3-2-2　2016—2023年通衢镇残疾人两项补贴发放统计

年份	护理补贴人数	生活补贴人数	年合计（元）
2016 年	326	480	1162800
2017 年	446	364	1725600
2018 年	522	258	1717200
2019 年	595	310	2184600
2020 年	609	304	2355780
2021 年	599	283	2361360
2022 年	698	308	2805600
2023 年	727	307	2995344

表3-2-3　2018—2023年通衢镇困难人员临时救助发放统计

年份	人数	年合计（元）
2018 年	357	268376
2019 年	240	291300
2020 年	124	173000
2021 年	14	25000
2022 年	5	17000
2023 年	4	13000

表3-2-4 2016—2023年通衢镇事实无人抚养儿童基本生活补贴发放统计

年份	人数	年合计（元）
2016 年	18	108000
2017 年	2	12000
2018 年	5	30000
2019 年	41	246000
2020 年	41	546120
2021 年	37	544788
2022 年	38	598728
2023 年	28	456624

第二节 救 灾

1953年5月至7月，通衢水灾频发，粤东行署拨来救灾款，县组织生产救灾工作队，发动通衢群众开展生产救灾活动。

1959年6月，通衢发生特大水灾，县委、县政府领导率领灾区慰问团深入通衢各村居慰问灾民。

1961年至1963年，通衢连续遭受自然灾害，通衢镇党委、政府都组织人员前往第一线抢险救灾。

2005年6月中、下旬之交，连续多天普降特大暴雨，山洪暴发，水位上涨，引发了水灾、地质滑坡等自然灾害，通衢镇人民在上级党组织、政府的领导下，团结一心，众志成城，全力开展防灾救灾和生产自救行动，最大限度地降低了灾害损失。

2019年6月，通衢镇暴发洪灾，17个行政村普遍出现多灾并发，均遭受到较大损失。6月9日夜间至14日下午，随着大小河流洪水不断上涨和降水量增大，沿河5个行政村堤坝均有不同程度受损，堤防损坏120处，长度为3000多米。受连续暴雨影响，偏远村出现山体滑坡220宗，房屋损坏44间，受损面积多达1300平方米，多地农田、水利、道路设施受损严重，农田受灾面积1813亩，水产养殖损失670多亩，灌溉设施损坏132处，冲毁桥梁5座、塘坝20座。据统计，全镇因灾直接经济损失达1200万元。灾情发生后，通衢镇党委、政府按照上级指示精神，积极部署，广泛动员，以包村工作组作为救援小组，对全镇17个村挨家挨户进行摸排，组织危险地段群众疏散撤离，出动镇村干部200余人，投入各类救援车辆20余辆，组织15台大型机械清理路障，及时转移群众250余人。

第三节 生活低保

根据《广东省城乡居（村）民最低生活保障制度实施办法》，通衢镇严格按照政策要求，落实各项规定。一是应保尽保。始终坚持“以人为本、为民解困”的宗旨，实行无条件申请、有条件审批，并不断完善制度、规范管理，坚持公正、公平、公开的原则，始终做到应保尽保、应补尽补、应退尽退。二是健全档案，分类管理。按照“一户一档”的要求，建立健全低保家庭电子档案，并实行低保信息电脑管理，建立低保对象电子档案。三是进行长期公示，接受广大人民群众监督。2021年，通衢镇共有低保404户939人，截至12月累计发放低保金4481494元。

第四节 拥军优属

拥军优属既是我党我军的优良传统，也是地方党政的一项重要工作。每年春节、八一建军节，通衢镇党委、政府和各村（社区）“两委”都分别召开拥军优属座谈会或组织慰问现役军人军属活动。现在，慰问活动已成制度化。

根据国务院《革命烈士家属、革命军人家属优待暂行条例》，对革命烈士家属、现役军人家属、革命伤残军人、复员退伍军人给予抚恤、优待，采取多种形式和各项措施做好优抚工作。优抚工作主要是发放补助费和抚恤金。国家对有特殊困难的优抚对象给予临时补助；对贫困的军烈属、复员军人、伤残军人、失踪军人家属和健在老红军实行定期定量补助；对于烈属和伤残军人按残级分别给予不同标准的按月补助（按月发放）。

中华人民共和国成立后，政府设有复员退伍军人安置机构，专门负责复员退伍军人的安置工作。本着“从哪里来，回哪里去”的原则，入伍时系国家机关、人民团体、企事业单位的职工或城镇（非农业户口）待业青年以及服役期间荣立二等功以上或因战因公致残的二、三等残废军人，给予复工复职或安排适当工作，入伍时是农村户口的，退伍后原则上回农村参加农业生产。通衢镇民政部门负责域内复员退伍军人安置的受理工作。

第五节 婚姻登记

1950年2月，中华人民共和国第一部《婚姻法》颁布后，规定凡男满20周岁、女满18周岁，方能结婚。男女双方感情破裂，自愿离婚，需到婚姻登记机关办理离婚手续。男女双方婚姻登记，在通衢乡（公社、区、镇）民政局办理，领取结婚（离婚）证书。2007年下半年以后，结婚、离婚的男女双方须到县民政局办理登记、领取结婚（离婚）证书。

第六节 敬老院

1958年，通衢人民公社在旺宜村天主堂设立敬老院，直至1984年落实宗教政策后，所在地归还给天主教会。随后，敬老院在旺宜村省道238线路旁兴建两层半楼房，占地约2亩。2015年，该敬老院经上级部门批准拆除。

现通衢镇敬老院位于玳瑁村，该建筑于1987年5月建成，占地面积1100平方米，为原锦归镇府办公场所，2006年6月迁入使用。该敬老院现有10人，其中供养对象8人，工作人员2人。

第七节 民政管理机构

一、民政办公室

民政工作是国家对人民部分社会事务进行行政管理的工作，其具体负责社会福利保障、生产救灾及行政管理工作。

1952年3月，通衢成立区公所之后，通衢公社（区、乡）都设有民政办事机构并配备民政干部，各大队（村、小乡、管理区）也配备民政干部。1972年龙川县成立民政局后，各乡镇（公社、区）政府开始承担民政业务。设有独立的民政办公室。2021年，机构改革后，通衢镇设公共服务中心，镇民政办公室迁至该服务中心。

二、社工站

社工站是广东兜底民生服务社会工作“双百”工程之一，是由广东省民政厅、广东省财政厅、广东省人力资源和社会保障厅、广东省妇女联合会、广东省残疾人联合会联合于2020年11月联合发文提出的一项工程。通衢镇社工站成立于2021年10月，现有15个社工，设立通衢康园中心、华城村服务站点、广福村服务站点、锦归村服务站点、锦归社区街道服务站点，覆盖12个村居，后续将实现全镇覆盖。

第三章 军 事

通衢镇地处粤东交通要道，历来为军事重镇。

第一节 兵 役

兵役是公民依照国家兵役制度履行的军事义务，分为现役和预备役。

一、**志愿兵役制**。1949年冬至1954年，人民政府实行志愿兵役制，号召18周岁以上的青壮年自愿报名，经体检、政审合格，县兵役机关批准，均可参加中国人民解放军。

二、**义务兵役制**。1955年国家颁布《中华人民共和国兵役法》，实行义务兵役制。兵役法规定：年满18周岁至22周岁的男性公民都有义务服兵役，根据军队需要可征集女性公民服兵役。同年，通衢镇开始征集义务兵，之后，每年征兵都在冬春进行。征集新兵都要经过宣传发动、教育，报名登记、体检、政审、批准、集中移交等程序，欢送新兵入伍时，镇党委、政府都举行隆重的欢送仪式，给新兵戴上大红花，敲锣打鼓，欢送新兵入伍。1985年征兵条例修改后，送兵办法由原来部队派人到地方接兵改为由地方征兵办公室送兵到指定部队。

三、**预备役制**。预备役，即公民随时准备根据国家需要应征入伍的兵役，服满现役退伍的军人和依法应服兵役而未入伍的公民，按规定编入预备役。1955年实行义务兵役制以后，龙川县开始在复员、退伍、转业军人中进行预备役登记。曾于1966年、1972年进行预备役登记。1980年国务院、中央军委出台《关于退伍军人预备役登记统计工作暂行规定》。每年退伍兵回乡，镇武装部都会认真做好接待退伍军人工作，并给予办理预备役登记。

第二节 民 兵

民兵。民兵是指不脱离生产、工作的群众性的人民武装组织。1928年3月，通衢梅城、冷水坑、田心屯等地都组织了农民军，参加鹤市武装暴动。1949年5月，通衢域内参加攻打鹤市墟的民兵有300多人。

中华人民共和国成立后，通衢域内民兵积极协助政府开展土地改革运动。1958年，通衢公社设民兵团，由公社武装部长兼任团长、公社党委书记兼任政治委员。1981年，民兵组织进行了调整，镇（公社、区）武装部部长、镇（公社、区）党委书记分别兼任民兵营长、教导员。

在社会主义建设中，通衢镇民兵发挥了积极重要的作用。在改革开放后，通衢镇民兵在维护和稳定社会治安、森林防火、救灾、水利工程建设等工作中，仍然发挥着不可忽视的重要作用。

第三节 地方武装管理机构

1949年5月龙川解放后，通衢域内民兵一直由当地区（乡）党委、政府领导。1959年1月后，通衢镇（公社、区）设立人民武装部，配备部门干事。其职能是负责征集镇兵员以及民兵、预备役人员的登记、统计、政治和军事训练；负责维稳、优抚、退伍军人安置；负责组织民兵抢险救灾等。

一、通衢镇（区、乡、公社）人民武装部沿革

1952年3月，通衢为龙川第四区，设立龙川县第四区人民武装部。

1957年12月，通衢为龙川县通衢乡，设立龙川县通衢乡人民武装部。

1958年10月，通衢属鹤市公社管辖，人民武装隶属鹤市公社人民武装部。

1959年4月，通衢公社从鹤市公社析置后，设立通衢公社人民武装部。

1983年12月，通衢公社人民武装部改称通衢区人民武装部。

1987年4月，通衢区人民武装部改称通衢镇人民武装部。

二、通衢镇（区、乡、公社）人民武装部历任部长

龙川县第四区人民武装部部长：陈进魁（1952年3月至1957年12月）

通衢乡人民武装部部长：陈进魁（1958年1月至9月）

通衢公社人民武装部部长：陈进魁（1959年4月至8月）、曾水清（1959年9月至1964年10月）、叶高辉（1965年7月任）、叶高辉（连任至1969年1月）、邹庚水（1970年1月任）、黄桂煌（1982年1月至1983年11月）

通衢区人民武装部部长：黄桂煌（1983年12月至1986年5月）、陈坚庆（1987年1月至3月）

通衢镇人民武装部部长：陈坚庆（1985年12月—1990年7月）、李维强（1990年7月—2006年12月）、陈剑锋（2007年2月—2021年9月）、黄颂颂（2021年9月）

三、锦归镇（公社、区、乡）人民武装部

1978年3月17日，锦归公社从通衢公社析置，成立锦归公社人民武装部。1983年12月，锦归公社人民武装部改称锦归区人民武装部。1987年4月，锦归区人民武装部改称锦归乡人民武装部。1993年10月，锦归乡人民武装部改称锦归镇人民武装部。

锦归镇（公社、区、乡）人民武装部部长：余伟光（1978年8月31日至1996年2月）

锦归镇人民武装部部长：曾凡平（1996年3月至2003年5月）

第四节 驻军和军事设施

一、军队驻防

明洪武七年（1374年），陈安（时任副都尉）奉朝廷兵部之命统兵来龙川平剿叛乱，驻军田心屯执行军务。

1962年6月，中国人民解放军进驻通衢，其中有炮团、工兵营、枪械修理所、步兵营。1968年10月，中国人民解放军陆军某部换防入驻。1972年6月，中国人民解放军陆军某野战医院进驻通衢。

1985年冬，因大裁军整编，驻扎通衢的中国人民解放军部队撤编。

1991年9月，中国人民解放军陆军某高炮营入驻原陆军某部野战医院院区，至1994年9月撤离。

1997年10月，中国人民解放军某区设立军事监狱劳教队，入驻原陆军某高炮营营区，至2013年3月撤编。

二、军事设施

通衢自古是粤东兴梅地区连接珠三角地区的交通要道。从唐朝武德五年（622年），开通广东东线官驿后，通衢成为闽南、粤东、广州和北方的官道要津，也是军事要地。明清时期，官方曾在通衢设立兵屯、关隘、巡检司、兵铺等军事治安机构。

1. 军屯。军屯制起源于西汉时期，后来被历代延续，在明朝得到极大发展，至清代臻于完善。

（1）田心屯。明洪武二十三年（1390年）设立田心屯，由千户所统管。田心军屯管辖范围：东至鳌坑口（锦归），南至鹤树下，西至仙女嶂，北至岭西屯。范围包括在通衢属地内今华城、华新、葛藤、儒南，鹤市属地内今大佳、社坑、鹤联、罗乐、河布、富石、莲坑等地。清朝时期田心屯有田地山塘38顷，亩纳军粮一斗七升，年交军饷大米668石（石，旧时计量单位，一石相当于现在的60公斤）。

（2）岭西屯。岭西屯位于老隆镇岭西村。明朝洪武二十三年（1390年）设立岭西屯，由千户所统管。岭西屯管辖范围：东至大嵋山（玳瑁山），南至田心屯界，西至乾坑（官坑），北至罗洋（丰稔）。范围包括在老隆属地内今红桥、联新、岭西；通衢属地内今旺宜、寨背、梅东、旺茂、梅城、广福、双寨、锦归、高湖、玳瑁、玳峰、锦太、太楼等地；登云属地内今天云、新街、东山、双桥、高岭、南水、梅花、石福等地。清朝嘉庆十四年（1809年），龙川行政区实行约、堡制后，原岭西屯分出登云约、十三户约后，剩余的堡又合称为旺茂屯。

2. 城池。明朝时期在通衢境内有两座城。

（1）通衢城（梅城）。明朝嘉靖四十四年（1565年）始建通衢城，城墙周长四百零八丈六尺，高二丈一尺五，东西门有城楼两座，南北有三个小水门和门楼。民国期间被拆毁。

（2）华城。明朝弘治十七年（1504年）夯土城墙，明朝正德十一年（1516年）因寇患侵扰改筑砖城，城墙周长二百六十五丈，高一丈二尺，厚五尺，有东门、下东门、南门、西门四座门及北楼，称为田心屯城，也称华城。华城城墙于民国年间拆毁，目前墙基仍存。

3. 巡检司。巡检司机构始于宋朝，是朝廷掌管地方治安的机构。明朝后渐增置于各州县关隘要冲之处，清朝沿置。明朝洪武九年（1376年），设立通衢巡检司。

4. 铺兵。明成化十年（1474年）重建通衢驿，在古驿道沿线建有官桥铺、县前铺、驿管（驿邮）、涧步铺、赤岭铺（老隆）、乾坑铺（官坑）、合路口铺（岭西）、通衢铺。清雍正十一年（1733年），龙川添设目兵（铺兵）驻防，通衢铺派有铺兵。

第五节 战 事

一、抗清复明大战

清顺治七年（1650年），明朝抚臣王芋号召抗清复明，集乡兵数万于通衢古城，派先锋高金印、魏锋率部扫荡河源，与清兵大战。

二、张、李军阀之战

民国十六年（1927年）12月11日，广州起义失败后，粤桂军阀争夺广东地盘更加激烈。南京国民政府认为张发奎在广州已发动兵变，命令广东李济深向张发奎发动反攻。于是，张发奎将第四军退出广州移师潮汕，率许、李、吴、黄四个师沿东江而上。同为国民党军的陈铭枢自武汉督师入粤讨伐。李军麾下陈济棠十一师及钱大钧二十三师等四师兵力，分东、南、西三路军进击，抢先在龙川截击张军。张军许志锐师由河源至龙川迎来首战，占据佗城东山之高处，双方在梅村进行了殊死战斗，经过几回交战后，陈军退至憩棠亭。此时，陈军第十师蔡廷锴从龙川三区赶往增援，加入反攻，才将张军许部击退。这时，陈铭枢二十四师驻老隆和龙川三区，李军陈济棠十一师驻铁场，李军钱大钧二十三师驻登云，张军蔡熙胜率师驻鹤市。张军许志锐师在梅村战退后，返至河源绕出紫金，迅速进入五华。

民国十七年（1928年）1月7日，张军司令部设于岐岭，以缪培南为代司令，薛岳为副司令，李汉魂负责中路，对阵驻龙川三区的陈军蔡廷锴之师；而陈军以吴奇伟部为左翼，对阵张军蔡熙胜、薛岳、谢婴白的右翼部队。这样的双方布阵，自玳瑁山、锦归洞、丫髻嶂至五华黄沙屯、青溪，一触即发的战线七八十里，双方参战人数在五万以上。

1月9日战斗打响，张军李、吴两个师的兵力，自五华双头开来，陈军吴奇伟部东进马头寨、丫髻嶂、太子壁，彼此激烈交锋。陈军第十师蔡廷锴师长即徒步到通衢二中学校，以大部兵力屯在走马排及鸦鹊寨，而张军李汉魂部先占龟背山，在玳瑁山、高坑、牛颈筋一带与蔡廷锴激烈对垒，又在梧峯围、桐木坑进行了更加激烈的交战、肉搏冲锋，激战十余回合，十荡十决，前仆后继，进行殊死决战。张军教导队黄镇球加入火线后，炮火愈战愈烈，彼时枪声、炮声、水旱机关枪声一息未停，持续短兵相接，激战两昼夜之久，双方死伤无数。陈军十二师吴奇伟、马副师长绕道磜头，自绿水洞、丫髻嶂包围太子壁，驻鹤市的张军蔡熙胜部未经激战而退下阵来。

1月10日，陈军派出万众兵力，全力开火，自金龟洞蜂拥而来，张军吴师人数仅4000，自知寡不敌众，组成敢死队，冲过径丫头再出社坑而撤出。张军中路李汉魂部已退玳瑁、洋湖肚、蓝关，受夹攻之势，激战中而败走。

张军右翼薛岳、谢婴白应付李军陈济棠铁场之师，大战黄沙屯，战至甘露亭时几乎全败，幸好许志锐师赶来增援，张军又反败为胜，但死伤亦大。激战至10日午后2时，双方死亡数千，张军向五华、铁场方向撤离。至此，张（发奎）、李（济深）两军在通衢鹤市两昼夜之战宣告结束。

三、通衢农军与鹤市暴动

1928年2月，黄克在佗城四甲上印寨组织成立龙川县苏维埃政府，同时组建东江工农革命军第一军，部队共400余人，由中共东江特委巡视员刘琴西任军长，黄克担任总指挥。根据中共广东省委部署，工农革命军决定于1928年3月10日凌晨进攻鹤市，发动武装暴动。

1928年3月6日，工农革命军总指挥部派钟彪前往各编队传达进攻鹤市的指令。钟彪在路过黄布欧江时遭“富户团”巡逻队劫截杀害，敌人在他身上搜出编队花名册、进军路线图、口令、布告等。敌人将这些机密向鹤市区署警察所报告，并转给龙川当局。于是，国民党龙川县县长随即宣布戒严并加强鹤市的警戒。3月9日晚，工农革命军编队400余人在佗城坪田村分水坳誓师出发，10日黎明前抵达鹤市附近的莲坑尾。凌晨5时，黄克下达进攻命令，工农革命军前锋涉水冲过桥头，斩开栅栏冲入街内，与敌展开巷战。黄克身先士卒，冲进区警署，但区警署已无人把守。原来坐镇鹤市的县警大队长黄雨生，3天前虽已获悉工农革命军要攻打鹤市，但不知具体是哪一天，没料到来得这么神速。他在睡梦中被枪声惊醒，慌作一团，边喝令应战，边带几个随从趁天色未亮潜逃。区署内25支长枪和黄雨生的坐骑，就成了工农革命军的战利品，没来得及逃跑的警员便成了俘虏。战斗结束后，工农革命军四处张贴布告和标语，黄克站在街头向民众演说，并将没收的资本家财物分给农民。10日上午10时，黄克获悉钟彪遇害，机密已泄，其他编队农军策应受阻，深感孤军深入无援，遂下令全军立即撤退。队伍刚出街口，便遭遇1000余名地方反动武装包围。工农革命军且战且退，伤亡几十人，经大半天冲杀才突破重围，撤回四甲上印寨。工农革命军退回四甲后，即遭国民党龙川当局的疯狂“围剿”，黄克不幸被俘，在龙川佗城英勇就义。

通衢田心屯参加鹤市武装暴动的农军有240多人，按预定的3月10日在五谷岭头集合等待进军命令；冷水坑也有20多人在等待进军命令。由于军机被截，农军没得到进攻的命令，只好就地分散。随后，却遭县警的追捕。陈明三、陈龙华等7人被捕，在佗城下郭坝遭杀害，陈金兰、张添瑞等6人被捕入狱。

四、冷水坑革命斗争

冷水坑位于通衢镇锦归村西北部，地处玳瑁山西麓，锦归河下游，是通衢通往五华双头、潭下的咽喉。

1932年夏，中共五兴龙县委古汉忠（五华人）、邹高景（江西南康人）等人来到冷水坑村，秘密发展了一批中共党员，恢复了农民赤卫队，重新燃起了革命烈火，积极开展打土豪、烧桥梁等游击斗争活动，有力地配合江西中央苏区反“围剿”斗争。该村革命组织的恢复，引起了国民党龙川、五华两县当局、附近的土豪劣绅及驻扎在五华岐岭的国民党邓龙江师的不安，他们视之为眼中钉、肉中刺，想方设法欲除之。

1934年农历八月十二黎明，昨夜秘密来到冷水坑并连夜召集工农赤卫队队员开会的中共兴龙县委委员兼赣南第一挺进队政委曹进洪（化名赵天礼，平远人）、中共兴龙县委委员兼少共书记邹高景及与会的战友们，尚在该村浓山坑的茅棚里酣睡，不料屯住在登云东山的邓龙江师吕炽营纠集五华、龙川两县部分保安队、民团共500多人已偷偷地将冷水坑的山上山下层层包围起来，凡是通往该村的大路小道都设卡布岗。天刚放亮，他们就如狼似虎般扑向村子，不分青红皂白，挨家挨户地把男女老少驱赶出来，全部关在张氏宗祠的厅堂里，并且威逼群众供出游击队员来，但是没有一个群众说出游击队的去向。上午8时许，敌人恼羞成怒，暴跳如雷，对群众又打又骂，用枪逼着一批群众走在前面进山搜捕。在敌众我寡的危急情况下，曹进洪、邹高景率领战友们从地势险要的下沙湾处突围，不料遭到敌人两挺水龙机枪等重火器密集火力的阻拦，曹进洪、巫火生、叶水华、叶亚明、何火生五人不幸中弹身亡，邹高景、邝世新（江西寻乌人）等人被迫撤回浓密的山林里。这时，狠毒的敌人逼着群众从登云天阳街挑来几十桶煤油，用枪威逼一部分青壮年村民在山脚下一一摆开，将煤油淋洒于山脚草木丛上，然后纵火烧山。顿时，山上浓烟滚滚，火光冲天，隐蔽在山林中的邹高景及赤卫队员们欲开枪又怕误伤无辜的村民，欲重新突围又深知寡不敌众，等于自投罗网，已经陷入绝境。最后，在弹尽无援的困境中，邹高景、邝世新（已负重伤）、叶林祥、叶亚日、叶荣章、王成辉、叶科祥等人相继被俘。

为了恫吓民众，敌人强迫村民将赤卫队员邝世新背到村里张氏祠堂厅堂内，以残忍毒辣的手段，当众施以酷刑。由于遭受了敌人的残酷折磨，邝在后来被抬往登云的途中不幸牺牲。

尔后，敌人将俘获的邹高景等革命战士与叶春初等一批被视为“共党嫌疑分子”的村民押到登云东山监禁起来，还强迫村民将曹进洪等5名牺牲战士及邝世新的尸体抬到登云鱼子渡河边的沙滩上，曝晒多日，直至尸体发臭才准许掩埋。

不久，邹高景等5名革命者和叶春初等8名“共党嫌疑分子”被转押到五华岐岭邓龙江师司令部。邓龙江多次亲自提审邹高景，软硬兼施，妄图从邹的嘴里得到一些秘密，但年仅17岁的邹高景威武不屈，大义凛然。尽管对邹高景等被捕的革命者施用了“吊包袱”“上雷公尖”“跪红火砖”等多种酷刑，但敌人仍未能逼出半点共产党的秘密。

农历九月十八，敌人将邹高景、叶林祥、叶亚日、叶荣章、王成辉、叶科祥六名革命战士押回冷水坑大坟墩，当众枪杀。

五、国民党县自卫队“围剿”中共川南游击队

1948年农历二月初一，中共领导的川南游击队在磜头组织民兵50余人集训时，国民党县自卫队何乙添中队纠集地主武装共100多人，气势汹汹地前来“围剿”共产党游击队。在敌强我弱的情况下，川南游击队领导采取“保存实力，避免交战”的策略，指挥全队隐蔽起来。敌人分几路分别从磜头、玳峰崔屋、高湖三个方向包抄过来，游击队被迫应战，在杨群、黄素、叶青等同志的指挥下，与前来围攻的敌人进行了激战。由于装备差、弹药少，游击队与敌人苦战至下午5时多，之后趁黄昏杀出重围，分散撤退。在突围战中，游击队队员叶忠、崔继添、廖洋、廖仔不幸被俘。

叶忠、崔继添被俘后不久被杀害于玳峰崔屋化育小学附近。

第四章 宗 教

第一节 宗教事务管理

1981年以前，通衢镇民族宗教工作由镇党委宣传委员或统战委员兼管。

1982年12月，根据上级的有关指示精神，通衢镇认真落实宗教神职人员和宗教团体房产政策，将被单位和个人占用的旺宜天主堂、梅城福音堂等宗教房产退还宗教团体。同时，协助宗教团体培养、教育年轻一代的宗教界人士爱国守法、团结互助，积极参与社会主义现代化建设。此外，在政府强有力的宣传攻势和严厉打击下，原在通衢活动的反动会道门组织被全部取缔，停止活动。

通衢镇内主要有佛教、天主教、基督教三种宗教，信教民众很多。1988年省政府《广东省宗教活动场所行政管理规定》颁布后，为保护公民宗教信仰自由的权利和正常宗教活动的开展，镇政府对全镇宗教活动场所进行登记，加强对宗教活动场所的管理。1994年国务院《宗教活动场所管理条例》和国家宗教局《宗教活动场所登记办法》《宗教活动场所年度检查办法》颁布后，镇政府对全镇宗教活动场所进行复查换证登记工作，还帮助各宗教活动场所健全管理组织，建立健全各项规章制度。

第二节 宗教活动场所

通衢镇目前有宗教场所6个。

一、基督教

清末，基督教传入龙川。通衢镇的基督教场所有通衢福音堂、华城福音堂。

1.通衢福音堂

1913年，传道人曾得福在通衢街道购得房产，设立通衢福音堂。1936年建立小礼堂，1950年发展至100位信徒，因极“左”路线，传道受迫，教会停办。1980年重新开堂主持家庭聚会。1985年批准正式复堂，发展信徒达500人。1998年已发展信徒1700多人，当年10月17日举行新堂落成85周年庆典。

2.华城福音堂

从1984年开始有人到鹤市石岭基督教堂守安息日，敬拜上帝，接受耶稣为救主，加入教会。1992年6月23日，华城村设立安息日聚会场所，信徒达40多人。1995年11月23日，该场所经县宗教事务局、公安局批准命名为龙川基督教通衢华城安息日聚会点。2001年，县宗教事务局批准该聚会点筹资拆建。2004年1月14日，华城福音堂落成，建筑面积310平方米，神殿场所面积234平方米，可容纳300个座位。

二、天主教

通衢镇的天主教场所有旺宜天主堂、锦归天主堂、太楼天主堂。

1.旺宜天主堂

旺宜天主堂是嘉庆二十五年（1820年）由法国籍神父为传扬福音，来到广东龙川县，选址在龙川县通衢镇旺宜村西山脚下兴建教堂，取名为露德圣母堂，信奉上帝。为龙川最早的天主教堂，教堂坐北朝南，三开间，二进二层，四合院，二层倚楼，四周回廊，砖瓦结构，占地面积803平方米，教堂院落有一口圆形古井。教堂右侧有耳房辟为厨房。2017年8月16日，拆除原天主教堂厨房，同年11月，新建一幢二层钢筋混凝土教堂楼。

2.锦归天主堂

锦归天主堂建立于1993年，由老一辈教友自愿出钱出力建成。老一辈教友原来是旺宜天主堂的信徒成员，因距离较远，若遇恶劣天气，来往受到极大的影响，为照顾老弱及不便远行的信徒，发起倡议在当地建立教堂。

3.太楼天主堂

太楼天主堂建立于1994年，建堂历史与锦归天主堂相似，由老一辈教友出钱出力建成。老一辈教友原来是旺宜天主堂的信徒成员，常去旺宜天主堂赴礼拜，因距离远，来往交通不便，特别恶劣天气对教徒影响较大，由当地老一辈教友发起在当地建立教堂。

三、佛教

明朝初期，佛教逐渐传入龙川。通衢镇的佛教场所有松风禅寺。

松风禅寺位于通衢镇华城村松山口山坡上，始建于明朝崇德年间，重修于2014年，耗巨资建设仿古建筑寺院。

第四篇 农林·水利·农村

龙川种植水稻历史悠久，是岭南地区水稻农耕文化的重要发源地之一。通衢镇位于龙川县东南部，地处韩江和东江上游，属亚热带，气候温和，雨水丰沛，阳光充足，东江、韩江两大水系的水量充足，水质良好，空气质量达国家二级标准，昼夜温差大，非常适宜农业生产。2020年，通衢镇耕地面积1.8万亩（其中水田1.5万亩），水稻平均产量450公斤/亩。

中华人民共和国成立前，大量的土地为地主、富农占有，广大贫苦农民（贫、雇农）拥有的土地很少，由于生产规模小，生产工具落后，水利设施不完善，没有优良的作物品种等原因，经营管理和生产技术落后，抗御自然灾害能力差，基本上是“靠天吃饭”，整体农业生产水平和群众生活水平极低。

中华人民共和国成立后，实行了土地改革，原来田地少的贫苦农民分得了土地，摆脱地主、富农的剥削，调动了农民的生产积极性，促进了农业生产发展。1953年至1978年，农业生产关系进入农业合作发展阶段，从互助组、初级社、高级社到人民公社，这个时期，各级政府高度重视农业发展，发动民众兴修水利，建设了一批水库、山塘、水陂，加强农田水利蓄水和引水能力，大力开展农田基本建设，改良作物品种，广泛推广杂交水稻，推广使用化肥，实施水稻塑料薄膜育种技术、水稻“三控”施肥技术、稻田除草应用技术、综合防治病虫害技术、水稻塑盘育秧抛秧技术、农作物测土配方施肥技术、地膜花生高产栽培技术、农作物病虫草害绿色防控技术等水稻优质高产栽培先进技术等，推广使用低毒高效农药和绿色防控技术，强化病虫害统防统治，推广使用先进农机具等，提高了农业生产力。但这个时期实行的以生产队为基础的土地集体所有制，管理体制未能调动群众的生产积极性，整体生产水平和群众生活水平仍然较低。1978年以后，实行家庭联产承包责任制，极大地提高了干部群众的生产积极性，整体生产水平和群众生活水平迅速提升，农民群众除耕好责任田外，剩余的劳动力转向工业、建筑业、交通运输业和服务业，从而促进农村经济快速发展。20世纪80年代末，随着城市化、工业化的发展，本地很多青壮年人口到珠三角经济发达地区务工，本地农业发展有所萎缩，出现很多耕地丢荒现象。

近年来，通衢镇大力实施乡村振兴战略，以美丽乡村建设为重点，不断调整农业产业结构，不断完善“一村一品”体系建设，因地制宜发展特色农业，大力发展林、牧、副、渔业生产和开展多种经营，鼓励发展“三高”（高产、高效、高质）农业，绿色农业，农业产业化，不断加快现代化进程，提高农业经济价值，加快农村经济的发展。通过“公司+基地+农户”发展模式，统一供种、统一标准、统一收购、统一加工、统一销售模式，建立华城村、锦太村优质黑米和梅城村丝苗米产业生产基地，旺宜村、华城村蔬菜种植基地，梅东村麻鸭养殖场，锦太村百香果种植基地，玳瑁村白菊种植基地等，大力扶持养殖专业户，促进畜牧业、渔业养殖户专业化、产业化生产经营，致力于把通衢建设成粤港澳大湾区的“菜篮子、果盘子、米袋子”。2022年，通衢镇农业总产值2.28亿元。

通衢镇农业生产情况汇总表

一、2022年农业生产基本情况

表 4-0-1　　2022 年农业生产基本情况

单位：个、人、户、元

镇别	居委会	村委会	乡村户数	乡村人口	乡村从业人员	男	女	其中：从事农业人员	农业总产值
通衢	2	17	9102	31564	15860	8179	7681	7029	15596

二、2020年农业生产条件

表 4-0-2　　2020 年农业生产条件（一）

单位：户、人

镇别	合　计（户）	①农业户（乡村户数）	②非农业户	合　计（人）	①农业人口（乡村人口）	②非农业人口	乡村劳动力资源数	其中：男性
通衢	11596	9845	1751	38057	33343	4714	16842	8790

表 4-0-3　　2020 年农业生产条件（二）

单位：人、个

镇　别	乡村从业人员	其中：男性	其中：从事农林牧渔业人员	其中：女性	其中：从事农林牧渔业人员	自来水受益村数	通有线电视村数	通宽带村数
通　衢	16699	8590	3670	8109	3731	17	17	17

表 4-0-4　　2020 年农业生产条件（三）

单位：亩、吨

年份	①农用化肥施用量（按实物量计算）吨							②农用化肥施用量（按折纯量计算）吨						
	合计	①氮肥			②磷肥	③钾肥	④复合肥	合计	①氮肥			②磷肥（实物量×12%）	③钾肥（实物量×50%）	④复合肥（实物量×45%）
		小计	A. 尿素	B. 碳氨					小计	A. 尿素（实物量×46%）	B. 碳氨（实物量×17%）			
2020	3308	1104	800	304	1605	212	387	892.5	419.7	368.0	51.7	192.6	106	174.15
2022	5458	2215	747	1468	2362	304	577	1288.3	593.2	343.6	249.6	283.44	152	259.65

表 4-0-5　　2020 年农业生产条件（四）

年份	农用塑料薄膜		农用柴油（吨）	农药使用量（吨）	农村用电量（万千瓦时）
	使用量（吨）	地膜覆盖面积（亩）			
2020	32	3148	190	19	1242
2022	24	1200	210	24	

三、农作物播种面积、产量

表 4-0-6　　农作物播种面积、产量（一）

单位：面积：亩；亩产：公斤；总产：吨

年份	农作物总面积	一、粮食作物合计			春收			夏收			秋收		
		面积	亩产	总产	面积	亩产	总产	面积	亩产	总产	面积	亩产	总产
2020	29539	22589	476	10753	115	96	11	10835	461	5000	11639	493	5742
2022	32771	22232	492	10936	34	104	3.6	8940	456	4078.9	13258	517	6853.5

表 4-0-7　　农作物播种面积、产量表（二）

单位：面积：亩；亩产：公斤；总产：吨

年份	1. 全年稻谷合计			（1）夏收			（2）秋收			2. 旱粮合计		
	面积	亩产	总产	面积	亩产	总产	面积	亩产	总产	面积	亩产	总产
2020	20930	482	10080	10171	478	4862	10759	485	5218	888	208	185
2022	20174	493	9946	8129	479	3891.0	12045	503	6054.9			

表 4-0-8　　农作物播种面积、产量（三）

单位：面积：亩；亩产：公斤；总产：吨

年份	（1）玉米合计			①夏收			②秋收			（2）蚕豌豆		
	面积	亩产	总产	面积	亩产	总产	面积	亩产	总产	面积	亩产	总产
2020	773	225	174	409	225	92	364	225	82	115	96	11
2022	861	258	222	485	262	127.0	376	253	95.3	34.0	104.4	3.6

表 4-0-9　　农作物播种面积、产量（四）

单位：面积：亩；亩产：公斤；总产：吨

年份	3.番薯			4.黄豆合计			1.夏收			2.秋收		
	面积	亩产	总产	面积	亩产	总产	面积	亩产	总产	面积	亩产	总产
2020	352	1179	415	419	174	73	255	180	46	164	165	27
2022				607	176	106.8	326	187	60.9	281	163	45.9

表 4-0-10　　农作物播种面积、产量（五）

单位：面积：亩；亩产：公斤；总产：吨

年份	二、经济作物面积合计	1.果蔗			2.花生			（1）夏收			（2）秋收		
		面积	亩产	总产	面积	亩产	总产	面积	亩产	总产	面积	亩产	总产
2020	2418	35	5171	181	2020	179	362	1260	179	225	760	180	137
2022	10540	27	5222	141	2280.0	180	411	1343	179	241.0	937	181	169.6

表 4-0-11　　农作物播种面积、产量（六）

单位：面积：亩；亩产：公斤；总产：吨

年份	3.木薯（鲜薯计）			三、其他作物面积合	1.蔬菜		
	面积	亩产	总产		面积	亩产	总产
2020	363	1052	382	4532	4480	1295	5803
2022	347	1122	389		7834	1265	9912

表 4-0-12　　农作物播种面积、产量（七）

单位：面积：亩；亩产：公斤；总产：吨

年份	①春收			②夏收			③秋收			④冬收		
	面积	亩产	总产	面积	亩产	总产	面积	亩产	总产	面积	亩产	总产
2020	1350	1377	1859	952	1120	1066	783	1175	920	1395	1404	1958
2022	2678	1324	3546	1649	1140	1880	1486	1127	1674	2021	1391	2812

表 4-0-13　　农作物播种面积、产量（八）

单位：面积：亩；亩产：公斤；总产：吨

年份	2. 瓜类（果用瓜）			其中：西 瓜		
	面积	亩产	总产	面积	亩产	总产
2020	52		93	52	1788	93
2022	52	1808	94	52	1808	94

四、水果、茶叶面积、产量及坚果产量

表 4-0-14　　水果面积、产量（一）

单位：亩、公斤、吨

年份			1. 柑			2. 橘（桔）			3. 橙		
	年末总面积	水果合计总产量	年末面积	亩产	总产量	年末面积	亩产	总产量	年末面积	亩产	总产量
2020	1976	1723	138	993	137	186	1016	189	38	947	36
2022			145	1048	151.9	194.0	1044	202.6	40	1125	45.0

表 4-0-15　　水果面积、产量（二）

单位：亩、公斤、吨

年份	4. 蕉			5. 龙眼			6. 梨		
	年末面积	亩产	总产量	年末面积	亩产	总产量	年末面积	亩产	总产量
2020	45	1089	49	23	478	11	27	1296	35
2022	46	1137	52.3	23	500	12			

表 4-0-16 水果面积、产量(三)

单位：亩、公斤、吨

年份	8．柿子			9．李子			10．番石榴			11．柚子		
	年末面积	亩产	总产量	年末面积	亩产	总产量	年末面积	亩产	总产量	年末面积	亩产	总产量
2020	455	589	268	966	930	898	2	1000	2	29	1000	29
2022	545		352.2	971	966	937.7	2	1050	2.1	32	1000	32.0

表 4-0-17 水果面积、产量(四)

单位：亩、公斤、吨

年份	12．杨桃			13．火龙果			14．黄皮			15．百香果		
	年末面积	亩产	总产量	年末面积	亩产	总产量	年末面积	亩产	总产量	年末面积	亩产	总产量
2020	2	2000	4	0	0	0	2	1000	2	29	862	25
2022	2	1850	3.7				2	1000	2.0	29	872	25.3

表 4-0-18 水果面积、产量(五)

单位：亩、公斤、吨

年份	16．枇杷			17．其他热带水果			18．桃			19．猕猴桃		
	年末面积	年末面积	亩产	总产量	年末面积	亩产	总产量	年末面积	亩产	总产量	年末面积	亩产
2022	14	800	11.2				28	911	25.5			

表 4-0-19 水果面积和坚果产量(六)

单位：亩、公斤、吨

年份	25．桑葚			26．其他			坚果			
	年末面积	年末面积	亩产	总产量	年末面积	亩产	食用坚果	板栗籽	其他	
2022	1	0	0	1	0	0	25	25	0	

表 4-0-20　　水果和茶叶面积、产量(七)

单位：亩、公斤、吨

年份	17. 其他杂果			
	年末面积	亩产	总产量	
2020	6	2000	12	

五、畜牧业生产情况

表 4-0-21　　畜牧业生产情况(一)

单位：头、公斤、吨

年份	牛						羊			
	牛的季末存栏量	其中		全年出售和自宰的肉用牛			羊的季末存栏量	全年出售和宰杀的羊		
		肉用牛	役用牛	总头数	头平肉重	总肉重量		总头数	头平肉重	总肉重量
2020	782	598	184	213	121	25.7	143	134	19	2.6
2022	622	541	81	154	122	18.8	134	188	17	3.2

表 4-0-22　　畜牧业生产情况(二)

单位：头、只、公斤、吨

年份	猪					狗		
	猪的季末存栏量	其中：母猪	全年生猪出栏			全年出售和自宰的狗		
			总头数	头平肉重	总肉重量	总只数	头平肉重	总肉重量
2020	14139	2345	27836	78	2169	3636	8	30
2022	5895	589	10389	79	820.3	4665	8	39.2

表 4-0-23　　畜牧业生产情况(三)

单位：只、公斤、吨

年份	兔			
	兔的季末存栏量	全年出售和自宰的兔		
		总头数	头平肉重	总肉重量
2020	1385	1921	1.6	3.1
2022	1738	2456	106	4

表 4-0-24　　　　畜牧业生产情况（四）

单位：只

年份	三鸟年末存栏只数						
	合计	鸡			鸭	鹅	鸽
		总数	其中：肉鸡	其中：蛋鸡			
2020	112425	70854	66565	4289	28153	13418	0
2022	55530	46500	36050	10450	5600	3250	180

表 4-0-25　　　　畜牧业生产情况（五）

单位：只、公斤

年份	全年出售、自宰三鸟					全年出售、自宰三鸟肉产量				
	合计	其　中				合计	其　中			
		鸡	鸭	鹅	鸽		鸡	鸭	鹅	鸽
2020	219314	144839	60848	13627	0	363094	207198	122292	33604	0
2022	118024	74751	33226	9372	675	212400	100179	84820	27177	224

表 4-0-26　　　　畜牧业生产情况（六）

单位：吨

年份	四、全年禽蛋产量			蜂糖产量
	总　量	鸡蛋	鸭蛋	
2020	53	50	3	5
2022	59.9	57.4	2.4	4

六、林业生产情况

表 4-0-27　　　　林业生产情况（一）

单位：吨

年份	茶籽产量	竹笋干	板栗籽	野生药材产量	芒秆产量	木柴产量	橹草产量	其他及野生植物采集产量
2020	528		32	192	333	15638	56492	502
2022	141			54	88	6420	1541	177

表 4-0-28　　　　林业生产情况（二）

年份	木材（立方米）	毛竹（根）	小毛竹（根）	厘竹（把）	杂竹（吨）	盆栽植物（盆）	观赏苗木（株）	服务业（万元）
2020	2310	34161	26857	1999	890	0	0	315.9
2022	4660			30				

七、水果、造林及生猪生产情况

表 4-0-30　　　　水果、造林及生猪生产情况

单位：亩、头、吨

年份	水果		当年造林面积	年末造林面积	当年出栏生猪头数	当年猪肉产量
	种植面积	总产量				
2022	2104	1891	402	5895	10389	820.3

九、水产品产量、化肥施用量和农村用电量情况

表 4-0-31　　　　水产品产量、化肥施用量和农村用电量情况

年份	水产品总产量（吨）	农用化肥施用量（折纯，吨）	农村用电量（万千瓦时）
2022	676	1288	4189

第一章 农业体制变革

第一节 封建社会农业体制

中华人民共和国成立前，通衢镇是封建土地所有制。土地由私人占有，大量的土地为地主、富农、中农占有，广大贫苦农民（贫、雇农）拥有的土地很少，要向地主、富农租田耕种或当长工、打短工来维持生活。农民租种地主、富农的土地，当年早季缴交60%、冬季缴交40%的地租；也有立《批田字约》为据，双方面议地租实数，丰荒不得少欠，即所谓“铁租”。雇工分长工、搭耕、帮工三种类型，长年为地主家打工的贫苦农民称长工，确定在春耕、双夏大忙季节为地主家打工的称搭耕，临时雇工称帮工。

第二节 土地改革

中华人民共和国成立初期，开展了土地改革。1950年10月，龙川县开始土地改革（以下简称土改），是全省开展土改试点县之一。县组织土改工作队，进驻各地开展土改工作。土改工作分五步进行：一是宣传政策发动群众，摸清各阶层土地占有情况及剥削情况，公审地主斗恶霸，打击敌人气焰，鼓舞农民斗志；二是划分阶级成分，划为地主、富农、中农、贫农、雇农，这时的农村阶级路线是依靠贫雇农，团结中农，中立富农，消灭地主；三是没收和征收地主的土地和田契、农具、耕牛、余粮、房屋；四是分配斗争成果，先分土地，后分财产；五是总结。至1951年3月，土改结束。由于龙川县土改试点工作被上级认定有和平土改倾向，又进行了土改复查。从1951年6月开始，分三步进行：一是查田、查阶级、查敌情，结合镇反，对首恶分子实行杀、关、管一批；二是开展爱国增产运动；三是填发土地证。

经过土地改革，结束了几千年的封建土地所有制，依法没收地主全部土地，以及大型农具及多余的住房、家具，征收富农的部分出租地，把没收和征收的土地、房屋、家具、农具等，分给无田、缺田、无房的贫雇农，地主也按在乡人口，同样分得一份。使各阶层土地占有情况发生了根本性变化，实现耕者有其田的农民土地所有制，生产力得到解放。土地改革后，原来田地少的贫苦农民分得了土地，摆脱地主、富农的剥削，调动了农民的生产积极性，促进了农业生产发展。

第三节 农业体制变革

1953年至1978年，通衢镇农业生产关系进入农业合作发展阶段。主要有以下四个阶段：

一、互助组

互助组是中国农业合作化的初级组织形式。土改后分得土地的贫雇农，出现了耕牛农具等劳力不足的问题，迫切需要互助合作，相互支持。因此，在土改和土改复查期间，土改工作队积极引导农民开展互助合作。互助组是在不改变土地所有制的基础上，由若干户农民自愿组织起来，农忙时你帮我、我帮你进行生产的模式。平时各人干各人的，收获时土地上的收益归各人，公粮由各人负担。到1952年冬，通衢普遍组织互助组。同时，互助组积极响应县委、县政府号召，开展农业生产竞赛运动，开展生产度荒，兴修水利，科学种田和积肥。

二、初级社

1954年1月，中共中央下发《关于发展农业生产合作社的决定》文件后，通衢各地在互助组的基础上，农民以“入社自愿，退社自由”的原则，建立初级农业生产合作社。社内经济管理措施：实行田地入股，统一经营，耕牛、农具等议价入社。分配原则：收获后，按劳（51%），按土地（44%），自留足不超过收入5%的公积金，计算出每户的收入。初级社是比互助组较高级的形式，规模也较大，往往是20～30户为一个社。初级社属社会主义初级阶段的集体组织，生产关系的初步改革，促进农业生产发展。

三、高级社

高级社与初级社的主要区别是取消了土地分红，实行按劳分配。高级社的规模较大，一般是40～50户。高级社的收入扣除成本，缴纳公余粮，提留公积金、公益金外，按劳动日分配，多劳多得，少劳少得。1955年秋，通衢各地由初级社转为高级社，直至1958年夏。

四、人民公社

1958年冬，通衢人民公社成立。人民公社成立初期，农村土地归集体所有，人民公社“政社合一，工农商学兵五位一体”，实行统一核算，统一分配，无偿平调的政策。土地、农具、耕牛、粮食、资金可无偿调用。社员的自留地、家畜、果树等都被收为公社所有。

1958年10月至1959年春，强化公社管理。一是由分社统一安排生产。二是一切生产资料实行公有制，原高级社的一切公共财产无偿转为公社所有，人们称之为“公社的山、公社的水”。三是实行组织军事化，行动战斗化，生活集体化，全县分为师、团、营、连、排、班，社员均要在食堂吃饭，未入社的农户要求统一入社。四是劳动力由公社统一调动，1958年冬深翻改土、大炼钢铁时以大兵团、大会战、放卫星等形式进行协同作战。五是由公社统一兴办和管理各项服务事业，大办公共食堂，农户参加食堂吃饭，兴办托儿所、幼儿园、敬老院。农业收入由公社统一确定提留分配比例，以40%留作公社积累，60%作为社员消费部分，实行“供给与工资制”相结合，七成工资、三成供给，并号召社员“鼓足干劲搞生产，放开肚皮吃饱饭”和“吃饭不要钱”。有劳动力的社员按等级实行按月领工资，群众称之为“吃饭不要钱，外加零用钱”。这项制度过于冒进，导致集体经济确实承受不了，仅坚持了几个月。

1959年春至1961年底，调整了公社管理制度，以大队为核算单位。一是实行三级所有，即公社部分所有、大队为基本所有、生产队为部分所有。实行三级核算，大队是基本核算单位，生产队既是组织生产单位，又是包产单位和食堂单位。大队与生产队之间是实行包工、包产、包成本的“三包一奖（惩）”责任制，对超、减产实行多奖少罚、同奖同罚和以产计酬等形式。但这段时间核算单位变来变去，严重影响社员的生产积极性。二是分配按大队“三包一奖惩”方案进行决算。初期实行“工资与供给制”相结合，社员消费采用七成工资、三成供给，工资按劳动划分十个等级，供给包括基本饭菜（油、盐、米），吃菜由食堂自己解决，供给标准全县每人每月平均3～4元，多余部分转为工资，粮食部分采取按人定等，按等定量，保证小孩和劳动力多吃，从基本口粮中抽10%～20%作为劳动粮，原则上不准经营五边地，不准开荒扩种。三是公共财产归大队所有，一切收入归大队。四是对困难户实行“五保”。全大队粮食统一管理，社员在公共食堂吃饭（1961年冬食堂被撤销）。五是大队可以组织跨队劳动力协作。这个时期整体生产水平和群众生活水平较低，造成粮食不足，群众营养不良。

1962年春至1965年底，实行以生产队为基本核算单位。其体制与管理形式：一是以队为基础，三级所有；二是实行土地、耕牛、农具、劳力“四固定”；三是公社、大队负责检查、督促生产队的生产、建设、三大管理制度；四是工分、家肥、财务收支，按月公布，接受群众监督；五是贯彻各尽所能按劳分配，早造分，晚造决算；六是定工、定勤、定肥和定额管理，出工进行评工记分；七是社员可以经营适度的自留地、饲料地和少量开荒地，三地总面积控制在耕地面积的15%以下。这个时期的体制管理未能调动群众的生产积极性，整体生产水平和群众生活水平较低。

1966年，“文化大革命”开始。“文化大革命”和“农业学大寨”运动，提出“堵不住资本主义的路，就迈不开社会主义的步”，导致“割资本主义尾巴”之盛行，对社员饲养母猪、三鸟、小开荒、自留地和五边地种瓜菜，采取限制和取缔措施。将社员正当的家庭副业也当资本主义的产物予以批判和限制。通衢公社把“寨背的缸瓦、梅城的猪嬷、牛屎坳的单车、双桥的石灰沙、新街的豆腐渣、天云的铁钴砂、旺茂的果蔗、玳瑁的菊花、三联的索麻”列入批判和限制范围。这一时期，用专政的办法办农业，瞎指挥和强迫命令指挥农业生产活动，又一次严重挫伤了干部群众的生产积极性。

1978年冬，中共十一届三中全会后，实行家庭联产承包责任制。家庭联产承包责任制，只是调整生产关系，土地所有制不变，仍然是集体所有（1980年已有部分生产队开始包干到户）。经过这次体制改革，极大地提高了干部群众的生产积极性，整体生产水平和群众生活水平迅速提升，农民群众除耕好责任田外，剩余的劳动力转向工业、建筑业、交通运输业、副业和服务业，从而促进农村经济快速发展。

1983年，调整责任田，进一步完善家庭联产承包责任制。

1989年，认真贯彻县委、县政府“大稳定，小调整”的方针，在1983年农户承包责任田的基础上，按符合计生政策增加的人口和合理的人口自然增减进行调整。

1999年，第一轮土地承包期满，落实县委、县政府关于第二轮土地承包的文件精神，承包期延长30年。

2020年10月成立通衢镇农林水服务中心。

第二章 农 业

第一节 农作物和种植技术

通衢镇粮食作物以种植水稻为主，兼种番薯、玉米、小麦、高粱等。1997年实现亩产量“吨粮镇”，1998年实现亩产量“吨谷镇”，2021年全镇农业总产值达2.29亿元。

一、农业种植品种

水稻有早造和晚造两种，改革开放前主要以常规稻为主，产量偏低，抗逆性差。20世纪90年代后开始大面积推广种植杂交水稻，高产优质，抗逆性好。杂优早稻品种主要有：金优2号、丰优998、丰优778、天优998、恒丰优777、恒丰优9802、广和优郁香、五优305、泰优208、泰优98、吉田优622、青香优033，等等。杂交晚造品种主要有增香优889、裕优9822、泰丰优208、吉田优622、隆优丝苗、隆香优华占、野香优莉丝等等。

经济作物主要种植蔬菜、黄豆、花生、甘蔗、木薯、油菜、香蕉、莲藕、香芋、油茶等。

蔬菜按季节分：春菜有角菜、小油菜、麦菜、空心菜、小白菜等；夏菜有辣椒、苦瓜、黄瓜、豆角、茄子、丝瓜等；秋菜有番瓜（南瓜）、冬瓜、秋茄、秋豆角、姜、香芋、小芥菜、萝卜等；冬菜有萝卜、大白菜、芥菜、包菜、菠菜、油菜、葱、蒜、韭菜等。

二、农业生产种植技术

农业生产种植技术主要有水稻优质高产栽培技术、水稻塑料薄膜育种技术、水稻“三控”施肥技术、稻田除草应用技术、综合防治病虫害技术、水稻塑盘育秧抛秧技术、水稻“三控”栽培技术、农作物测土配方施肥技术、地膜花生高产栽培技术、农作物病虫草害绿色防控技术等。

（一）水稻“三控”施肥技术规程

1.氮肥总量控制

总施氮量根据目标产量和不施氮区产量确定，在不施氮区产量的基础上，每增产100公斤稻谷，需施纯氮5公斤左右，计算公式如下：总施氮量（公斤／亩，以纯N计）=（目标产量－无氮区产量）×0.05。

目标产量根据品种、地点、季节和栽培管理水平确定，一般不超过产量潜力的80%～90%。产量潜力可通过田间试验测得，也可采用当地的高产纪录。无氮区产量可通过田间试验测得。在缺乏无氮产量数据时，也可用以往在同一地点类似土壤获得的无氮区产量估计。

2.氮肥的分阶段调控

在总施氮量确定后，可按基肥：分蘖肥：穗肥：粒肥=40%：20%：30%：10%的比例确定各阶段施氮量。追肥施用前，可根据叶色和苗情适当调整施氮量。

基肥：占总施氮量的40%左右，肥田适当减少，瘦田适当增加。

分蘖肥：占总施氮量的20%左右，早造在移栽后1～5天施用，晚造在移栽后12～15天施用。分蘖力弱的品种适当多施些，分蘖力强的品种适当少施些。

穗肥：占总施氮量的30%左右，在幼穗分化始期施用。大穗型品种适当多施些，多穗型品种适当少施些。

粒肥：占总施氮量的5%～10%，在抽穗期施用。叶色偏深或天气不好不施。

3.磷钾肥的施用

磷钾肥采用恒量监控的方法，以若干年（如3～5年）为一周期，确定一个适宜的施肥量后，可使用一个周期。一个周期完成后，再进行缺素区“开窗试验”，重新确定施用量。磷、钾肥用量根据目标产量和缺素区产量确定。在无磷区产量的基础上，每增产100公斤稻谷增施磷肥（以P_2O_5计）2～3公斤。在无钾区产量基础上，每增产100公斤稻谷增施钾肥（以$K2_0$计）4～5公斤。在无磷区和无钾区产量可通过磷、钾缺素区“开窗试验”确定。

在缺乏无磷区和无钾区产量资料的情况下，可按N：P_2O_5：$K2_0$=1：0.2～0.4：0.8～l的比例估计磷、钾肥施用量。磷肥全部做基肥施用，钾肥一半做基肥或分蘖肥，另一半在幼穗分化始期施用。在有稻草还田的情况下，可适当减少钾肥用量。

4.其他配套技术及注意事项

（1）选用良种，培育壮秧

选用株型和群体通透性好、抗病性较强的高产、优质良种。育秧方式采用水育秧、旱育秧、塑料软盘育秧等均可，大田育秧要求适当稀播，培育适龄壮秧。一般早稻秧龄25～30天，晚稻秧龄1为5～20天。

（2）合理密植，保证基本苗数

根据育秧方式不同，移栽采用手插秧、抛秧和铲秧移栽等方式。每亩栽插或抛秧1.8万穴左右，杂交稻每穴3～4棵苗，每亩基本苗6万～8万棵，常规稻每穴5～7棵苗，每亩基本苗8万～10万棵。有条件的地方，推荐采用宽行窄行株栽插，栽插规格以30cm×1～3cm为宜。

（3）湿润灌溉，中期控苗，移栽后浅水分蘖：当苗数达到有效穗数的80%时开始露田，控制无效分蘖，倒二叶抽出时恢复水层。整个生育期以湿润灌溉为主，不要重晒田。收割前1周断水，不要断水过早。

（4）防治病虫草害

注意防治病虫害，最好喷送嫁药，做到秧苗带药下田。破口抽穗期喷好破口药。适时综合防治水稻主要病虫害：三化螟螟、稻纵卷叶螟、稻飞虱、稻瘟病、纹枯病，采用“三控”法防治纹枯病、稻纵卷叶螟、稻飞虱等较轻病虫害，一般可酌情少喷农药1～3次。

（5）注意事项

目标产量、无氮区产量和生育期不同，其施肥量和施肥时间也要做相应调整。若施用农家肥，或者前作是蔬菜可绿肥的，其施肥量要相应减少。保水保肥能力差的土壤，或者栽插密度和基本苗达不到要求的，应在插秧后5～7天施尿素3～5公斤。若用复合肥，各时期施肥量以氮为基准折算，不足部分用单质肥料补足。

（二）水稻“三控”施肥技术措施

1.秧田期（早稻3月、晚稻7月）

（1）选用良种。杂交稻亩用种1.25～1.5公斤，常规稻亩用种2.5公斤。

（2）适时播种。早稻2月底—3月初播种，播后盖膜保温。晚稻7月上旬播种。播种前晒种1小时，用清水选种。

（3）稀播匀播。水育秧按秧本田比例1：10备足秧田，抛秧的每亩大田用434孔秧盘45～50个或561孔秧盘35～40个。

（4）水育秧每亩秧田施三元复合肥25公斤做基肥，2叶1心期亩施尿素2～3公斤、氯化钾2～3公斤。移栽前3天亩施尿素5～7.5公斤做送嫁肥。

（5）防治病虫害，移栽前施送嫁药。

2.回青分蘖期（早稻4月、晚稻8月）

（1）适龄移栽：早稻秧龄15～20天，晚稻秧龄12～15天。

（2）合理密植：每亩栽插或抛植1.6万～2万穴，杂交稻每穴3～4棵苗，每亩基本苗6～8万棵，常规稻每穴5～6棵苗，每亩基本苗8万～10万棵。

（3）基肥：亩施碳铵20～25公斤或尿素8～10公斤，过磷酸钙15～25公斤、氯化钾5～6公斤。

（4）分蘖肥：早稻插秧后12～15天，晚稻插秧后10～12天，亩施尿素5～7公斤、氯化钾5～6公斤。

（5）浅水分蘖，回青后施用除草剂，当全田苗数达到目标穗数80%时排水晒田，但不要重晒。

3.拔节长穗期（早稻5月、晚稻9月）

（1）穗肥：穗分化始期（早稻插秧后35天左右，晚稻插秧后30～35天），亩施尿素6～8公斤、氯化钾5～6公斤。但施穗肥应根据田间禾苗长势情况而定。

（2）孕穗期前7天停止晒田，此后保持水层至抽穗。

（3）注意防治稻瘟病、纹枯病、三化螟、稻纵卷叶螟和稻飞虱。抽穗破重点防治穗颈瘟一次。

4.灌浆结实期（早稻6—7月、晚稻10—11月）

（1）看苗补施粒肥：破口期，叶色偏淡且天气好，亩施尿素2～3公斤，叶色偏绿或天气不好不施。

（2）病虫防治：破口期喷药防治稻瘟病、纹枯病、三化螟、稻纵卷叶螟等。后期注意防治稻飞虱。

（3）水分管理：干干湿湿，养根保叶，收割前7天左右断水，不要断水过早。

第二节 农业生产工具

通衢镇农业生产以种植水稻为主，兼种番薯、玉米、小麦、高粱等旱地作物，农业生产工具也主要是水稻耕作工具，长期以来，形成了就地取材、轻巧灵便、一具多用、适用性广的传统农具，以铁制、木制农具为主，涵盖了农业生产的全过程。

耕地整地工具。耕地整地工具用于破碎土地、平整田地等，旱地耕作工具主要是铁锄，水田耕作工具主要有犁、耙、辘轴等。

灌溉工具。挑水浇地使用的主要工具是木桶，干旱时用戽桶提水。

收获工具。收获工具包括收割、脱粒、清选用具。收割用具包括收割水稻的牙镰、镰刀等。脱粒工具以稻桶为主。粮食加工工具有杵臼、踏碓、磨、砻等。清选工具以簸箕、风车为主。

运输工具。箩、担筐、驮具、车是农村主要的运输工具。

中耕除草工具。中耕工具用于除草、间苗、培土作业，铁锄是最常用的旱地除草工具，耥耙是水田除草工具。

中华人民共和国成立至1978年改革开放，通衢镇农业生产仍是以人力、畜力为主，使用传统农具耕作。改革开放后，随着耙田拖拉机和农用收割机相继问世，机械化耕作逐渐取代传统人工耕作，大大提高了农村农业的生产力。进入21世纪以来，通衢镇农业生产实现全程机械化，主要有旋耕机、插秧机、联合收割机、无人机、烘干机等等。

主要农具：

犁 犁是农村翻地的一种工具。主要由铁制犁头、犁壁和木制的犁架（犁剪）等构成，使用时用牛拉，人扶犁柄。

耙 铁制，形似梳状，宽1米左右，耙齿有10多条，长约25厘米，上部有耙柄，柄为木质或铁质，两边有铁条与下部（耙梳）连接，耙梳两侧有向前伸的拉钩。使用时用牛拉，人扶耙柄，主要用于碎土和平整土地。

辘轴 一种用来碾压稻秆、平整稻田的农业生产工具，木制，由同轴框、轴及牵引环（铁质）等构成。其中轴多由松木制作而成，圆形一般长1.5米，直径为0.26米，有规则齿槽，两端中间钉有转轴（铁质）。轴框用方木制作而成，大小视轴而定。牛力牵引，多用于夏季早稻收割后平整稻田。

水车 水车历史悠久，多为以竹木或全用木为材料制作的圆形引水工具。大小因地制宜，常见的水车直径为2至5米。水车一般安装在河边急流处，用木桩搭成一个基架，固定轴心，利用水流冲击力不停转动水车，水车上的竹筒底位入水后装水，旋转到高位时将水倒出并引入水槽，再通过水沟灌溉田地。

禾石板 古老的打禾工具，由一只石墩、一块石板组成。打禾时，先用一副绞子（用铁链连接两根木棍）捆住一捆未脱粒的禾苗，用劲甩起打在石板上，反复多次，直至禾秆上的稻谷全部脱落。

柱板 古老的打禾工具。用杉木做成一只脚架，将数根木板一排排地串入凿开的木孔内而组成的木柱板。柱板斜度高约0.8米，板面宽约0.5米。使用时，将收割到的稻谷，用双手拿着禾秆用劲甩向柱板，致禾秆稻谷脱落。

脚踏打禾机 一种利用齿轮（或皮带）来传输动力的水稻脱粒工具。这种水稻脱粒工具比古老的柱板劳动效率高，单人每小时可脱粒约100公斤，问世之后广受人们喜爱。20世纪90年代，脚踏打禾机逐渐被电动打禾机取代。

手扶耙田拖拉机 20世纪90年代，用手扶拖拉机为牵引动力，带动耙田工具，是一种现代农业机械化生产工具，主要用来平整水田。

电动农用收割机 一种现代农业机械化生产工具，主要用来收割稻谷。收割机问世后，大大提高了农业生产率，节省劳动力，大大减轻农民负担。

第三节 农作物主要病虫害防治

中华人民共和国成立以前，农作物病虫害防治措施较少，防治效果较差。防治病虫害的药物主要是石灰、茶麸、大茶叶、羊角扭等农村常见的土药物。1956年以后，大量施用农药、化肥，但在杀虫、灭病的同时，亦杀死了很多病虫害的天敌，导致各种病虫害防治效果下降。作物病虫害常见种类有：

水稻病害：稻瘟病、纹枯病、胡麻叶斑病、白叶枯病、稻水菌核病、叶鞘腐败病、细菌性条、斑病等，前四种为常发病。

水稻虫害：三化螟（钻心虫），稻纵卷叶虫、褐飞虱、白背飞虱、黑尾叶蝉、稻蓟马、剃枝虫、负泥虫、蟢象、黏虫、稻蝗等。

小麦病害：叶锈病、秆锈病、散黑穗病、赤霉病等。小麦虫害：黏虫、蚜虫等。

花生病害：花叶病、丛技病、青枯病、炭疽病、立枯病等。花生虫害：根线虫、蟢象虫等。

黄豆虫害：二十八星瓢虫、豆荚瞑、蓟马等。

番薯病虫害：薯瘟病、软腐病、黑斑病、蟓虫等。

甘蔗虫害：白黏虫、锦蚜、蔗螟、土狗等。

黄红麻病虫害：地老虎、金龟子、大头蟋蟀等。

蔬菜病害：黑斑病、软腐病、叶腐病、肿根病等。蔬菜虫害：蚜虫、菜蝽虫、黄守爪、黄跳跳甲、叶青虫、斜衣蛾等。

柑橘病虫害：黄龙病、溃疡病、炭疽病、裙腐病等，潜叶蛾、红蜘蛛、锈蜘蛛、凤蝶幼虫、介壳虫、根线虫、吸果汁虫、星天牛虫等。

中华人民共和国成立后，人们采取多种办法防治虫害。1952年早造后，发生稻苞虫害，政府发动群众开展除虫运动，对秧田、大田采用捕杀、摘卵、拔除枯心白穗，用灯火诱杀成虫，对冬季稻田实行“三光”（禾头挖尽、烧光，田唇草铲光，沟边草烧光），及灌水浸禾稿（浸冬）等措施。1954年早造发生负泥虫害，通衢镇首次使用农药六六六粉杀灭负泥虫。同年7月发生稻飞虱虫害，利用喷雾器喷射六六六粉杀虫，取得较好效果。此后，至20世纪60年代，均用六六六粉防治虫害；70年代除六六六粉外，还用敌百虫、敌敌畏、乐果等农药防治虫害；80年代推行高效低毒农药，大面积使用杀虫脒、杀虫双、呋喃丹、叶蝉散等农药，使水稻螟虫、稻纵卷叶虫、稻飞虱、浮尘子等危害较大的虫害得到有效控制。

改革开放后，通衢镇不断引进、试验、推广新农药，其中有杀虫剂26种，杀螨剂8种，杀菌剂14种，除草剂9种，杀鼠药3种，药械仪器9种，加强对各种农作物的病、虫、鼠、草害的防治工作，有效促进农业生产发展。2000年以来，通衢镇农业技术推广站重点推广病虫害统防统治、绿色防控技术，推广使用低毒高效农药，减少农药用量，减少农药残留，保障食用农产品安全。

通衢镇农作物病虫害绿色防控基本方法：

1.全面开展监测调查。重点监测新的外来物种——草地贪夜蛾。全面应用诱捕器、高空测报灯、自动虫情测报灯等监测设备，在水稻、玉米、甘蔗、花生等寄主作物上加密监测网点，系统监测草地贪夜蛾成虫迁飞动态和田间消长趋势，准确掌握成虫迁入时间、高峰期、田间见虫时间和为害程度，按照早发现、早报告、早预警要求，及时发布虫情预报预警信息。

2.坚持科学防控指导。按照“治早治小、全力扑杀”的要求，聚焦重点区域，兼顾点片发生地段，抓准防治适期，选择对口高效药剂，及时组织抓好草地贪夜蛾防控工作。加强防控分类指导，在幼虫1~3龄期集中进行施药防治，对高、中虫口密度发生区采用高效低风险化学药剂兼治虫卵，快速扑杀；对低密度发生区综合应用天敌生物、性引诱剂、杀虫灯、生物农药等措施防治；对连片大面积发生区组织专业防治组织开展统防统治；对分散或点状发生区组织农民开展联防联控，做到带药侦查和点杀点治，最大限度降低危害损失。

3.加强宣传培训工作。加大防控知识宣传培训力度，充分利用网络、视频等新媒体平台和农民田间学校、观摩会等形式，培训普及草地贪夜蛾识别、监测和防治知识，发放宣传挂图和防控技术手册，将科学防控技术传送到千家万户。示范推广农药减量技术，推进农药减量控害和主要作物病虫害全程解决方案相结合，加强农药减量示范区建设，加快减量控害技术的推广应用。充分发挥农药（药械）试验示范培训基地作用，因地制宜推广自走式喷杆喷雾机、高效常温烟雾机、植保无人机等先进植保机械，推广高效低风险农药和低容量喷施技术，推进植保机械、药剂与农艺配套融合。

4.开展安全科学用药培训。以种植业高质量发展和农药减量增效为重点，集中培训新型农业经营主体、种植大户、机防手和农民骨干，发放技术宣传资料，发布新媒体信息，深入田间地头指导农民科学用药。

第四节 化肥的使用和推广

20世纪60年代末至70年代初，农业生产以施用“农家肥”为主。“农家肥”的主要成分是人粪、猪粪、牛粪、鸡粪等粪便。“农家肥”要先起堆经过发酵，再加黑白灰（石灰加草木灰）。20世纪70年代中期以后，农业生产以施用“农家肥”为主，氨水、碳酸氢氨、过磷酸钙等化肥为辅。80年代后农业生产施肥以碳酸氢氨、尿素、过磷酸钙等化肥为主，原来的“农家肥”为辅。

2006年后，通衢镇推广使用测土配方施肥新技术，农业生产施肥以配方肥为主。通过取土化验土壤成分，按照缺什么补什么原则，根据目标产量，依据检验数据科学计算施肥量，达到平衡施肥目标。“配方肥”的主要成分是氮、磷、钾复合肥料。通衢农业技术推广站大力推广宣传施用配方肥，辅助施用有机肥，对耕地进行取土检测，进一步提高化肥使用效率，保护耕地，减少环境污染，提升农作物品质。

测土配方施肥是以土壤测试和田间肥料试验为基础，根据作物需肥规律、土壤供肥性能和肥料效应，在配合使用有机肥料的基础上，提出氮、磷、钾及中、微量元素等肥料的施用量、施肥时期和施用方法的一种科学的作物施肥管理技术。测土配方施肥技术，就是先为土地做“体检”，再给庄稼开“药方”，在农技人员指导下科学平衡施肥。实施测土配方施肥后，可以减少化肥用量（纯量）1.3公斤左右，提高化肥利用率3%～5%。提高农作物品质，降低成本。一般亩增产18～43公斤，每亩节支增收40～100元。有利于培肥地力，保护生态、协调养分，保障农业可持续发展。

表4-2-1　　通衢镇水稻土样化验结果与分析

单位：mg/kg

化验项目	有机质	全氮	碱解氮	速效磷	速效钾	PH
平均值	31	1.42	197	22	50	5.7
分析评价	水稻土普遍为弱酸性土壤，有机质、氮含量中等，磷含量高，缺钾严重。					
建议	减少磷肥的投入，提倡秸秆还田增加有机质含量，增施钾肥。					

作物配方施肥推荐比例

水稻施肥氮、磷、钾比例为：1∶0.22～0.25∶0.82～0.9

玉米施肥氮、磷、钾比例为：1∶0.22～0.25∶0.82～0.9

第五节 外来入侵物种

20世纪80年代以来，多种外来入侵物种给通衢镇造成农业产生很大的危害。外来入侵有害物种主要有福寿螺、红火蚁、草地贪夜蛾、薇甘菊等。

一、福寿螺

福寿螺是瓶螺科、瓶螺属软体动物。贝壳外观与田螺相似。有一个螺旋状的螺壳，颜色随环境及螺龄不同而异，有光泽和若干条细纵纹，爬行时头部和腹足伸出。头部有2对触角，前触角短，后触角长，后触角的基部外侧各有一只眼睛。螺体左边有1条粗大的肺吸管。成年贝壳厚，壳高7厘米，幼贝壳薄，贝壳的缝合线处下陷呈浅沟，壳脐深而宽。

福寿螺喜欢生活在水质清新、饵料充足的淡水中，大多栖息于池边浅水区。食性广，是以植物性饵料为主的杂食性螺类，主要取食浮萍、蔬菜、瓜果等，尤其喜欢吃含有甜味的食物，也爱吃水中的动物腐肉。原产自中美洲的热带和亚热带地区，如阿根廷、玻利维亚、巴西、巴拉圭及乌拉圭等。广泛分布于北美、亚洲、非洲等地区，已成为世界性的外来入侵生物。

1980年，中国国家环保总局将福寿螺列为重大危险性农业外来入侵生物之一。

二、红火蚁

红火蚁（学名：Solenopsis invicta Buren）的拉丁名意指“无敌的”蚂蚁，以难以防治而得名。其通用名火蚁，则指被其蜇伤后会出现火灼感。

红火蚁是蚂蚁的一种，属于社会性昆虫，有多个品级，具有生殖能力的雌蚁、雄蚁和工蚁（发育不全无生殖能力的雌蚁）。其中工蚁又可分为一至多型，多型时包括大型工蚁（兵蚁）和小型工蚁。工蚁有腹柄结2个；触角一般有10节，末2节呈锤棒状；唇基两侧有纵脊向前延伸成齿。雌蚁和雄蚁有单眼，雌蚁触角一般有11节，雄蚁触角一般有12节。并胸腹节没有刺或齿。

红火蚁分布广泛，为极具破坏力的入侵生物之一。

三、草地贪夜蛾

草地贪夜蛾（学名：Spodoptera frugiperda）是夜蛾科灰翅夜蛾属的一种蛾。成虫在夜间活动，在植物叶子顶部产约100粒卵，卵阶段能在25℃的温度下持续3天。新孵出的幼虫以卵壳本身为食，然后静置2～10小时。幼虫即毛毛虫更喜欢以新叶为食，由于它们的食性习惯，通常会各自找到一片新叶。幼虫改变皮肤7次，并在最后一次离开墨囊，穿透0.5厘米深的土壤，在那里它们变成蛹。蛹阶段在一年中最热的时期持续10～12天。成虫的寿命约为12天，该有害生物的完整周期仅为30天。

该物种可能正发生同域种化，渐分化为分布地区与外形没有明显差异的两个亚型，其幼虫分别以玉米和水稻为主要食草。草地贪夜蛾在农业上属于害虫，其幼虫可大量啃食禾本科如水稻、甘蔗和玉米之类细粒禾谷及菊科、十字花科等多种农作物，造成严重的经济损失，其发育的速度会随着气温的升高而变快，一年可繁衍数代，一只雌蛾即可产下超过1000颗卵。

该物种原产于美洲热带地区，具有很强的迁徙能力，虽不能在零度以下的环境越冬，但仍可于每年气温转暖时迁徙至美国东部与加拿大南部各地，美国历史上即发生过数起草地贪夜蛾的虫灾。2016年起，草地贪夜蛾散播至非洲、亚洲等地区的国家，并于2019年出现在中国大陆18个省份与台湾岛，已在多国造成巨大的农业损失。

四、薇甘菊

薇甘菊（Mikania micrantha Kunth in Humb. & al.）：菊科、假泽兰属多年生草本植物或灌木状攀缘藤本，平滑至具多柔毛；茎圆柱状，有时管状，有棱；叶薄，淡绿色，卵心形或戟形，渐尖，茎生叶大多箭形或戟形，具深凹刻，近全缘至粗波状齿。圆锥花序顶生或侧生，复花序聚伞状分枝；头状花序小，花冠为白色，喉部呈钟状，有长小齿，弯曲；瘦果黑色，表面分散有粒状突起物；冠毛鲜时白色。

主要生长在潮湿的热带生物群落中。可用于治疗中毒和未指定的医学疾病，作为动物食品、蜜蜂食物和草药来源。原产于南美洲和中美洲，现已广泛传播到亚洲热带地区，成为世界热带、亚热带地区危害最严重的杂草之一。大约在1919年薇甘菊作为杂草在中国香港出现，1984年在深圳发现，2008年来已广泛分布在珠江三角洲地区。该种已被列入世界上最有害的100种外来入侵物种之一。也被列入中国首批外来入侵物种。

第六节 农业技术和推广管理机构

1960年，通衢成立农业技术推广站。逐步开展农作物新品种、新技术的试验、示范、推广工作。主要做好水稻、花生、番薯、茶叶、水果等新品种试验示范推广工作，选择适宜本地种植的优良品种、特色品种进行推广种植，引导当地农民、农业企业、农民专业合作社发展名、特、优、新农产品种植。推广良种良法，试验、示范、推广测土配方施肥技术，病虫害绿色防控技术，水稻“三控”生产技术，地膜花生高产栽培技术、优质稻栽培技术等。

通衢农业技术推广站成立以来，深入开展农业技术指导服务工作，到田间地头，对当地的水稻、花生、黄豆、番薯、水果等主要作物生产进行全程技术指导服务，解决农民在生产中遇到的难题。加强农作物病虫害监测，适时指导农民做好防控。掌握主要农作物病虫害发生情况与发展趋势，准确预测预报，同时加强田间调查与监测，适时指导当地种植户做好农作物病虫草害绿色防控，为粮食丰收以及农业增产增效打下坚实基础。加强农产品质量安全监管服务工作。落实好各项监管服务措施，做好辖区内主要生产基地的水稻、蔬菜、茶叶、水果等质量安全生产知识宣传、培训工作，指导种植户安全用药，合理用药。开展农民培训，提高当地农民科学种田水平。宣传好党的各项方针政策，特别是惠农政策，引导当地种植户调整优化农业生产结构，培育新型经营主体，引导当地种植户注重培肥地力，施用有机肥，种植绿肥，提升土壤有机质，做好土壤酸化治理，做好耕地保护，为当地农业农村持续稳定发展，农民增产增收增效打下坚实的基础。

通衢镇（公社、区、乡）农业技术推广站历任站长：林盛茂、张阳光、叶建林、黄 建

锦归镇（公社、区、乡）农业技术推广站历任站长：陈伟强、罗彩超

第七节 畜牧水产

通衢镇畜牧水产业发达，是县菜篮子工程镇之一。生猪、水牛、山羊、鸡、鱼等养殖业有历史传统，具有一定规模，产量较大。2000年以后，通衢镇调整农业生产结构，推进农业综合开发，加大对养殖专业户的扶持力度，发展龙头企业带动作用，促进养殖户进行专业化、产业化生产经营模式，畜牧业、渔业比重飞速上升。2015年有中型养猪场60多个，养牛场2个，养鸡场8个，水产养殖面积达1.5万亩。

表4-2-2　　通衢镇畜牧业生产情况（一）

年份	猪				牛		
	全年饲养量（头）	年末存栏量（头）	全年出栏量（头）	总肉重量（公斤）	年末存栏量（头）	全年出售和自宰的肉用牛	
						总头数	总肉重量（公斤）
2006	16801	9038	7763	574	2789	418	63
2007	18025	9690	8335	575	2843	423	44.7
2008	14439	6821	7618	529	2118	80	8
2009	18543	9919	8624	618	2876	235	29
2010	18071	9286	8785	642	3021	235	30
2011	18450	9645	8805	634	1840	249	30
2012	9888	4867	5021	380	1845	257	30
2013	16701	8997	7704	577	2762	414	41
2014	16801	9038	7763	574	2789	418	63
2015	16847	9075	7772	583	2804	420	38
2016	18095	9670	8335	624	2904	424	45
2017	18543	9919	8624	618	2876	235	29
2018	18071	9286	8785	642	3021	235	30
2019	18450	9645	8805	634	1840	249	30
2020	18071	9286	8785	642	3021	235	30
2021	18450	9645	8805	634	1840	249	30
2022			10389	820.3		154	18.8

表4-2-3　　通衢镇畜牧业生产情况（二）

年份	三鸟							
	三鸟年末存栏（万只）	鸡（万只）	鸭（万只）	鹅万只）	全年出售、自宰三鸟（万只）	鸡（万只）	鸭（万只）	鹅（万只）
1999	9.00	8.00	1.00		7.00	6.00	1.00	
2000	11.00	10.00	1.00		9.00	8.00	1.00	
2001	13.40	10.90	2.50		12.80	10.30	2.50	
2002	13.95	11.45	2.50		13.30	10.80	2.50	
2003	14.16	11.66	2.50		13.60	11.07	2.53	
2004	14.52	12.47	1.34	0.71	14.27	11.83	1.25	1.19
2005	15.28	12.71	1.35	1.22	14.19	11.83	1.26	1.11
2006	15.29	12.72	1.35	1.22	14.20	11.93	1.27	1.01
2007	12.89	10.73	1.35	0.81	14.80	12.84	1.27	0.70
2008	17.16	11.66	2.50		13.60	11.07	2.53	
2009	18.52	12.47	1.34	0.71	14.27	11.83	1.25	1.19
2010	19.28	12.71	1.35	1.22	14.19	11.83	1.26	1.11
2011	18.29	12.72	1.35	1.22	14.20	11.93	1.27	1.01
2012	16.89	10.73	1.35	0.81	14.80	12.84	1.27	0.70
2013	11.00	10.00	1.00		9.00	8.00	1.00	
2014	13.40	10.90	2.50		12.80	10.30	2.50	
2015	13.95	11.45	2.50		13.30	10.80	2.50	
2016	14.16	11.66	2.50		13.60	11.07	2.53	
2017	20.52	12.47	1.34	0.71	14.27	11.83	1.25	1.19
2018	21.28	12.71	1.35	1.22	14.19	11.83	1.26	1.11
2019	19.29	12.72	1.35	1.22	14.20	11.93	1.27	1.01
2020	21.89	10.73	1.35	0.81	14.80	12.84	1.27	0.70
2021	17.16	11.66	2.50		13.60	11.07	2.53	
2022	55530	46500	5600	3250	118024	74751	33226	9372

一、家禽家畜饲养

民国以前，通衢大部分农村只有地主、富农饲养家畜，家畜出栏量极少。

中华人民共和国成立后，政府允许并鼓励农民饲养家畜，但由于粮食产量低，导致家畜产量不高。改革开放以来，人们饲养家畜积极性提高，家畜种类增多，产量逐年提高。通衢镇饲养家畜种类主要有生猪、水牛、黄牛、山羊、白兔、狗、猫以及鸡、鸭、鹅等禽类。

猪 中华人民共和国成立后，通衢生猪饲养大体经历8个阶段：（1）1950—1957年，私养、自宰自销阶段。（2）1958年秋—1961年，公养公销阶段，即公社、大队、生产队办猪场。（3）1962—1965年，公养派购阶段，即实行按人口派购生猪，可以用谷或钱顶派购任务。（4）1966年后改为私养公助，实行"购六留四"（国家按牌价购总肉六成，留下四成归养猪户支配），生产队对超支户、困难户社员实行养"水利猪"（生产队付给猪本钱和一定粮食及工分后，猪出售时由生产队支配）。（5）1980年后，实行家庭联产承包责任制，生猪恢复私养自销。20世纪90年代以后，因饲养成本高，利润空间小，家庭传统饲养生猪逐年减少。（6）1990年前，通衢的农民有吃猪油的习惯，农民养殖的土猪肥肉特别厚，把肥肉和猪板油用来煎油，用于日常炒菜，是当时农村家庭的主要食用油。（7）1990年后成立龙川县种猪场通衢分场，当时从年存栏100头母猪发展到2020年前3000头以上母猪，从仔猪年出栏量1500头发展到40000万头左右，从而带动了整个通衢镇生猪养殖，从散养户发展到规模户，年出栏量在50头以下有150多户，年出栏量在50～100头的有45户，年出栏量在100～500头的有30户。（8）从2020年国家开展生态环境整治以后，划分适养区、限养区、禁养区。通衢镇经过严格生态环境整治以后，从原来230户养猪户，减少到90户左右，生猪出栏量从原来40000头急降到17000头左右。

牛 旧时，农村农民养牛的目的是用于农业生产，而非宰杀卖肉。通衢镇饲养的牛主要有水牛和黄牛两种，1955—1980年，牛是集体（生产队）所有的生产资料。实行家庭联产承包责任制后，牛为农户私人饲养。进入21世纪后，机械化耕作取替了耕牛，农户不再饲养耕牛，只有少量菜牛。

羊 人民公社期间，通衢镇的公社农场、畜牧场曾有饲养山羊，以肉食为主，数量不多。改革开放后，有部分农村农户发展山羊养殖。

鸡 通衢地区主要饲养三黄鸡，因嘴黄、毛黄、脚黄而得名。鸡是本镇农户必养的家禽，也是各农户一项主要收入。中华人民共和国成立前及初期，农户喂养的都是本地鸡，这种鸡体型小，繁殖快，肉嫩味美，鸡及蛋是滋补品，市场畅销，在农村做珍贵礼物馈赠，家里有客人来时一般都杀鸡招待。大部分都是放养，少数笼养，抗病力较弱，有时鸡瘟流行，无法防治，造成大批死亡。改革开放后，随着农业结构调整的深入及政府鼓励农民搞养殖，农户养鸡的数量增加，并逐步走向专业化养殖。到2012年，通衢累计兴办鸡场10多个，有养鸡专业户40多户。引进优良品种，如三黄鸡、石岐杂、土1鸡、土1.5鸡、土2鸡，具有快长、肉味美、抗病力强的优点。注重科学养殖、防疫及消毒，鸡的存活率及出栏率大大提高。据统计资料记载，通衢1982年末鸡存栏79400只，2022年末鸡存栏55530只，全年出售、自宰74751只鸡。

鸭 通衢地区饲养的鸭主要品种有火鸭、番鸭、泥鸭、北京鸭等。改革开放后，农户极少饲养鸭，只有专业户饲养。

鹅 旧时，通衢地区部分农村有饲养鹅的习惯。改革开放后，已很少有农户饲养。

兔 通衢地区兔的养殖不多。少数群众饲养的兔子，品种有力克司兔、日本大年兔、安哥拉兔、西德长毛兔等，以自繁自养为主。

狗、猫 通衢地区大部分农村有养狗、养猫的习惯，主要是为了看家护院。

二、水产养殖

通衢镇水产业以四大家鱼（草鱼、青鱼、鲢鱼、鳙鱼）为主。18世纪以前，有少数农户在池塘放养鲤、鲫等鱼类。19世纪后主要养殖青、草、鲢、鲮等鱼类。民国时期，通衢地区鱼塘较多，有养塘鱼专业户，但产量不高，上市不多。1951年春，有123户鱼苗繁殖专业户供应全镇，带动全镇水产养殖。通衢镇水产养殖以池塘、山塘、水库为主。全镇有池塘面积1800亩，分布在华新村、玳瑁村、梅东村、太楼村、华城村等17个村。有山塘、水库面积1.35万亩，养殖鱼类大多数以四大家鱼为主。2022年，全镇水产品总产量达676吨。

三、猪品种改良和生猪屠宰

至中华人民共和成立初期，通衢地区一直饲养本地猪。1954年后，推广外来良种，为约克公猪与本地母猪杂交生产后一代，这种杂交猪适合本地饲养，吃粗饲料，抗病力强，生长较快，体型比本地猪大，较重，一头大的猪净重100多公斤，增加了猪肉产量。2000年以后，又引进推广LY母猪与杜洛克公猪繁殖后代，还引进杂交长白猪、原种猪等。这些杂交猪使肉猪品种结构得到优化，猪的体型大、产量高、瘦肉多，农民养猪效益明显提高。

1996年6月后，实施国务院《生猪屠宰管理条例》，实行“定点屠宰，集中检疫，统一纳税、控制批发，分散经营”的政策，2010年以前由通衢食品站和锦归食品站分别负责通衢镇和锦归镇生猪屠宰和供应，2010年至2020年由通衢镇食品站负责生猪屠宰和供应。2021年以后由通衢中心屠宰场负责生猪屠宰，供应通衢、登云两个镇的肉食，日屠宰量为30多头，保障通衢人民食肉的供应和安全。

四、动物防疫

畜牧防疫工作由通衢和锦归畜牧站负责。常见的猪病有猪丹毒、猪肺疫、猪口蹄疫、猪瘟、肠胃炎及食物中毒等。鸡、鸭、鹅主要有禽流感、浆膜炎、肠胃炎等。牛主要有肺炎、胃肠炎、口蹄疫等。防疫站每年两大防疫，全面注射疫苗，平时在市场设点为流通交易的禽畜注射疫苗。农户及专业养殖户自己买疫苗进行防疫。

五、畜牧水产管理机构

2008年以前由通衢和锦归畜牧兽医站负责动物防疫和检疫工作，是自收自支、企业管理的事业单位，主要靠收取防疫费和检疫费来维持运转，村级动物防疫员补助从每年每人500元提高到1000元，2008年5月以后改制为龙川县动物卫生监督通衢分所，是全额拨款事业单位，设立17个村级动物防疫员，属财政补助，每年每员3000元。建立动物溯源检疫开证系统日常产地检疫制度，方便养殖户日常畜禽销售开具动物检疫证明，保障广大群众食品安全和畜禽外输的安全。2021年以后机构改革为通衢镇农林水服务中心。

通衢畜牧兽医站历任站长（所长）：叶征城、孙志标、谢海涛、骆伟进

锦归畜牧兽医站历任站长：叶征城、叶淡庭、叶洪芹、吴仕军

第三章 林业

通衢镇地形属山地丘陵，山地土壤大部分是发育在花岗岩上的红壤，年平均温度约20.5℃，多年平均降水量约1620毫米，气候温和，雨量充沛，适合林木生长。通衢镇森林资源丰富，有林地面积102617.9亩，20世纪50年代后期至80年代初，山林树木砍伐严重，林业生态被严重破坏。1987年，通衢镇响应省委、省政府“十年绿化广东”的号召，制止乱砍滥伐，掀起绿化荒山的行动高潮，封山育林，造林种果。经过几十年的造林绿化，通衢镇山林绿化率得到大幅提升。

中华人民共和国成立前，大部分山林属私山（归私人所有），少部分是众山（归各宗族集体所有），部分是野岭（可由人任意割草、采樵）。

中华人民共和国成立后，按照土改法令，将地主、寺庙、封建公偿的山林予以没收，富农多余的山林予以征收，然后重新分配，将一部分水利山林和较大面积的大山林划归村镇所属，一部分均分给当地农民。1956年，农业社会主义改造运动将各农户私有山林作价入社，收归集体所有。1953年至1957年是我国第一个五年计划时期，全镇贯彻国家“绿化祖国”和“实行大地园林化”要求，落实“谁种谁有，自采、自育、自种和防重预救”的政策，调动群众造林积极性，造林面积大幅扩大。1958年至1960年，在“大跃进”和人民公社期间，浮夸风盛行，特别“大炼钢铁”，林木被大肆砍伐。1961年至1965年国民经济调整时期，林业生产有所恢复。1966年至1976年“文化大革命”期间，推行“以粮为纲”“农业学大寨”，大搞毁林开荒造田，山林面积锐减。1978年至1981年，处于历史转变时期，社、队领导出现思想波动，弱化对林业的领导，群众对落实林业“三定”政策（即稳定山林权、划定自留山、确定林业生产责任制）有误解，加上“文化大革命”遗留下的无政府主义思想未能肃清，导致群众乘机上山乱砍滥伐，大部分山地变成荒山。1985年起，省委、省政府提出“十年绿化广东”的号召，贯彻落实县政府下达的“十年绿化，四年种上树”的造林规划和目标任务，开展全民植树造林、绿化荒山行动，引进大量的湿地松、马尾松等品种，人工培育苗圃，发动干部、群众、学校师生上山植树，经过多年努力，终使荒山重披绿装。至1993年，通衢镇植树造林、绿化荒山工作经省林业厅验收通过。2022年，通衢镇森林覆盖率达到67.9%。

第一节 山林权属

中华人民共和国成立前，通衢山林以私有为主，主要分为公偿山林、地主富农山林、寺庙山林、农民私有山林等。公偿山林，为姓氏或房族所有；地主富农山林，为地主强占或购买的山林，归地主富农所有；寺庙山林，寺庙所在的山林，归寺庙所有；农民私有山林，由农民自己经营；此外，还有一些归村所有的风水山林，以募捐方式购置的茶亭山林，为兴修水利、拦河、筑陂用的水利山林，以及边缘交界的大荒山和远离村庄无人管理的山林。

中华人民共和国成立后，通衢镇进行土地改革，按照土改法令，将封建公偿、寺庙、地主的山林予以没收，富农多余的山林予以征收。然后重新分配，将一部分水利山林和较大面积的大山林划归村镇，一部分均分给当地农民。1956年，农业社会主义改造运动将各农户私有山林作价入社，归集体所有。1958年成立人民公社后，山林权归生产大队所有，由生产队经营管理。以后随着社队的规模变动和县社办林场的需要，部分山林权属也有所变动。

1982年后，随着农村经济体制改革，农业生产责任制进一步落实。通衢镇遵照上级指示精神，开始全面落实林业稳定山林权、划定社员自留山、确定林业生产责任制的“三定”政策，山林权属分别为农户、集体、国营所有。

第二节 封山育林

通衢历来对山林管理都很严格。民国时期，民间设有禁山会或管山会，订有乡规民约，设有山长专管，特别对祖公山、水口山、水利山进行严格管理。中华人民共和国成立后，党和政府十分重视护林工作，制定了一系列的森林保护方针、政策和法令，成立各种组织，采取各种措施，大力开展封山育林工作，做到“三分种、七分管”。根据不同的林类，采取全封、半封或轮封，制定乡规民约，加强山林管理，封山育林。

1952年，通衢镇封山育林任务为4000亩。1961年下半年，国家印发《关于确定林权、保护山林和发展林业的若干政策规定》和《森林保护条例》，龙川县人民委员会于同年10月作出《立即制止乱砍滥伐林木，保护、发展森林和木材管理几项规定》，通衢镇积极响应封山育林运动，落实封山面积，设立林业工作站，村配备专职护林员，有效制止乱砍滥伐林木歪风。20世纪80年代末，通衢镇响应国家号召，掀起绿化荒山行动高潮。此后，党委、政府加强山林管理，常设护林工作站和护林员。2020年底，实行机构改革，将林业站并入农林水服务中心。2022年，全镇有农林水服务中心1个，护林员29名，半专业扑火队员22名。

第三节 植树造林

中华人民共和国成立后，县政府于20世纪50年代建设多个苗圃场，如1950年的梅村苗圃场、1952年的龙母苗圃场、1954年的涧洞苗圃场、1956年的通衢苗圃场、1957年的车田苗圃场、十二排苗圃场和壮士苗圃场、1959年的铁场苗圃场等，培育树苗供全县植树造林。特别是1987年后“十年绿化广东”时期，各镇都有育苗基地。育苗的品种主要有：

20世纪50年代：桉树、油桐、苦楝、松树等；60年代：桉树、油桐、台湾相思树、松树、杉树、果树等；70年代：杉树、油茶、果树、桉树、苦楝、松树等；80年代：油茶、杉树、檫树、樟树、荷树、果树、松树等；“十年绿化广东”时期：湿地松、杉树等。植树造林的组织形式：一是组织政府机关干部带头植树造林；二是发动生产队群众集体造林；三是兴办社队林场及林业专业队；四是飞机播种造林，1969年至1985年，全县飞机播种造林共7次，面积达150万亩，其中1969年首次飞机播种造林，涉及通衢镇的山地达5万多亩。

1985年10月，省委、省政府制定了“五年消灭荒山，十年绿化广东”的决策，11月作出《关于加快造林步伐，尽快绿化全省的决定》，实施造林绿化，消灭荒山，治山致富。之后，南粤大地迅速掀起一场声势浩大的“绿色革命”。通衢镇贯彻落实县政府下达的“十年绿化，四年种上树”的造林规划和目标任务，开展全民植树造林、绿化荒山行动，引进大量的湿地松、马尾松等品种，人工培育苗圃，发动干部、群众、学校师生上山植树，经多年努力，终使荒山重披绿装。到1990年，通衢镇基本上消灭了宜林荒山，实现了十年绿化荒山的第一期目标，山林面积达到102617.9亩。

1991年3月，中共中央、国务院授予广东“全国荒山造林绿化第一省”称号。同年6月，省委、省政府又作出《关于继续奋战五年确保如期绿化广东的决定》，全省造林绿化工作转入以绿化达标为主的阶段。各地继续抓造林绿化工作，培育山林，补植残林空地，调整林种结构。至1993年，龙川县造林绿化工作经省林业厅验收通过。

第四节 护林防火

长期以来，通衢人民群众习惯在秋冬季节铲田坎、山脚田边烧火积肥等，往往容易引起山火，蔓及山林，造成严重损失。

中华人民共和国成立后，通衢镇设立护林防火机构，配备专职人员。1954年以后，大力宣传“护林有功者奖，毁林者罚”政策，制定护林防火乡规民约和措施。

1957年，通衢镇贯彻“防重于救”的护林防火方针，规定山上用火“五不烧”（未经批准不烧、防火线不够10米宽不烧、没有足够人力看守不烧、刮风天气不烧、无备足灭火工具不烧）。同时，充实护林防火队伍，有效减少山林火灾。1958年冬人民公社化后，公社、大队进一步加强护林防火工作，增加护林人员，在执行“五不烧”的同时，又增订“六禁止”（禁止烧田坎举坎，禁止在山上丢烟头、火尾，禁止烧山赶野兽，禁止在山上烧黄蜂、蛇鼠，禁止在山林中煮饭和烤火取暖，禁止点火把进山），山林火灾逐渐减少。

“文化大革命”初期，护林防火工作一度受到干扰。1973年4月，龙川县革命委员会加强护林工作领导，发出《关于充实健全护林防火指挥部》的文件，要求各地做到家家户户遵守护林防火的乡规民约，做到“五不烧”“六禁止”。

中共十一届三中全会后，通衢镇将护林防火作为保护森林资源的一项重要措施，不断完善护林防火机构，充实森林消防人员，组织各村群众成立灭火队，并制定预防预案及奖罚措施，对当年没有发生山火的村居给予精神和物质奖励。1983年以后，提出“封山育林”，加强山林管进。进入21世纪以来，通衢镇强化森林防火责任制，与各村签订森林防火责任书，人民群众防火意识大幅提高，山林火灾逐年下降。

第五节 林业经营

长期以来，通衢镇当地由于人多山少，群众生产生活用火的燃料，以山上鲁萁（学名铁芒萁）为主，少量烧柴及草。采割山上蕗基，一般是在收割完冬禾之后，生产队将集体山上的蕗基按人口分给农户采割，作为农户来年一整年生产生活的主要燃料。相对其他乡镇，通衢镇本地其他森林产品较少，主要是木材、柴、炭、桐油、水果、茶叶等。

1952年开始，国家加强森林资源管理，制定林业管理政策。木材采伐要请示报告，10株以下的报乡政府批准，11～30株的报区政府批准，30株以上的报县政府批准。1954年开始将木材纳入国家计划，各级林业部门是国家经营木材的管理机构。原木、原条、枕木以及各种板材、枋材、纸材均由林业部门统一收购，除商业部门按计划收购小材外，其他任何机关、部队、学校、团体、企事业单位和个人一律不准到林区或国营林场自行采购木材。对擅自进入林区收购木材的，其所收购的产品，由当地林业部门按低于国家收购牌价予以收购。20世纪70年代后，木材被纳入国家二类商品。为堵住木材管理漏洞，整顿木材加工厂，大队和生产队一级不准办木材加工厂。此外，加强木材市场管理，严禁木材在农贸市场自由交易。随着全国经济体制改革的不断深入，木材经营管理也进行了改革。1985年1月，中共中央、国务院制定了“关于进一步活跃农村经济的十项政策”，其中第三条规定：集体林区取消木材收购、开放木材市场、实行议价议销。从此结束了传统的木材经营模式，木材经营全面开放。2006年，通过市政府招商引资在通衢镇种植速生林约2.65万亩。2020年市人大通过议案，改种本土树种，逐步减少速生林。

第六节 林业管理机构

1954年县政府设立林业科，1958年成立龙川县林业局。通衢镇未专设林业行政机构，一直以来由镇人民政府指定专人负责林业工作。从1985年开始，林业部决定在乡镇设置林业工作站，配备林业工作人员，通衢域内的通衢区公所、锦归区公所都配备林业干部。20世纪90年代中期，通衢镇、锦归镇分别设立林业工作站。镇林业站的主要职责是：宣传与贯彻执行《森林法》和林业方针政策；协助当地政府制定林业长远规划和年度计划，指导和组织农村集体、个人发展各项林业生产经营活动；按照上级林业主管部门的安排，配合林业调查设计单位开展林业资源调查工作，负责造林检查验收、林业统计和森林资源档案管理，掌握乡（镇）辖区内的森林资源消长变化情况；核定并落实农村集体和个人的年度采伐指标和砍伐点，依照有关规定检查、监督本乡（镇）的林木定点采伐、运输和销售；协助有关部门调处山林纠纷，查处毁林案件，维护森林资源的安全；传播林业科学技术，总结和推广林业生产先进经验，协助组织开展林业技术培训、技术咨询和技术服务；按照国家有关规定，代收林业专项基金和其他费用，协助上级主管部门管好用好当地各项林业资金。2020年10月成立通衢镇农林水服务中心。

通衢镇林业工作站历任负责人：张培琴、叶　辉、江德威、陈剑锋、陈大浩、李均增、刘　俊

锦归镇（乡）林业工作站历任负责人：叶秉禄、李伟东

第四章 水 利

中华人民共和国成立前，通衢农田水利设施非常落后，水利工程少、规模小、标准低、抗御水旱灾害能力差，常遭洪涝灾害。全镇只有一些蓄水工程和引水工程，没有提水工程。蓄水工程多为平塘，养鱼为主兼顾灌溉农田，水陂则多为木桩陂，灌溉面积不多，易被洪水冲毁，保证率较低。农业灌溉用水主要靠自然水和极少的水车，遇到干旱枯水年则靠手摇、脚踏水车、戽桶等提水解决。

中华人民共和国成立后，通衢发动民众，大搞农田基础设施建设，大兴水利建设，兴建县属上板桥水库（中型）1座，小（二）型水库2座、山塘4宗、水陂1宗，加强农田水利蓄水和引水能力；实施改河工程，使5000亩耕地免受洪涝灾害，并扩大耕地490亩；建设鹤市河碧道工程，打造广大人民群众喜游乐到的生态空间；落实生态、移民政策，保障人民群众权益。

第一节 蓄水工程

一、中型水库

上板桥水库属龙川县中型水库，位于儒南河下游龙牙礤，距县城老隆镇11公里。1958年10月开始兴建，历经7年建成库区工程。始建时称龙牙礤水库，后改称上板桥水库，建库时库址位于原通衢公社三联大队。水库大坝坝址地质属花岗岩，大坝为土质坝，高32米，另浆砌石防浪墙高0.8米，坝面长220米，底长25米，面宽5米，底宽210米。水库按100年一遇洪水设计。水库集雨面积为23平方公里，最大库容为1333万立方米，正常库容为1080万立方米，垫底库容为220万立方米。溢洪道全长489.7米，并建4米×7米弧形钢闸门1座。完成总土方114.4万立方米、石方2.8万立方米，用去水泥2247吨、钢材86吨、木材220立方米，劳动力122.1万工日。总投资253万元，设计灌溉面积7550亩，实际灌溉面积3500亩。水库淹没耕地1500亩，迁移人口253户1280人，拆迁房屋40630平方米。

1960年，上板桥水库曾发生一次水库险情。当时水库有漫坝危险，且在距涵出口20米处冲决渠堤，威胁大坝安全。当时的县委副书记郑伯坤、副县长陈超赶赴水库指挥抢险，动员机关、学校、附近公社大队社员投入战斗，日夜突击加高土坝，开挖溢洪道，堵塞涵口减小出水流，建一座宽2米、长150米的木陡槽，把涵口排出的水引到下游。还请解放军工兵连前来支援，爆破开挖出一条50米长的临时溢洪道。投入抢险人数7000人，历时7天，终于战胜洪水，度过险关。

1965年春，动工兴建上板桥至涧洞渠道工程，渠道长24.7公里，计划灌溉农田7550亩。后因管理不善，渠道只通水至官坑，只灌3500亩，官坑以下渠道多被毁坏废弃，第三级水电站建成后未正式投产，即被置弃不用。

1969年，兴建库尾引水工程，将葛藤村桃子坑等地集雨面积2.3平方公里的水量，以及儒南至华新的灌渠除灌溉需水外的多余水量引入水库。引水渠长700米，其中有一座长63米的隧洞，引水量可达3秒立方米。

1985年和1989年，县水利局对水库进行两次除险加固。

1992年冬，增建水库到水贝新城开发区供水工程，年供水360万吨，供应人口10万人。

2000年，实施水库安全加固工程，主要工程项目有大坝水泥加固，新建管养房、进库公路、坝后电站、溢洪道、输水廊道改造，环境美化等，分三年实施。至2003年，全部工程竣工，总投资2296万元。

上板桥水库建有二级水电站：一级水电站，第一台304千瓦机组于1963年7月投产，第二台304千瓦机组于1964年5月建成。二级水电站于1975年5月建成，装机共4台，总容量1800千瓦，年发电量540万千瓦时。

二、小（二）型水库

通衢有小（二）型水库2座，分别为松塘水库和白坟坑水库。

1.松塘水库 位于通衢镇玳瑁村，东经115度26分2秒，北纬24度0分45秒。距县城老隆镇26公里，离通衢墟镇10公里。松塘水库于1959年9月10日动工兴建，于1960年10月1日竣工。松塘水库属韩江支流锦归河上游，坝址以上集雨面积F=2.11平方千米，是一座以灌溉为主，兼顾防洪、养殖等综合利用的小（二）型水库。

水库正常蓄水位296.50米（56黄海高程，下同），相应库容33.4万立方米；死水位288.50米，相应库容4.60万立方米；设计洪水位296.98米；校核洪水位297.17米；总库容38万立方米。排灌面积1000亩，下游受益人口2200人，耕地1000亩。

2.白坟坑水库 位于通衢镇寨背村，东经115度22分07秒，北纬24度2分28秒。距县城老隆镇26公里，离通衢墟镇2.5公里。白坟坑水库于1958年9月1日动工兴建，于1959年10月1日竣工，白坟坑水库属于韩江流域，位于韩江支流鹤市河上游，坝址以上集雨面积0.25平方千米，干流河长L=0.5千米，干流坡降J=0.021，是一座以灌溉为主，兼顾防洪、养殖等综合利用的小（二）型水库。

正常蓄水位249.15米（85高程，下同），相应库容9.5万立方米；死水位243.15米，相应库容0.5万立方米；设计洪水位249.28米；校核洪水位249.94米；总库容11万立方米。现排灌面积为580亩，下游受益人口800人，耕地520亩。

三、山塘

通衢镇的山塘，绝大部分都是于20世纪五六十年代修建的。目前通衢镇拥有较大的山塘4宗，分别为张马坑、长坑、荒塘、大坑里山塘，总库容5.8万立方米，控制集雨面积8.45平方千米。这些山塘建成后，减轻防洪压力，保证下游群众工农业生产和生活用水，为通衢镇经济的可持续发展提供一定水源保障。

第二节 引水工程

通衢域内各村都筑有大小不一的拦水水陂，再将水陂的蓄水引出灌溉农田。重点水陂有广福陂、黎公陂、曲龙陂、蛇头嘴陂、响水陂、苏茅田陂、鸭嫲陂、南门塘陂、径口陂、丰联陂、造潭陂、雷公陂、红龙陂、寮背陂、碧嘴陂、石人潭陂、仙人潭陂、桐木陂、冷水陂等。

广福水陂（又称大河头水陂）于1962年冬动工兴建，至1964年春建成，为浆砌石混凝土结构，陂高3米，长99米，灌溉面积约5000亩，渠道分东西干渠，东干渠长4.5公里，灌广福、旺茂及登云镇天云村；西干渠长4公里，灌梅城、梅东及登云镇新街、东山村。广福水陂建成后，下游木桩陂即行拆除，河床随之降低，减轻了下游洪患，免去了每年整修木桩陂的负担。1962年冬至1963年春，兴建两岸渠道工程及各长10米的陂身，1963年冬兴建河中间部分约80米的陂身。整个工程（包括灌溉渠），共完成浆砌石4641立方米，混凝土522立方米，干砌石364立方米，土方6.05万立方米，木材340立方米。总造价25.95万元，其中国农投资11.0万元，自筹14.95万元（含以工抵款），使用劳动力9.23万工日。2005年6月20日，全镇遭受百年一遇的洪涝灾害，该水陂被洪水冲毁。2007年，在广福桥往下游方向约200米处重建新的广福水陂。

第三节 河堤工程

通衢镇集雨面积在50平方千米以上的河有：一是韩江一级支流五华河支流之鹤市河通衢段，包括双寨村段、寨背村段、广福村段、梅城村段、梅东村段（集雨面积为53.96平方千米，河段长3.28千米）。二是韩江一级支流五华河支流之鹤市河支流锦归河，包括太楼村段、玳瑁村与玳峰村段、锦太村段、高湖村段、锦归村段、旺茂村段、广福村段（集雨面积为50.00平方千米，河段长20.25千米）。

通衢镇集雨面积在50平方千米以下的河：一是东江二级支流儒南河，包括儒南村段、葛藤村段、上板桥水库尾（集雨面积为17.232平方千米，河段长6.18千米）；二是韩江二级支流华城河，包括葛藤村段、华城村段、梅城村段（集雨面积为8.851平方千米，河段长9.64千米），三是韩江二级支流旺宜河，包括旺宜村汇入鹤市河（集雨面积为4.59平方千米，河段长2.77千米）。

一、河道整治

通衢镇主要河流鹤市河，属韩江水系，是梅江上游二级支流，五华河一级支流。河流的河床坡降比较陡，水流湍急，两岸冲刷严重，造成河道越冲越弯。有“三十年前河东，三十年后河西”的俗话，是对河道频繁变迁现象的概括。中华人民共和国成立前，因土地私有，在筑堤防洪、整治河道上，缺乏统一规划和技术指导，加上常因姓氏、宗族间的矛盾，上下游之间、一河两岸之间经常发生纠纷，甚至发生械斗，所筑河堤标准低，无法抵御洪水的侵袭，灾害频仍，形成河堤年年被洪水冲刷，民众年年筑堤现象。当地农民称：“沙做陂，硬笃笃，水过陂，刮到脚。”中华人民共和国成立后，以裁弯取直的形式，开展河道整治工程。

鹤市河主河段的改河工程：1961年冬改直社坑、双寨段，东岸从社坑至双寨，西岸从大佳黄沙至寨背，老河长2140米，新河长1770米，新河宽80米，筑堤高3.5米。

1976年冬至1977年改直通衢河段，从广福桥至登云东山水口，将河道改弯截直，老河长6920米，新河长4700米，底宽68米，堤高4米。防洪标准为10年一遇。附属工程有机耕桥2座、行人桥3座、跌水1座、涵闸12座。迁移人口88户677人，拆迁房屋500多间，工程受益农田5000亩，可扩大耕地面积490亩。此工程于1976年10月动工，完成土方1187万立方米，石方31万立方米，浆砌石1.64万立方米，混凝1223立方米，至1977年春完成开挖新河道任务。同年秋，完成老河道平整造田工程，扩大耕地490亩，后又进行多次河堤治理，使5000余亩耕地免受洪涝灾害。

二、碧道建设

2020年7月5日开始建设河源市龙川县鹤市河万里碧道。建设范围是流经鹤市镇、通衢镇、登云镇的鹤市河河段，水岸线长8.7千米，其中通衢镇境内长3.27千米。通过建设碧道，打造“水清岸绿、鱼翔浅底、水草丰美、白鹭成群”的生态廊道，努力创建广大人民群众喜游乐到的美好生态空间。碧道于2022年4月1日竣工。

第四节 水库移民

通衢镇水库移民属于上板桥水库和黄江水库移民。通衢镇水库移民在册享受扶持的有2457人，主要分布在葛藤村10个经济合作社，有1267人；华新村5个经济合作社，有1067人；华城村石简经济合作社，有123人。其中葛藤和华新移民属于1958年上板桥水库移民，华城村移民属于1968年7月黄江水库移民。

水库移民的扶持政策，属2006年6月30日之前核登的现有农业人口移民，享受连续20年经济补助（每人每年600元）的扶持。此外，上级主管部门和县级财政还下拨一定资金，为移民兴建惠民设施，改善移民生活环境。

第五节 水利管理机构

通衢镇水利会于1973年成立，主要职责：1.负责本辖区内水利法律、法规知识的宣传；2.负责镇内各类水利工程建设及堤防、山塘坝兴修等工作；3.配合相关单位做好以资代劳及水规费征收的前期准备工作；4.申报工程项目编制，预算及防汛、抗旱预案编制等工作；5.负责本辖区内堤防管理；6.负责本辖区的水源管理及抗旱、排涝工作；7.配合实施辖区内的农村安全饮用水工程项目。

2003年，通衢镇水利会更名为通衢镇水利站。2013年机构改革，通衢镇水利站改为通衢镇水利管理服务所。2021年，通衢镇水利管理服务所并入通衢镇农林水服务中心。

通衢镇水利管理站历任站长：陈俊强、张木桓、叶春泉、张笑巧

锦归镇（乡）水利水电管理站（会）历任站长（会长）：叶春泉

第五章 生态环境保护

2002年，通衢镇成立环保站。2017年，通衢镇环保站与通衢镇住建办合并成立通衢镇村镇建设和生态环境环保站，2022年改为通衢镇生态环境保护办公室，其职责主要有：负责生态环境保护、人居环境整治、镇容镇貌整治维护、镇村规划建设；负责水环境污染防治、大气污染防治、土壤环境保护、饮用水水源地保护、畜禽养殖污染防治、农业面源污染治理和工矿污染监管等方面工作；组织开展生态环境保护宣传教育、生态示范区建设、重要生态环境建设和生态破坏恢复工作，推行生态环境保护各项制度，负责编制本镇生态环境保护计划并组织落实；承担建设规划的编制和报批，负责基础设施建设和维护、乡道村道公路建设养护管理、园林绿化、镇容环卫、生活污水和垃圾处理等工作；会同镇相关机构和派驻机构做好违法占地和违法建设管控等工作；完成党委、政府及县生态环境保护部门、县城市管理和综合执法局、县自然资源局、县住房和城乡建设局、县交通运输局交办的其他任务。

在污水治理方面，截至2021年，通衢镇17个行政村，建设好村级污水处理设施共15个，分别是梅东、广福、华城、华新、儒南、葛藤、高湖、双寨、寨背、旺宜、旺茂、玳瑁、锦归、锦太、太楼。

在畜禽养殖方面，通衢镇综合采取全面摸排、组织宣讲、依法取缔、加强巡查的“四步走”战略，依法、科学、合理、有效抓好养殖业整治工作，打击非法养殖等污染环境行为，2021年，依法关闭或拆除禁养区内非法养殖场52家。

在水环境污染防治方面，通衢镇全面铺开“河长制”工作，建立健全镇、村两级河长常态化巡河制度，全面开展水浮莲、垃圾等水面漂浮物清理整治工作。成立通衢镇鹤市河水环境综合治理小组、通衢镇保护“母亲河”志愿服务队，进行日常河道清理、开展“清漂”专项行动，保障鹤市河（通衢段）、锦归河、华城河水质提质增效。

在大气污染防治方面，通衢镇推行“阳山经验”，建立镇、村、村民小组三级网格化管理责任体系，实行镇领导挂点联系村森林防灭火工作责任，加强露天焚烧管控，禁止任何单位和个人擅自露天焚烧生活垃圾、秸秆及杂草等，要求护林员队伍和半专业扑火队伍、镇村干部要加强巡查巡逻，开展露天焚烧巡检，发现一宗扑灭一宗。

第六章 扶贫和乡村振兴

中华人民共和国成立后，通衢人民翻身得解放。随着社会生产力的提高，特别是实行改革开放政策之后，广大群众的生活逐步改善。但是，由于缺乏或丧失劳动力、鳏寡孤独、疾病等原因，仍有一部分家庭处于贫困状况。截至2008年，经过进村入户摸查，全镇建档立卡贫困户465户1193人（其中：一般贫困户132户566人、低保贫困户194户487人、“五保”贫困户139户140人）。为了帮助这些贫困户早日摆脱贫困，通衢镇按照省、市、县的部署，分期分批（从“双到”扶贫到“精准扶贫”）实施有计划、有组织、大规模的农村扶贫系统工程。同时，启动实施乡村振兴战略。

“双到”扶贫，是指扶贫开发“规划到户、责任到人”，是广东省委、省政府从广东经济社会发展全局出发，针对我省区域发展不平衡、城乡和贫富差距不断拉大等问题，创造性地提出的重要战略举措，于2009年正式部署和实施的有组织、有计划、大规模的农村扶贫系统工程。“双到”扶贫自2009年起至2015年结束，共实施了两轮（查《广东省“双到”扶贫模式》）。通衢镇“双到”扶贫的省定贫困村共有7个，其中：第一轮有6个村，分别是梅城村、广福村、高湖村、太楼村、华新村、双寨村；第二轮有葛藤村。在县委、县政府的领导和省、市、县帮扶单位的大力支持下，通衢镇被帮扶村在交通、农田水利、教育、医疗卫生等公共基础设施建设取得了历史性突破，产业扶贫取得较大发展，发展贫困户油茶林164亩，就业帮扶得到了推进，群众致富能力得到提高，基层组织建设得到夯实，被帮扶村经济社会发展得到了强劲动力。截至2015年，被帮扶村集体经济收入达16.12万元，82户有劳力贫困户年人均收入9543元，均已脱贫。

表4-6-1 通衢镇“双到”扶贫情况

轮次	贫困村	贫困村类型	对口帮扶单位	驻村第一书记	驻村工作队人数	帮扶时间	帮扶效果
1	太楼村	省定贫困村	广东画院	李春鸣	1	2009年—2012年	脱贫
1	高湖村	省定贫困村	中粮河源市分公司	钟新光	2	2009年—2012年	脱贫
1	广福村	省定贫困村	深圳市宝安区龙华街道办	李国龙	2	2009年—2012年	脱贫
1	梅城村	省定贫困村	深圳市宝安区龙华街道办	李国龙	2	2009年—2012年	脱贫
1	双寨树	省定贫困村	龙川县农委	杨振林	2	2009年—2012年	脱贫
1	华新村	省定贫困村	龙川县委办	丘祥福	2	2009年—2012年	脱贫
2	葛藤村	省定贫困村	广东省工业和信息化厅	范国良	2	2013年—2015年	脱贫

“精准扶贫”来自2013年11月习近平总书记到湖南湘西考察时，首次作出的“实事求是、因地制宜、分类指导、精准扶贫”的重要指示。2014年1月，中央办公厅详细规制了精准扶贫工作模式的顶层设计，推动了“精准扶贫”落地。2017年10月18日，习近平总书记在党的十九大报告中提出乡村振兴战略。党的十九大报告指出，农业农村农民问题是关系国计民生的根本性问题，必须始终把解决好“三农”问题作为全党工作的重中之重，实施乡村振兴战略。

2016年，通衢镇开始实施精准扶贫工作。对省定相对贫困村，由省、市、县分批派驻村第一书记和工作队进行帮扶，驻村时间一般为三至五年。2017年，重点开展精准扶贫暨新农村建设工作。围绕精准识别、精准施策、精准帮扶、精准脱贫的工作要求，至2018年3月，确定全镇相对贫困户573户1530人，其中：一般贫困户52户193人；低保贫困户324户1139人；“五保”贫困户197户198人。省定相对贫困村4个，分别是梅东村、华城村、旺宜村、锦太村。2017年基本完成新农村示范村建设的“三清三拆三整治”阶段的工作。

2018年，重点开展精准扶贫暨新农村建设工作。一是落实农村义务教育和建档立卡贫困学生生活补助政策；二是落实最低生活保障和医疗救助政策，在低保、“五保”贫困户落实兜底方面，低保、“五保”贫困户落实兜底率100%，医疗救助方面落实率100%；三是落实基本医疗、大病保险和养老保险政策，建档立卡贫困人口2019年基本合作医疗参保率已达到100%，16至60周岁贫困户参加2018年养老保险以及60周岁以上享受养老金待遇的参加及领取率为100%；四是落实危房改造政策。2018年通衢镇纳入危房改造计划共38户，工程完成率已达100%。此外，通衢镇还开展了三大类扶贫重点工作：一是产业扶贫工作，全力推进种养产业扶贫、资产扶贫、光伏扶贫等产业项目。华城发展种植黑米稻产业，采取“企业+农户+技术”的订单生产模式，建立优质黑米产业生产基地、蔬菜种植基地；梅东村有机养殖麻鸭12000只，用于制作松岗腊鸭；锦太村建设百香果种植基地，并聘请贫困户管理基地；玳瑁村大力恢复本村传统产业种植、加工杭白菊；旺茂村发展种兔养殖；锦太村、旺宜村、玳瑁村、玳峰村建设村、户光伏电站，华城、梅东、旺宜、儒南、旺茂、锦归、寨背投资参股格尔美珠宝首饰有限公司、华城三品合作社、稔坑水电站。二是就业扶贫，为扶贫系统内有就业意向的贫困人口安排工作。三是金融扶贫（小额贷款）。

2019年，根据上级的工作部署，始终把精准扶贫脱贫攻坚作为“一把手”工程来抓，坚持以“基础设施、产业扶持、民生保障”为重点，积极争取项目扶持，多方筹措帮扶资金，建立健全扶贫机制，强化落实扶贫责任，扶贫工作取得了一定成效。一是全镇建档立卡适龄儿童九年义务教育入学率达99%以上。二是扎实推进产业扶贫，推进种养产业扶贫、资产扶贫、光伏扶贫等产业项目。三是积极开展就业扶贫与培训、金融扶贫。四是继续大力推进消费扶贫。五是大抓党建促扶贫，从机关中选派年轻干部担任村扶贫作战专员，进一步充实镇级脱贫攻坚力量。2019年底，全镇贫困人口均已达到脱贫标准并按程序退出。经过复核，全镇贫困人口“八有”指标全部达标。2019年底，贫困村“十项”指标全部达标并按程序退出。坚持现行脱贫标准，确保稳定实现“两不愁三保障”。推进减贫工作，巩固脱贫攻坚成果，防止返贫，及时做好返贫人口和新发生贫困人口帮扶，结合每户家庭情况制定了帮扶措施，落实低保、大病救助、公益性岗位等相关政策与措施。

2020年，通衢镇围绕乡村振兴，坚持打赢脱贫攻坚战，集中力量全面完成剩余脱贫任务。2020年累计召开扶贫工作会议36次，书记遍访累计完成贫困户456户。贫困户反映问题88个，已解决88个。至2020年，通衢扶贫工作取得重大成效，全镇7个省定贫困村、4个省定相对贫困村全部摘掉了贫困村的帽子，建档立卡的贫困户465户1193人全部脱贫。乡村振兴计划项目也取得重大进展。

2016年至2020年，通衢镇累计产生161个扶贫资产，总计3721万元，其中：公益性扶贫资产124个2307万元；经营性产业扶贫资产3个109万元；资产收益性扶贫资产（含光伏）34个1305万元。161个扶贫资产按照相关要求已全面完成资产登记、确权，印发确权登记书，并制定了《龙川县通衢镇扶贫资产管理办法（试行）》。针对公益性扶贫资产，明确运行管护规范，指定人员进行管护；针对经营性扶贫资产，梳理规范相关合同，明确资产所有权、收益分配权，保障贫困户长久稳定收益，初步形成了一套符合当前实际的扶贫资产管理模式。通衢镇累计到账“6·30”扶贫资金1157.9241万元，用于投资入股华城三品合作社、格尔美珠宝首饰等公司438.0142万元，“以奖代补”发展种养产业项目437.9565万元，建造光伏项目281.9534万元。各级财政专项扶贫资金580万元（面上村10万扶贫资金），用于基础设施项目484万元，投资入股项目96万元。目前，所有扶贫资金到位并按项目建立了项目讨论、公示、审批、实施等台账资料。

2021年，通衢镇扎实开展“三清三拆三整治”、农村人居环境整治“百日行动”。是年，完成“三拆除”1.74万平方米；完成村委会通自然村道路硬化110.32千米；完成自然村村内道路硬化119.01千米。完成55个自然村1.04万户集中供水项目；新建公厕24座，完成户厕整改63户。年内，55个自然村建立垃圾收运处理体系，建立垃圾收集点462个，55个自然村建立保洁队伍，配备保洁员47人，统一制作垃圾屋46个；完成55个自然村分散式雨污分流管网建设；完成“四小园”建设110余处。是年，全域推进农村人居环境综合整治，累计拆除破旧泥砖房2377间374094平方米，全镇55个自然村基本完成“三清三拆三整治”工作。全面铺开“四小园”建设，因地制宜打造示范点110个，“四小园”建设走在全县前列。

2022年，农村基础设施加快完善，村内道路硬化、集中供水和生活垃圾处理基本实现全覆盖，农村生活污水处理设施建设有序推进。55个自然村完成雨污分流建设，基本实现雨污分流全覆盖。“厕所革命”加快推进，无害化卫生户厕普及率达100%。

加快推进华城等4个省定贫困村创建社会主义新农村示范村建设以及广福村市级生态宜居美丽乡村示范村建设，锦太村入选广东省“一村一品、一镇一业”专业村。乡村振兴“三年取得重大进展”目标基本实现。

表4-6-2 通衢镇“精准扶贫”情况

贫困村	贫困村类型	对口帮扶单位	帮扶工作队队长及帮扶时间	驻村第一书记及驻村时间	驻村工作队人数	帮扶效果
梅东村	省定相对贫困村	深圳市宝安区松岗街道办	周文斌(2016—2017) 吴文源(2017—2018) 黄亮杰(2019—2020)	罗辉建(2016—2018) 管东辉(2019—2020)	4	脱贫
旺宜村	省定相对贫困村	龙川县人民政府办公室、龙川县供销总社	袁　荣(2017—2020)	戴志华(2016—2020)	2	脱贫
华城村	省定相对贫困村	深圳市宝安区燕罗街道办	邹思忠(2016—2018) 张见笑(2019—2020)	黄仕忠(2016—2020)	4	脱贫
锦太村	省定相对贫困村	深圳市宝安区城市更新局、河源市中级人民法院	刘师凡(2016—2018) 罗文斌(2019—2020)	赖伟忠(2016—2018) 顾党辉(2019—2020)	2	脱贫

第五篇 工业·交通·电力·邮政通信

第一章 传统工业

中华人民共和国成立前，通衢仍处于农耕时代，农民生产生活以自给自足为主，工业基础非常薄弱，很少有工业产品，只有一些手工业和手工作坊。主要有手工纺纱织布、染坊、打铁店、烧制陶瓷器、小石灰窑、烧制砖瓦窑、酿制酒及制酒饼作坊、车衣店、木材加工、榨油、镶牙、修钟、钉秤、裁缝、理发等手工业。

中华人民共和国成立后，通衢工业由家庭手工业发展到厂房及生产设备、管理较完善的工业企业，逐渐形成由镇（公社、区）办、村（大队）办、个体多种体制组成的工业体系。工业产品种类、产量、产值逐步增加，发展较快。镇（公社、区）办集体企业主要有水力发电站、畜牧场、林场、粮食加工厂、木材加工厂、车衣社、农机厂、石灰厂、塑料厂、红砖厂、建筑队等；村（大队）为集体企业主要有缸瓦厂、茶场、松香厂、粮食加工厂等；个体企业主要有炮竹厂、酿酒厂等。镇（公社、区）设立企业办，由一名领导分管，配备主任、会计、出纳各一人。

1978年实行改革开放后，随着生产关系的调整，农民群众除耕种责任田外，剩余的劳动力转向工业、建筑业、交通运输业和服务业，极大地提高了干部群众的生产积极性，从而促进农村经济快速发展，一度形成乡镇企业、民营企业一起发展态势。20世纪90年代后，特别是进入21世纪，中国加入世界贸易组织后，随着社会主义市场经济的发展，工业化、城镇化加速推进，珠三角地区和大城市对劳动力的需求日益旺盛，形成大量农村富余劳动力跨省转移、举家迁移以及长期在城市居住，本地的乡镇企业、民营企业大大萎缩。

1999年，通衢镇对乡镇企业产业结构进行调整：关闭锦归水泥厂；对理发店、车衣社、铁业社、洋锡店、旅店、饭店、榨油厂、碾米厂等集体企业实行承包经营或拍卖给私人经营；对有市场的企业，如厂、矿、站、建筑队等采取租赁承包或股份制方式经营。

第一节 传统手工业

一直以来，通衢镇都有从事手工业的传统，作为除种养业之外的一种副业，目的是增加家庭经济收入，维持家庭生活的消费，将产品投于市场，交易一般在集市进行。

通衢镇的传统家庭手工业主要有：

一、织布、制衣。20世纪60年代以前，很多家庭都有种植棉花、苎麻的习惯，以棉花、苎麻为原料，靠木制织布机织制土布、蚊帐布，再用这些布料缝制成衣服、被单、蚊帐。

二、竹编。竹编是双寨村的传统手工业，各家各户都有一套编织工艺，有“斗笠花”之称，编织的斗笠、箩、畚箕等竹编用品在周边集市销售，竹编工艺成为双寨村各家各户主要副业收入来源。

三、木工和油漆。旧时很多家庭用具都是木制品，如桌、椅、床、箱、柜等，为保护这些木制品，往往会在其表面涂上一层桐油。

四、打铁、打洋锡。在通衢墟镇，一直都有打铁店，一方面，打制锄头、镰刀、犁、耙等农具和刀、斧等生活用具进行销售；另一方面，也接一些铁器的维修服务。有的村有打洋锡店。

五、酿酒。旧时很多家庭有酿酒的传统，制作的酒主要有两种：一是黄酒，用糯米加酒曲酿制而成；二是烧酒，先用黏米加酒曲酿制，再蒸馏提纯而成。

六、烧砖制瓦。本地很多村都有砖瓦生产作坊，是生产农村建房用的重要材料。

七、制陶。寨背村、旺宜村、华新村都有传统制陶产业，生产的陶瓷制品有水缸、酒瓮、煲缽、金埕、沟瓦等，除在本地销售外，还销往梅州、惠州等地。在老隆，曾经有一条街道，专门销售和转运寨背村生产的陶瓷，被称为“寨背街”，足见其生产规模和产能。20世纪90年代，旺宜村的缸瓦厂停办；2000年以后初期，华新村的缸瓦厂也停办。现只剩下寨背村的缸瓦厂还在生产经营。

八、采石、烧制石灰。旧时采石主要作为建筑材料。开采石灰石和烧制石灰，主要在玳瑁村石榴花、锦归村梧峯。自民国初年开始，至20世纪60年代采石、烧制石灰已有较大的生产规模。

九、编绞绳索（俗称“打索”）。20世纪60年代至80年代，葛藤村部分家庭有传统的编绳手工业，以黄麻皮、棕树毛、苎麻皮等为原料，用一对竹制的专门工具（俗称“搞子”）编绞箩绳、牛绳（常用棕树毛编绞）、捆绑柴草用的“钩索”（用苎麻或菠萝麻料编绞），除自用之外，大部分产品送往供销社收购部收购，增加家庭经济收入。

第二节 社、队企业

中华人民共和国成立初期，为稳定市场物价，增强社会主义经济，对个体工商企业进行了清理整顿。1954—1956年，国家对工业、农业和资本主义工商业进行社会主义改造的同时，也对手工业进行社会主义改造。通衢成立车衣社、铁业社等手工业合作社，个体手工业受到极大限制，锦归、玳瑁石灰厂等较大型的工矿企业则由供销社收购经营。公社化时期，各墟镇的手工业统一归公社管理，公社成立工交办公室，把手工业列入公社工副业生产来抓。这一时期，通衢公社陆续兴办了很多企业，各大队也兴办了一些企业。

一、社办企业

1.玳瑁石灰厂

玳瑁（石榴花）蕴藏着丰富地下石灰岩石资源。1913年，何石育等人以12股份方式合股投资，在该地挖井开采石灰石（聘请五华人打石眼放石炮），建设小型间歇窑12座，于每年农历八月至十二月烧制石灰，当时主要以柴草作燃料，每座小灰窑一次只能烧制石灰2000～3000斤。

1953年开始，该地采石井、灰窑收归通衢供销社经营。石灰厂有职工40多人，生产技术十分落后，职工出入靠登梯，提运石灰石靠土制绞扬机。后来建造烧煤的连续窑烧制石灰，但规模仍不大，日产石灰不足万斤。1959年该厂转由通衢公社经营，石灰产量有所增加。1961年该厂下放给玳瑁管区经营，1962年又复归通衢公社经营。20世纪60年代后期，该厂加固井架，采用电动升降机提运石灰石，职工乘坐吊斗出入石井，烧制石灰的燃料也改为全部用煤，并以鼓风机鼓风助烧，大大提高了生产效率。

1978年5月，该厂归锦归公社经营。

2.锦归石灰厂

锦归石灰厂位于锦归村梧輋，1950年冬由锦归村叶华才、叶枚高、叶松章等人开采，1953年，转由通衢供销社经营。1959年，收归通衢公社经营，1978年5月该厂归锦归公社经营。

3.运输站

通衢公社运输站位于通衢桥头旁边，运输站成立于1958年，首任站长曾国强，运输站成立时有工人30多人。运输站当时主要运输工具有大板车、单轮鸡公车、单车（主要用于载客，往老隆、五华、岐岭、黄布、紫市、鹤市、登云等地，大板车主要运送石灰、山货、竹木、松香到老隆，20世纪七八十年代开始有手扶拖拉机、中拖）。80年代后期，运输站自然解体。

4.饼食加工厂

通衢饼厂，创建于1959年，厂址在通衢食堂右侧，饼厂主要加工生产黄糖硬饼干、三角饼、大福饼、古饼、核桃酥、月光饼、面饼等，饼厂职工20多人。改革开放后，饼厂由私人承包，后停办。

5.通衢建筑队

1960年成立，队址在梅城村张屋队老屋内，由黄德周、黄善良、叶运才、叶九斤、何道云5人组成。随着工程建设扩大，声誉越来越高，人员逐渐增多，建筑队共有60多人，主要承建本公社及周边建筑工程。1964年通衢建筑队迁至梅城村上街尾，建有一栋约1000平方米的二层楼房，建筑队设有木工、油漆车间，职工宿舍、厨房。人员分行政、后勤、外工队、内工队，机构健全，组织分工计酬明确，建筑队收入的50%利润上缴公社（镇政府）。随着改革开放的深入和农村体制的改革，1997年建筑队解散，2015年建筑队厂房由镇政府拍卖给龙川供电公司，兴建通衢电管所办公楼。

6.粮食加工厂（榨油、制糖）

通衢粮食加工厂建于1968年，厂址在粮所左侧，1969年投产，投产初期固定资产3万元，年生产力10万元。主要加工花生、茶籽，产品有花生油、茶油。粮食加工厂经营至1979年停业关闭。粮食加工厂关闭后，由卓玉粦接手，转产煤饼和米粉。

7.农机厂

通衢农机厂创建于1968年2月，厂址设在梅西一队，主要业务是为生产队运送农肥兼小农机具维修，有2部大拖头拖拉机用于运输，年纯收入4万元。1978年10月，通衢公社析置为通衢公社、登云公社、锦归公社。农机厂分配到通衢公社的资产及职工继续开展经营活动，主要生产脚踏打禾机兼农具维修，年生产力300台，年产值3万元。至20世纪90年代停产关闭。

8.铁业社

铁业社于1970年成立，主要生产锄头、镰刀、犁耙及修理小农具，承做铁门、铁窗、脚踏打禾机等。随着铁社的生意红火，铁业社业务扩展经营油漆、电焊项目。随着改革开放深入，手工工具被现代生产工具代替，职工亦各自另行择业，铁业社于20世纪90年代解散。

9.车衣社

通衢车衣社于1972年成立，主要加工服装，年收入约1万元。车衣社于20世纪90年代解散，各职工转为个体经营。

10.塑料厂

通衢塑料厂建于1975年，厂址设在原通衢公社食品站，半年后迁至梅城村四角楼队，占地面积约1000平方米，引进四台吹膜机。塑料厂生产的产品主要是日杂农用塑料品及薄膜，年产值15万元，上缴利润1万元。1984年停产关闭。

11.大河头发电站

大河头发电站创建于1964年，发电站安装2台机组，分别为20千瓦、24千瓦，每月发电量约8000千瓦时。电站主要负责通衢公社大院及街道用电，至20世纪70年代才开始并入电网。20世纪90年代中期，因水力资源不足等原因而关停。

12.佛子坳水电站

佛子坳水电站位于锦归村井下，1964年由通衢公社投资兴建，从高湖村广南墩拦截河水，经约1公里长引水渠，穿越佛子坳后取约40米落差发电。电站装机容量75千瓦，发电能力一般在64千瓦左右，除一小部分用于附近单位、村民照明外，主要用于供应锦归石灰厂、锦归建材厂。1964年至1978年4月由通衢公社经营，1978年5月，该电站归锦归公社经营。

二、队办企业

1.上板桥石灰厂

1946年冬，廖梅林、廖华林在下板桥开采石灰石，由于1954年官汕线公路扩建，转入蕉坑开采石场，新径村（上村、下村）、合路口、径头都有冬季烧石灰经营，主要用于农业生产施肥及建设，并解决劳动力出路。1986年因蕉坑地下水大，又在园窝开了新石场，直至1989年关闭。

2.寨背缸瓦厂

寨背村缸瓦厂建于清代，主要生产水缸、瓮、煲钵、金埕、沟瓦等，除本地销售外，还销往梅州、惠州等地。原旺寨大队寨背片（8、9、10、11、12、13生产队），每个生产队都有缸瓦厂。在老隆，曾经有一条街道专门销售和转运寨背生产的陶制品，被称为“寨背街”，足见其生产规模和产能。

3.旺宜缸瓦厂

旺宜村缸瓦厂约在1925年始建，经营4年多后迁移鹤市罗乐又经营了一段时间。20世纪60年代初，为改善单一农耕经济，让收入多元化，旺宜村（旺寨大队旺宜片）在高排老屋兴建缸瓦厂，占地约3亩。采用卧式窑，窑长约30米，用松枝、山柏为主要燃料烧制陶制品。主要生产大小缸等储水储物用品，大小罐、瓦煲等煮食用品，大小钵等厨房用品，沟瓦等建筑材料，涵筒等生产用品。产品销往本县及邻县集镇。缸瓦厂用工包括师傅5～6个、小工3～4个、管理人员3～4个，平时因陶泥开采、运输，装窑、烧窑、开窑及产品运输等，需较多人手。由于当年村集体基本无其他收入，缸瓦厂每窑百元左右的上缴款，是村集体的主要收入。缸瓦厂于20世纪80年代末在改革开放大潮中落幕。

4.华联缸陶厂

华联缸陶厂，建于1962年，由三联大队华联片所属4个生产队合股经营，总面积约4亩，梯形拱窑全长约60米，产品以水缸、瓦器、金埕、酒缸等为主。缸陶厂全年收入盈利按入股份额分红，劳动力按日结算工资，有效缓解当时生产队脆弱的集体经济收入。1980年“路线工作队”将缸陶厂强制转移，由三联大队统办，1986年交回由华新村委会统办。1987年发包给农户经营，直至1992年关闭。

5.锦归塑料厂

1970年由锦归大队创办，厂址设在锦归村布尾，有职工20多人，主要利用机器制作，先后生产水勺、尿勺、简易喷雾筒、便桶、水桶等产品。20世纪80年代中期，由于缺少生产资金而停办。

6.锦归榨油厂

1976年由锦归大队创办，厂址设在锦归村布尾，主要加工花生、油茶。该厂榨油机是传统冲撞式木制榨油机，全部人工操作，后来改造成铁制榨油机，大大减轻劳动强度，并提高生产效率。20世纪80年代停办。

7.锦归砖瓦厂

20世纪五十年代，在锦归村赤田开办砖瓦厂，初期由农业合作社经营，随着体制的改变，砖瓦厂逐步转为所在生产小组、生产队经营。

20世纪七十年代，锦归大队、高湖大队、锦太大队、玳峰大队也开始办砖瓦厂。由于这些砖瓦厂烧制砖瓦的燃料主要是松毛、野柏。但砖瓦窑多了，直接危害山林。1983年国家《森林法》颁布后，政府禁止“三窑”（包括砖瓦窑）烧柴草，大多数砖瓦厂因此停办。个别砖瓦窑改烧煤为燃料，至1986年停办。

8.华城茶场

20世纪六十年代末，在政府号召和组织下，各地发展种茶业，1970年，华城大队开办茶场，厂址在华城教场下，种植茶叶300多亩。主要收集华城村种植的茶叶，加工制成商品茶。开始采用手工炒制茶叶，后土产公司引进擦茶机，年产量约500斤。1978年农村体制改革后，减少对茶山的投入和管理，加上政府要求产业调整，号召在山上种植三华李等水果作物，茶产量大幅降低，至1986年，华城茶场停产。

9.三联茶场

1970年，三联大队在旱塘坳开办茶场，种植茶叶约100亩。收集种植的茶叶，加工制成商品茶。采用手工炒制茶叶，年产量约100斤。茶场收入归大队集体所有，工人约10人。1978年农村体制改革后，减少对茶山的投入和管理，茶产量大幅降低，茶场停产。

10.三联粮食加工厂

1969年，三联大队在葛藤坪创办粮食加工厂，主要经营碾米、碾糠、生产米粉。1970年，该大队石下生产队也办起一间集碾米碾糠、生产米粉的加工厂。1978年农村体制改革后，实行家庭联产承包制，粮食产量大幅提高，粮食加工需求大幅提高，另外又办起了多个碾米、碾糠加工厂，三联大队粮食加工厂、石下生产队粮食加工厂先后停办。

11.华城大队粮油加工厂

华城大队粮油加工厂创建于20世纪70年代，坐落在下山生产队路边，交通方便，主要业务是碾米、榨油等。榨油主要是老油房传统熟榨加工，是大队主要经济收入来源。后实行家庭联户承包制后，该厂因业务逐步萎缩而停办。

12.乡村小水电站

20世纪七十年代，高湖、锦太、太楼、玳峰大队和锦归大队、桐木一队、冷水一队先后建造小水电站，主营粮食、食品加工兼发电（一般晚上发电照明，白天加工粮食）。至八十年代中后期，镇内多数小水电站因效益不好而关停。

第三节 乡镇、民营企业

20世纪80年代改革开放后，实行家庭联产承包责任制，调整生产关系，农民群众除耕好责任田外，剩余的劳动力转向工业、建筑业、交通运输业和服务业，极大地提高干部群众的生产积极性，从而促进农村经济的快速发展。乡镇企业、民营企业蓬勃发展，形成了乡镇企业、民营企业一起发展的态势。20世纪90年代，随着社会主义市场经济的发展，快速推进工业化的珠三角地区和大城市对劳动力的需求日益旺盛，一大批农村富余劳动力进城务工经商，形成了农民工“离土又离乡，进城进工厂”发展阶段，特别是进入21世纪，我国加入世界贸易组织后，工业化、城镇化加速发展，形成了农村富余劳动力跨省转移、举家迁移以及长期在城市居住，本地的乡镇企业、民营企业大大萎缩，工业企业集中在县工业园。

一、乡镇企业

1.通衢建筑工程队

通衢建筑工程队成立于1986年，队址在县城老隆镇水坑北，建筑队管理人员5～6人，职工10多人，主要承包老隆地区建筑工程。通衢建筑工程队解散后，在原队址以集资建房方式兴建通衢镇府干部宿舍楼。

2.通衢煤球厂

通衢煤厂于1979年成立，地址在梅城村红七队（原通衢公社碾米加工厂），占地面积1500平方米，煤厂煤料来自五华双头和兴宁四望嶂，主要产品是蜂窝煤球和煤饼，兼售各类型的煤炉灶，生意红红火火。煤厂职工以招聘乡村民工为主，工资以量计酬，年盈利15万元，每年上缴政府8万元。到20世纪80年代，政府号召封山育林，严禁开采煤矿，煤厂因而停产。

3.通衢红砖厂

通衢红砖厂于1984年兴办，厂址在原塑料厂，占地面积约1000平方米，窑体是拱形砖窑，主要产品是红砖。砖厂采取承包经营方式，工人保持在8～10人，每年生产红砖10多万块，每年上缴承包费3000元。后因发生工人被烧伤事故，造成经济损失，无法继续经营，在1990年停产。

4.煤窑

1986年，原煤窑经营人卓玉粦经营的在五华县双头镇的小煤窑，因受政策限制，寻求与通衢镇合作，后以通衢镇名义承接，办理采矿许可，煤窑经营3年多，后因矿源少而停止经营。

5.广福陂电站

广福陂电站位于广福村，系拦鹤市河（通衢段）河水发电，是一座发电结合灌溉的综合利用水利工程，并经营碾米业务。电站建于1995年，1998年扩建，安装发电机组2台，装机容量225千瓦，年发电量50万千瓦时，综合年产值10万元。2005年因“6·20”特大水灾冲毁广福陂拦河坝而报废。

6.粮所碾米加工厂

厂址设在通衢中心小学旁，碾米专供区属企事业单位人员的口粮，隶属通衢粮所，有职工30多人。1978年冬，通衢公社析置为通衢公社、登云公社、锦归公社，粮所一分为三，分别设立通衢粮所、锦归粮所、登云粮所。2003年5月，锦归粮所并入通衢粮所。通衢粮所至2004年停止营业。

7.漂白粉厂

1991年上半年，通衢镇府立项并向县扶贫办申请低息扶贫贷款30万元，兴建通衢镇漂白粉厂。该厂由原广东工学院化工系派员设计并具体负责建造，利用位于旺宜村公路旁的部队营房改建而成，于当年年底建成投产。漂白粉厂的主要设备有氯气罐储存库、氯气输送管道、石灰粉碾筛车间、供水塔、漂白粉合成塔、包装车间、质量检测化验室等。生产的漂白粉主要用于水产养殖场的消毒杀菌及工业原料、产品的漂白。生产工人约有20人。氯气由广州氯气厂供货，石灰由五华双头石灰厂供货。生产的漂白粉属低端产品，销售市场有限。1992年下半年，漂白粉厂由张伟绍承包经营，直至1995年上半年停产。

8.锦归建筑队

锦归建筑队创建于1978年，队址在县城老隆镇水坑北11号，主要承揽老隆、锦归两地建筑工程。创办之初，全年上缴公社利润不足2000元。1983年以后加强管理，1987年上缴乡利润1万余元。1983年被评为县丙级、市（地区）四级建筑施工企业，1985年领取县城施工许可证，建筑业务日趋兴隆，曾拥有固定资产30万元，职工30多人。20世纪90年代中期，锦归建筑队受大气候影响而解散。

9.锦归建材厂

1978年5月，锦归建材厂的前身锦归石灰厂归锦归公社经营。1987年，锦归乡政府对该厂进行投资改造，添置一批现代开采系列机械设备，除生产石灰外，还增加生产多种规格的白、红、黑石米及相应颜色的复粉，锦归石灰厂改名为锦归建材厂。当时，该厂拥有固定资产30万元，职工53人，设生产车间3个，月产石灰石1833吨，日产石灰40多吨，日产石米15吨、复粉8吨，年产值55万元，上缴乡府利润4.5万元，产品销往本县及揭西、揭东、普宁、陆丰、五华、紫金、河源等地。约在2016年停办。

10.玳瑁石灰厂

1978年5月，玳瑁石灰厂由锦归公社经营。锦归公社逐步对该厂进行更新改造，修复1座容量为28万斤的老石灰窑，兴建1座容量35万斤的新石灰窑，添置一批现代开采系列机械设备，增设石灰粉、复粉、石米等建材产品，该厂更名为玳瑁建材厂。该厂拥有固定资产30万元，职工63人，生产车间5个，月产石灰石2167吨，日产石灰80多吨，年产值100万元，上缴乡府利润15万元，产品销往本县及揭东、揭西、普宁、陆丰、五华、河源等地。该厂约于2019年停办。

11.玳瑁水泥厂

玳瑁水泥厂位于玳瑁村石榴花，由原锦归乡府与龙川县民政局合资兴办的企业。1989年建厂，占地面积1.97万平方米，建筑面积3000平方米，有职工120人，固定资产

800万元。产品为“玳瑁”牌325#普通硅酸盐水泥，年产量2.5万吨，年产值520万元。1999年停产。

12.佛子坳水电站

佛子坳水电站1978年5月由锦归公社接管后，实行“三定”（定人员、定生产指标、定生产成本）经营，有职工4人。2004年后，该电站发包给个人经营。

13.龙下水水电站

龙下水水电站位于太楼村口，玳峰村东部河滩边。1985年由原锦归区公所投资近16万元兴建。该电站由太楼村径口龙下水潭上方筑坝拦截河水，经约100米引水渠，穿越110米长的隧道后取80多米落差发电，装机1台容量75千瓦。由于集雨面积不大，拦河库容小，该电站需间歇蓄水发电。实行“三定”经营，有职工3人。2004年后，该电站发包给个人经营。

二、民营企业

1.福通金属有限公司

公司设在通衢镇马军坳，于2004年4月建成投产，占地面积7万平方米，总投资4800万元，从业人员300人。设计年生产能力10万吨，产品为线材，产值3亿元，税利500万元。

2.通衢燃气实业有限公司

公司位于通衢镇牛屎坳下窝坑，于2004年5月成立，主要销售液化石油气产品及相关燃气器具。有员工13人，其中安全管理人员4人。气站占地面积12000平方米，设有4个100立方米地上卧式液化石油气（LPG）储罐，1个5立方米的残液罐。液化石油气供应通衢镇本地及周边地区。

3.嵋山泉饮料厂

饮料厂位于大嵋山（玳瑁山）南麓，建于2012年，占地面积1700平方米，建筑面积720平方米，拥有1个仓容为4吨的仓库，现有员工6人。该厂主要生产“嵋山牌”山泉桶装水，引进国内先进的五加仑水生产设备，实行全自动生产线生产，通过河源市质检局等部门检验审批。该厂生产的桶装山泉水，取自大嵋山高段山谷（与五华县长乐烧酒厂水源地相连）方圆20多平方千米无工业污染之地，水质优良，深受客户青睐，销售前景甚好。目前，该厂年产桶装山泉水9.1万桶，年总产值36.4万元。

第二章 工业园建设与效应

深圳宝安（龙川）产业转移工业园，是龙川县属工业园。工业园位于龙川县通衢、登云两镇交界的大坪地段，国道G205线穿越园区，北部设有河梅高速公路出入口，距县城老隆约10千米。

工业园创建于2006年，初称深圳南山（龙川）产业转移工业园，2014年因深圳宝安区对口帮扶龙川县而更名为深圳宝安（龙川）产业转移工业园。工业园规划面积36.8平方千米，首期开发面积4平方千米。第一、二期规划用地范围东起梅东村，南至通衢墟镇，西临老虎坑，北抵河梅高速公路登云出入口，总面积达400公顷，主要涉及通衢镇梅城、梅东村；第三期规划用地涉及通衢镇寮背、旺宜、华城村。

通衢镇围绕“工业立镇、借外发展”战略，坚定不移地支持县委、县政府关于深圳宝安（龙川）产业转移工业园建设的一系列决策和举措，着力做好以下工作：一是高度重视域内工业园征地拆迁工作。于2006年7月成立工业园征地拆迁领导小组，下设若干个功能组，精心部署，分步实施，全力以赴组织开展征地拆迁工作，至2020年累计征地面积约6000亩，拆迁房屋近100座，迁坟万余座，有力地支持和促进了工业园建设，受到县委、县政府的肯定和表扬。二是大力完善基础设施建设。2017年至2022年，通衢镇完成了工业园安置小区（东门直街）基础设施，人行道规划及道路两边绿化亮化工程，完成国道G205线至华新村、葛落村道路硬底化3.62公里，完成牛屎坳至通衢广福桥路段灯改造。三是配合县工业园管委会，积极搭建用工求职服务平台，收集园区企业用工需求和本地农民求职需求，通过“线上+线下”方式，为村民在家门口就业提供“点对点”“面对面”全方位服务。四是镇内中小学校认真做好接纳工业园区外来务工人员子女入学，让他们共享九年义务教育成果。五是大力做好农贸市场建设和管理工作，为工业园区务工人员提供充裕的生活用品和食材食品。至2022年，落户深圳宝安（龙川）产业转移工业园通衢域内的主要企业有景旺电子科技（龙川）有限公司、广东迈诺工业技术有限公司、龙川纽恩泰新能源科技发展有限公司、中建二局广东建设基地有限公司、广东名格光电科技有限公司，形成电子电器、空气能、现代建筑工业三大主导产业融合发展的格局。2022年实现工业产值87.61亿元、工业增加值18.66亿元、税收2.02亿元，成为龙川县域经济新的增长极。

深圳宝安（龙川）产业转移工业园落户通衢，为通衢镇的经济和社会发展带来了强劲的辐射和推动作用，注入了明显的活力。一是有效地解决了当地农民就业问题；二是拉动消费，激活了商贸经营；三是园区内的龙川县众诚水务有限公司向通衢镇的梅城、梅东、寨背、旺宜、华城、华新、双寨、广福、旺茂、锦归、玳峰、玳瑁等村供水，帮助解决了农村饮用水问题；四是通衢镇卫生院扩建升格为龙川县第三人民医院，为工业园区和通衢镇提供更完善、更优质的医疗服务；五是园区内的龙川县宝通（鹤市）污水处理厂既是工业园区的污水处理专业机构，也是通衢墟镇生活污水处理的服务机构。

第三章 交通运输

通衢镇位于龙川县东南部，东与五华县岐岭镇毗邻，南连鹤市镇，西临佗城镇、老隆镇，北依登云镇、老隆镇，属高丘陵。1931年以前没有公路，通衢商贩往返老隆全是徒步行走，物资交流极不方便。1931年4月，老隆至五华的公路竣工通车，途经通衢镇北。此后，来往通衢的汽车逐年增多，交通逐渐便利。当前，河（河源）惠（惠州）莞（东莞）高速公路由北向南穿镇而过，国道G205线横贯镇北，省道S341线斜贯镇东西，省道S238线、县道X175线贯穿南北。17个行政村均通硬底化公路，交通干线、村道纵横交错，形成四通八达的交通网络。通衢镇距县城14千米，距京九铁路龙川编组站、广梅汕铁路龙川站为17千米，距粤赣高铁龙川西站27千米。

第一节 古 道

自古以来，通衢镇是闽粤古驿道（兴梅地区连接珠三角地区的主要官道）的必经之路。自唐武德五年（622年）修通闽粤古驿道后，北宋时期设立通衢驿站，此古驿道成为"路当闽广之冲，轮蹄释不绝干道"。在清朝，通衢驿是全国1900多个驿站之一。该驿道的龙川段连接老隆至五华兴宁，古驿道通衢段为：当风坳—石径—径头—新径—合路口—牛屎坳—通衢驿站—廻玳桥—蓝关。此段古驿道长约15千米。

古时由于陆路交通条件比较落后，东江水运成为河源、珠三角地区与兴梅地区的主要交通大动脉。兴梅地区不少所需的生产、生活资料，需从珠三角地区经东江水运运至老隆中转，再由陆路经通衢、登云至五华、兴宁。而兴梅地区出产的一些手工业产品，亦需经老隆中转，再由东江水运将货物运至珠三角地区。在老隆至五华、兴宁之间陆路路段，由于需要跨越通衢境内的高丘陵，道路坡长路陡，货物运输只能靠人挑肩担。因此在古时有成千上万民夫肩挑着洋纱、洋油（火水）、布匹、食盐、小五金等物资行走于老隆至五华之间。通衢、鹤市地区很多民众都以挑夫为职业。由于老隆至五华之间相距60多公里，挑夫挑货时无法一天来回，要用两天时间为一个行程，一般是早上从家里出发到老隆东江边店铺取货，将货物挑回家，第二天早上再从家里把货物挑到五华岐岭街店铺交货。或者是早上从家里到五华岐岭街店铺取货，将货物挑回家，第二天早上再从家里把货物挑到老隆街店铺交货。

此外，宋元时期开通了通衢至鹤市的古道（新径—黄竹坳—三丫沟—教场下—黄泥塘—大夫坝—鹤市墟）；元明时期开通了通衢至五华双头的古道（通衢墟—冷水坑—桐木坑—龙阁楼—柯树园—分水坳—双头墟）。

第二节 公 路

一、高速公路

通衢境内有一条高速公路，即河（河源）惠（惠州）莞（东莞）高速公路，于2017年动工兴建，于2019年底竣工通车，成为粤赣两省互通的南北主干道，通衢段长约4.2千米，与河梅高速公路共用一个出口（登云出口）。

二、国道

国道G205线在通衢镇北经过。1929年，龙川县开始修筑老隆至蓝关公路，1931年4月老隆至蓝关段公路通车。1933年，老隆至梅村段公路开通、佗城大江桥建成，从此，龙川境内官汕线（旧称韶兴线）全线贯通，这是龙川县境内第一条公路，全长21.1千米，后来该道路为山海关至深圳公路的一部分，1988年命名为国道G205线。1999年，通过劈山斩坡开通了下板桥至良厚塘新路段（下板桥与官坑交界处—当风坳—响水坑尾—良厚塘与合路口交界处），不但缩短了路程，而且避开了岭西埂陡坡路段，从根本上提升了国道G205线的安全运行系数。

三、省道

一是省道S341线牛屎坳至五华县双头墟，该公路于1954年2月全面通车，全长7.408千米，由县公路局管养。二是省道S238线牛屎坳至鹤市墟，长约4.1千米，由县公路局管养。

四、县道

县道X175马宧线，始于通衢镇广福村马军坳，途经鹤市镇，终于黄布镇宧境村，全长21千米。

五、乡道

通衢镇内列名的乡道共10条（详见表5-3-1）。

六、村道

20世纪末全镇17个村均通公路，干线、村道纵横交错，形成交通网络。各村均已实现道路硬底化，并安装路灯。

表5-3-1　　通衢镇内乡道

标准名称	类型	编号	起点	止点	长度（千米）	宽度（米）
茶坑至旱塘坳公路	乡道	Y700441622	茶坑	旱塘坳	3.22	4
葛藤至桃联公路	乡道	Y699441622	葛藤	桃联	2.83	3.5
合路口至儒南公路	乡道	Y701441622	合路口	儒南	10.04	3.5
教场下至木瓜坑公路	乡道	Y717441622	教场下	木瓜坑	2.38	3.5
旺宜至通衢街公路	乡道	Y702441622	旺宜	通衢街	2.21	4
教场下至沙家湾公路	乡道	Y703441622	教场下	沙家湾	3.44	5
新桥墟至锦归村公路	乡道	Y711441622	新桥墟	锦归布尾	13.42	4
璋田至通衢街公路	乡道	Y706441622	璋田	通衢街	2.14	4
叶屋至旺宜公路	乡道	Y196441622	叶屋	旺宜	2.46	4
广福桥至双寨公路	乡道	Y211441622	广福桥	双寨	1.82	3.5

第三节 桥 梁

通衢镇境内修建有广福桥、梅东桥、新桥墟桥、玳瑁新街桥、教场桥、旺宜桥、旺宜水口桥、石下桥、七村桥、联南桥、五高桥、鱼塘桥等12座桥。

广福桥，原名江屋（木）桥，人行木桥。1968年7月，因战备需要，中国人民解放军在此重建石拱桥，至1970年初完工。

梅东桥，连接梅东河东西两岸，通往旺茂村，位于Y406道路上，为“T”形梁，中心桩号1.089，由通衢镇定期养护，属龙川县地方公路管理站管理，监管单位为龙川县交通运输局。

表5-3-2　　通衢镇内主要桥梁

名称	类型	所在道路	长　度（米）	宽　度（米）	高　度（米）
广福桥	板拱式石桥	牛屎坳至双头	95	7.5	9.5
梅东桥	钢混“T”形桥	梅东至旺茂			
新桥墟桥	钢混“T”形桥	锦归至玳瑁			
玳瑁新街桥	钢混“T”形桥	玳瑁至双头	11	3.5	7
教场桥	钢混“T”形桥	牛屎坳至鹤市	23.84	8.5	
旺宜桥	钢混“T”形桥	牛屎坳至鹤市	23.84	8.5	
旺宜水口桥	板拱式石桥	旺宜至通衢墟	7	6.2	7.5
石下桥	板拱式石桥	葛藤至儒南	15	4	6.5
七村桥	钢混“T”形桥	葛藤至儒南	14	4.5	7
联南桥	钢混“T”形桥	七村至儒南村委会	12	4	6.5
五高桥	板拱式石桥	锦归至玳峰	18	4	8
鱼塘桥	板拱式石桥	高湖至锦太	10	4.5	6

第四节 运 输

货运。古时货运靠人工挑肩担。1957年成立通衢搬运站，实行按劳取酬。

客运。20世纪五六十年代，老隆至通衢一共三班次车，里程约17千米，票价为0.43元，外加玳瑁的一班次，里程为25千米，票价0.65元，总共为四班次车。

20世纪90年代至2022年，老隆至通衢（玳瑁）的班车保持正常运行，其中，老隆至通衢里程约17千米，票价为4元；老隆至玳瑁里程为25千米，票价为5元；总共为四班次车。

2016年，为方便群众出行，开通农村客运。

此外，还有民间私营“小四轮”载客汽车，票价随时代发展、物价上涨，由2元、4元、5元到现在10元。

第四章 电 力

龙川县电力工业始办于1946年，由黄道仁在老隆开办第一间碾米兼发电厂，白天碾米，晚上发电供长堤街几十间商行照明。1950年，私人合伙开办一间龙耀电厂，专门发电供老隆街道晚上照明用电。中华人民共和国成立后，1951年冬，龙耀电厂转为公私合营，增加发电机组。1963年7月，上板桥水电站一级发电投产，并通过第一条10千伏高压线路和变压器升压将电送至老隆。1964年6月，通衢开始驻军，由部队投资架设供电线路后，通衢部分机构和群众开始用电。1976年5月，龙川县第一项高压输变电工程老隆35千伏变电站（位于附城涧洞）建成后，其供电范围包括了通衢区，通衢部分机构和群众开始比较正常用电。1983年10月，牛屎坳35千伏变电站建成后，其供电范围包括通衢，通衢大部分群众开始比较正常用电。

第一节 发 电

上板桥水电站是龙川县在通衢境内兴建的第一座县级水电站。1963年7月，上板桥水库竣工蓄水后，上板桥水电站一级站（龙牙磜站）装机304千瓦的发电机组发电投产，通过全长14公里10千伏线路将电送到县城老隆镇。1970年5月，上板桥水电站二级站（响水站）装机500千瓦的一号机组发电投产。

通衢境内还有一些小水电站，主要有：一是拦截鹤市河通衢段河流于1964年建成的大河头水电站，1998年扩建后装机容量225千瓦；二是在高湖村广南墩筑坝拦截河水引水至佛子坳东侧而建成的佛子坳水电站，装机容量75千瓦；三是在太楼村径口筑坝拦截河水引水穿越隧道而建成的龙下水水电站，装机容量75千瓦。

第二节 供电及电价

1964年夏，由于通衢开始驻军，由部队投资架设一条由上板桥水电站一级至鹤市驻军营房的电线，通衢部分机构和群众开始用电。1976年5月，县建成老隆35千伏变电站后，龙川县电力联入省网，通衢由老隆变电站供电。1983年10月，老隆至牛屎坳35千伏变电站建成后，通衢由牛屎坳35千伏变电站供电。

2007年8月之前，龙川县属于电力趸售县之一，电力供应主要依靠本县小水电。1978年前，县内水电站发电效率不足50%，电力供应紧张，加上供电设备落后，线路不规范，变损线损均超标，导致电力运行成本高，每千瓦时电价均在1元以上，个别边远山区高达3元。1979年后，全县大兴水电站建设，同时加强电网和农网升级改造，降低电力运行成本。1998年11月，通衢农村到户电价调整为1.50元/千瓦时。1999年1月，通衢农村住宅到户电价1元/千瓦时。1999年10月，龙川县供电局由广电集团公司代管，随后进行了农村电网的改造与建设，农村电价逐渐下降；2007年8月，由广东电网公司直管后，农村电价大幅下降，农村住宅到户电价全部降到0.63元/千瓦时，比1998年降幅达49%。农村住宅到户电价0.63元/千瓦时一直保持至2022年。

2022年，通衢用电户已全部使用智能电表，并实现远程抄表。农村电网结构显著改善，供电能力显著增强，农村供电可靠率达99%以上，农村电压合格率达99%以上，全面改善了农村用电环境，加快了农村经济的发展。电力已成为农村的动力和能源的重要来源，在农村居民的衣、食、住、行等方面发挥着重要作用。

第三节 供电管理机构

1949年6月，龙川县人民政府成立，设建设科负责电力等工作。1976年10月，设龙川县电力管理总站。1983年3月，龙川县电力管理总站更名为龙川县供电公司，1988年改为龙川县供电局。1999年1月起，所有镇级供电所由龙川县供电局归口管理。1999年10月，龙川县供电局被委托给广电集团公司代为管理，2007年8月县级供电企业管理体制改革由广东电网公司直接管理，成为广东电网公司的子公司。2017年10月，再次改制成为广东电网公司的分公司。

1980年，设立通衢供电所，供电范围包括通衢、锦归（含驻双头部队）。1983年，设立锦归供电所（2003年5月撤销并入通衢供电所）。

通衢供电所历任所长：黄培辉、黄建华、郑小泉、甘东辉、黄海清、张东平、曾仕东

锦归供电所历任所长：叶春泉、何锦文、叶怡平、叶初胜、黄碧文

第五章 邮政通信

第一节 邮 政

通衢邮政始于清朝，有邮差3人，一直过渡到民国。中华人民共和国成立后，邮政事业迅速发展。通衢邮政在老街拥有一幢办公楼，1999年另择通衢新街南侧新建办公楼，建筑面积630平方米。2015年5月，龙川邮政通衢支局改为“中国邮政集团公司广东省龙

川通衢支局”；2020年2月，中国邮政集团公司广东省龙川县通衢支局改为“中国邮政集体有限公司广东省龙川县通衢支局”。

邮政业务，主要经营邮政基础、邮政增值、邮政储蓄、邮政快递、邮政通信网络的技术开发和技术服务、电子商务、代办电信、代理法律法规规章允许的各类财产保险和人身保险等业务。邮政快递主要包括EMS快递服务、邮政小包、邮政物流。2021年，邮政支局有员工6人，余额规模1.5亿元。

邮电支局局长：叶大龙、罗思燕、罗国平

邮政支局局长：杨伟平、叶　志、袁伟平、骆伟城、钟国栋、巫益斌、骆志强

第二节 通 信

1955年始，通衢邮电所办理电报业务。1958年起，通衢邮电所开办国内长途电话。1977年12月，通衢邮电所开通载波电话。1978年9月起，通衢邮电所开办国际、港澳长途电话业务。

1998年，邮电一分为二（邮政、电信），设立通衢电信支局。通衢电信支局办公楼占地面积1264平方米，建筑面积662平方米，2021年有员工5名（编制内1名，外聘4名）。1997年4月，设立锦归电信支局，至2003年被撤销。

电信主要经营国内、国际各类固定电信网络设施，包括本地无线电路，电信网络语音、数据、图像及多媒体通信与信息服务。20世纪80年代，通信设备大发展，开始用“大哥大”（移动电话机）。90年代，村民家庭先后安装电话。1997年，开通程控电话和移动通信服务。

20世纪九十年代后，由于电话通讯的发展，电报通讯逐渐退出市场。

21世纪初，中国移动龙川分公司、中国联通龙川分公司先后在通衢域内设立基站。从此，网络信号基本覆盖全镇，电脑、手机、网络电视等使用逐步普及化。

通衢历任电信支局局长：罗　保、黄建科、罗瑞柯、邱洲鑫、叶文辉、杨　俊

锦归电信支局支局局长：罗思燕

第三节 快递和物流

2010年后，物流、快递公司相继入驻通衢，据统计，2022年，在通衢设点承办快递业务的有顺丰、京东、中通、圆通、申通、韵达、国通；承办物流业务的有德邦、安能、腾勇。

第六篇　商贸·财税·金融

第一章 商业贸易

明清时期，通衢域内已有梅城石街、锦归新桥墟等地建店铺进行集市贸易，成为龙川南部、五华岐岭两地物资集散交流的重要地区。中华人民共和国成立前，货物主要由陆路通过肩挑方式送往五华、兴宁、梅县、潮汕等地。那时，通过东江中转至老隆的大米、药材、纸张等物，先由民夫肩挑至通衢再转至兴梅、潮汕等地。民夫再将潮汕、兴梅等地物资肩挑到通衢、鹤市、黄布、登云、老隆等地出售。通衢街道设有米行、纸行、盐行、猪行等，店铺经营有布匹、杂货、药材、副食、熟食等，每日陆路挑者川流不息。

中华人民共和国成立后，贯彻保护民族工商业政策，个体商业有所发展。1956年，完成对私营商业的社会主义改造后，国营商业和供销合作商业占据市场，形成以国营商业和供销合作商业为主的社会主义市场商业体系，商品购销额大幅上升。通衢相继成立百货公司、食品公司、药材公司、五金机械公司和燃气公司等。按照“谁主管谁经营”原则，国营商业以批发市场的批发业务为主，掌握分配工业品和供应城市、工矿区的农副产品及若干手工业品。供销社则在国营企业的扶持下，掌握批发分配大部分手工业产品及耕畜、农具、肥料、农药等农业生产资料。1958年至1960年“大跃进”期间，由于受“大购大销”和自然灾害影响，物资缺乏，供求矛盾突出。1961年至1965年，调整商业管理体制，疏通商品流通渠道，改善经营管理，商业恢复发展。“文化大革命”期间，商业机构曾一度瘫痪，给通衢商业带来严重损失。

实行改革开放以后，计划经济逐渐转为市场经济模式，除部分紧俏工业用品外，其他百货和日杂品均放开经营，通衢商业市场日臻繁荣，贸易量年年提升。1983年实行体制改革，供销合作社改为集体所有制企业，并全面开展清股、扩股工作，落实股权。同时，开始实行综合经营，拓展日用百货、五金交电、布匹、针棉织品、糖烟酒、日用家具等项目经营。通衢供销社自由选择进货单位，丰富商品种类，活跃城乡经济。20世纪90年代后，通衢镇商业步入市场经济，以个体商户和民营企业为主。1993年后，通衢供销社、农村购销网点以承包、租赁或转让的方式进行改革，转制为民营或私营商店。2003年5月，通衢、锦归两镇合并后，通衢镇政府充分利用区位优势，按照“引导、扶持、保护、监督”的原则，制定系列优惠政策，大力发展商业贸易，积极引导药业、电器、超市等商业企业进驻，当地商业蓬勃发展。2022年，通衢镇有通衢墟、玳瑁石榴花街道两大农贸集市，商业贸易活跃。

第一节 供销社

通衢供销社始于1950年11月，由群众集资300多股，每股稻谷10斤，合共3000多斤；成立梅城乡合作社，有门店1间，社干1人。1951年7月扩股，共有4700多股，加上盈利稻谷1000多斤，门店仍1间，职工2人，当年归属鹤市区供销社。1952年土改复查结束，全县分为13个行政区，通衢相应成立第4区供销合作社（含锦归、登云）。初期社址设在天阳，几年后搬至新街（登云镇街道）。当时，有门店4间，购销站4个，干部、职工23人，资金稻谷3万多斤。1958年10月成立鹤市公社，第二次与鹤市供销社合并。1959年春，通衢公社从鹤市公社分出后，通衢供销社又从鹤市供销社分出，社址设在通衢街。1978年5月，划出锦归、登云供销社。到1985年底，通衢供销社有门店11间、食堂1间、饼食加工厂1个、农村购销站7个，干部职工67人；有流动资金近10万元，社员股金1.6万元，固定资产22万元，有门店、仓库、宿舍3座，总面积4050平方米。

供销社积极组织生产资料供应，销售额逐年增大。20世纪50年代推广使用化学肥料、化学农药，1959年供应化肥12682担，二四涕农药150矸，土化肥石灰157400担；60年代年均生产资料销售总值10万元；70年代年均上升到31.5万元，还帮助生产队种植紫云英5000亩，养殖红萍2000多亩；80年代年均供应32.9万元，比60年代增长3.29倍。20多年来，组织供应耕牛500多头。

此外，供销社还扶持生产队、农林场和农户发展多种经营，计有油桐、黄红麻、茶叶、木茨、烟叶、蓖麻、木茨蚕、蒜头、药材，以及竹器、棕（麻）绳加工等项目。20世纪60年代，发动群众大种油桐，共种植75万株，1967年大种黄红麻，种植面积2248亩，总产2188担。70年代，以华城大队为点，发展茶叶生产，扩大到三联、锦归等大队，面积1043亩；发动农户、中小学校大种蓖麻，种植11万多株（以上含锦归、登云社），为县召开蓖麻种植现场会议创造样板。尤其玳瑁的菊花、锦归的蒜头、双寨的笠麻，盛极一时。最好年份总产菊花400多担，干蒜头2000多担，笠麻3万多顶。

1975年至1977年，扶持农村多种经营工作做得多，生产上去，收购增加，农副产品采购总值从1972年的18.7万元，增长到1977年的24.85万元。这几年收购品种有桐油156担、红麻948担、烟叶29担、蓖麻籽116担、竹器4万多件、棕（麻）绳2万多条。1982年以后，忽视扶持生产加上多家插手，农副产品采购总值年均下降到4.16万元。

供销社成立后，积极组织货源，扩大网点，充实农村站商品，销售额不断增加。

20世纪50年代年均纯销售总值约35万元，60年代增长到年均总值约100万元，70年代年均总值又增长到166.6万元，1980年纯销售总值194.1万元。

供销社农资供应严格按上级物价部门规定定价销售，很多商品属亏损经营，如锄头购买是5元，物价部门定价为3元，造成供销社历史包袱近40多万元。近年农资商品稳中有增，2018年销售农资商品91.6万元，2019年销售农资商品97.7万元，2020年销售农资商品88.1万元，2021年销售农资商品408.6万元。

1993年，全县乡镇供销社被划给当地政府管理，出现供销社资产资金及人员流失现象，企业开始走入困境。1996年6月，县联社收回基层供销社管理权，实行人、财、物的统一管理。

2000年前后，历史包袱挂账被农行下属长城公司起诉，被迫拍卖固定资产偿还债务。

通衢供销社历任主任：邹观松、崔来德、黄梅强、骆观桐、叶石标、叶日廷、叶梅青、叶海棠、邓德荣、钟振雄、黄建川、郑建平

锦归供销社历任主任：钟志雄、钟华先

第二节 合作商店

中华人民共和国成立后，1956年国家对私商进行社会主义改造，将个体商贩的商品折价入股，合股组织起来走合作商业的道路，成立合作商店。合作商店由供销社领导，业务上实行独立核算。后因受计划经济束缚，购销的商品少，生意不旺。合作商店于1985年停办，合作商店人员自寻出路。

第三节 集市贸易

自唐朝时期修通了闽粤古驿道后，通衢就成为闽粤古驿道上的重要物资集散地。历史上通衢境内曾有3个集市：

通衢墟，位于通衢镇街道，是闽粤古驿道必经之地。古时交通落后，珠三角地区生产的物资，通过东江水运至老隆后，由民夫肩挑至通衢再至兴梅潮汕等地。同样，潮汕兴梅地区生产的物资，由民夫肩挑至通衢再转至老隆后，通过东江水运至珠三角地区。通衢墟因此成为闽粤古驿道的重要物资集散地，渐渐形成集市。明清时期，通衢建成一条主要街道，称为石街，设有米行、纸行、盐行、猪行等，店铺经营布匹、杂货、药材、副食、熟食等。通衢街以农历“一、四、七”为集市日（墟日）。每逢墟日，通衢及邻近的锦归、登云、鹤市、黄布等一些群众赴街，场面较为热闹，直到下午3点左右才罢市。通衢街集市贸易一般由买卖双方自由讨价还价。主要交易商品是农副产品和日用

百货物品等，大部分商品设摊买卖。“文化大革命”期间，把集市贸易当作“资本主义”来批判，强调“割资本主义尾巴”，使当时集市冷淡下来，各种商品也非常短缺。1979年改革开放以后，先后整修了旧街道，新建街道2条，增建农贸市场，通衢墟市场又逐步繁荣起来，商品琳琅满目，高档商品日益增多，人们的购买力越来越强，2004年通衢墟有店铺200多间。

坳子墟，位于玳瑁村东北部与五华县境交界处，该集市始于明代景泰年间，至清代嘉庆年间路两边建起店铺，开设了百货、药材、染布、禽畜交易、客栈等，每逢农历“一、四、七”为墟日，周边居民都前来赶集。坳子墟市面繁荣热闹，成为名噪一方的商品集散地。至清代后逐渐冷落，仅存一座庙址。

新桥墟，位于锦归村西北部，始于清代咸丰年间，曾热闹一时，后因鹤市墟、天阳墟等集贸市场的兴盛而衰落。

自2018年始，设立玳瑁墟，位于玳瑁村北部街道，以农历逢“十”为墟日。每逢墟日，通衢镇东部村及五华县原双头镇群众赴街，商贸交易很热闹。

第四节 物 价

中华人民共和国成立前，没有物价管理。农业丰年，谷贱伤农；农业歉年，物价飞涨。一些商家根据物价的浮动随意确定价格。

中华人民共和国建立初期，人民政府采取有效措施，平抑价格，稳定人民生活。根据当时经济水平，实行物价集中统一政策。1960—1961年，为了提高农民的生产积极性，发展农业生产，国家提高生猪、禽、蛋的收购价，粮食（稻谷）收购价由每百斤7.8元，提到11元，实行加价奖售和对农民实行粮差补贴政策。接着，冻结18类生活必需品的价格，而对工业产品则采取稳定政策，制止通货膨胀。国营商业起到主导作用，平抑集市贸易价格。

1979年以后，全国经济发展速度加快，人均收入增加，社会购买力增强。原来的物价政策，已明显不能适应社会经济的发展。国家对物价管理采取多种物价同时并存的政策，有国家统定价、浮动价（规定浮动率）、工商协商价、议价、集市交易价等。

第五节 工商行政管理

工商行政管理是国家运用行政权力，依法对工商企业和市场的经济活动进行监督与管理。通过工商行政管理，确认商品经济活动中合法的经济权益，保护合法、制止非法，维护正常的经济秩序，促进社会商品经济发展。工商行政管理范围：市场管理包括集市管理和收取市场管理费；制止走私贩商和打击投机倒把；企业管理登记包括开业人户和颁发营业执照（包括全民、集体、个体等的企业登记管理）；个体经济管理包括小商贩个体工商业、个体劳动协会；经济合同管理商标管理、广告管理。1949年6月，县人民政府设立工商科，1954年设市管会，1955年归并商业科，1963年成立县工商行政管理局（三个牌子：工商局、市管、打投办，一套人马），1968年设龙川革委会打击投机倒把办公室，1972年设工商行政管理局，1973年4月撤销工商局并入商业局，年底又恢复工商局，1975年重新设立龙川县工商行政管理局。县工商科在各区配有工商助理员，在全县范围内开展工商行政管理工作。通衢工商管理机构于1960年成立。

中华人民共和国成立初期，工商管理工作主要对物资进行管理，以稳定市场物价，限制城乡资本主义的发展，增强社会主义经济对市场的领导地位，促进国民经济的恢复和发展。1950年在全县范围内禁止以谷换物，开展反私商投机取巧斗争，取缔国民党时期遗留下来的反动、封建、黄色和殖民地色彩的商标，为建立新商标制度创造条件，对个体小商贩开展清理整顿，组织同业公会，组织他们走合作化道路，对全县的工商业进行登记和核发营业执照。1951年5月，禁止个人自行加工牛皮，确保军需民用；同年8月开展市场管理，雇请市场服务员，收取市场管理费。1952年11月，对商贩下乡进城购销取消采购证，对私营工商业放宽经营范围，不限制农民自由买卖，税率公私一视同仁，活跃市场，促进城乡物贸交流。按市场等级收取管理费，规定每摊位的墟租值与月租值，对瞒纳市场费者，除追缴应纳数额外，补以一至五倍的罚金。在全县资本主义工商业中开展以反偷漏税为重点的“五反”运动（反行贿、反偷漏税、反盗窃国家资财、反偷工减料、反偷窃国家经济情报）。1954年取缔粮、油和棉花、布匹自由市场，打击投机商，割断城乡资本主义的联系。采取三个办法：小宗农产品改为国家、合作社、公私合营商业、合作商店均可收购，价格不作硬性规定；国家需要的部分工业原料与出口物资，采取统一领导，以国营、合作社为主体，组织有关商业共同经营，禁止机关、团体、部队等消费单位大量采购，市场交易价格可在国家牌价上下10%内自由议价，销售价不得高于国家零售牌价；国家统购统销和计划收购的大宗农副产品、工业原料，统一由国营或受委托的合作社按收购牌价收购。1954年，按行业不同情况分类，贯彻“逐步推进和稳定改造”的方针，对私营工业、手工业采取由国营公司进行加工、订货、统购、包销等办法，限制私营企业的发展，将工业、手工业纳入社会主义改造范畴，扩大国营经济的阵地。1956年，全面实行工商企业走合作化道路，全面完成国家对资本主义工商业的社会主义改造，在高潮中全县97%工商企业和手工业户走上合作化道路。1960年全县开放初级市场，促进物资交流，活跃农村经济。通衢工商管理机构成立于

1960年。1961年恢复传统墟期。1963年，重新执行“活而不乱，管而不死”，强调未完成国家征购任务的，不准集体或个人粮食和农副产品进入市场；1964年，在加强集市贸易管理的前提下，不准开办粮油加工厂，不准收购新布碎，严禁布、棉、纱线上市，不准食油、食糖上市，组织牲畜市管会取缔经纪人的中间剥削，严禁牲畜的黑市交易；1968年取消全县传统墟期，改为逢公历每旬“一、六”为墟日。1971年推广贫下中农管理市场，对一般违犯市场管理群众视作“自发分子”，上纲上线加以批判，对搞劳动致富的农民，强令参加“斗私批修”学习班进牛棚，批判所谓“资本主义”“修正主义”。1973年，各公社组成市场管理队伍，清除所谓“地下工厂、地下商店、地下建筑”等。1975年，把整顿农村集市贸易当作打击“城乡资本主义势力，对资产阶级实行全面专政”来抓，连农村妇女利用农闲绣出的小孩鞋帽，也当作修正主义产物没收，办班斗私批私。由于执行极“左”路线，市场管理工作受到严重干扰，使集市贸易受到严重影响。

党的十一届三中全会后，清除“左”的影响，放宽政策，集市贸易有了新的变化，市场管理工作也有了新的发展。贯彻执行“活而不乱，管而不死”的方针，恢复了农村传统的工副业和手工业，从而使集市贸易出现了空前的繁荣。1985年，按中共中央、国务院《关于进一步活跃农村经济的十项政策》规定，增强为生产、流动、群众服务的思想，改进服务态度，建立批发市场，及时传播市场动态，传递信息，通衢集市出现购销两旺的新局面。

1987年，通衢成立工商所。2001年11月，广东省工商行政管理实行省以下垂直管理，2015年7月，又回归地方管理，通衢工商所更名为通衢市场监督管理所。2019年10月，市场监督管理所更名为龙川县市场监督管理局通衢市场监督管理所。

通衢工商管理机构历任所长：吴新泉、张松青、黄君强、何 莉、邱林强

第二章 粮食贸易

中华人民共和国成立前，粮食可在集市自由买卖，一般由粮贩购买运至外地销售。由于当时生产力水平低，加上时局动荡不定，粮食价格很不稳定。民国二十八年5月（1939年），每担谷由1936年的平均价3.62元，上涨到7.92元。民国三十一年6月（1942年），每担谷上涨到350元。民国三十五年（1946年），国民政府发行金圆券以后，加剧物价上涨。1947年8月，每担中等大米平均价为金圆券15.03元，10月为23.74元，到11月已上涨到61.48元。1948年全国金圆券贬值，物价一日三涨。市场买卖均以谷进行互换，一斗谷换一斤猪肉。中华人民共和国成立后，1953年实行统购政策，关闭粮食贸易市场。1962年8月后，农贸市场开放，少量粮食（主要杂粮等农副产品）上市交易。1979年改革开放后，统购统销政策逐渐松动。1992年后，放开粮食购销价格。1998年后实行粮食购销市场化。

第一节 粮食征收

从1950年开始征收公粮，以户为单位征收粮食，征收任务采取自报公议的办法进行评定。1953年冬，采取查田定产，依率计征工作。经过全面普丈和实地考察，根据土质、水利等经营条件，把耕地划分为19等，按等评定每亩常年应交量。按查田定产的产量和1950年制定的税率，为以后农业税计征的主要依据，实行粮食统购统销。1955年起，粮食征购任务改由粮食部门统一分配指标，由粮食部门统一征收。农村粮食购销实行“定产、定购、定销”办法。1956年，粮食“三定”改为以社为单位，并确定余粮社、自足社、缺粮社。粮食征购以农业生产合作社（队）为单位进行交售、记账、结算。1958年后，受“大跃进”和人民公社“左倾”思潮影响，强购农民部分口粮，损害群众利益。1960年后，对“大跃进”和“公社化”带来的教训，进行“调整、巩固、充实、提高”。1965年后，实行粮食征购“一定三年”“一定五年”政策。

党的十一届三中全会后，粮食流通体制进行多次改革。1979—1991年，统购统销政策逐渐松动。1992—1997年，放开粮食购销价格，取消实行了39年的城镇居民粮食供应制度。1998—2000年，实行粮食购销市场化。2000—2005年，深化粮食流通体制改革。其中2004年广东全面取消农业税，2005年终止镇级粮所业务。

第二节 粮食供应

从1953年开始核发使用购粮证，各种粮食票证于1955年开始使用，1985—2001年，逐渐停止使用各种粮票。

本地使用过的粮票包括全国通用粮票、军用供给粮票、军用价购粮票、广东省购粮票、广东省通用粮票、广东省流通专用粮票、龙川县内粮票等7种粮票。本地使用的粮票油供应证包括购粮证、集体单位购粮证、居民粮油供应证、车用粮油供应证、侨汇粮油供应证、常年流动人口粮油供应证、劳保食油供应证、储备粮证等。

第三节 粮食管理机构

1950年，龙川县人民政府设立粮食科，随后改为粮食局。通衢粮所于1955年9月设立，主要负责国家指令性公购粮任务的收购，承储中央、省、县储备业务。根据市场需求，开展过多种经营。通衢粮所坐落在镇街区旁，占地面积5619平方米，建有仓库3座（苏式仓、基建房式仓、简易仓），建筑面积2286平方米，仓容1500吨，共有门店3间，面积600平方米。其中1997年粮食实物入库662.7吨。2005年末在册干部、职工21人。通衢粮所于2005年8月粮企改革时停止运作。

通衢镇（公社、区）粮所历任负责人：徐子恒、叶定周、周世传、曾青茂、牛文禄、丘祥森、崔尧英、邹海泉、何焕祥、黄雄祥、王正均、叶添源、叶培良、钟永华、黄仕能、叶飞、郑汉文、叶海泉、郑赵强

锦归镇（公社、区、乡）粮所历任所长：黄仕能、林春华

第三章 生猪食品贸易

中华人民共和国成立后，国家对猪、禽（鸡、鸭、鹅）、蛋等鲜活商品实行计划经济政策管理。县食品公司于1954年11月成立，后管理体制有所变动，至1979年机构稳定至今。

一、猪、禽、蛋等鲜活商品的派、收购

1955年前，国家对猪、禽、蛋的管理政策是由生产者自愿交售，食品公司牌价收购；从1959年起则实行派购制度，订立合同，牌价收购，奖售粮食，由上级下派的“预购猪”任务，是指令性的计划，从县到公社，从公社到大队，到生产队，再到农户，层层紧扣，必须按时按量按质将猪送到食品站；1961年至1978年，生猪派购政策先后多次小变动；1979年后，改为见猪派购，购五留五（以总肉计），购一留一（以头数计）；1981年改为肉猪派购，任务包干，一定三年，人平任务6.8斤；1984年又实行派养派购，每农户派养一头，每头派购60斤，多养不派购。实行生猪派购政策以后，对派购收购部分，有稻谷指标奖售（最高的1981年后，每收购总肉100斤，奖售稻谷指标122斤；最少的1966年奖售30.5斤）。1985年，取消猪、禽、蛋派购，实行议购议销。1986年，在坚持生猪放开政策的同时，实行“定点屠宰，统一完税、收费和检疫，掌握批发，放宽零售”制度。但由于各地对这一政策贯彻执行不一致，1986年至1996年，曾出现管了放、放了又管的“三起三落”现象；从1996年6月起，实行“定点屠宰，集中检疫，统一纳税、控制批发，分散经营”的政策；从1999年起，国务院《生猪屠宰管理条例》实施后，龙川县对生猪实行“定点屠宰，集中检疫，统一纳税，分散经营”的政策，一直执行至今。

二、猪、禽、蛋等鲜活商品的供应

一是对驻军各部队的供应，依据上级规定标准与计划，优先确保供应猪肉与禽、蛋；对城镇非农业人口猪肉供应，1984年前，采取每人、每月定量供应半斤、1斤或2斤，四大节日酌量增加；对会议、劳保、婚丧等，采取凭证明酌量供应猪肉。1985年，国家取消了生猪派购后，全面实行议购议销，对部队与非农业人口都取消肉食供应，但国家采取牌议差价的补贴，每个非农人口一年补贴8元。1997年后停止了补贴。

通衢食品站于1961年成立，站址位于通衢街道上街尾，建筑面积600平方米。食品站的主要职能：计划经济时期，主要负责猪、禽（鸡、鸭、鹅）、蛋等鲜活商品的购、销、调、存，力保完成上调任务；市场经济时期，主要负责生猪定点屠宰和购销，确保市场肉食供应，让广大人民群众吃上“放心肉”“安全肉”。2020年末，通衢食品站在册职工12人。

锦归食品站于1978年5月成立，站址位于锦归村大坝里北侧，后在锦归村布尾、玳瑁村新街各设一个业务点，负责办理农户的生猪、“三鸟”及其蛋品派购，征收生猪屠宰税，供应非农业人口按月定量的牌价猪肉等。1984年，国家取消了生猪、“三鸟”及其蛋品的派购任务，牌价生猪供应也相应取消，食品站职能变为征收生猪屠宰税和发放国家给予非农业人口补助的肉食差价款（每人每年8元）。当时有职工2人。

通衢食品站历任站长：童 发、叶金梅、陶新德、张少磷、赖才泉、陈伟平、王秀洋、叶春强

锦归食品站历任站长：陶新德、叶细泉、黄建平、叶春强

第四章 财 政

国家财政分为中央、省、省辖市、县、乡（镇）五级财政，乡镇财政是地方财政的基层单位。乡镇财政作为国家财政组成部分，负责组织上级财政部门核定的财政收支，统筹安排、使用和管理预算内、预算外资金等任务，直接参与宏观分配；作为乡镇政府职能部门，根据乡镇实际情况自行筹集资金，扶持乡镇全民、集体、个体等所有制经济成分和各项经济建设事业的发展，自行管理乡镇自有资金，并直接参与微观分配。

乡镇财政管理的资金有预算内资金、预算外资金和乡镇自有资金三部分。前两部分属于国家财政资金，第三部分则属于集体财政资金。一是乡镇预算内资金，是由乡镇管理、纳入国家预算的资金。它是国家预算资金的一个组成部分。二是乡镇预算外资金，是根据国家财政制度规定，不纳入国家预算，由乡镇各部门、企事业单位自收自支的财政资金。三是乡镇自有资金，是乡镇政府及农村合作经济组织按照国家政策或经乡镇人民代表大会批准，自行筹集和安排的资金。

中华人民共和国成立后，从1950年开始，镇（公社、区、乡）政府配备了专职财粮助理。1958年公社化后，实行“政社合一”体制，乡镇财政与集体经济组织的财务合为一体，称为公社财政。20世纪80年代初，龙川地方财政实行“划分收支，分级包干”的财政管理体制。龙川县属省财政定补县（固定收入和调剂收入全部留下仍小于支出包干的县），不足部分由省给予定额补贴。1986—1990年，镇级财政采取“定收定支，收入上缴，支出下拨，超收分成，短收扣罚，超支不补，结余留用，一定三年”的管理体制，初步形成乡镇对县包干的财政管理形式。

1993年，通衢镇、锦归乡分别设立通衢镇财政所、锦归乡财政所（2003年5月被撤销）。2003年，通衢镇财政所改为通衢镇财政结算中心。镇财政结算中心为县财政局派出机构，主要职责：负责镇级企事业单位上缴款、各项基金（资金）征管工作；做好农业税、农业特产税、耕地占用税、契税征收、非税收入、预算外资金管理工作；负责镇机关公有资产管理，建立台账，定期盘点核实；负责对全镇事业单位的会计工作进行管理、辅导培训，协助管理好企业会计工作。2020年10月乡镇机构改革后，通衢镇财政结算中心并入通衢镇政府管理。

通衢镇财政结算中心（财政所）历任主任（所长）：陈培周、张军胜、杨广新、张碧展

锦归镇（乡）财政所历任所长：徐培香、曾忠平、张伟绍

第五章 税收

第一节 古代赋税

赋税是国库收入的重要来源，古时赋税有租、庸、调三种纳税方式，取田之赋曰租，取丁之赋曰庸，取土之赋曰调。所以，古时的税收项目主要是按田、地、人丁收取，谓正税，再加上各项杂派（正税以外的各种摊派），如过差、公馆、驿马、书吏、衙役等及地方官员的借官私派，一般地主的每年杂派支出可达正税的百倍之多，此外，国民还要负担服徭役的义务。

汉文帝时，男丁3岁开始纳赋四钱银，10岁成丁，纳赋增至13钱。魏晋之后，开始按田纳赋。唐代的赋税制度更为健全，唐高祖武德七年（624年）实行“均田制”：18岁以上男丁给田1顷，有残疾的男丁和寡妇0.6顷。人死之后，田收回重分给无田者。凡受田者，每年纳粮（粟）2石，谓之租；每年纳绢绫各2丈（如纳布者加1/5并加麻3斤）绵2两，谓之调；每丁每年服徭役20日，闰年加2日（如不服徭役，每日折纳绢3尺），谓之庸。如国家有事，需延长服役，增加15日免其调；增加30日，租调皆免。唐德宗时，杨炎为宰相，制定“两税法”：夏季纳税不能超过6月，秋季纳税不能超过11月。按人丁、田产定等级，庸调开入租，另义要纳“身丁钱”。到了宋朝，才减掉此项。元朝定人户为10等。蒙古族为一等，赋税最轻，而汉族为十等，赋税最重。明朝初年，令老百姓以户口日实，分军、民、盐（商）、匠、弓（兵）、铺（兵）、医生等7种户籍，每年按户籍纳税，10年当差役1次。男丁16岁以上者，每年纳米1石。身份高贵者、老者、残疾者、不成人者不用纳税。正德年间，御史沉灼行“八分法”：每丁征物料银8分，徭役仍然10年1验。隆庆年间，每丁征银6分。后又改为每丁7分，连女丁也算在内。对于工匠，则验其年力，以3年为一期，轮班赴京服役3个月，以抵本户赋税。弘治年间，又改为工匠每年征银一两八钱，闰年增至二两四钱。清朝顺治十四年（1657年），豪绅者可以免徭役。至雍正五年（1727年）恢复以田计税。清末和民国初期，政治混乱，军阀、土豪恶霸各自为政，自立名目，恣意征税，税种繁多。中华民国期间的税目有糖税、烟酒税、盐税、生猪税、爆竹税、鱼税、屠宰税、牛税、花税、竹排报号税、土产出产报号税、码头租、市场税等。除正税外，还有各种附加税摊派，各种赋税税率只增不减。1940年，政府开始征收人头税和灶头捐。至1949年，通衢民众需交纳税种类有10多种。

第二节 民国及以前税务征管

封建社会，县治设专人督税。汉之前，赋税以舶役代税。汉末10里设亭，10亭一乡，乡设“三老”（官名，即乡官），有啬夫职，行收赋税之责。宋初，以衙前为主官，里正、户长、乡书为赋税主官。明初与宋相似。城中曰坊，乡下曰里，通称里甲（每11户为甲、10甲为里），由坊长、里正、甲长督税。

民国期间，县设“田赋征收处”，置正副处长。正职由县长兼任，副职由省府派任，县府设征收分处，主管人由县长委派。征收田赋时用斗量（每斗10斤）。抗战初期，县府对全县耕地做了一次勘测，按田亩纳实物田租。此外，县府还设有一个“税捐征收处”，隶属县府财政科，科长由县长提名呈省府财政厅加委。下设分处，分处主管人由县长委派。

第三节 中华人民共和国成立后的税收

中华人民共和国成立初期，国民经济逐步恢复，国家实行统一税收政策，执行新税制（多种税、多次征的复税制度），对不同行业，不同商品规定不同的税率，税率比民国时期降低50%。随后，实行区别对待、公私繁简不同的税收政策，以征收农业税（占总产3%左右）为主。此外，还征收很轻微的营业税、所得税、工商税、盐税、酒税、屠宰税、糖税、交易税、营业牌照税等，税目和税率结合当时经济情况而定。

1958年，改革工商税制，将原来的流通税、货物税、营业税等合并为工商统一税，农业税按原政策征收。

1963年，改革工商所得税，将金额累进税制改为超额累进税制。由于此税制对个体工商户和合作商店限制过死，产生消极的影响。

1977年，改革税目，取消、合并一些税种，只征收工商税、工商所得税、农（牧）业税、屠宰税、城镇房地产税、车船使用牌照税、牲畜交易税、盐税、集市交易税等九种。

1979年，对税制做了部分调整，企业单位的工业产品由原缴纳工商税改为征收增值税，减轻了合作商店和个体经济的税收负担。同时，调整了农业税。

1984年，国家对税收进行了一次重大调整，税目定为营业税、产品税、集贸市场税、屠宰税、车船使用牌照税、个人工商所得税、罚税、城建税等。

2006年，国家取消农业税，结束封建社会以来长达数千年的农业赋税。

第四节 税收管理机构

1971年，通衢域内设立通衢税务所，有职员5人，负责通衢、登云、锦归三地的国家和地方税务征收管理工作，负责完成工商、税务、房管业务，并且统管三地财税工作。

1988年，新建两层400平方米钢筋混凝土结构的国地税办公及宿舍楼。

1995年，通衢设国税征收站（属登云国税所管辖）和通衢地方税务所。

1999年，通衢地税所撤并入鹤市税务分局。

2018年7月，国税、地税合并，且并入鹤市为龙川县税务局鹤市中心分局。

历任所长：

1971年至1974年，国地税所所长张高球。

1975年至1983年，国地税所所长黄龙彬。

1978年析置登云、锦归公社后，登云、锦归分别设税收征收站。

1983年至1985年末，国地税所所长张高球。

1986年1月至1994年，国地税所所长林森文。

1994年，国地税所所长张学文。

1995年至1999年，通衢地税税务所所长张学文。

1999年，通衢地税所撤并入鹤市税务分局，局长曾坤强。

2000年至2006年，税务分局局长叶亚美。

1995年至1999年，通衢国税征收站站长张军。

1999年至2018年7月，通衢国税征收站站长陈培周、张军胜。

2018年7月，国税、地税合并，通衢国税征收站撤销并入县税务局鹤市中心分局。

表 6-5-1　　　　通衢镇税收收入情况

单位：万元

年份	税收收入	年份	税收收入
1980	7.02	2002	—
1981	7.14	2003	—
1982	5.89	2004	66.62
1983	6.27	2005	87.73
1984	7.2	2006	121.3
1985	5.65	2007	169.7
1986	6.43	2008	218.3
1987	6.28	2009	253.6
1988	7.04	2010	267.7
1989	8.21	2011	315
1990	9.4	2012	389.5
1991	10.37	2013	273.7
1992	11.02	2014	301.9
1993	8.53	2015	601.1
1994	10.26	2016	341.3
1995	14.42	2017	188.2
1996	—	2018	100.5
1997	—	2019	112.2
1998	—	2020	53.4
1999	—	2021	52.9
2000	28.85	2022	763

第六章 金融保险

第一节 货 币

原始社会没有货币，人们交换产品只是以物易物。随着生产的发展，人们需要用一种固定的商品作为中间媒介，用以交换别的商品，这就是原始货币。布匹、羊、贝壳等都充当过“货币”。青铜器出现以后，铜仿贝、布币、刀币、蚁鼻钱曾在不同地区长期流通。至秦始皇时才统一全国货币为圆形方孔铜钱。宋朝及其后，碎银、银锭加入了货币的行列。市场流动货币有制钱、铜圆、银圆、银毫券、银圆券、关金券、金圆券等。旧志记载，清道光以前流行所用货币是制钱、碎银。同治年间则制钱、碎银、银圆并用，而以制钱为主。至光绪初年碎银已无行使。光绪二十七年后，则大部分使用银毫、银圆、铜圆，制钱则渐少。至民国初年，商业交易多以铜圆、银毫、银圆为主。当时银圆面值有五仙（半毫）、壹毫、贰毫、壹元等四种，多以纯银制造，每拾毫可兑换银圆壹元。银圆有两种：一种是1914年铸造的袁世凯人头像的银圆；另一种是民国二年（1913年）铸造的孙中山半身侧面像的银圆，每个银圆重柒钱贰分。辅币则以铜圆为主（铜仙、铜板），圆形中间无孔。铜圆于清光绪二十六年（1900年）首先铸于广东省，面值每十个铜圆可换银毫一毫。民国七年正处于第一次世界大战期间，铜价昂贵，铜圆使用可等于银毫的比值。

民国二十四年（1935年），实行“法币政策”，白银收归国有，但受到国际市场金价、银价波动的影响，白银不断外流，以银为本位的币制难以维持。是年，国民党政府规定中国、中央、交通、农民4家银行所发的纸币为国币（亦名法币），1942—1949年国币以流动纸币为主，其他毫券为辅。中国银行为宋子文所掌握，发行的钞票有贰角、壹元、伍元、拾元、伍拾元、壹佰元等券别；中央银行为蒋介石所掌握，发行的钞票最多，流动亦较广，面额有壹分、贰分、壹角、伍角、壹圆、贰圆、拾圆、壹佰圆、贰佰圆、壹仟圆、壹万圆等券别；交通银行为孔祥熙所掌握，发行的钞票红色有火车头像，面额有拾圆、贰拾圆、壹佰圆等券别；农民银行为陈立夫、陈果夫所掌握，发行的钞票有牛头像，面额有壹角、壹圆、伍佰圆等券别。以上4家银行的国币与广东省银行银毫券的比值，均是壹圆等于壹圆贰角（1=1.2）。广东省银行发行的大洋券面额有壹角、贰角、壹圆、伍圆、拾圆等券别；银毫券面额有贰毫、壹圆、贰圆、拾圆等券别，比值每元等于0.833元中央银行法币。中央银行又发行“关金券”，面额有拾分、贰拾分、壹圆、贰佰圆、贰仟圆、贰万圆、贰拾万圆等券别。1948年，中央银行又发行“金圆券”，面额有壹角、伍角、壹圆、贰圆、贰拾圆、伍拾圆、壹佰圆、贰拾万圆等券别，比值每壹圆金圆券等于中央银行旧币叁佰万圆（1=3000000）。

民国时期由于国民党政府滥发纸币，法币不断贬值。抗日战争结束前夕，全国货币发行量已达五仟余亿圆，到1948年发行额达陆仟陆佰亿圆以上，物价上涨3492万倍，市场贸易普遍出现以物交换。用法币购买东西，由于数额大、分量重、种类多，比值不同，计算复杂，市场价格瞬息万变，市场非常混乱。到了1948年冬，基本停止了法币流通。许多人刚接到贬值的法币，转眼间就无法使用，受到严重损失。尽管法币进行了3次更换名称和更换比值，都无法扭转彻底崩溃的局面。

中华人民共和国成立前，为促进生产建设，保障人民财产利益，1949年7月8日成立南方人民银行，发行南方券，面额整币有壹圆、贰圆和拾圆券，辅币有壹角、贰角、伍角。1950年2月撤销南方人民银行，并入中国人民银行，统一发行人民币，开始收兑南方券。人民币是1949年12月1日由中国人民银行总行发行，于1950年3月开始使用。当时币值面额有壹圆、伍圆、拾圆、贰拾圆、伍拾圆、壹佰圆、贰佰圆、壹仟圆、伍仟圆、壹万圆、伍万圆等。

1955年2月21日，国务院发布《关于新的人民币和收兑现行旧人民币的命令》，中国人民银行自1955年3月1日起发行新的人民币。“每壹圆新币与壹万圆旧币同值”，即壹分等于壹佰圆、壹角等于壹仟圆、壹圆等于壹万圆。

1957年11月19日，根据国务院发布《关于发行金融硬币的命令》，发行硬币分壹分、贰分、伍分三种，与已流动的纸币同值。1964年4月12日停止使用并收兑苏联版的拾圆、伍圆、叁圆券。1985年2月，广东曾发行50元、100元的本票，流通一个月遂止。1987年4月，中国人民银行发行新版人民币，增发面额50元、100元纸币。1999年10月，中国人民银行对人民币进行改版，除10元、50元、100元之外，又增发了20元的纸币。

第二节 金融机构

一、封建社会借贷形式

在封建社会，通衢民间有钱庄、当铺、标会等一些相当于金融机构的借贷形式。

钱庄。在通衢街场的钱庄通俗叫“日息”“街利”“闪眼利”之类，一般是经营生意的店铺兼放日息，没有专放日息的店铺。钱庄以日为期，如今日12点钟借出，明日12点钟为到期。利息不等，双方面议，日日变动，甚至时时变动，多人借时利率高些、少人借时利率低些，一般是零四、零五，即今日12时借出100元，到明日12时便要归还本息104元或105元。到期不还便利上加利，像寒冬滚雪球，越滚越大。求借人多是商人或赌徒。

当铺。当铺是以物抵押实现借贷的店铺。借贷月息固定3分，即100元需每月3元利息，比如一件衣服值款10元，到当铺去只打七折或八折，以打成8元计算，每月利息2角4分，一年利息2元8角8分，如一年为期要拿10元8角8分去赎，到期不赎则断，不能再赎。当铺可将抵押物品标价拍卖。当铺的借贷面很广，有商人、农民、学生等各阶层的人，特别是赌徒及吸鸦片者最多。

标会。标会是由发起人（称会头）邀请若干人（称会脚）参加，约定时间按期举行，每次各缴一定数量的会款，轮流交由一个人使用。会头优先无偿使用第一次会款，以后依不同方式确定次序，轮流交会脚使用，每个会脚都中标后完成一个周期。标会是民间一种十分古老的信用互助形式，普通百姓如遇结婚、生病、盖房急需资金时，利用标会形式互相帮助且互利互惠。农村中的标会有多种形式，如“老人会”“谷会”“车轮会”“街会”等。标会名义上是互助形式，实际上除农村的“老人会”外，其余的标会都是变相剥削。

二、中华人民共和国成立后的金融机构

中华人民共和国成立后，在通衢设立的金融机构有农业银行通衢营业所、通衢信用社和邮政储蓄银行等。

1.通衢银行营业所

1951年10月1日，通衢银行营业所成立，隶属中国人民银行龙川县支行。其基本任务为办理储蓄存款。1953年9月，通衢银行营业所被撤销并入鹤市银行营业所。

2.通衢农行营业所

1979年10月1日，龙川县成立农业银行。1980年1月，县农业银行下设通衢农行营业所，主要业务为统一管理支农资金，集中办理农村信贷、领导信用社、负责农村会计辅

导、发展农村金融事业。农村信贷主要有存款和贷款两个方面。存款依靠组织聚取，贷款来源依靠存款。存款有企业存款、储蓄存款、财政性存款和其他存款，实行“存款自愿、取款自由、存款有息、为储户保密”原则，有活期、定期、华侨、定活两便四种形式。贷款有农业和工商业两种形式。2000年，通衢农行营业所被撤销。

3.通衢信用社

1953年，通衢域内各小乡设立信用合作社，隶属鹤市信用合作社。信用社是集体的群众组织，当时由各农民协会（后成立小乡）动员贫下中农忆苦思甜，报名入股。各小乡（村）选举出理监事会管理信用社。由理事会产生一名社干，负责管理资金。业务上由国家银行指导、帮助，独立核算。1959年后，通衢域内成立通衢公社联合信用社。信用合作社实行各项指标“五包干”（包存款、包放款、包收回货款、包质量、包经济效益）。奖励超额完成任务，取得一定效果。1982年达到自给经费，略有积累。1986年末，股金10600多元，各项存款余额219.9万元。1978年3月，成立锦归公社信用合作社。

20世纪90年代后期，通衢信用合作社、锦归信用合作社分别社更名为通衢农村信用合作社、锦归农村信用合作社（2003年5月被撤销并入通衢农村信用合作社）。2004年以后，信用社由省直管。

通衢信用社于2018年7月实行体制改革，转型为农村农商银行（现名全称：广东龙川农村商业银行通衢支行），其办公楼位于通衢墟镇新街南侧，营业厅面积约100平方米，在职职工6名。信用社实行窗口服务与电子银行服务一体化，各项业务稳步增长，是一家立足服务“三农”、服务中小微企业、服务个体户的金融机构。2021年末存款余额约3亿元。

通衢镇（公社、区）农村信用社历任主任：叶权恩、郑永星、黄湘林、吴琼云、叶雪忠、张展新、黄运新、吴　杰、张伟华

锦归镇（公社、区、乡）农村信用社历任主任：叶秋胜、吴琼玉

第三节 保 险

1951年1月，设立中国人民保险公司龙川县代理处。1952年2月，成立县支公司。当时，保险公司主要开办了企业财产保险、家庭财产保险、耕牛保险、生猪保险、运输工具保险、团体人身保险和简易人身保险等7种业务。1958年人民公社化后，停办国内保险业务。

1980年10月，中国人民银行龙川支行设立中国人民保险公司龙川代理处。1983年恢复成立中国人民保险公司龙川县支公司。县保险支公司先后开办企业财产保险、家庭财产保险、农户住宅保险、煤气保险、机动车辆车船损失保险、机动车第三者责任保险、货物运输保险、航船保险、单车保险、团体人身保险、团体人身意外伤害保险、学生保险、医疗保险、简易人身保险、公路旅客意外保险、司务乘务员意外伤害保险等16种业务。

1989年，中国人民保险公司龙川县支公司（属国有企业）下设通衢保险站，在通衢街道开启保险业务。现经营办公地点在东门直街。

通衢人寿保险站历任站长：张祝英、曾惠国、叶丽萍

第七篇

文化·教育·卫生·体育

第一章 文化

通衢历史悠久，文化底蕴深厚，在长期的生产生活实践中，通衢人祖祖辈辈秉承客家人“崇文重教，耕读传家”的优良传统，创造并传承了丰富多彩、喜闻乐见的乡村文化。中华人民共和国成立后，通衢文化事业迅速发展，设有文化管理机构，配备专门人员，文化设施不断完善，各种文化阵地得到拓展，逐步形成文学创作、音乐、舞蹈、戏剧表演、书法、绘画、摄影等多种形式的文化艺术格局。为广大群众提供了丰富的精神食粮，充实了群众业余文化生活，促进了全镇精神文明建设。

第一节 “文化之乡”说

通衢历史悠久，山川锦绣，古迹众多，历来崇文重教，读书风气浓厚，素有“文化之乡”的美誉。

公元819年，唐代著名诗人韩愈被贬前往潮州任刺史，途经古通衢丫顶埂的蓝关，勾起了韩愈的悲伤心境，写下一首《左迁至蓝关示侄孙湘》著名诗文。为了纪念这位学者、诗人、散文家、哲学家（唐宋八大家之首），古通衢人就在蓝关建起韩文公祠，供后人瞻仰、凭吊。从此，古通衢深受韩愈等文人学者的影响，兴起崇文读书的风气。

明洪武八年（1375年），在通衢驿右创办云衢社学，其是通衢最早的学校。

明朝工部主事李中因奏《辟异端以正君心疏》，被正德皇帝贬到通衢任通衢驿丞，任职期间（1514—1523年），他见通衢驿东多梅树，遂建爱梅亭，在爱梅亭接待途经通衢驿站的官员、文人墨客等，吟诗作对，留下不少著名诗词文章。一时“爱梅亭”高朋满座，文风鼎盛，大力促进了古通衢文化的兴起。

清咸丰十一年（1861年）前，为景仰韩愈的道德、文章，热心教育的邑贡叶及时、张子筠、罗时敬等先贤们筹集资金，将位于通衢城西北的“文昌阁”改建为“景韩书院”，成为当时全县有名的书院之一。之后，通衢域内陆续办有义学、私塾、经馆、高等小学等，设儒租，激励后辈奋发读书。明清时期科甲鼎盛，历任登科人士达数百人。明嘉靖至万历年间梅城村张大纲家族出现了一门三举人的盛况，清康熙至乾隆年间田心屯连出举人15人，通衢“文化之乡”美誉不胫而走。

在客家人崇文重教的优良传统熏陶下，通衢历代学子人才辈出，名扬一方，明清时期有举人张大纲、马俊、张兆行、张兆熊、张兆泉、张鼎吉、张孚吉、张履吉、汤宗光、黄彙征、傅雄才、傅松溪、陈绮芳（武解元）、陈经芳、陈开第、廖宋祺、廖元文，还有贡生、廪生、生员一大批；当代有知名作家何启治、著名国画画家叶绿野、旅法油画画家陈建中、雕塑家叶国良和叶东风、书法家孙春桂、核化学专家叶玉星、医学专家刘金文和陈东、旅美科学家陈纪文、国家铁路和城市轨道专家廖国才。

第二节 公共文化设施

1.文化站

通衢镇文化站成立于1978年，人员编制1人，办公地点设在镇政府大院内，经费主要依靠集体自筹自办，民办公助。文化站本着“业余、自愿、小型、多样、节约”原则，积极开展党的农村政策、法律知识、计划生育和好人好事宣传活动，还有图书借阅、专栏宣传、业余文艺创作、音乐舞蹈、美术摄影等活动。1991年以后，文化站由于人员空置，活动中断。2012年，文化站恢复正常运行，2015年升级为三级站，2020年升级为二级站。

2015年，通衢镇文化站迁至镇文化广场边，与通衢街道社区居委会同一栋楼，业务范围覆盖17个村、2个居委会，每个村配备了一名文体协管员。文化站建筑面积达900平方米，内设有图书室、排练室、多功能室、电子阅览室、棋牌室、非遗展览室、书画室、乐器室等8个功能室，向全镇人民免费开放服务。站内还设有老年人活动中心，面积160平方米。文化站门前设有8000多平方米的文体活动广场，广场上设有门球场、灯光篮球场、运动器械区以及演出舞台等。

2019年，根据广东省文化厅《关于印发〈推进县级文化馆图书馆总分馆制建设的实施方案〉的通知》（粤文公〔2017〕103号）精神，龙川县建立以县文化馆为总馆，镇文化站为分馆，村（社区）综合文化室为服务点的服务网络，形成全面覆盖、均等便捷的公共文化服务体系。通衢镇文化站作为县文化总馆的分馆，在梅东、广福、高湖村设立3个文化服务点。2021年在广东省乡镇（街道）社会体育指导员服务评估定级中获得了“A级服务站”称号，并发展了20多名社会体育指导员，指导群众开展日常的体育运动。

通衢镇文化站历任站长：叶文生、张伟雄、罗志平

2.电影院

1955年始，通衢域内有零星电影放映，地点在通衢人民广场，影片多以反映战争年代主题的内容。通衢电影院建于1958年，占地面积约1600平方米，建筑面积约600平方米，观众座位850个，座椅为木板凳，由通衢公社通过多方集资建成，华侨刘永松（旺

茂人）、陈禄生（梅东人）、黄子居（广福人）等人给予大力资助。电影院分楼上楼下双层，可容纳1420人观看。电影播放权属于县电影公司管理，县电影公司派放映工作人员常驻电影院。1988年成立通衢电影队，由叶艺雄跟电影公司和镇府承包通衢电影院使用权，1991年由叶东青接手通衢电影院的承包使用权。1997年“通衢电影队”更名为通衢电影院，业务由县电影公司负责。2011年电影院因严重破烂停止使用，同年开始普及数字电影，放映人员由县电影公司聘请，考证上岗。放映形式改为流动播放，影片以租片方式。2013年撤销通衢电影院。随着电脑、网络、手机的普及，观看电影的观众越来越少，但是国家重视文化教育的宣传，通衢镇各村每年仍有播放电影，数字电影一直在流动放映。放映队员经常不辞辛劳地巡回各村，甚至到偏远的山村放映，给群众留下深深的、难以忘却的记忆。老电影院拆除后，在电影院旧址先后建起了公安派出所、社保所、文化站等办公楼。

20世纪六十年代，华城大队在时任党支部书记李均枢的领导下，利用华城老城楼和城墙的旧砖，在原关帝庙旧址建造了一座长43米、宽12米，能容纳500人的戏院，以供放映电影、演戏、开大会之用。1994年该戏院因属危房而停止使用。

3.广播电视设施

通衢镇最早的广播电视站成立于1993年，由通衢教育办公室（以下简称教办）自筹资金5万元，购买电视差转台设备，安装在教办楼三楼楼顶，由龙川县广播电视局提供技术支持。电视信号有6个台，信号覆盖通衢街道范围，用户近百户。4年后通衢镇文化站开通有线电视，由县广播电视局输送信号和管理，收编了教办的电视差转台，有线电视信号站设在原镇府大楼旁边的派出所楼顶。同期，还有3个村级有线电视小片网点。一是葛藤村有线电视网点，用户约400户，2004年由县广播电视局收编；二是华城村有线电视网点，用户约120户；三是锦归村有线电视网点，用户约600户。华城村和锦归村2个小片网点，于2022年11月由龙川县文化广电旅游体育局整治联网。

通衢镇广播电视站成立于2003年，配备有外线员、收费员，广播电视用户约900户。2014年起网络电视开始在通衢普及。2021年由广播电视站转为龙川融媒运营有限公司通衢镇服务站，广播电视用户约500户。

4.农家书屋

农家书屋工程是国家五大文化惠民工程之一。农家书屋是为满足农民文化需求，建在行政村且具有一定数量的图书、报刊、电子音像制品和相应阅读、播放条件，由农民自主管理、自我服务的公益性文化场所。每个农家书屋按照2万元标准建设，配备图书不少于1500册，报刊不少于20种，电子音像制品不少于100种（张）。

广东省的农家书屋工程于2008年全面推开，至2011年，通衢镇各村的农家书屋已经设置完成，地点大部分设在村委办公处。

农家书屋初步解决了农民群众读书难、看报难的问题，促进了城乡基本公共文化服务均等化，丰富了农民群众精神文化生活，被农民群众形象地誉为“农民致富的学堂、农村文化的殿堂、农村学生的第二课堂”。

5.文化广场

通衢文化广场位于公安派出所、社保所前面，占地面积8000多平方米。文化广场设有篮球场、羽毛球场、门球场、健身场、舞台、花圃等，设施齐全。每天早、晚，文化广场都有大量群众自发参加体育、文化娱乐活动。该文化广场已成为通衢镇一处亮丽的风景。舞台左边的千年古榕是通衢古文化的象征，在古榕树下讲故事是通衢开展新时代文明实践活动的一种创新模式。

随着乡村振兴政策的深入推进，通衢镇内各村都建有文化广场，以满足农村居民休闲、娱乐、健身的需要。

6.老年人活动中心

老年人活动中心是一个专门为老年人提供活动和服务的场所，它有助于减轻老年人的孤独感，打破老年人之间的社会孤立，促进老年人之间的交流，同时也有助于老年人维持健康生活，增强身体素质。

通衢镇老年人活动中心设于1996年，地点在通衢街道的老招待所，主要活动内容有读书看报、打扑克、下象棋、下军棋、打麻将、练书法、集中聊天。2006年，由时任香港龙川同乡会会长叶柏明（原籍梅城村）牵头集资，在原通衢人民广场主席台位置兴建一栋占地面积80多平方米的老年人活动中心楼，命名“国华文化娱乐中心”。

进入21世纪，前10年，通衢镇有15个村（社区）设立了老年人活动中心或者老年人活动广场。

第三节 民间文化

1.舞龙

龙是中华民族的吉祥图腾，历来受到人们的膜拜。通衢镇在清朝末期就有民间舞龙的队伍。为了展现龙的矫健腾跃形象，民间艺人用竹做成龙头，加以彩绘，画龙点睛，使龙头栩栩如生，再以中间红布条和两边青（绿）色布条，视舞者人数多少，做成数丈或数十丈龙身龙尾，安上龙骨，等距固定竹杖或木杖，供舞者舞动龙身龙尾，再与龙头连缀成一体，便做成了“龙”。表演时，舞者听从锣鼓的指挥，其主题是“双龙滚珠”“双龙抢珠”“揽月闹海”等表演，环环相扣，高潮迭起，活灵活现，吸人眼珠，老少咸宜，极具团结协作的集体主义精神。

2.舞狮

舞狮是通衢镇主要的民间传统文艺项目，一般在春节期间盛行。舞狮一般分拜宅（门、人）、驯狮、采青3套程序进行。狮子舞动时，有锣、鼓、铙、钹、锵等打击音响配合。拜宅（门、人）意在雄狮献瑞，象征对主人的祝福。驯狮情节为表演沙僧驯狮的故事，场上由狮子、沙僧主演，还有喜剧角色沙陀打诨，2个或4个猴子嬉戏，通过狮子跑、跳、腾、跃、行等动作，表现狮子喜、怒、哀、乐、动、静、惊、疑等表情，整个表演过程紧凑、活跃、滑稽、趣味。驯狮后，一般插进武术表演（有的还兴插文艺节目）。采青乃接受报酬程序，狮子通过一定的舞蹈动作，接过悬着红布（纸）的带枝叶竹竿（纸币粘在红布或红纸上），献给其主人。在通衢镇，解放前就有舞狮活动，十年"文革"期间被视为封建文化禁止举行。1979年始获新生，20世纪80年代各大队（乡）均曾与当地小学联合组成醒狮团，在春节期间举行舞狮集资活动，将所得款项用于改善办学条件。

3.锣鼓

春节是我国民间每年最隆重的节日。通衢镇民间素有敲锣击鼓庆祝这一佳节的习俗。一般在除夕之夜至大年初一清早，人们的锣、鼓、铙、钹、锵等打击乐器奏出热闹而优美的音响，增添节日热烈气氛，也意表辞旧迎新。"文革"期间打击乐器多已散失，这种习俗在通衢镇从此销声匿迹。

4.古吹

通衢镇人逢婚庆、祭祀，有请古吹助兴凑热闹的习俗。通衢镇古吹队伍系民间自凑而成，人数不固定，闲时一起吹弹合奏，有请之时则各人拿各自使用的乐器相约前往。古吹乐器一般是唢呐、钹、木鱼、秦琴、二胡、笛子各一，其中唢呐为最重要的乐器，所奏曲目是古曲或广东音乐。十年"文革"期间，此习俗被视为封建文化被禁。20世纪80年代后，本镇又兴起逢送葬、祭祀方请古吹的习俗。

5.戏剧

通衢镇群众看戏的兴致在解放后尤其至20世纪60年代较为盛行，当时看戏剧是通衢镇人民文化生活中的一件大事。农闲之暇或重要节日，哪村有戏团（班）演出，群众都会奔走相告，会集演出地尽情观摩，尔后谈论评说，余兴经久不尽。甚至有卖谷或借钱买戏票看戏的笑谈。

中华人民共和国成立后，通衢镇各村建立了业余文艺队伍，开展唱新歌、演新戏活动。1950年至1952年，通衢镇人民政府组织了秧歌腰鼓队，配合土改工作队到各村进行巡回演出。

1953年至1965年，每逢春节，通衢镇各小学文艺宣传队与所在大队（乡）业余文艺队伍联合举办文艺晚会，为群众义演。

1966年至1969年，通衢镇各大队都成立了毛泽东思想文艺宣传队，不仅在本大队演出，还到别的大队义演，演出内容一般是歌颂领袖人物，语言口号化。此外，当时从七八岁娃娃到七八十岁老人，男女都跳“忠”字舞，各大队把它当作一项严肃的政治任务来抓，经常组织检查评比。

20世纪七十年代初，通衢镇曾兴起“样板戏热”，各大队业余文艺队伍纷纷演“样板戏”。

20世纪八九十年代，每年六一国际儿童节或者元旦，通衢镇教办都组织各小学文艺代表队集中举行文娱会演。

进入21世纪后，文化生活日益丰富，通衢镇、村兴起了广场舞文化，各村（居）都组建有广场舞队，每年节日，各村均开展形式多样的文体活动。

6.电影

20世纪五六十年代，放映机装上电影胶片，通过光投放到银幕上播放，电影胶片有35毫米和16毫米之分，由电影放映人员带着机器，到各地操场、晒谷场等宽敞地方支起银幕放映。60年代出生的人，小时候看电影一般是在村里的大地堂（村里用来晒稻谷的场地）。那时候有驻军，部队每个月放电影，每到放电影的晚上，全村人就会热闹起来。提早结束生产劳动，为了看一场电影，村里人特别是小孩，有的走十几里地，黑暗的村道人流涌动，加上手电筒的闪烁，在黑夜中形成一道美丽的风景。公社（镇上）的电影院，经常会播放电影，因为需要买票，一般人进不去。公社组织的免费电影，往往会挤得水泄不通。有时候学校组织看电影，学生会有秩序地观看。那时候，看露天电影就是一件喜事，放一场电影整个村子就像过节一样。电影队有时进村放电影，电影队的人被安排到谁家吃饭都是高接远迎的，孩子们围着问这问那，对他们的崇拜不亚于现在的一线明星。

7.电视

20世纪80年代开始有黑白电视机。经济条件较好的家庭买一台电视机，邻居都会去这家人家里看电视。最早的电视是用天线接收信号的，大家都觉得很神奇，一个支架连接一条线就能看电视。部队上的电视机，为了满足群众观看，会放在窗台上或者搬出走道，附近的村民为了看电视连续剧，每天晚上都会早早霸占位置，生怕看不到。90年代VCD/DVD影碟机开始盛行，彩色电视机同时流行。有条件的家庭肯定会给彩色电视机配上一台VCD。

8.文艺下乡

20世纪70年代，县里经常派出文艺宣传队到公社开展文艺会演及在村内和周边村庄巡回演出。改革开放后，县文化部门经常组织文艺演出团体到镇村进行送戏下乡活动，促进通衢地区物质文明、精神文明、政治文明和生态文明建设。

第四节 文化艺术

通衢历史悠久，文化源远，山川秀丽，自古以来就是闽粤之间古驿道上的重镇，曾是朝廷官吏巡行、贬官流配之地，许多骚人墨客对通衢的山川、风物和民风吟诗作赋，留下了极为珍贵的文化遗产，涉及通衢的诗文在《四库全书存目丛书》、地方志、报纸等书刊均有记载。下面辑录了大部分古今文人吟咏通衢的诗词、文章及书画雕塑摄影作品（见前面彩印部分）。

一、诗词 楹联

1.诗词

左迁至蓝关示侄孙湘

唐·韩愈

一封朝奏九重天，夕贬潮州路八千。
欲为圣明除弊事，肯将衰朽惜残年！
云横秦岭家何在？雪拥蓝关马不前。
知汝远来应有意，好收吾骨瘴江边。

夜坐通衢有感

宋·李纲

策马望宁昌，行行道路长。
晓登丞相岭，夜宿翰林堂。
山静光犹在，池娴草自芳。
恨贤无限意，聊复奠椒浆。

载《龙川蓝关之研究》

通衢驿夜坐有感（二首）

宋·李纲

一

永夜发孤笑，起看河汉流。
群山涌翠浪，纤月挂琼钩。

岂谓艰难日，翻成汗漫游。
虚舟全不系，暮景付沧州。

二

酷暑事行役，瘴云天一方。
晓登丞相岭，夜宿翰林堂。
月落星河耿，轩开风露香。
微凉生枕簟，归梦到江乡。

载《古今诗人颂龙川》

和述古冬日牡丹（四首之一）

宋·苏轼

不分清霜入小园，故将诗律变寒暄。
使君欲见蓝关咏，更倩韩郎为染根。

载《张镇江文存》关于蓝关之诗文

发通衢驿见梅有感

南宋·杨万里

忙中掠眼雪枝斜，落片纷纷点玉沙。
虚过一冬妨底事，不曾款曲是梅花。

载《龙川县志》

爱梅亭

明·李中

通衢植万梅，画出孤山境。
僻陋数百年，未遇林和靖。
乾坤此一亭，春意吾自领。
坐来不记眠，明月印梅影。
风定树未休，蛩声夜更静。
仰首看青天，冷然发深省。

载《龙川县志》

爱梅亭四首

明·李中

一

天将春景付山家，独坐幽亭浪自夸。
白石先生清到骨，通衢饮水对梅花。

二

关关山鸟语新巢，淡淡春风驻草茅。
清夜开窗读周易，一轮明月在梅梢。

三

此日通衢首领春，早梅开处恁相亲。
风前花片知人意，飞上亭中明道巾。

四

一般淡薄足家风，自是梅花臭味同。
欲识通衢真爱意，好玄千载问杨雄。

选自《四库全书存目丛书·谷平先生文集·卷四》

爱梅亭对梅（三首）

明·李中

一

梅花交月夜清辉，一段春光入范围。
风递微香墙外度，幽人山下半开扉。

二

良夜探春坐小轩，半窗淡月梅花村。
道人花下绕幽兴，时把清香带酒吞。

三

惯从春早玩乾元，树树寒梅放满园。
此去看花都有眼，谁知今日理花根。

选自《龙川县志·艺文卷》（乾隆壬午版）

次韵同年丘懋之二首

明·李中

一

鸟献清声花献娇，岭南非近亦非遥。
通衢嘉会聊沽酒，顺德行看徧卖刀。
四海弟兄随遇乐，千金光景坐来消。
深山吏隐今知否？风月诗情带野樵。

二

脚板须登万仞山，相逢不说瘴江难。
野亭有意延天曙，银烛无情报夜残。
溪月也陪千里会，山灵应识寸心丹。
海天此景堪描画，万树寒梅坐两官。

至日得王一卿书

明·李中

客窗微雨锁闲吟，一纸天涯薄万金。
眼界凭谁堪共读，梅花数点独知心。

忆先达袁付御德纯昔年巡按广东卒于龙川用石翁韵二首

明·李中

一

鹧鸪声断不能归，花自开兮花自飞。
疑信当年浑未定，翩翩蝴蝶逐人衣。

二

百年遗恨海之滨，梅发龙川几度春。
只信东风无厚薄，路旁犹问旧时人。

寄彭仁卿

明·李中

菊时话樽酒，别来梅已花。
年光随流水，搔首谩咨嗟。
一枕忘天地，八牕铺云霞。
南海梦初觉，溪月在山家。

梦石翁

明·李中

一枕通衢卧，江门梦与通。
天风吹海角，梅月照诗筒。
浙水思吾友，石斋问士龙。
瞢腾偏自惜，谁撞五更钟。

除 夕

明·李中

吏隐无妨卧海边，梅亭日月又推迁。
客怀此日几千里，正德明朝十一年。
有意山花撩酒兴，无端风景入诗篇。
世途脚板闲来往，勘破行藏总属天。

元旦试笔，丙子

明·李中

丙子新编岁已迁，焚香遥拜九重天。
万方此日称元日，百事今年胜去年。
葵藿心倾红日转，庭闱眼在白云县。
通衢饱领君恩早，阙下春风到海边。

和韵答陈吏目焞

明·李中

卧看明丹兴无涯，四海分明是一家。
年去年来谁记取，山亭诗思又春花。

次韵何子曧

明·李中

闲坐亭前认化工，柴门日日引春风。
多情杯酒钩诗急，月上梅梢兴未穷。

梅亭小酌赠赵通判用王宜学韵

明·李中

一笑梅亭只自妍，恍然问逊在当年。
先忧天下谁男子，行乐人间我谪仙。
欲扫浮云期若水，好将周易问伊川。
几多客路相逢意，又逐东风入酒泉。

次韵佥宪黄小江爱梅亭绝句二首

明·李中

（一）

春风吹到爱梅亭，一扫浮云天自清。
此道平铺都了了，才言醒处便非醒。

（二）

春风流动注梅亭，野史山中记草青。
年去年来随处分，嗒然无醉亦无醒。

离五羊舟中遇雷雨有作

明·李中

孤舟无击顺潮回，随处通衢自往来。
笑傲乾坤那管束，剩匀风月入敲推。
行藏未得僧同话，饮食还须我自裁。
极目梅亭天咫尺，先凭云雨洗尘埃。

赠谌仓官焕

明·李中

通衢冷似冰，特过问弦韦。
艮卦平居玩，人间无是非。
程乡几日路，来看爱梅亭。
梅亭梅来孙，何以赠君行？

迂路

明·李中

上保清晨问客程，乌虎镇头路须经。
云雾因塞天地暗，烟火稀疏人少行。
山翁蹙頞向我语，乌虎镇头不可去。
和平之勉出入区，先生经由必择处。
我闻斯言再问津，路上行人言是真。
路旁男妇无颜色，是皆贼手赎回人。
迥车纡向长塘路，高历险无重数日。
斜行李人入长塘，又闻广东贼旗树。
道路条条是贼途，斯民无辜遭毒荼。
风景凄凄可痛哭，是果人也抑天乎？
通衢野吏今何似，展转只认避寇是。
天下岂无平路岐，来朝小艇浮热水。

再至通衢

明·李中

重到通衢地，萧然吏隐村。
旧泥落壁土，细草卧颓尘。
淡月依梅蕊，轻风扫竹根。
客怀良自遣，烧烛倒清蹲。

梅花四首

明·王思

一

千古梅花入品题，林家意思邵家知。
通衢我好无言坐，又被东风为索诗。

二

枝北枝南一样春，千卮闲放赏梅人。
山亭剩有冲融意，不但鸡雏可玩仁。

三

江山应接几多题，题出寒梅我不知。
句在花间花不语，倩人语处便成诗。

四

肺腑时收天下春，通衢聊作看梅人。
谁知万蕊千葩处，都是元初一点仁。

寄内翰王宜学

明·王思

乾坤两脚任西东，小住通衢只固穷。
快意山溪流素月，惟入庭树著寒风。
瓦盆残菊扶诗瘦，曲径霜风对酒浓。
吏隐如今真是癖，却承潮海说中庸。

谢陈吏目焞二首

明·王思

一

白日青天坐海涯，今朝音问出陈家。
山亭不了相酬意，墙角寒梅未放花。

二

万古乾坤一笑时，灞桥驴子寄山居。
溪风半夜吹长乐，送到通衢交际时。

再过通衢驿夜宿

明·任可容

路入通衢日已斜，苍烟起处是人家。
闲阶西过虫吟草，孤馆无人鸟啄花。
岂有壮猷清榫海，抵余客梦到烟霞。
村中刻漏凭谁定？深夜卸杯兴转赊！

载《龙川县志》

梅亭述古

清·彭峻龄

西曹执简严肃霜，为爱驿梅冷更芳。
易凛坚冰怀素履，诗成漱玉拟含章。
词臣先后琼瑶集，节度追随赤白囊。
试问群乌栖柏后，枝头曾带辟寒香。

载《龙川县志·艺文卷》乾隆壬午版

华城塔

清·徐植善

胜概资开辟，嵯峨仙掌擎。
倚天红散彩，拔地莒浮茎。
霍岭辉堪挹，嶅峰翠若迎。
几层苍的烁，一水泻琮峥。
捧日红云近，凌霄碧汉青。
共瞻文射斗，应识兆题名。
香蔼微山拥，光芒玳瑁呈。
登攀频极目，景色丽华城。

载《龙川县志·艺文卷》（清乾隆壬午版）台北故宫博物院藏本

通衢（在龙川县南五十里）

清·李调元

数家烟火小桥西，耙桠平畴翠刬齐。
雨霁山篱蝴蝶闹，夕阳村店鹧鸪啼。
二三耕妇头蒙帕，八十衰翁手拄藜。
却忆一封朝奏客，如何不共乐昌题。

载《李调元诗注》

蓝关八景

清·钟鼎鸣

一韩祠著迹

存神过化仰芬芳，驿路山坳俎豆香。
石凳逶迤劳拾级，瓦亭高敞趁新凉。
云栖半壁留仙迹，楹竖丹铭列篆章。
犹忆当年寒驻马，天教雪拥表忠良。

二碑记仙踪

何年勒石记仙踪，数尺嶙峋立路冲。
四字留题征步雪，六书纵笔若游龙。
摹模常剩煤痕迹，拂试从无碧藓封。
更有龟亭碑亦古，绥成制作仰文宗。

三夹峰耸翠

两峰夹耸势崔嵬，大道遵行一线开。
自古巨灵分地脉，几时力士凿山隈。
日高马向峰阴过，露合人从云路回。
关塞不劳资勇壮，当年吏部驻旌来。

四四庙鸣钟

野坐归儒听撞钟，南宫清亮北宫雍。
噌吰恍忆周王乐，傲坎旋闻魏献镛。
不为后先惭铺啜，还思小大叩从容。
晨昏迭奏高相应，历历金声达九重。

五双泉递汲

盈盈山下出双泉，用汲循环任自然。
濯足濯缨左右易，分泾分渭暑寒迁。
涌流不减抽刀刺，冽井何劳卓锡穿？
奇迹由来传马迹，长教过客讶真仙。

六榕影如盖

榕影阴幽复庙庭，甘棠遗爱郁青青。
当途广置千人帐，捧日还遮万里亭。
交织长条迷石径，匀铺密叶障山屏。
往来行客留连处，鸟语风声总入听。

七驿店停骖

野店风霜跋涉难，计程到此爱盘桓。
肩夫息担常沽酒，星使停骖总谒韩。
冠盖联翩人簇族，工商杂还路漫漫。
驰驱鹜集知多少，无限芳华入目看。

八归儒古寺

散步名区羡大乘，翘登兰若访高僧。
梵音远送关山客，籁爽轻翻具叶经。
天际空中浮宝阙，云间深处露青灯。
欲知法界无穷境，且就从容到上层。

载《龙川蓝关之研究》

官梅阁题壁

清·丘恭

十日离乡音已稀，愁眉生怕送残晖。
天涯破镜知谁在，塞外悲鸿去不归。
望到故山心化石，听来杜宇泪沾衣。
五更画角城头月，吹落旗亭促马飞。

和题壁次韵

清·赵玑

分明笔仗影依稀，惊阵啼鸦散夕晖。
去国竟成千古恨，抱琴应共九泉归。
才高柳絮余香浄，命薄桃花卸舞衣。
泪眼相逢何日事，一声鼙鼓各魂飞。

步何小秋谒韩祠原韵

清·张子筠

古文苍茫紫翠浮，雪泥鸿爪一痕留。
关门老树参天立，马迹斜阳逐水流。
过客踏残茅店月，梅花开遍酒家楼。
几回细把新诗读，不觉疏钟到晚邮。

载《龙川蓝关之研究》

春 柳

清·张子筠

袅袅骄姿到处宜，临风冒雨一枝枝。
与人非故加青眼，倚槛含情寄远思。
近水低迷歌艇小，隔花轻拖酒旗垂。
劝君舞罢长堤外，且莫多情管别离。

载《竹人诗集》

咏 竹

清·张子筠

猗猗绿竹种成林，斜倚栏杆翠色侵。
几次敲风惊午梦，千竿摇影护庭阴。
叶疏重锁烟浓淡，节劲横排水浅深。
赤日苦无消暑地，愿移枕簟肆长吟。

载《竹人诗集》

燕剪

清·张子筠

低掠轻捎西复东，半冲烟雨半随风。
柳条剪出千条绿，杏锦裁成满地红。
上下宛如持技熟，往来争美试刀工。
因何浪费工夫用，尽日呈能画院中。

载《竹人诗集》

重阳

清·张子筠

节到良辰九九天，呼朋携酒上山巅。
每从旧例登临去，且赋新诗一二篇。
村酒偏饶今日醉，黄花不减去年鲜。
兴游得得归来晚，料倚篱东夕照边。

载《竹人诗集》

酿豆腐

清·张子筠

来其清且洁，况兼美在中。
剖云分片片，切玉镂空空。
料选鱼和肉，香储酱与葱。
敲砧声欲碎，举七缪偏公！
酝酿功深得，包罗式更丰。
无痕浑洽纳，有象现圆通。
调剂资人力，浓醇藉火攻。
邀怜开径北，溉釜厂厨东。

载《古今诗人颂龙川》

和龙川白雪诗社（四首录一）

何德辉

阳春白雪调翻新，海角天涯一样春。
太息夷氛凌故国，而今耻作避秦人。

临江仙·书怀

何德辉

老去年华东逝水，尚留七尺人间。日余苦读总开颜。借知天下事，让识世界观。

莫道此生今晚了，故乡影只形单。儿亶犹得奋鹏抟。献身为祖国，赤胆壮河山。

1964年载《龙川文史》第十五辑

七 绝

何德辉

七载弦歌纪德明，那堪回首话前程。

香江此日扬帆去，且乐年华又一生。

赠张克明（二首）

冯秋雪

一

支离转徙逾千里，南雁相逢各有哀。

兰不当门锄自远，凤能珍羽缚何来？

琅珰看作锵锵玉，忧患聊分浅浅杯。

满眼烽烟吾意尽，苍生霖雨付奇才。

二

一醉重留客里缘，弥天孤愤付哀鹃。

阑珊意绪金杯觉，锦绣年华白日捐。

世味如今成嚼蜡，人情似此欲逃禅。

尺棰长短量何益，万事当随欢伯先。

载《龙川文史》第二辑

赠张克明

柳亚子

张克明索诗，赠以一绝句，兼寄冯伯恒广州，张、冯并香岛旧酒徒也。

握手扶余海外天，重逢燕市意缠绵。
黄垆中酒年时事，生死难忘女郑虔。

载《柳亚子文集》

通衢镇

谢逢松

通衢昔日曾屯兵，韩愈贬潮从此行。
今日我来本无事，悠然想起张克明。

本镇在龙川南部，清朝屯兵之地，可见其地理位置之重要。张克明老先生乃通衢人，年近九旬知识渊博，常给我无私教诲，是我良师也。

锦归镇

谢逢松

金龟早已作锦归，玳瑁山前尽春晖。
欲问功成何启治，为何花甲不思归？

锦归镇因有二山酷似龟，原称金龟镇。辛亥革命时改为“锦归”，预祝革命同志革命成功，衣锦还乡。何启治先生是我同行、同乡、朋友，他出生于香港，工作北京，虽属锦归人，不知是否回过锦归？现在，大家不是唱“常回家看看，回家看看”吗？此诗两个归字，音同义不同，就这样用之吧！

龙川金龟山

谢逢松

金龟下岭入清江，欲展雄图四海洋。
闻说赵佗曾至此，白沙碧水两茫茫。

载《古今诗人颂龙川》

缅怀杨群烈士（二首）

叶青

一

残胡败北急徘徊，战士歼匪岗背来。
英烈杨群忠骨献，兴龙山水共鸣哀。

二

丹心碧血为庶民，陷阵冲锋不顾身。
浩气长存彪炳史，忠魂佑国万年春。

载《古今诗人颂龙川》

为三小师生上革命传统课有感

黄素

船航夜海靠明灯，党若明灯指远程。
昔用刀枪惩腐恶，今以传统育新生。
莘莘学子知源本，灼灼李桃向日倾。
继往开来培德智，心红眼亮为人民。

载《古今诗人颂龙川》

纪念建党八十周年

黄素

欣逢建党八旬年，入党敢冲霸主鞭。
马列坚持多学习，豪情皓首似从前。

摘自《循州诗词》第七期

重温《左迁至蓝关示侄孙湘》兼吊韩愈

叶细初

少时泛读谏臣章，仰慕昌黎日旧长。
秦岭云封怀故国，瘴江骨碎救民殃。
圣朝弊政难图治，鳄害洪灾岂虐狂。
过雁留声今古事，韩公名绩志潮乡。

载《古今诗人颂龙川》

龙川蓝关怀古

叶细初

韩江源点出青峰，曲径平坡大道通。
一簇春花生古迹，几行嫩竹掩轻红。
马蹄声去君何在，秦岭烟消身已穷。
异代相知朝汝拜，文心寥落向谁同？

故乡老榕

叶细初

年老髯衰躯已伤，城头立世阅沧桑。
根离沃土忧千缕，斧凿虬枝泪两行。
最恼缠身趋势客，犹憎翻脸负情郎。
纵然落寞芳华逝，不悔初心绿意长。

载《河源日报》

水调歌头·题通衢上板桥湖

鞠文平

落日板湖漾，湛影淬涟漪。挹云渐远清风，叠巘玉山欹。白鹭惊飞残暑，点破明湖秋碧，杳杳向西归。诸涧逐荒秽，野水鲫鱼肥。

暮烟霭，山衔日，牧童归。苇风疏淡，桨声和乐棹歌回。自笑身居尘网，徒羡悠然钓客，沉醉度芳菲。何事秋心锁，今夜月如眉。

2008年载于《河源诗词》（第四期，总第49期）

2.楹联

龙川韩愈祠联

进学解成，闲官一席曾三仕；
起衰力任，钜制千秋本六经。

起八代衰，自昔文章尊八斗；
兴四门学，即今俎豆重东郊。

蓝关雪拥尚存疑，我识先生，万里初程来此土；
衡岳云开遥纪胜，人怀刺史，千秋元气在斯文。

景韩书院联

此乡为闽桥通衢，前朝战垒犹存，宜以诗书回犷俗；
其地有昌黎遗庙，多士讲堂林立，固应山斗仰前贤。

——何地山

载《中国名胜楹联注释》

蓝关韩文公祠楹联

文光腾北斗
庙貌壮蓝关

——蓝关韩文公祠大门对

秦岭通衢
云横胜迹

——丫顶茶亭对

作者（佚名），载2004年《龙川县文物志》

二、散文

蓝关赋

（以步雪仙踪过化存神为韵）

钟鼎鸣

匝地阴翳复古松，双泉夹道水淙淙。孤亭高耸行人过，指点云间翠几重。翳蓝关之圣迹，留步雪之仙踪。意旧昔西曹凛肃，朝奏九重，骨烧数佛，解送飞龙。地迁瘴海，路迫蒙茸。时虽炎夏，俨值寒冬。寸肤合影，六出迷踪。马迹灭没，山径田壅。故家安在，去路奚从。于焉途痛哭，仙术弥缝。诗词续咏，骨肉重逢。雪消官道，云散青峰。爱遗芳兮此地，乃立庙于要冲。宜其境属通衢，山连驿戌牛女分缠。惠潮接履，坎深马迹。四时辨经纬之泉，石立龟趺，二界通乐龙之路，玳瑁之岭南山寺，罗经一水东注。巨云劈破，天阳之丫。力士开成，坦入登云之路。奕奕兮招提，苍苍兮藤树，人攘攘兮列底，巍巍兮萧溯。负载因以启居，担惟于焉暂住驻。当夫和风被野，嫩草芊绵，润合渐石，线混碧天。深深崎径，曲曲廉泉，毵毵柳絮，点点榆钱。蜂衙营垒，虫叶梦游仙。腻流树苔如洗，焰发山风花欲燃。孰是曲叠阳关，絮绵漠漠，谁其齿分谢屐，瓣锦田田，若乃酷暑熏腾，山行似火，指翠幄以停车，入凉亭以坐，甘茗士，试看两液风声，清馨一生，恍觉千峰雨过，石发交披，山榴微破，千章绿暗。影沉漏目之阴，半涧雷轰，响彻冲涛之磨，浑如饮回河朔，倦容怀缯，俨若蝉罢柳荫，游人思卧。至于幽潦清，寒江雀化，菊蕊堪缀，草茵可藉。风幄绵纟散，悬崖之枫叶凝飘。月印金钗，满地之榕荫半卸，浓浓分天外蔚蓝。打兮分中禾罢禾亚，盈眸秋色，涤尘于冷烟疏雨之中，一段诗情，寄遥吟于叶落飞云之下，洎乎号寒飚于岩窍，零素霰于高原。回看秦岭动云横，顿迷故步，犹是蓝关雪拥。难策羸蹇。良以空空凝寒，不阳吹阳之律，加以重阴固影，难留探胜之轩。验幽踪之迥异，信故迹之尚存，则有骚客行吟，名流游阅，凭吊前徽，兴怀往哲，见解既殊，疑信各别。谓丹泽流薰，炎徼若热，兹海庆安澜，奚自山犹瘴雪，八千路远，卜朝夕之经山，一律诗成，识西南之辽绝，想蓝田种玉之地，昔亦名蓝关。忆长山租之区，初何尝曾驻节，聚讼纷纭，杼议纠结，乃稽旧事，试考前因，苟据今于非古，或失主而顾宾。地辟遐隅，往代尝蒙瘴蝎，途丛荆棘。当年岂是通津。想鱼噩长潮氛，也待三驱劳命使。宁雪飘驿径，不教千里泣孤臣。虽舆图之靡载，亦文献之足珍，况夫太乙仙岩，灵异曾飘霍岭。蛮夷大长，雄规亦辟岭秦，欣逢圣天子声教远讫，文治日新，道底荡平，昔日之蚕丛，皆成都会。人沾雅化，穷辄之俊秀，胥沐陶甄，仰怀先觉愿步后尘，道溺而文起衰，云汉天章，于今为烈，思之而信之至。庶蒿怀怆，若见其人。是以国子祠前，弦诵兴鼓钟答响，刺史事下，兰偕桃李同春。等善讴于齐石，类不于河滨，斯亦考实而信古，并非臆说以求伸。若夫谈湘仙之灵幻，秦岭之嶙峋，碑题学士之词，芳名勒石，联书太史之句，彩管如银。粤海山高，龚君记实，獐江路远，彭宰垂论，固久载诸邑乘而传荐绅，又何俟辨为伪而孰为真？

载《龙川蓝关之研究》

纪念我的父亲母亲

叶绿野

吾父叶含华，字文英，龙川通衢虎头山人；母亲曾初梅，龙川通衢锦归乡人。父亲生于1893年，卒于1958年。母亲生于1895年，卒于1975年。

双亲虽然先后离开了我们，可是双亲的慈祥脸孔、音容笑貌永远留在我们的心中！为感谢双亲舐犊之情、养育之恩，我特别编辑了《叶氏兄弟画集》，以此作为一瓣心香叩拜于双亲之前。

父亲生前喜读经典古籍、精于诗词。长期在乡间中小学任教，为人忠耿善良、豁达大度、幽默谐趣、热心助人。乡内闹矛盾，请他出面调解；邻里有疑难，请他筹谋解惑。他处事公允，态度谦和，颇得乡人敬重。父亲心系教育，热心公益。诸如乡中才子舍村梅南初级小学，是他倡议拨祖赏创办：区立第七高级小学（今通衢小学），也是他倡议集资创建，他为家乡儿童上学求知，呼吁奔走，出资出力，甚得时誉。

父亲继承祖业良田数十亩，加之其当教员收入，完全可以丰衣足食，悠闲享受一生，但为了我们兄弟读中学、上大学，十年八载间花完了多年积蓄，变卖了所有田地，以致负债，陷入困境，挨了不少苦，身体日渐瘦弱，尚能以苦为甜，为儿女计苦撑持，而我等为子为女者，未能分忧其万一，心有愧之。而父亲一本乐观豁达之处世态度，常对人说：“家有万金，不如一经”，又说“积财不如积德，积财误子孙；积德荫子孙”，他说，留钱财万贯、田地千亩给子孙，不如教子孙多读书，学技能，长本领，钱财田地身外物，学识技艺好傍身，日间不愁贼佬抢，夜间不怕老鼠偷，“旱涝保收”终身受用，利国利民利己，一举三得。他还经常教导我们，做人要有骨气，行正坐直，不掳取不义之财。父亲六十多年前就能提出重视教育，尊重知识，并说明知识改变命运之重要，身体力行，安贫乐道，其胸襟和精神都是我们的宝贵遗产！

母亲贤惠淑德，明达事理，颇有教养，村里婆媳之争、妯娌矛盾，都少不了她去评说公道；对父亲毕恭毕敬，对我们兄弟姐妹循循善诱，晓之以理，以理服人，从不打骂，因故家庭感情融洽，和睦相处，使我们兄弟能有良好环境成长。

我们为有这样的好父亲和好母亲而感到自豪和骄傲，也为未能让他们二老晚年安享清福而感到自责和内疚。但我们一直遵照父母亲训导，钻研学问，勤奋工作，正直做人而聊感自慰，亦谦以此告慰于父母亲在天之灵。

我们的哥哥叶庆瑜于1954年逝世，但他的为人和学识都为我们兄弟姐妹所敬重，尤其他很有画画天赋，这次我们也将他的部分画收集入册，以表我们的怀念之情。

载《叶氏兄弟画集》

红 柳

何启治

有初冬的黄昏，在柴达木盆地东南缘的边城格尔木，我又见到了阔别多年的老陈师博——他是当初为进藏解放军运送过粮食的骆驼队员，如今则是西藏交通局一个汽车队的负责人。眼前的陈师傅可真显老了，鬓发斑白，额头、眼角都刻上了深深的皱纹，古铜色的皮肤，手背上青筋暴突，像交错纠结的树藤，只有他那双闪灼发亮的眼睛，还是显得那样年轻、有力。我们坐在他那用石块和土坯垒成的小屋子里，从艰苦战斗的过去，谈到宏伟壮观的未来，任由纸烟的烟篆在斗室里缓缓地盘旋、升腾。夕阳的余晖透过小窗照射进来，陈师傅饱经风霜的脸庞绽开了亲切的微笑，指着摆在窗台上的几块红柳根，对我说：“你问我工作之外爱干个啥？喏，这不是，俺就爱待弄这些……”

我知道，这实在不是什么名贵的工艺品。它们只是戈壁上的红柳根，由于主人的好意和匠心，拿来在水里长久地浸泡，然后细致地剪裁，又耐心地抠掉树缝里的泥沙，便成就了这名实相副的“沙漠艺术品”。它们既朴实无华，又那样耐人寻味，各呈深浅不同的颜色：朱红、嫩黄、浅绛、赭赤……，又各具千姿百态、栩栩如生的形状。你看，那活像撒开四蹄、奋力向前的骏马；这又宛如凌空翱翔的雄鹰；那成双的牦牛，一头像是伸长了脖子悠闲自得地吃草，另一头却晃着脑袋，甩着大尾巴，活现出一副淘气的模样，而那陡峭壁立的树头，和我们熟悉的莽昆仑也太神似了，山巅上仿佛还有轻云在飘荡。……

我对红柳当然并不陌生。

记得也是这初冬的黄昏，我们跟着陈师傅他们进藏的骆驼队，穿过荒漠的戈壁，来到格尔木河边，看到河滩上那一片红柳丛和芦苇丛时，心里不知有多高兴！尽管苇叶开始枯黄，但红柳却还是那样苍翠、挺拔，给草木罕见的荒原增添了无限的生机。呵，你这英姿飒爽、朝气蓬勃的红柳！

以后，我们用红柳的枝条搭盖过应急过冬的地窝子。这住处当然显得窄小，也有点闷气，然而总算能抵御边塞刺骨的寒风了。那时候，头上盖的是它，地上铺垫的是它，做饭、烧水靠它，冰冻彻骨的寒夜里点燃篝火的还是它——那火焰红彤彤的，忽闪忽闪地跳动着，在烟雾缭绕中，使人觉得那样温暖，那样可亲又可爱。呵，你这红心赤胆、火一样灼热的红柳！

风雪青藏线，常常有冰雪挡路，或者是荒原山沟由于化冻而成了陷车的烂泥潭。这时候，架桥垫路的还是红柳——我们满载的车辆往往就在成捆的红柳枝上冲过去！呵，你这刚强坚毅、钢筋铁骨的红柳！

入夏，红柳开花了，红艳艳的一片，像在金黄的大地上编织美丽的彩霞；花香并不浓郁，但那淡淡的清香，也足以使戈壁的建设者心醉了！我还记得，有一天，从拉萨出车归来，陈师傅手里拿了一大把红柳花高高兴兴地插在我们的帐篷门口，就像在劳模的胸口上戴上了一朵大红花——这红花又像火种似的，呼地一下，就把我们心底的火焰点燃起来了。呵，你这色彩鲜艳、秀丽动人的红柳！

红柳呵，你在茫茫的戈壁中诞生，在边塞的风雪中成长；你在阳光雨露的滋润下深深地扎根高原，顽强地盛开着生命之花；你以绿叶红花点缀着高原的景色，又以粗硬的枝干为建设边疆架桥、垫路、盖房，你燃尽了自己，给高原的建设者带来了热和光！

红柳呵，你的风貌和品德，真是许多边疆建设者的生动写照；而我也更清楚地知道，陈师傅他们那样喜欢你的原因了——你对大自然几乎一无所求，而你赋予人们的却是这样多，这样美……

载于《梦·菩萨·十五的月亮》

端午情怀

赖伟连

端午节，在我们客家人心中，是一个重大的节日。远在他乡的家人，每逢佳节倍思亲，辗转回家，就为了要跟家人一起祈求端午安康，团圆吉祥。

小时候的我，经常能看到东江河上竞赛的龙舟，而今只剩下一片流逝的东江水，是一种回忆，也是一种遗憾。粽子则是每年都要吃的，碱水粽、双黄粽、鸡肉粽……各种各样的粽子摆满了市集，让人垂涎三尺，恨不得撑大自己的胃。喝雄黄酒，在我们客家人这里，黄酒就是米酒，老人家都喜欢自己酿些黄酒补身，或者哪户人家生娃，月婆就必须喝黄酒，这个传统也是一代传承一代，生生不息。

"端午时节草萋萋，野艾茸茸淡着衣"，端午时节，老人家还会在长满艾草的地方，摘些艾蒿，挂在自己的屋檐下，说是可以驱蚊避邪，保佑一年都平平安安，他们一脸虔诚的模样，仿佛在完成一件神圣的事情。

而端午节，于我家来说，却是喜上加喜的一件大事。那年的端午，我的小侄子呱呱坠地，来到我们的身边。我年迈的父母，终于抱上了他们的第一个孙子。我喜欢我的小侄子，如此聪明，又如此调皮；如此活泼，却又如此懂事。

刚好端午出生的娃儿，是一个有福气的孩子，期冀他也能传承到屈夫子的智慧，希望他也能拥有屈夫子般的浪漫主义，当然，这也是我的一番心愿罢了。

五月的端午，天气晴好，心情也该是极好的。人生路漫漫，其修远兮，回首过往，展望未来，在一片艾草的芳香里，不失方向，上下求索，不畏未来。

载于2017年5月30日《河源日报》

滴水湖记

鞠文平

得玳瑁山滴水潭[注]后一日，即往观之。

玳瑁山者，横断河梅，亘古孤矗，古邑东之锁钥也。岁物已春，群山滴翠。丰草绿蒿而争茂，嘉木葱茏而可悦。寻山口西南道二百步，有清溪缓流，远观诸峰一色松林，无有异焉。蜿蜒而进，峰回路转，石滩乍现，溪流遍地，淙淙有声。两边山林鸟雀呼朋，鹰旋危岩。山花争妍，意趣盎然。

越过石滩，曳藤攀岩，披秽草，伐恶木，渐入玳峰之腹。但见烟水迷蒙，氤氲于空林之间；守山茅檐，翼浮于山石之上。当此之时，松风翠涛，飒然而至，嘉木立，美竹露，奇石显，鸟争鸣。阴风袭人，寒水凝碧。峰回路转，突见两峰睥睨，境界为之一变：怪石嶙峋，恍如古堡横空；古木苍腾，犹似绿焰喷薄；悬泉瀑布，仿佛万马奔腾。岩顶水声轰然，暴泉冲击山岩，砯崖转石，雷霆万钧。唯见水花胶成白练无数，渐隐于清烟雾海之中。

攀岩附壁，登至瀑顶，又见一湖。湖水清纯可人，澄碧透亮，犹似青锋之刀刃，又如薄彩之翠稠。微风徐来，湛蓝掠过洁白之沙石，寒光熠熠，晶莹透亮，水草亦显其清静无垢。

噫！悠然虚者与神谋，渊然静者与心谋。或曰此乃天河之流水。以兹湖之胜，丰神秀色，嘉美蕴于玳峰之腹，然平凡却显于山门之外。此间曾有前朝之箭镞，民国川南游击之硝烟，又有野民木筒水管之遗迹。然世事更替，一切之物是随风而逝。唯有抱幽岩之苍松，媚青涟之绿筱，千百年来，一春亦无错过。唯其偏僻深隐，才免铁索加身，锋刀刻削某某到此一游；唯其孤高自赏，才免亭台楼榭，碑石仆地占满群山诸峰。

滴水潭，泉香而浓醇。或曰唯有肝肺皆冰雪者，方能解此之味也。

[注]玳瑁山滴水潭：在龙川通衢镇锦归村桐木坑。

2014年载于《龙川文艺》

井下有七夕

黄滨娜

客家人对七夕的认知，是从传说开始，从水开始。

每逢七夕的前一晚，童年的我都枕着这样一个故事入睡。很久很久以前，有一群美丽的仙女，她们每年农历七月初七都要下凡到人间的河里洗澡，地上的水便成为仙水。那一晚我仿佛在梦里听见笙箫奏乐，笛笔吹歌，一群仙女在河里嬉戏、挥洒甘露。

第二天，晨光熹微，我就被奶奶叫醒，一边揉着惺忪的眼睛，一边踏着晨露跟着家人到门前的小溪里，发现除了我们，溪边挤满了前来取水的左邻右舍。潺潺流淌的小溪和以往的每一天一样清澈，可是七月初七的到来，却赋予了它一年三百六十五天中最神奇的存在。大家用桶把水装进瓮埕里密封起来，取到的水被称作“七夕水”“七月七水”。

此外，我们还要洗头洗澡，记得那天用“七月七水”洗头的时候，奶奶一边给我洗一边在耳边温和地念叨，洗了“七月七水”头发一辈子乌黑油亮，我从小在奶奶身边长大，奶奶自然把她所认为世间最美好的东西都告诉我：天上的月亮、雨后的彩虹、浪漫的七夕节和神奇的“七夕水”。后来，我的头发果然乌黑浓密，一梳到底。这就是我们客家人的七夕节。

“七夕水”能清凉解毒且经年不腐是否有科学依据，我们不得而知。但是朴实的客家人认为，这一天的地下水因为沾了仙气，所以有着清凉解毒、辟邪治病的功效。“七夕水”经过多年也不会变质、不会生虫，并且不用煮。因此，客家人自古就有在七夕泡“七夕水”和储藏“七夕水”的传统习俗。在以后的生活中，“七夕水”的神奇功效也不断被人们反复提及。一次回老家聊天，说起家中珍藏的“七夕水”，邻家阿婆说前几天孙女儿肚子疼，喝了“七月七水”就好了；制酒多年的杨师傅，曾经把在七月初七和从其他日子在山里取来的水一起储存着，两年后打开，其他日子里取的水已变浑浊，“七夕水”却没有变质。这让我感受到大自然说不尽道不明的神奇，和对人类的馈赠。

光阴似箭，日月如梭。2020年的七夕，我在通衢镇度过。通衢是一个历史悠久、古迹众多的小镇，在小镇东门老屋边，有一口井，圆形，石砌，石井南面井壁上有石碑：东门古井。该井泉水充沛，长年不涸，且清冽可口，有自来水之方便，仍为人们所饮用。

通衢的人们依然有着七夕取水的风俗，这口古井便成为城中人们最佳的取水点。这天，我早早守候在井边，果然有人陆续前来取水，只见井旁的一个中年人将粗绳子扎在腰上，一脚蹬着水桶，一脚蹬着井墙，双手紧紧地抓住粗绳，井上的人便开始一寸一寸地往下放绳子，水桶蓄满了水，越来越沉，在打水人手中挥动。一桶桶清冽的井水打上来，大家喜悦地装进各自的容器里，满载而归。

我也把水取回，泡着绿茶慢慢喝，用“七月七水”泡的茶果然别样的甘甜。我在茶香的氤氲中轻轻地打开书卷，小心翼翼查找关于七夕的丰富史料，雍正《广东通志》载，“家汲井华水贮之，以备酒浆，曰圣水”。民国《和平县志》记载：“七夕，男女晨起担水，贮之，谓之‘七夕水’，饮之可以治疾。越早越佳，用瓦罐密贮，备用。”20世纪90年代的《龙川县志》亦有记载：“农历七月初七为七夕节，相传这天是牛郎、织女在鹊桥相会的日子，这天的水是牛郎织女的泪水；又说是七仙女下凡浴身，水质特别清净，有担‘仙水’之俗。农民习惯用这天的水洗涤家中油瓶用具，妇女用冷水洗头，儿童到河里洗澡。”

历朝历代客家人对七夕的认知和喜爱，都浓缩在厚厚的典籍里，传承在一代又一代人的民俗风景里。

2020年载《河源日报》、龙川政府网

第二章 教 育

龙川县始设于秦始皇三十三年（公元前214年），自设县始便有儒学教育。北宋时期，朝廷在通衢设立驿站，一直有宦官、文人来往，中原先进思想文化得以在古通衢传播和推广。

通衢最早的学校教育始于洪武八年（1375年），即在通衢驿右创办的“云衢社学”。

清康熙二十年（1681年）以后，社学渐废，一度以义学代替。义学属官办的免费学校。私办的为书馆，分为三类：一是私塾，二是经馆，三是专馆。通衢各村也有私塾。

清咸丰十一年（1861年）前，原通衢司“文昌阁”改设为“景韩书院”，成为当时全县有名的书院之一。（源自1992年版《龙川县教育志》）

光绪元年（1875年），通衢街办义学。1883年，双寨办“卓新”私塾。

光绪三十一年（1905年），废除科举，兴办学堂。是年，景韩书院改办为明新高等小学堂，属于县立第二高等小学。

民国时期，通衢掀起办学高潮，曾有中学1所、完小7所、初小31所。

民国时期的教育模式崇尚“礼、义、廉、耻、忠、孝、仁、爱、信、义、和、平”，教育方式奴化，打、骂、罚跪、罚站、罚晒、罚跑等法西斯教育手段屡见不鲜。这些教育方式一直沿袭到全国解放，后被人民政府明令禁止。

1949年仍是春季招生，上学期仍用旧课本教学。1949年5月龙川全境解放后，下学期教材采用老解放区的课本内容。

1950年土改期间，提倡群众办学，各村将收缴的胜利果实，支援学校办学，充实校具、教具、修建校舍。

中华人民共和国成立初期，小学沿袭“四·二”分段学制，初小4年，高小2年。初中学制3年。

1950年，各乡镇设立中心小学，其他小学改称为村初级小学。

1951年秋，改学期制为学年制，一律实行秋季始业。

1956年秋，私立景韩中学易名为通衢中学。其时，通衢、登云、锦归等地的学生都集中在通衢中学读书。

1953年至1957年，教育向苏联“老大哥”学习，教职工深入学习苏联教育家凯洛夫

《教育学》和普希金《教学法》，开始加强劳动教育，学生成绩实行五级记分法，中国传统的教学模式受到极大的冲击，许多教师难以适应。

1957年冬，开展反右派斗争，通衢的一些教师被错划为右派分子。

1958年，创办通衢樟木农业中学。之后，各大队也办过多所农林中学。

1958年10月，全国掀起“大炼钢铁”运动，学校出现了重劳动轻知识的严重倾向，学校既是工厂也是农场，教学质量大受影响，并且延续到“文革”后期。

1959年至1962年，经受了史上极其严重的“三年经济困难时期”，中、小学实行撤、并、转、压，精简教师，开始聘请民办教师。民办教师称谓一直延续至1994年，大部分通过考试合格后转为公办教师。

1966年至1976年，是“文化大革命”的10年，史称“十年浩劫”。各学校成立“革命领导小组”，由贫下中农代表参与“管理学校”，开展复课闹革命运动。这10年，由于学校教学秩序混乱，劳动时间过多，加上受“读书无用论”的思想影响，大多数学生无心上学，整个通衢公社教育质量严重低下。

1976年粉碎“四人帮”，“文化大革命”宣告结束，学校的教学秩序逐渐步入正轨。校外劳动逐年减少，开始重视文化课的学习，恢复毕业与升学考试制度，恢复与健全教师组织，狠抓校风建设，开展“五讲四美”活动，教学质量开始提高。

1981年执行教育部颁发《中学生守则》和《小学生守则》。

1985年9月10日，通衢区党政领导与学校师生共同庆祝第一个教师节，促进了尊师重教风尚的形成。

1991年3月，全镇掀起集资办学改造危房的高潮，各小学的校舍由原来的砖瓦房逐渐变成了钢筋水泥楼，当时农村最漂亮的建筑就是学校。

1991年执行教育部颁发的《中学生日常行为规范》和《小学生日常行为规范》。

1992年开始普及九年义务教育。

1997年通衢中学和华城小学被评为河源市一级学校，成为最早的市一级农村学校。

1999年，中心小学被评为河源市一级学校。

2007年起实行学生免书杂费入学，学校办公经费由政府财政下拨。

2010年11月14日，成立通衢镇扶贫助学教育基金，2022年底到位原始基金182万元。

1956年至2022年，通衢先后有9人考入清华、北大，他们分别是叶日泉（梅城村）、张赤康（华城村）、张超泉（华城村）、廖海成（华新村）、陈德源（葛藤村）、陈红艺（华城村）、叶科（锦归村）、叶淑兰（锦归村）、陈科（葛藤村）。

2011年7月，创建广东省“教育强镇”工作全面展开，任务艰巨，资金不足，镇委、镇政府一把手亲自挂帅，不避艰辛，趋利排难，深入发动社会各界有生力量支持教育，2012年5月，通衢镇通过省专家组“教育强镇”资格验收认证，从此跨入“教育强镇”行列。创强期间，合并了9所小学，1所中学。合并之后，保留1所中学，4所完小，8个分教点。

2018年10月，龙川县通过推进教育现代化工作的省级验收，通衢镇教育同步迈入教育现代化的崭新时代。

第一节 明清时期的教育

通衢最早的学校教育始于明初。朱元璋当皇帝时，曾诏告天下每15家设社学一所，聘请秀才有学行者就教军民子弟。

明洪武年间（1368—1398年），提学副使魏石渠（省督学）倡毁寺观淫祠以设书院、社学，此后社学遍及城乡。其时，龙川县设官办社学16所，收录15岁以下生童入学，不收学费。课本有《百家姓》《千字文》等书，还讲习冠婚、丧祭之礼等。洪武八年（1375年），通衢城内驿右设有“云衢社学”，是通衢最早的学校。

清康熙二十年（1681年）以后，社学渐废，一度以义学代替，遍及全县各乡堡。义学性属普及教育，属于官办的免费学校，课本多采用《三字经》《四书经》《千字文》《童蒙现鉴》《二十四孝图说》《幼学琼林》《千家诗》《唐诗三百首》等等。清道光期间，龙川县属2个城（佗城、通衢城）和48个约（堡）陆续兴办义学或义塾共60所。

清咸丰十一年（1861年）前，为景仰唐代著名文学家、诗人韩愈（唐宋八大家之首）的道德、文章，热心教育的邑贡叶及时、张子筠、罗时敬等先贤们筹集资金，将原通衢司“文昌阁”改建为“景韩书院”，成为当时全县有名的书院之一。书院属于官办的免费学校，课本有“四书”“五经”《四书解义》《明史》《四书讲义》《学政全书》《周易折中》《圣谕广训》等等。“景韩书院”有对联云：“此乡为闽桥通衢，前朝战垒犹存，宜以诗书回犷俗；其地有昌黎遗庙，多士讲堂新立，固应山斗仰名贤。”可见先贤们把书院建于此人文荟萃之地，可谓高瞻远瞩、深思熟虑。

清代办学，有官办和私办之分。官办的为县学，多为义学（乡学），私办的为书馆。清康熙期间，龙川私办的书馆遍布城乡。书馆分为三类：一是私塾，二是经馆，三是专馆。通衢各村也有私塾。清光绪元年（1875年），通衢街办义学。1883年，双寨办“卓新”私塾。

清朝末年废科举，义学衰落。政府把省城书院改为高等学堂，府州书院改办中等学堂，县级书院改办高等小学堂，乡镇开设初等小学堂。这个时期，通衢兴起办学热潮。

清光绪三十一年（1905年）春，通衢景韩书院（县级书院）改办为明新高等小学堂（县立第二高等小学），学制为4年，宗旨是“培养国民之性善，扩充国民之知识，强化国民之气体”。课程设置有：修身、读经讲经、中国文字、算术、中国历史、中国地理、格致、图画、体操等。成立董事会，聘请钟伯颜为首任监督（校长），开办时招生一班40人，以蓝关米、谷、竹、木出口捐和鹤市墟牲畜捐为常年办学经费。曾有一些商人煽动群众火烧蓝关，殴打税捐人员，影响极坏。知县熊毓英为维护新学，采取果断行动，率警亲往通衢严拿究办数名抗缴学捐的为首分子。暴徒遭到及时打击，全县肃然，大大减少了办新学的阻力。龙川一中的创始人张化如、张镇江等人都曾在此学堂执教多年。

清宣统元年（1909年），旺宜塘利用天主教堂创办日新两等小学堂。接着，通衢寨背利用老屋创办培育初等小学堂，锦归冷水坑利用老祠堂创办启明初等小学堂。

明清时期，田心屯有识之士陈所传、陈堂、陈上奖、陈辅藻、张鸿才、陈鼎旺、张居达、陈仁徽、陈宋高等15人立有儒（学）租田，用于鼓励后学。明增生陈所传办义学，清庠生陈昌言、陈登科、陈楷模、陈依周、张群修、张焕然等办私塾或经馆，每期就读学生人数10人至40人。

第二节 民国时期的教育

民国元年（1912年），实行新学制，学堂改称学校，允许男女同校读书，全县有大批私塾和经馆改办小学，但私塾还是城乡初等教育的一种主要形式。是年，明新高等小学堂更名为“龙川县立第二高等小学”。

民国三年（1914年），县立高等小学加强国文、手工、图画、音乐等学科的教学，采用中华书局出版社的教科书。县立第一、第二高等小学试办小学毕业生升学前的补习班。

民国四年（1915年）2月，袁世凯为复辟帝制，颁布《特定教育纲要》，规定小学恢复读经课，初等小学以《孟子》为内容，高等小学以《论语》为内容。1925年创立华城小学。

民国十五年（1926年）冬，为发展中学教育，邑绅和学界倡议在县立第二高等小学内（景韩书院）设立龙川县第二初级中学（以下简称“县立二中”）。第一任校长：何德辉（玳瑁人）；第二任校长：叶杰才（梅城人）。龙川县立第二初级中学学生叶培南（梅城人）曾获得广东省运动会万米竞赛第一名。

民国十八年（1929年）秋，由于“县立二中”学生逐年增多，校舍不够容纳，父老乡亲商议在寨背坳金瓜坪另建“高等小学”（校址为现在中心小学），按当时鹤市区（第三区）高等小学排行为“鹤市区第七高等小学”，简称“七高”。暂借才子村“启明初级小学”的校舍上课。

民国二十年（1931年）春，“七高”新校舍建起一栋瓦房，即迁入新校区。首任校长叶含华，次任叶培升。

民国二十二年（1933年），县立第二初级中学迁往铁场街，后成为铁场中学前身。同年，县立乡村师范由县城东岳庙迁往通衢景韩书院，改名县立简易师范学校，时任校长为叶振汉（登云镇东山人）。县立简易师范学制为3年，计划招生5届5个班，实际毕业了2届共30余人。

民国二十四年（1935年），创办广东省立老隆师范学校，校址暂设通衢景韩书院，县立简易师范并入，招收普师、简师各1班，学制普师3年，简师4年，首任校长林乾祐。其间，老隆师范附属小学并入“七高”。

民国二十六年（1937年）3月，老隆师范学校新校址落成，从通衢迁入新校址上课。隆师附属小学也随之搬迁。

民国二十六年（1937年）秋，景韩书院设龙川县立第一中学分校。民国二十七年（1938年）10月，县立一中迁校车田。通衢分校改办龙川县立第三初级中学。民国三十年（1941年）秋，金安坪新校部分落成，县立第三初级中学从通衢迁入新校区上课。同年，通衢分校改办为私立景韩初级中学。

民国三十四年（1945年）春，日军入侵，韶关不守，隆师复迁私立景韩初级中学上课。日本投降后，于1946年迁回老隆。其间，老隆师范附属小学再次并入“七高”。

民国三十六年（1947年）冬，私立景韩中学正式成立，邓冰为首任校长。

民国时期，华新乡村办的小学有葛藤坪育英小学、桃子坑小学、南坑尾小学、新径小学。田心屯城内以姓氏开办的初级小学有华南初级小学、植基初级小学、一新初级小学、梅花初级小学。1940年，田心屯四间初级小学合并为“华城小学”（完小）。

民国时期，通衢掀起办学高潮，曾有完小7所，初小31所。

表 7-2-1　　通衢镇民国时期（1912—1949 年）各学校情况

学校名称	校址	学校类型	创办时间
明新高等小学堂	景韩书院内	完小	1905 年
县立第二初级中学	景韩书院内	初中	1926 年
县立简易师范学校	景韩书院内	师范	1933 年
广东省立老隆师范学校	景韩书院内	师范	1935 年
龙川县立第一中学分校	景韩书院内	高中	1937 年
龙川县立第三初级中学	景韩书院内	初中	1938 年
私立景韩初级中学	景韩书院内	初中	1941 年
私立景韩中学	景韩书院内	初中	1946 年冬
七高小学	寨背金瓜坪	完小	1929 年
华新乡第一高级小学	华城北楼坪	完小	1925 年

续表

学校名称	校址	学校类型	创办时间
华新乡第二高级小学	新径水库尾	完小	1928 年
梅城中心小学	寨背	完小	1945 年
旺宜小学	旺宜	完小	1909 年
启明初级小学（才子村民称为“上校”）	才子	初小	1936 年前后
上板桥初级小学	上板桥	初小	1936 年前后
岭西初级小学	岭西	初小	1936 年前后
合路口初级小学	合路口	初小	1936 年前后
田心屯初级小学	田心屯	初小	1936 年前后
黄竹坳初级小学	黄竹坳	初小	1936 年前后
启祥初级小学	梅东花树头	初小	1936 年前后
广福初级小学	广福	初小	1936 年前后
双寨初级小学	双寨	初小	1936 年前后
旺茂初级小学	旺茂村村委会位置	初小	1936 年前后
朱家坝初级小学	朱家坝下角坪	初小	1936 年前后
葛藤坪初级小学	葛藤坪村委会位置	初小	1965 年前后
培育初等小学	寨背	初小	1936 年前后
华南初级小学	田心屯	初小	1936 年前后
植基初级小学	田心屯	初小	1936 年前后
一新初级小学	田心屯	初小	1936 年前后
梅花初级小学	田心屯	初小	1936 年前后
葛藤坪育英小学	葛藤坪	初小	1936 年前后
桃子坑小学	桃子坑	初小	1936 年前后
南坑尾小学	儒南	初小	1936 年前后
五高小学	玳峰	完小	1928 年
龙阁楼小学	玳瑁曾屋	初小	1936 年前后
庐江小学	玳瑁	初小	1936 年前后
育才小学	成田（锦太）	初小	1936 年前后
日新小学	硋头（太楼）	初小	1936 年前后
竹林小学	玳瑁星光	初小	1936 年前后
曾岗崋小学	玳峰曾屋	初小	1936 年前后
育英小学	高湖	初小	1936 年前后
英才小学	井下	初小	1936 年前后
培根小学	梧崋	初小	1936 年前后
启智小学	桐木坑老祠堂	初小	1936 年前后
启明小学	冷水坑	初小	1936 年前后

第三节 中华人民共和国成立后的教育

1949年5月，龙川全境解放。人民在政治、经济、文化、教育上翻身做了主人。从此，通衢镇教育步入蓬勃发展的轨道。

一、教育行政机构设置及其变迁

1949年10月至1952年2月，全县5个行政区各设文教助理员1人，负责管理区内文化、教育。通衢属鹤市片区范围，属于第二行政区。

1952年3月至1957年8月，实行撤大区行小区制，全县设为13个行政区，配备文教助理员。通衢属于第四行政区。

1957年9月，全县撤区成立27个乡镇，每个乡镇配置文教干事。

1958年10月，实行公社化，公社文教干事称文教助理员。

1960年12月，全县划置29个公社，均配置文教助理员。

1966年5月，“文化大革命”开始，公社文教助理员陆续调任他职，取消机构编制。

1968年10月，公社设立“教育办公室”（简称教办），领导恢复已瘫痪的学校工作。

1973年2月，公社教育办公室改称教研组。

1981年，恢复公社教育办公室，公社编制中设文教助理员。

1990年，乡镇府设立分管教育领导。

2010年，撤销乡镇教育办公室，中小学校人事权归属县教育局管理。中学归属县教育局直接管理，原“教育办公室”职能并入乡镇中心小学，中心小学校长负责管理全镇小学。

表 7-2-2　　通衢镇各中小学创办时间和主要领导名录

学校名称	创办时间	历任校长或负责人
通衢镇教育办公室（教研中心）	1968 年	叶周文 丘惠娟 黄添福 黄俊明 邓荣胜 叶学源 张汉新 崔伟彬 邓伟柱
龙川县通衢中学	1861 年前	邓　冰 张滨源 张培荃 张宜安 黄兆麟 余三川 陈仿娣 曾新传 陈欣康 叶洪清 叶柏增 叶正祥 周国才 黄荣桧 叶坤华 王剑明 叶辉中 钟海军 杨圣月
龙川县职业中学	1958 年	黄崇煌　陈怡庆 邓荣胜 叶坤华 黄居前 陈立煌
龙川县锦归中学	1979 年	郑瑞昌　叶学成 吴国生 黄振如 张小林 叶锦文
通衢镇中心小学	1905 年	叶含华 叶培升 叶俊才 叶伟才 叶鸿鉴 叶友龙 叶培万 叶健华 吴金全 叶谦祥 叶赵龙 黄善钦 刘东林 黄俊明 郑国芳 陈怡庆 李福寿 邓声炯 曾继传 曾大安 谢强 黄新球 叶培环 陈福才 叶建雄

续表

儒南小学	1956 年	张泉彬 陈心德 叶志 陈作椆 黄金明 张权源 陈权康 张洪明 张振强 张仕平
前新小学	1985 年	叶继兴 廖石明 陈一举 陈良忠
三联小学	1953 年	陈金淮 陈宏才 孙兴材 廖文星 陈心德 叶继兴 陈怡庆 谢　强 叶经强 曾继传 黄新球 廖洪涛 陈振忠 陈振赢
华城小学	1925 年	陈思周 陈子荣 张秋荣 陈道一 张玉美 张树森 张锡球 黄国锦 张权源 陈心德 叶大远 张洪明 陈永柱 黄贤添 张汉新 罗雪初 张添美 陈福才 曾辉光
旺宜小学	1909 年	陈绍峰 叶柏增 曾继传 叶友仁 叶日南 叶文柏 叶经强 黄火仁 张广桓 张洪明 张权源 邓明章 叶仕章 陈权康 陈若飞 陈一举 黎继富 陈振赢
梅东小学	1967 年	陈怡庆 谢强 郑友传 黄仁德 叶继兴 陈元斌 张汉新 郑大强 叶巧明 黄新球 罗雪初
广福小学	1941 年	赖木林 刘学泉 张文卿 刘焕章 张洪明 廖石明 叶国英 曾大安 张天泉 叶建伟 黎继富 吴锦浪 张汉新 黄贤添 陈振赢 张添美
旺茂小学	1965 年	张汉光 郑添传 谢　强 陈权康 张广桓 刘小平 刘辉松 陈振忠 廖洪涛 陈良忠
双寨小学	1956 年	黄水洪 叶英娇 邓明章 张广桓 叶继兴 廖石明 黄锦根 叶巧明 黄捷周 吴锦浪 陈一举 陈振忠 刘志贤
原锦归镇教育办公室（教研中心）	1978 年	曾德权 曾大安 叶芬华 崔伟彬
锦归小学	1952 年	叶拥才 叶国英 郑友传 叶经强 叶大远 曾大安 叶育祥 叶胜生 李学辉 李明青 邹雄飞
玳峰小学	1952 年	曾贞明 叶继兴 谢　强 曾大安 张蔚玉 叶芬华 叶　志 何春天 曾辉光 叶振声 崔春梅
玳瑁小学	1952 年	郑添传 黄金明 叶拥才 叶育祥 曾大安 叶振才 何克志 李学辉
太楼小学	1941 年	李军太 李明安 张绍球 廖石明 何荣才 叶秉禄 李荣辉 吴平远 吴国生 何克志 李学辉 叶建明
锦太小学	1936 年	吴华堂 李景章 叶柏增 叶松华 叶经强 邓水声 廖石明 叶大远 张仕球 叶育祥 吴国生 吴平远 叶振声 丁伟胜 叶建明
高湖小学	1938 年	叶文柏 叶经强 张蔚玉 叶留赐 叶嘉州 叶拥才 叶育祥 叶以增 李明青 叶建雄 邹雄飞
鑫辉小学	2011 年	李明青

二、中学教育

1.通衢中学

通衢中学原为（又说云衢社学）景韩书院，创办于清咸丰十一年（1861年）前，学校先后易名为“明新高等小学堂”“县立二中”“县立师范”“县立一中分校”“县立三中”，1956年9月定名为“龙川县通衢中学”，简称“通中”。其时，通衢、登云、锦归公社只有通衢一所中学，三个公社的学生都集中在通中学习。

1957年开展了反右斗争，知识界、文化界遍受劫难，学校受到很大影响。

1958年，开展“全民大炼钢铁”“大战三秋”“大办工厂、农场”等政治生产大运动，学校的正常教学工作受到严重的干扰。

1959—1962年三年经济困难时期，学校在课室前后的空地种上各种蔬菜，在山塘边的山地里种黄豆，和平栋房间分给各班喂养家禽，利用星期天以各班为单位搞聚餐，改善伙食。为了节省运费，学生们到邻近的五华潜沥矿厂、暗涧窝煤矿厂挑煤。这种不畏艰难的精神，让学校熬过了那段艰苦岁月，而且建起了两栋学生宿舍（卫国栋和劳动栋）。

1966—1976年，是学校发展过程中一个动乱而曲折的特殊时期。

1966年8月后，学生成立红卫兵组织，划分“红五类”“黑七类”。10月开始了大串联活动。学校放假，实行“停课闹革命”，校长被批斗，靠边站。师生几乎全部外出串联，人去室空，荒草滋蔓，校园内一片寂然。大串联结束后，返校学生和教工开始成立战斗队等群众造反组织。学生分成几派，互相开展派系斗争，文攻武斗，学校一片混乱。学校的档案室、图书室受到冲击，所有档案资料和大部分图书不知所踪，校门上面用细麻石制作的写着“景韩书院”校牌匾也被拆毁打碎。

1967年初，军宣队进驻学校，对学校实行军管，学校处于瘫痪状态。

1968年3月，学校建立三结合革命委员会。1968年夏，开始复课闹革命，工宣队、贫宣队陆续进驻学校。7月，全县中学教师集中县城搞“清理阶级队伍”运动，实行无产阶级专政，出现不少冤假错案。之后，小学下放到大队，中学下放到公社。同年9月，中学改革学制，缩为二年制。

1968年秋开始，按上级要求，实行公社办高中、大队办初中的办法。各大队的小学附设初中班，学制两年。小学学制五年，小学毕业后直接升入初中。通衢中学则成为只设高中的学校，学制也是两年。通衢中学开办高中第一年，招生人数最多，原通衢公社22个大队的小学附中毕业的“根正苗红”学生全部录取，学校原来的老师全部升级为高中教师，废除原来的高中教材，使用新编的教材。由于废除了考试制度，实行推荐选拔读大学，当时只有“根正苗红”、政治表现好的极少数学生才有上大学的机会。

1972年8月，恢复高等院校和中专学校招生考试，采取开卷考试和推荐相结合的办法，经政审推荐的学生可参加考试。

1972年8月开始，学校响应“农业学大寨”的号召，组织师生支援当地农民挖沟改土、劈山造田，全校师生参加通衢公社在梅城大坪的大造梯田运动。

1973年2月，学习“朝农经验”，实行开门办学，校、队（厂）挂钩，到深山野岭大办农（林）场分校。通衢中学在玳瑁山西北麓开办一个分校（分教点），让学生分批轮流移驻分校，一边学习，一边参加劳动。

1974年4月，师生集中到县城学习“反击右倾翻案风”，10月学习“儒法斗争”。

1975年11月，全县中学生集中到龙母镇，参加韩江改河大战劳动一个多月。

1976年9月，全县中学师生参加通衢改河劳动40天。

1966—1976年，这一时期，由于一直处在政治运动的冲击和干扰中，学校很难得以发展。广大学生没有受到系统、正规、科学的教育和培养，学校建设处于停滞状态。

1976年10月，粉碎“四人帮”后，教育形势开始好转。

1977年2月，开始拨乱反正，给在“文化大革命”中受过各种迫害的老师平反昭雪。是年冬，工宣队、贫宣队撤出学校。

1979年，开始使用全国统编教材，学制由二年恢复为三年。学校教育教学工作全面步入正轨。学校大抓规章制度建设，明确学校的中心就是教学工作，抓教学管理，提高教学质量和改善办学条件。学校的教学质量逐年提高，每年都有一批优秀学生考上老隆师范学校、中专学校、县重点中学。这段时间，虽然经济困难，学校还是建起了一栋大礼堂、一栋厨房和一个篮球场，购置了一批教学设备和体育器材，为“普九”工作打下了基础。

1993年“危房”改造开始，镇委、镇政府确定筹集资金的办法：一是按上级有关规定，向家长征收教育附加费；二是向热心家乡教育的海内外人士募捐；三是争取县政府和教育局拨款。到1996年上半年，学校本身外出集资30多万元，镇政府投入280多万元，教局下拨20多万元，共投入资金330多万元，基本完成了老校舍的全面改造工作。1993年开始“普九”，到1996年普九基本结束。龙川电视台、广东卫视还专程来通衢中学拍了“普九”宣传片，在《龙川新闻》《广东新闻》栏目播放。

从1994年到1996年的“升中”考试中，学校连续三年取得优异成绩，均名列全县面上中学前茅。1997年学校被评为“河源市一级学校”，是全市农村中学最早的市一级学校。

学校学生人数1993年为930多人，到1999年在校人数达1300多人。1995年至2000年升学率连年名列乡镇中学前茅。2000年至2011年，中考成绩名列乡镇初级中学之首，共有286名学生考入龙川一中。

2011年，按照省、市、县的工作部署，通衢镇列入全县第一批“创建教育强镇”，2012年5月顺利通过省级验收。

2012年12月举办151年校庆，出版了通衢中学《校史》一书。

2.林业中学

1964年至1990年，通衢公社办林业中学，曾经有三所：一是在梅东村的樟大农业中学；二是在玳瑁山下的天云村谢屋山的农林中学，后来迁到旺茂村，停办后在该地方设立通衢中学分校；三是在樟塘的农林中学。各大队也办过多所农林中学，有梅城大队林中、华城大队农中、双桥大队农中、三联大队林中。

3.通衢职业中学（1964—2002年）

通衢职业中学创建于1964年9月，前身为通衢樟大农业中学。学校主要办学成果为培育出多个水稻良种，1965年被评为县、地、省文教系统先进单位。1966年“文化大革命”开始，师生外出串联，学校停课。1968年秋开始复课，学校得以坚持下来。1976年改为农业大学，并培养了一届学生。1980年恢复为农业中学，1986年改为“通衢职业中学”，学制六年。1996年至1999年，校园旧貌换新颜，校园文化氛围浓厚，改革招生制度，其中1997年冬季学生人数为457人，教育教学成绩进步较大。2000年被列为县职业高级中学分校，开设七个专业。2002年停办。

4.锦归中学（1979—2011年）

锦归中学创建于1979年，最早校址在锦归小学，借用锦归小学课室，跟小学同一校区，学生宿舍设在锦归大队茶场厂房。1980年搬迁至锦归石灰厂，以厂房作教室，以梧峯集体粮仓和锦归粮站作为师生宿舍和办公场所，办学条件非常简陋。1987年由于小学附中班全部停办，锦归中学又先后将锦归松树墩、新桥墟原锦归乡府大院设为校址。1991年搬迁到原“505”部队医院旧址，1994年冬迁到玳瑁村梁屋地段的新校址。2011年10月创建教育强镇时，合并到通衢中学。原校区改办“鑫辉小学”。

三、小学教育

1.小学教育的发展

1949年仍是春季招生，上学期仍用旧课本教学。暑假时，各村选派思想进步的教师参加县教育行政训练班学习，为期一个月。结束后参训的教师绝大部分由县委任为小学领导。下学期教材采用老解放区的课本内容。由于刚解放，印制课本困难，各校采用油印方法解决课本问题。

1950年土改期间，提倡群众办学，各村将收缴的胜利果实，支援学校办学，充实校具、教具、修建校舍。

中华人民共和国成立初期，小学沿袭“四·二”分段学制，初小4年，高小2年。当时，政府十分重视文化教育，将小学就读年龄扩宽至18岁，对军烈属子女和困难户子女实行免费或半免费入学，并给予助学金。1951年，教育部指令实施“五年一贯制”。1952年，各校教师由群众推荐表决，后由校长下聘。师生在各项政治运动中参与宣传发动，且参与农村各项基础建设，以此提高师生的思想觉悟和对社会主义实践的认识。1952年下学期，学校被纳入国家教育计划，经费由政府包下来。教师待遇实行工资制，教师们安定了，积极性也提高了。

1950年，各乡镇设立中心小学，其他小学改为村初级小学。通衢范围设立的中心小学有3所：一是梅城中心小学（校址：寨背）；二是华新乡第一中心小学（校址：华城），三是华新乡第二中心小学（校址：新径）。设立的初级小学有12所：华新乡朱家坝初级小学（校址：朱家坝）、华新乡葛藤坪初级小学（校址：葛藤坪）、华新乡上板桥初级小学（校址：新径）、华新乡合路口初级小学（校址：合路口）、华新乡田心屯初级小学（校址：田心屯）、华新乡黄竹坳初级小学（校址：黄竹坳）、梅城乡花树头初级小学（校址：花树头）、梅城乡广福初级小学（校址：广福）、梅城乡双寨初级小学（校址：双寨）、梅城乡旺茂初级小学（校址：旺茂）、旺寨乡旺宜初级小学（校址：旺宜）、梅城乡梅南初级小学（原才子启明初级小学）。

锦归范围设立的中心小学有1所：锦归乡中心小学（校址：桐木坑）。设立的初级小学有9所：成田初级小学（校址：成田）、礤头初级小学（校址：礤头）、庐江初级小学（校址：庐江）、南山初级小学（校址：南山）、曾岗峯初级小学（校址：曾岗峯）、龙阁楼初级小学（校址：龙阁楼）、井下初级小学（校址：井下）、梧峯围初级小学（校址：梧峯围）、玳瑁初级小学（校址：玳瑁）。

1953年至1957年，强调向苏联“老大哥”学习，教职工深入学习苏联教育家凯洛夫《教育学》和普希金《教学法》，开始加强劳动教育，组织学生抗旱、帮耕、救火，教师固定有联系队，学生成绩实行五级记分法，中国传统的教学模式受到极大的冲击，许多教师难以适应。

1957年冬，按照上级部署，教育系统开展反右派斗争。反右派斗争出现扩大化倾向，通衢镇一些教师被错划为右派分子。

1958年，开展“四化”活动（思想革命化、知识劳动化、行动军事化、时间点钟化），大办学校（民办中学、农林中学、耕读小学）。10月，全国农村实行公社化，掀起“大炼钢铁”运动。从此，各级学校出现了重劳动、轻知识的严重倾向，学校既是工厂也是农场，并且延续到“文革”后期。

1959年至1962年，通衢镇与全国一样经受了史上极其严重的“三年经济困难时期”，中、小学实行撤、并、转、压，精简教师，开始聘请民办教师。1963年后，教育部指令全日制中、小学应贯彻以教育为主原则，切实加强基础知识和基本技能的训练，同时，全面开展“向雷锋同志学习”运动，从而使各学校教学质量有了明显回升。1962年小学开始吸纳民办教师，民办教师称谓一直延续至1994年，大部分考试合格后正式转入公办。

1966年至1976年，是“文化大革命”动乱的十年，史称“十年浩劫”。学校由公社办下放到大队办，公办教师绝大部分回原籍任教，各小学成立“革命领导小组”，由贫下中农代表参与“管理学校”，开展复课闹革命运动。这十年，由于学校教学秩序混乱，劳动时间过长，加上受“读书无用论”的思想影响，大多数学生无心上学，整个通衢镇教育水平严重低下。这十年，通衢片区10所小学、锦归片区6所小学办起了附设初中班，学制为两年。因学校人数急剧增长而掀起了建校高潮。十年来，把初中办到学生家门口，方便上学，培养了上万名初中毕业生，对普及中学教育起到一定的作用。但因为师资缺乏和教学设备简陋，教育质量没有保障。各小学附设初中陆续停办，直至1987年全面停办。

1976年粉碎“四人帮”后，“文化大革命”宣告结束，学校的教学秩序逐渐步入正轨。校外劳动逐年减少，开始重视文化课的学习，恢复毕业班与升学考试制度，恢复与健全教师组织，狠抓校风建设，开展“五讲四美”活动，教学质量不断提高。

1981年，执行教育部颁发的《小学生守则》。

自1985年第一个教师节起，全镇逐渐兴起尊师重教的良好风尚。

1987年，各小学附设初中班全面停办。

1990年7月，县政府作出《关于扩宽集资渠道完成学校危房改造任务的决定》，1991年全镇小学掀起集资办学改造危房的高潮。危房改造任务由各管理区负责落实，筹措资金的方式除向干部、农民、校友、外出乡贤、个体老板筹集外，每个学生家长还要摊捐建校费，每生每年几十元到上百元不等，计划生育超生的学生每年还要另外缴罚款，用于学校危房改造。各小学的校舍由原来的砖瓦房逐渐变成了钢筋水泥楼，当时农村最漂亮的建筑就是学校。锦归片区小学的危房改造成果在全县范围起到模范带头作用。

1992年开始普及九年义务教育，通衢镇于1994年全面完成任务。

1997年华城小学被评为河源市一级学校，也是河源市农村学校最早的市一级学校。1999年，中心小学被评为河源市一级学校。其他小学为龙川县一级学校。

2000年1月19日，广东省第二次改薄工作会议在龙川举行。中心小学和华城小学接受时任广东省副省长卢钟鹤，教育厅厅长江海燕，教育厅副厅长李庆源、李小鲁等200多人的现场检查。

2007年起实行学生免书杂费入学，学校办公经费由政府财政下拨。

2011年8月开始创建广东省教育强镇,期间撤并了9所小学，2012年5月通过省级专家验收。

2018年10月，龙川通过教育现代化省级验收，通衢镇小学同步迈入现代化教育时代。

2.村小学办学历程

通衢镇中心小学 创建于1905年春，前身为明新高等小学堂，以景韩书院为校址。1912年改为龙川县立第二高等小学。1929年改为第三区（鹤市区）第七高级小学（简称“七高”），借用才子启明初级小学（才子村民称为“上校”，解放初期更名为“梅南小学”）为校址，1931年迁到寨背金瓜坪新校区。1945年易名为梅城乡中心国民学校。1946年，龙川县临时工作委员会办公地址设在学校，一批师生接受革命思想，参加革命。1952年设立梅东分校。之后把梅南小学并入梅城乡中心学校。1952年易名为龙川县第四小学。

华城小学 创建于1925年，民国十四年（1925年）秋，在屯城北楼坪创办龙川第三（鹤市）区立第二高级小学（华新乡第一高级小学）。这所小学开始只有1个班、12个学生、1个老师。1940年将田心屯屯城范围内的华南初级小学、植基初级小学、一新初级小学、梅花初级小学合并为“华城小学”。校址原在北楼坪，1966年搬迁到新校址五谷岭头，保留老校址为分教点。“文革”前后，由于教室数量不足，曾借用多家群众的房子和老戏院上课。20世纪90年代初，分别在教场下和石简生产队各建立一栋校舍作为分教点。

三联小学 创建于1953年，选址在“百祖地”，校名由三个村（葛藤村、华新村、儒南村）联合办学而得名。1953年前三联范围内有华新乡第二中心小学（新径小学，校址在鲁萁排山脚下）、黄竹坳初级小学、葛藤坪育英小学、朱家坝初级小学、桃子坑初级小学，五所学校合并为三联小学，各原校址保留为分校，曾在苏茅田、前新片设置教学点。1959年，仅保留桃联、前新、新径三个分校，其余分校撤销。20世纪60年代后期至80年代初期办二年制附设初中；1971年至1972年，曾开办二年制高中两个班（生源来自三联大队、儒南大队）。

儒南小学 创办于1956年。民国期间，陈德裕在朱家坝下角坪，利用空置房屋办起私塾，最早教师黄亚文（女），后搬到朱家坝斋堂里的尼姑庵。1956年成立学校时为“儒家小学”，校址选在蛇头嘴，后改名为“儒南小学”。学校学生人数多时曾在中星村、麦坳村办分校，“文革”期间办过二年制附中班。2007年9月撤并到三联小学，保留教学点，2008年9月停办。

前新小学 创办于1985年冬。该校位于葛藤村前新片区，该片区为“上板桥”水库移民居区，水库涨水时，学生上学困难。为帮助移民子女就近入学，在县水利部门的关心下，于1985年创办独立小学。学生人数多时曾在作坣生产队设置分教点，2006年3月停办。

旺宜小学 创办于1909年，前身为日新小学，1952年改为旺寨小学。民国期间，寨背在树墩下创办培育初级小学，后成为旺寨小学的分教点，开办1～3年级，此分教点20世纪70年代末停办，后改建为村委会办公地。1958年改办民办中学，1978年改名旺宜小学，2011年9月撤并到中心小学，保留1～3年级教学点，2014年9月停办。

梅东小学 创办于民国时期，前身为启祥初级小学，校址在花树头，又名花树头初级小学，由华侨兴建，校舍为上三下三两层建筑。1952年设立梅城中心学校梅东分校，校址迁至叶松生老屋。1967年更名为梅东小学。1971年左右，校址迁至樟大（现在村活动中心）。20世纪七十年代初期至八十年代初，曾开设过二年制初中。2011年9月撤并到中心小学，保留1～3年级教学点，2015年9月停办。

双寨小学 创办于1883年，前身为“卓新”私塾，校址设在人家老屋。民国时期因为学生人数增多，十几位家庭经济情况较好的有识之士筹款在下散四队属地建有独立校舍，学校名称为“卓新初级小学”，当时社坑、广福有的子弟也到卓新小学读书。1940年有学生120人，1946年开始设置1～6年级。1952年改为广福小学“双寨分教点”，1969年9月校名改为“东方红小学”，校址搬迁到山下窝（即后来的双寨小学位置），同年开办附中。1985年校名更改为“双寨小学”（因村内有两座山寨——阿婆寨和阿公寨而得名）。1983年春停办附中。2011年9月撤并到中心小学，保留1～3年级教学点，2014年9月停办。

广福小学 创办于1944年，由黄素、吴森泉、黄子君三人牵头始创，前身为私立“真正小学”，校址在何屋，再迁下段老屋。后因革命斗争需要，更名为“私立中正小学”。中华人民共和国成立后，校址迁到吴姓祠堂，1950年开始办完小，土改后校址迁至由叶锦星四个儿子建造的房子，更名为“广福小学”。20世纪六十年代后期至八十年代初，曾办过二年制附中班，2006年9月合并到中心小学。

旺茂小学 创办于1965年。民国时期为旺茂初级小学，1965年旺茂大队从广福乡分离出来，创办本村独立小学，校址在现在村委会的位置，后来迁至靠山脚下。20世纪60年代后期至80年代初，曾办过二年制附中班。2011年9月撤并到中心小学，保留1～3年级教学点，2022年9月停办。

锦归小学 创办于1952年。1952年撤销“五高”后，开办锦归小学，锦归小学成立时校址在井下人家老屋，后在井下布尾兴建教室、教师办公房等；当时有两个分教点，一个在松树墩，另一个在高湖。1968年9月，分别设立锦归小学和高湖小学。锦归小学于1990年前后迁到松树墩教学点后面的新校区（原锦归中学校址）。1986年9月前，锦归小学为锦归镇中心小学。2012年3月撤并到鑫辉小学，保留1～3年级教学点，2020年9月停办。

高湖小学 创办于1938年，前身为育英初级小学，1952年为锦归小学的分教点，1986年9月更名为高湖小学。学生人数多时曾在华岗队围角里老屋办过分教点。20世纪六十年代后期至七十年代，曾办过二年制附中班。2012年3月撤并到鑫辉小学，保留1～3年级分教点，2015年9月停办。

锦太小学 创办于1936年，前身为育才初级小学，中华人民共和国成立后改名为锦太小学。学生人数多时曾有三个分教点，分别在水口、上村、莲塘，都有独立校舍。20世纪六十年代后期至七十年代，曾办过二年制附中班。2012年3月撤并到鑫辉小学，保留1～3年级分教点，2023年9月停办。

太楼小学 创办于1941年，前身为日新初级小学，1956年更名为“太楼小学”，1973年前开办1～3年级，1973年恢复为完小。20世纪七十年代曾办过二年制附中班。2012年3月撤并到鑫辉小学，保留1～3年级分教点，2017年9月停办。

玳峰小学 创办于1965年。1965年，玳峰大队独立创办本村的玳峰小学，初期校址在玳峰崔屋大地堂，1970年迁至江岭山脚。玳峰小学设立后，保留了民国时期就有的“曾岗耷”分教点，还在南山门屋背设立南山分教点。20世纪七十年代至八十年代中期，办过二年制附中班。2012年3月撤并到鑫辉小学，保留1～3年级分教点，2014年9月停办。

玳瑁小学 创办于1952年。在原庐江小学（庐江小学校址在今玳瑁小学前面）校址开办玳瑁小学。20世纪七十年代初，因校舍数量不足，在原庐江小学校址后面100米处空地兴建校舍。原庐江小学旧校址规划为村民住房用地。玳瑁小学先后在两地设立教学点，先在龙阁楼设立分教点，后来在乌石岭建有一栋两个课室的教学楼作为分教点。1986年秋起为锦归镇中心小学。2012年3月，因创建教育强镇整合资源，并入新创办的鑫辉小学。

四、幼儿教育

1952年，国家颁布了《幼儿园暂行规定》。通衢镇幼儿教育从1958年“人民公社化”开始设置。当时贯彻“三面红旗”路线，高喊“老人赛黄忠”“青年赛子龙”“妇女赛过穆桂英”“黑夜当白天，雨天当晴天”口号，造成孩子无人管的“大难题”。为了解决这一难题，生产队便安排一些老妇人带小孩，名曰托儿所；大队则推选知识青年为幼儿教师，托儿所课桌凳由所属大队统一解决（或由群众捐献），没有统一教材，教习幼儿看图识字、计数、唱歌、跳舞、做游戏等，教师待遇按中等劳动力记工分。托儿所因陋就简，教师尽力尽责，效果颇佳。

1958年8月，梅城村才子生产队冯少莲利用原梅南小学堂旧址（解放前为才子启明初级小学），创办了才子幼儿园。开园之初，只有两张长板凳，生产队拨2元人民币作为办园经费。1960年6月，共青团中央、教育部、全国妇联、全国总工会联合授予该园“全国幼儿工作先进集体”荣誉称号。1987年并入梅城小学学前班。该幼儿园简介被编入2001年出版的《龙川县教育志》。

1981年后，各小学陆续开办幼儿园。因为校舍不足，有的学校借用群众房子办幼儿园。因为办园条件达不到规范，从幼儿园名称逐渐改为学校的学前班，学前班的设置一直使用到2010年之后。梅城幼儿园创办于1981年，由于办园成绩突出，1986年6月被广东省托幼工作办公室评为先进集体。

2001年起，公办和民办（私立）幼儿园悄然兴起。先后开办的民办幼儿园有通衢街道幼儿园、紫荆花幼儿园、小天使幼儿园、玳瑁新街幼儿园、华城小学附属幼儿园、三联小学附属幼儿园、锦星幼儿园。公办幼儿园有通衢镇中心幼儿园、通衢镇锦归幼儿园。至2022年9月，通衢镇有通衢镇中心幼儿园、通衢镇锦归幼儿园、通衢镇紫荆花幼儿园、华城小学附属幼儿园，入园幼儿总数302人，教职员工总数23人。幼儿园经教育主管部门备案，受镇中心小学直接管理，教师资格经过专门机构审定，收费标准由县物价部门核准。幼儿园的建设标准越来越规范化，管理水平越来越精细化，办园水平也越来越高。

五、成人教育

民国时期，龙川县90%以上农民是文盲或者半文盲。

中华人民共和国成立后的1949年冬，通衢乡贯彻“政府领导、群众办学、结合生产、灵活多样、各方配合”的方针，大办冬学，广泛组织农民学政治、学文化、学技术。从1950年3月起，龙川县设立扫盲协会。通衢乡响应政策成立扫盲队，各大队办起民校，采取“以民教民、能者为师”的方法，开展识字运动，积极扫除文盲。组织老师兼职或者专职扫盲，推广“速成识字法”。各自然村遍挂识字牌，掀起轰轰烈烈的识字运动。“文化大革命”初期，农民教育遭到破坏，1978年恢复扫盲工作，各生产队办起了农民夜校。1980年起，各小学陆续办起了业余高小班、初中班，进一步推进扫盲工作，在学校课室不足的情况下，还充分利用大队文化室或者生产队开会的地方，给扫盲对象集中辅导。1985年，扫盲工作基本结束，基本实现无盲镇。1993年实现全面无盲。

1989年起，龙川县积极实施“燎原计划”，把科技之火通过教育传播给广大农民，以达到科技兴农、促进农村脱贫致富奔小康的目的。通衢镇等11个乡镇被纳入县级示范镇。

1996年，成立通衢镇成人文化技术学校。校址设在教办楼，教学资源与中心小学共享。学校做到“八有”：有领导机构、有专用校舍、有专职教师、有实验基地、有规章制度、有固定经费、有审批建制、有办学效益。在镇党委、政府的高度重视下，通衢镇成人文化技术学校成立由镇长为独立法人，主管教育的党委委员任主任、镇相关部门负责人为成员的成教校务委员会。有专职的校长和教导主任，配备了8位专职教师，聘请了相对稳定的3位兼职教师。师资队伍的政治素质、业务素质良好，能胜任各项教育教学工作，能基本满足居委会、村委会各类教育、培训、活动的正常开展。

成人技术学校开办了水稻栽培班、林果技术班、养猪养鱼技术班、反季节蔬菜技术班等，不定期培养农村干部、专业户和农村知识青年2.4万人次。1999年，通衢和锦归两个镇的成人文化学校达到县级标准。2011年，通衢镇成人文化学校校址搬迁到通衢镇文化站大楼，同年11月被评为河源市示范性成人文化技术学校。

第四节 通衢中小学校选介

一、通衢中学

通衢中学是一所历史悠久、文化底蕴深厚的学校，坐落于韩江河畔的通衢墟街道旁，北顶山下，与千年古榕相伴。校园内绿草如茵、丹桂成林，校舍楼馆错落有致，景色宜人。

通衢中学原为景韩书院，创办于清咸丰十一年（1861年）前，学校先后易名为“明新高等小学堂”“县立二中”“县立师范”“县立一中分校”“县立三中”，1956年9月定名为“龙川县通衢中学”。

学校占地面积30300平方米，建筑面积15470平方米，分教学区、宿舍区、生活区、运动区。学校现有多媒体课室16间；功能室有图书室、阅览室、荣誉室、理化实验室等，共计12间；一栋5层的综合大楼；一个200米跑道运动场。现有教学班12个，在校师生600余人。现有专职教师56人，其中研究生1人、本科生41人、专科毕业生11人，有高级教师21人、一级教师30人。

学校贯彻“以德立校、以美兴校”的办学理念，以“严谨求实、奋进创新”为校训，以“敬业爱岗、博爱善教”为教风，以“尊师守纪、勤学善思”为学风，以“团结进取、和谐发展”为校风。近年来，学校有2位教师被评为南粤优秀山区教师，有26位教师被评为市、县先进班主任，有18位教师被评为县先进教师，先后有100多篇教育教学论文在国家、省、市、县评比中获奖或发表。学生获省级、市级、县级荣誉计153人次。历年来，学校升学率名列乡镇中学前茅。

通衢中学秉承优良的办学传统，取得了显著的成绩。学校先后获得“广东省绿色学校”“河源市文明学校”“平安校园”“红旗团委”“龙川县文明单位”“优秀文明校园”“在校生犯罪率为零单位”“教学工作先进单位”“内务管理工作先进单位”“德育达标单位”“学校综合考核先进单位”“师德师风建设工作优秀单位”等光荣称号。

鲲鹏展翅正此时，扶摇直上九万里。展望未来，通中人正豪情满怀，开拓进取，奋力拼搏，再创通中新辉煌。学校简介被编入2001年、2011年出版的《龙川县教育志》。

二、通衢镇中心小学

通衢镇中心小学创建于1905年春，前身为明新高等小学堂，以景韩书院为校址，设立董事会，聘请钟伯颜为首任监督（即校长），学制为五年，首期毕业生8人，放重榜，穿礼服，谓之“新科秀才”。1912年改为龙川县立第二高等小学。1929年改为第三区第七高级小学（简称“七高”），借用才子启明初级小学为校址，1931年迁到寨背金瓜坪新校区。抗日战争时期，隆师附属小学曾两次搬迁到“七高”小学。1945年易名为梅城乡中心国民学校。1946年，龙川县临时工作委员会办公地址设在学校，一批师生接受革命思想，参加革命。1952年易名为龙川县第四小学。1952年曾设立梅东分校。

从20世纪七十年代开始，学校教育教学一直取得优异成绩，由小学五年级或六年级考入龙川一中的学生数近百名，数十次被评为省、市、县的先进单位。近年来，学校被授予“河源市安全文明校园”“河源市美丽校园”、全国妇联授匾的“优秀家长学校”“河源市义务教育规范化学校”“龙川县教育教学先进单位”“龙川县德育示范学校”“河源市绿色学校”“广东省绿色学校”“河源市青少年校园足球推广学校”“龙川县2016年基础教育特殊贡献奖”等荣誉称号。学校为社会培养了一批批优秀人才，其中有著名的岭南画家叶绿野先生、清华大学汽车研究博士叶日泉先生、美国生物学博士叶续源先生、广雅中学校长叶丽琳女士等。学校简介被编入2001年和2011年出版的《龙川县教育志》。

1990年危房改造开始，经过两届村委会的努力和上级帮助，先后建起了“学前栋”“教学楼”“厨房栋”，2011年，在省财政和中山市的帮助下，建起了“综合楼”。目前，学校占地面积90000平方米，校舍建筑面积7535平方米。校园建设布局合理，绿树成荫，环境优美。功能场室完备，拥有200米跑道1个、篮球场2个、5人制足球场1个。现有教学班12个，学生463人，教师39人，其中本科学历24人、大专学历15人、高级职称6人、中级职称14人。

三、通衢镇华城小学

华城小学创办于1925年，占地面积2.854万平方米，建筑面积2950平方米。目前在校学生111人，设有6个班级，教职工12人。

学校布局合理，环境优美，教学设备齐全。设有花园1个，200米环形跑道运动场1个，篮球场1个，小足球场1个。电脑室、仪器室、电教室、美术室、音乐室、图书室、会议室、办公室、体育室、保健室等一应俱全。有标准的阅览室1个，藏书量达1万多册。

学校以“以德立校、以美兴校”为办学理念，致力打造“平安校园、和谐校园”。连年来，学校教育教学成绩尤为突出。其中，有8名教师教研论文在省、市级以上获奖，有10名教师参加县级教学大赛获奖，有36名学生作品参加市、县级竞赛获奖。2019年和2021年学校被龙川县教育局评为学校年度工作综合督导考评三等奖。

学校先后被评为“广东省美丽校园”“河源市文明学校”“河源市义务教育规范化学校”“广东省义务教育标准化学校”“龙川县学校内务管理先进单位”“龙川县教育教学先进单位”“龙川县办学条件与学校管理先进单位”“龙川县文明单位”。学校简介被编入2001年和2011年出版的《龙川县教育志》。

四、通衢镇三联小学

三联小学创建于1953年，位于龙川县通衢镇西北部，建在华新村、葛藤村、儒南村的中心点，是三个行政村管辖的学校。

学校占地面积59600平方米，校舍建筑面积3908平方米，校园场地广阔，绿树成荫，环境优美。有教学班6个，学生41人，教师9人。学校设有普通教室6个、多媒体室1个、计算机室1个、图书室1个、阅览室1个、音乐教室（舞蹈教室）1个、美术教室（书法教室）1个、体育器材室1个、心理咨询室1个、卫生室1个、少先队部室1个、综合档案室1个。学校藏书2500多册，生均图书60册。

学校坚持“以德立校、以美兴校”为办学理念，有较好的校风、教风和学风。近年来，有多位教师获得“河源市优秀教师”“龙川县优秀教师”“龙川县先进工作者”“龙川县优秀班主任”等荣誉称号；有多位学生获得龙川县优秀少先队员、龙川县新时代好少年、龙川县优秀少先队干部、龙川县三好学生等光荣称号。

五、通衢镇鑫辉小学

鑫辉小学成立于2011年9月。2011年通衢镇创建广东省教育强镇，锦归片区6所小学合并为一所完小，校址选在原锦归中学旧址。因为在校舍改造中得到香港鑫辉企业管理有限公司叶辉初、黄进娣两位董事长的大力资助，合并后的校名定为鑫辉小学。

学校占地面积19494平方米，教学区、生活区、运动区、综合区梯次分布，规划科学，布局合理。校园内树木品种多样，绿化覆盖率达65%以上，校园环境幽雅宁静，周围绿树环绕，突出“环境育人”特色，创建“礼貌校园”和“书香校园”。学校现有6个教学班，176名在校学生。教职员工15人，其中本科学历8人、大专学历7人。

学校有标准的6道200米环形跑道和100米直道跑道；有标准篮球场2个，排球场、羽毛球场各1个。有教室16间，其中网络多媒体教室6个；有计算机室、实验室、音乐室、美术室、体育器材室、多媒体综合电教室、图书室、阅览室、仪器室、广播室、少先队部室、心理咨询室、卫生室、档案室等14个。图书室藏书10031册。

第五节 教育强镇和教育现代化

2010年9月，龙川县提出创建教育强县的工作部署。2010年11月14日，“通衢镇扶贫助学教育基金”成立。2011年7月，通衢、鹤市、登云、紫市四个镇作为龙川县第一批创建教育强镇的对象。通衢镇委、镇政府提出“打造人文教育名镇、谱写千年古镇新篇”的目标。创建教育强镇工作任务艰巨，时间仓促，资金不足，镇委镇政府一把手亲自挂帅，不畏艰辛，排除万难，广泛深入发动社会各界力量，筹集资金。根据“创强”的需要，整合教育资源，于2011年10月把锦归中学合并到通衢中学；2012年3月把梅东小学、旺茂小学、双寨小学、旺宜小学撤并到中心小学，保留了1～3年级分教点；将锦归片的玳瑁小学、玳峰小学、锦归小学、高湖小学、锦太小学、太楼小学撤并到新改建的鑫辉小学（校址在原锦归中学），保留玳峰、锦归、高湖、锦太、太楼1～3年级的分教点。

中、小学校加强落实《中小学教育装备管理规定》，强化学校教育装备，推进教育信息化建设，提高师生信息技术应用能力和全镇教育信息化水平。每间学校按标准建设电教平台、电脑室，课室配备教学一体机，计算机拥有量达到教师1台／2人，功能室标准配备，运动场所设施标准化。按省标准开齐开足课程。2012年5月，圆满通过省专家组“教育强镇”资格验收认证。从此，通衢镇进入了“教育强镇”行列。

2015年，通衢镇中小学通过了国家对义务教育均衡发展的督导检查。

2017年5月，龙川县提出创建教育现代化的工作部署，要求各镇打造特色学校。2017年8月，经过征求多方意见，通衢镇中、小学确定了学校发展的核心文化。

通衢中学的核心文化如下：

办学理念：以德立校 以美兴校

校　训：严谨求实 奋进创新

校　风：团结进取 和谐发展

教　风：敬业爱岗 博学善教

学　风：尊师守纪 勤学善思

通衢镇小学的核心文化如下：

办学理念：以德立校 以美兴校

校　训：尚善至美

校　风：明礼尚美 求实创新

教　风：敬业善导 勤勉求精

学　风：乐学善思 全面发展

1996年，通衢中学被龙川县颁发“尊师重教”先进单位；2018年10月，通衢镇通过推进教育现代化工作的省级验收；2021年，通衢镇被龙川县委、县人民政府评为教育工作“先进镇”；2018年起，通衢镇教育迈入崭新时代。

第六节 扶贫助学教育基金

为贯彻和落实广东省委、省政府部署的建设广东教育强省奋斗目标，通衢镇委镇政府于2010年4月开始筹建“通衢镇扶贫助学教育基金”，在筹建过程中，得到了广大干部、外出乡贤、社会热心人士和“双到”挂扶单位的大力支持，于2010年11月14日召开“通衢镇扶贫助学教育基金”成立大会。

扶贫助学教育基金属于公募性基金，是以从事公益慈善事业为目的的非营利性法人组织。基金的宗旨是：筹集社会资金，扶贫助学，促进通衢教育事业的发展和人才的培养；帮助家庭经济特别困难的学生完成学业，奖励成绩优异的学生和有突出贡献的教师。基金采取理财方式运营，盈利资金用于奖教、奖学、助学。

基金实行决策、执行和监督分离的运行机制，对应设立了理事会、理事会常务会议和监事会，并聘请有资质的财会人员对基金财务实行独立核算。基金严格按照国家的法律法规，制定了基金章程、基金管理、财务管理、助学奖学管理、捐赠办法、档案管理等一系列的规章制度。基金秉持“让每一分钱都可追溯、可监督，让每一份爱都落到实处”的现代慈善理念。基金理事会每年均把资金壮大、资金使用情况向通衢镇党委政府报告，向全镇各村公布，公开基金运作情况。2012年10月出版了《龙川县通衢镇扶贫助学教育基金专辑》。

至2022年底，共筹集到位原始基金182.3778万元。用于发放奖教、奖学、助学资金195.772万元，受益人数2035人次。其中受奖1689人次，发放奖学金172.22万元；受助346人次，助学金23.552万元。

表 7-2-3　　通衢镇扶贫助学教育基金各年度奖学、助学发放情况

年份	奖学人数	奖学金额	助学人数	助学金额	全年合计
2010 年	1	10000	–	–	10000
2011 年	89	64200	36	17300	81500
2012 年	教师 2	2000	–	–	2000
2012 年	75	62700	64	30600	93300
2013 年	105	85000	97	43300	128300
2013 年深圳新浩爱心基金会	–	–	11	67020	67020
2014 年	160	145700	101	43300	189000
2015 年	136	144900	7	6300	151200
2016 年	149	167300	3	3900	171200
2017 年	164	178900	4	3500	182400
2018 年	149	173700	1	1000	174700
2019 年	152	171300	3	2000	173300
2020 年	158	163500	2	2000	165500
2021 年	181	190500	6	6000	196500
2022 年	168	162500	11	9300	171800
合计	1689	1722200	346	235520	1957720

通衢镇扶贫助学教育基金第一届理事会

理 事 长：叶宗平

副理事长：张伟雄 黄振如 曾秋泉

理　事：陈秀霞 罗志平 孙春桂 黄向明 叶振雄 张焕德 叶经城

秘 书 长：张伟雄（兼）

副秘书长：罗志平（兼）

通衢镇扶贫助学教育基金第二届理事会

理 事 长：廖国才

副理事长：张伟雄 罗志平 赖作军

理　事：陈秀霞 叶仕环 叶振雄 张焕德

通衢镇扶贫助学教育基金第二届监事会

监 事 长：叶宗平

监　事：孙春桂 黄向明

第三章 医疗卫生

中华人民共和国成立前，卫生事业十分落后，人民群众缺医少药，农村时有疫病流行，如痢疾、麻疹、鼠疫、狂犬病、天花等，百姓得不到及时诊治而导致不明原因死亡，民间称为“发瘟病”，一旦染病几乎等死。妇女分娩几乎都是靠接生婆土法接生，新生儿感染破伤风致夭亡者甚多，妇女难产致死或胎死亡者时有所闻。

中华人民共和国成立后，党和政府十分重视人民健康，并采取了一系列措施来改善人民群众的医疗卫生条件。1950年开始建立县、乡、村三级医疗预防保健网，到1965年初步形成了以集体经济为依托的农村初级医疗卫生保健网，公社设卫生院、大队设卫生室。公社卫生院兼有提供基本医疗服务和初级卫生保健技术指导及乡村卫生行政管理的功能，成为三级预防保健网的枢纽，许多流行病控制由公共部门管理，有效地控制了许多当时肆虐的传染病。1965—1979年农村卫生事业得到空前发展，农村短期速成培训了一大批“赤脚医生”，向农民提供初级卫生保健服务。1969年后，合作医疗进入大发展阶段，合作医疗覆盖率达到90%以上，农村居民健康状况得到很大改善，做到“小病不出村、大病不出乡”。20世纪80年代，通衢镇农村合作医疗制度因体制改革一度跌入低谷。2003年1月，国务院办公厅转发了卫生部、财政部、农业部《关于建立新型农村合作医疗制度的意见》，通衢镇建立了新型农村合作医疗制度，通衢医疗卫生事业有了保障，农村婴儿死亡率、农村孕产妇死亡率、传染病发病率均明显下降，农村人口平均寿命从1949年的35岁上升到2000年的69.55岁。

第一节 医疗制度

一、公费医疗

1953年，全县各机关、团体、学校的工作人员开始享受公费医疗，看病时到指定门诊就诊，药费报销。自1954年2月起，药费由县拨70%交各区掌握，作为一般疾病治疗使用。1957年5月起，强调就医登记，用药由医生决定，病人不得无理要求，禁开人情处方及大处方；自购药品自行负责；住院必须由医生确诊方可留院就医。1980年5月改为各单位包干，归口管理，公费医疗机构只按标准将经费拨付到各单位。1983年6月起，标准提高。报销标准于1990年、1996年逐步提高。2001年6月起，公费医疗制度取消，转为社会医疗保险，由县社保局负责组织实施。

二、免费医疗

1958年全县实行人民公社化，医疗方面实行诊病、吃药全免费。1961年取消这种免费医疗制度。

三、合作医疗

1968年8月，在佗城公社塔西大队、细坳公社张田大队进行农村合作医疗试点，举办“赤脚医生”培训班。1969年，全县93%的大队实行合作医疗，办起了合作医疗站。1976年，龙母、赤光、回龙等公社实行社队联办合作医疗。参加合作医疗的人数仍占全县总人口的88%。1980年后，农村实行家庭联产承包责任制，合作医疗费用难以统筹，合作医疗站多由乡村医生集资或个人承包的办法改办医疗室（点）。

四、医疗保险

2001年，龙川县贯彻国务院《城镇职工基本医疗保险》文件精神，成立县社会保险基金局，负责医疗保险制度的实施，制定了《龙川县城镇职工基本医疗保险实施办法》。县设立统筹基金，城镇职工每人每月缴费标准为个人工资的8%（其中单位6%，个人2%），参保后，发给城镇职工个人医疗保险手册和医疗保险个人账户IC卡。大病费用由统筹基金支付，支付办法为分段计算，累积相加，基金负担大部分，个人负担小部分。原享受公费医疗的单位和经济效益好的企业都率先为干部职工办理了医保。

五、农村新型合作医疗

2001年，龙川县新型农村合作医疗重新建立和启动，新型农村合作医疗是由政府组织引导、支持，农民自愿参加，个人、集体和政府多方筹资，以大病统筹为主、农民互助互济的医疗制度。凡居住在县内农村并具有农业户籍的公民，以户为单位参加合作医疗，遵守和维护合作医疗章程规定，每人每年缴交不低于10元（以后逐年提高，到2022年为每人每年缴交320元）的合作医疗保障金，因病住院治疗费可获补偿，县内镇级定点医疗机构治疗补偿40%，县内县级定点医疗机构治疗补偿35%，上级医疗机构治疗补偿30%，因病导致家庭困难的，可申请县有关的经费和补助。县合作医疗工作，2003年9月前由县农业局管理，10月后移交县卫生局负责，成立由主管卫生副县长为组长，卫生、教育、农业、财政等相关单位负责人为成员的龙川县合作医疗领导小组，下设办公室，负责处理日常事务，镇、村相继成立领导小组和监督机构。至2022年，通衢全镇参加新型农村合作医疗的人数为28600人，占全镇农业人口的96%以上。

第二节 医疗机构

1.龙川县第三人民医院

龙川县第三人民医院前身为通衢镇卫生院，始建于1952年。建院以来，该院始终坚持以人为本、与时俱进、科学发展的办院宗旨，不仅传承历代前辈的优良传统，更坚持科学发展，科技兴院。目前已形成以基本医疗为主，公共卫生服务并重的新型卫生院发展模式。坚持中西医并重的发展思路，并形成了一套以西医现代科技术诊断、中医辨证、中西医结合治疗的特色治疗方法，使医院得到了较大发展并独具特色。2018年以来均被县、镇两级部门评为“先进单位”。

2017年，为有效满足深圳宝安（龙川）产业转移工业园及东南五镇20多万人民群众的卫生健康服务需求，市、县提出了大力落实县级医院综合服务能力提升工程，规划将通衢镇卫生院升级改造为龙川县第三人民医院，建成县域重要医疗卫生服务中心。2018年1月，龙川县第三人民医院正式挂牌成立。医院按照二级综合甲等医院概念规划设计，设计床位为400床。项目规划用地总面积34643.6平方米，其中一期预算总投资16664万元，一期用地面积18952平方米，新建一栋占地3117平方米、框架结构10层（含地下1层）住院综合楼，建筑面积24275平方米，开放病床200张。项目于2021年正式启动，至2022年已经完成主体建设，正在进行附属工程和设备安装工作。

龙川县第三人民医院设有各种职能科室和临床科室。临床科室设有住院部和门诊部，分设内科、外科、肛肠科、妇科、产科、儿科、中医科、功能科、公共卫生科和体检中心。功能科主要设备有联影60排电子计算机断层扫描系统（CT）、全自动生化分析仪、全自动血球分析仪、全自动尿液分析仪、血糖检测仪、全自动心电图机、迈瑞四维彩色B超、脑彩超、脑地形图、数字化X线摄影机（DR）、全自动心电监护仪等。2022年，该医院具备执业资格的在岗人员有50多人。

龙川县第三人民医院作为通衢镇唯一集基本医疗、康复、公共卫生服务为一体的医院，承担我镇群众和县工业园常住人口的基本医疗、康复、公共卫生服务，并辐射至附近乡镇近10万群众。

医院不断深化“以病人为中心”的服务宗旨，大力弘扬“传承、创新、精勤、尚德”的医院精神，坚持以道德兴院、品牌兴院、科技兴院、文化兴院的办院理念。

通衢卫生院历任院长：黄昌来、柳云桐、叶石标、王史光、崔庆禄、钟奇善、郑彪、黄国平、叶建伟、李振光、谢小敏

2.锦归卫生院

1978年，锦归公社从通衢公社析置后，设立锦归公社卫生院。该院院址先设在锦归大队井下布尾，20世纪90年代初迁至玳瑁街。有医务工作人员20多人。2003年5月，锦归镇卫生院撤编。

锦归卫生院历任院长：崔庆禄、郑建奇

3.村（大队）医疗站

20世纪50年代，龙川县开始建立县、乡、村三级医疗预防保健网，1958年，通衢公社每个大队设有医疗分站，初步形成了以集体经济为依托的农村初级医疗卫生保健网。1969年，通衢公社各大队自筹资金创办合作医疗站，县卫生部门在农村挑选一批人经业务培训后回乡成为各合作医疗站的医务人员，即亦农亦医的“赤脚医生”，向农民提供初级卫生保健服务。之后，合作医疗进入大发展阶段，合作医疗覆盖率达到90%以上，农村居民健康状况得到很大改善，做到“小病不出村、大病不出乡”。1979年以后，通衢域内各大队卫生室纷纷改变了所有制形式、经营方式和服务方向。各大队卫生室改成承包制，有行医资质的个体纷纷开办私人诊所。私人诊所的普及，大大改变了农村看病远、看病贵的难题。2017年，广东省出台“强基创优三年行动”，提出实施村卫生站公建规范化建设。在省财政的支持下，2021年通衢镇完成了辖区内17个村卫生站工程建设。

第四章 环境卫生

2002年成立通衢镇环保站，2017年与住建办合并成立村镇建设和生态环境环保站，于2022年挂牌成立通衢镇生态环境保护办公室，主要负责以下工作：

一、污水处理

通衢镇全镇17个行政村，截至2021年，基本建设好村级污水处理设施共15个，已建设好污水处理设施的村落有梅东、广福、华城、华新、儒南、葛藤、高湖、双寨、寨背、旺宜、旺茂、玳瑁、锦归、锦太、太楼。

二、畜禽养殖管理

通衢镇全力以赴，综合采取全面摸排、组织宣讲、依法取缔、加强巡查“四步走”战略，依法、科学、合理、有效抓好养殖业整治工作，大力打击非法养殖等污染环境行为，坚决取缔禁养区内非法养殖场。

三、水环境污染防治

为保障鹤市河（通衢段）、锦归河、华城河水质提质增效，我镇全面铺开“河长制”工作，建立健全镇、村两级河长常态化巡河制度，全面开展水浮莲、垃圾等水面漂浮物清理整治工作，成立通衢镇鹤市河水环境综合治理小组、通衢镇保护“母亲河”志愿服务队，进行日常河道清理、开展“清漂”专项行动。

四、大气污染防治行动

通衢镇积极推行“阳山经验”，建立镇、村、村民小组三级网格化管理责任体系，实行镇领导挂点联系村森林防灭火工作责任，加强露天焚烧管控，禁止任何单位和个人擅自露天焚烧生活垃圾、秸秆及杂草等，要求护林员队伍和半专业扑火队伍、镇村干部加强巡查巡逻，开展露天焚烧巡检，发现一宗扑灭一宗。

五、垃圾集中清运

通衢镇老里塘下径竹园设立县生活垃圾处理场。新建垃圾转运站1个，新建垃圾池17个。55个自然村都建立了垃圾收运处理体系，建立垃圾收集点462个；55个自然村建立保洁队伍，配备保洁员47人，统一制作垃圾屋46个。推进乡村振兴战略，改善农村人居环境，夯实生活垃圾常态化管理，实行“户收集、镇转运、县处理”垃圾收运处置体系。生活垃圾处理基本实现全覆盖。

第五章 体 育

第一节　学校体育

清末，通衢域内经馆、书院、学堂开设兵操、国术、跳高、跳远等体育项目课程。民国时期，随着近代竞技体育的兴起，体育成为学校教学活动的重要组成部分，大部分学校有篮球、田径、体操等体育活动。较大的学校开辟有体育运动场，内置篮球架、单杠、双杠、山羊、爬竿、爬绳、木马等。

中华人民共和国成立后，体育运动蓬勃开展。1952年起，通衢镇执行教育部颁布的《中小学体育教学大纲〈草案〉》，将体育列入重要课程，学校扩建运动场地、添置体育器材、改进教学方法，学校体育得以迅速发展。学校开展的体育项目有田径、篮球、排球、乒乓球、广播操、跳绳、手榴弹、爬杆、单双杠等。镇（区、乡、公社）每学期组织师生进行各项体育竞赛。1961年，通衢镇贯彻教育部“学校体育教学是学校的一项重要工作”的指示，学校体育转入正轨，开展“两课两操”（每周两节体育课，每天上早操和课间操）活动，促进了学生身心健康，保证了学习任务的完成。1979年后，通衢域内学校体育坚持贯彻《中小学体育工作暂行规定》，落实“两课两操”制度，学校体育有序发展，同时，大力培训体育教师，逐步实现体育教学专职化。学校每年举行一次田径运动会。1990年开始，通衢域内中小学全面贯彻落实《学校体育工作条例》，学校体育工作依法进行；2003年起逐步实施新的《学生体质健康测试标准》；2004年，学校试行“三课两操”制度，促进了学生体质健康和运动能力的发展；2005年，由学校负责测试学生体育项目，并上报“国家学生体质健康标准网”。主要项目有：耐力项目、柔韧力量类项目、速度灵巧类项目等。

随着学校体育蓬勃开展，通衢镇中小学生的身体素质逐年提高，达标率从1979年度的38%左右提升到2001年的84%，2004年的89.4%，现如今接近100%。通衢镇先后为上级体育运动团队和体育院校输送一大批人才。民国时期，龙川县立第二初级中学学生叶培楠（梅城人）获得广东省运动会万米竞赛第一名。广福村林穗玲入选广东省女子轮椅篮球队、国家女子轮椅篮球队，自2018年担任国家女子轮椅篮球队队长起，她带领着队员们斩获奖项无数，收获了4个全国冠军、3个国际赛事冠军，并获得“亚洲最有价值球员”称号，而且入选了世界最佳阵容，还担任了2022年北京冬残奥会火炬手；在2021年的东京残奥会上，林穗玲带领队伍获得亚军，创造了中国轮椅女篮在残奥会的历史最佳成绩；2022年，在杭州举行的第4届亚残运会女子轮椅篮球决赛中，林穗玲带领中国队战胜日本队获得冠军，实现亚残运会三连冠。华新村陈伟忠于2013年夺得广州腕力大赛男子80公斤级冠军及全场冠军；2016年夺得全国腕力比赛男子本级右手冠军；2018年夺得广州腕力公开赛男子75以上公斤级左手冠军；2020年夺得中国斗腕公开赛男子大师组右手冠军。通衢镇华城小学曾经成立了远近闻名的武术队、醒狮队。华城小学武术队成立于1973年春，系惠阳地区体育运动委员会定点业余武术队，武术队坚持10年之久，凡地区、县、公社举行大型活动都有华城小学武术队、醒狮队专场表演。曾几次代表龙川县参加地区、省武术表演赛。每到重大节日还到各村为群众表演，受到上级及广大群众的高度赞扬，1973年秋华城小学被评为惠阳地区群众性体育活动先进单位。

第二节 群众性体育

通衢素有“体育之乡”的美誉，群众中有许多优秀的传统体育项目。拳术就是民间传统项目之一，清末民国时期尤为盛行。清代，通衢田心屯有拳师（教打师）张鼎茂、张返其、陈南祥（张接昌）；民国时期有陈子斌、陈观林、陈文林、陈壬星、张伯成、钟枚林、陈清标等人。他们设武馆，收徒弟，教授武术、拳术，有的教给子孙。练武的目的是强身健体，防身自卫，扶贫济弱。中华人民共和国成立以后，张伯成拳师组织本姓青少年成立武术队，武术杂技相融，经严格训练，技艺精湛，春节期间，不仅在本屯表演，还被邀请到县城表演，博得观众好评。

中华人民共和国成立后，群众体育运动得到蓬勃发展，体育活动的项目丰富多样，有篮球、乒乓球、拔河等。篮球活动最为活跃。中小学都设有篮球场，每个村委会、社区中心都有篮球场、羽毛球场。位于镇中心位置的通衢文化广场（通衢镇新时代实践文明广场），占地面积约1000平方米，是一个集休闲娱乐、体育运动为一体的生态优美的小公园。园内种植大量的绿植，全方位铺设草地，运动娱乐设施齐全，设置了篮球场、羽毛球场、门球场和舞台等场地。

逢年过节，学校师生、机关干部、各村青年经常组织篮球赛。很多村（乡）还组织群众以小村（生产队）为单位分别进行男女拔河比赛。近年来镇政府也多次组织成年篮球赛，春节期间很多外出乡贤、大学生都积极参与。

20世纪90年代后，随着人民生活水平的不断提高，大家衣食无忧，以“生命在于运动”为宗旨，开展了更多的力所能及的体育活动，如自发组织舞蹈队跳健身舞、健身操、广场舞。现在，通衢人民广场、玳瑁村、华城村、梅东村、双寨村、广福村、旺茂村等，早晚经常有人在打太极拳、打门球、跳舞等，更多地在河边三五成群结伴沿河堤散步、聊天，其乐融融。

近年来，全民健身国家战略深入实施，全民健身公共服务水平显著提升，全民健身场地设施逐步增多，人民群众通过健身促进健康的热情日益高涨，经常参加体育锻炼人数比例达到37.2%。通衢镇各村、街道、社区都有形式不一的健身器材，如单人健骑机、单人漫步机、单人平步机、单人漫步机、三位扭腰器等。通衢镇内的鹤市河段还设立了沿河步行道、儿童游乐场等。

第八篇　居民生活

第一章 生活工具和用具

第一节 传统生活工具

通衢客家先民勤劳朴实，聪慧能干，制造了许多简单实用的生产生活工具。

砻 砻为稻谷脱壳工具，形状似磨，用木、竹、泥制成。上盘与下盘为竹篾圆框架，内用黄泥夯实，钉入制砻齿。中间有一硬木作轴，外加一砻环，与碓磨一样，有人力和水力推动两种。

石磨 石磨是把米、麦、豆等粮食加工成粉、浆的一种工具。该工具用岩石凿制而成，分上下两个部分，下部圆盘固定，上部圆盘转动，两个圆盘接触面打制有很多规则的石齿。中间用一硬木作轴固定相连。下盘四周凿有磨槽，上盘中侧有一圆形入料孔。石磨有人力和水力推动两种，人力推动的为手磨，水力推动的为水磨。

碓 碓是木石做成的舂米器具。主要用于去掉糙米的皮或舂米成粉。由碓臼、碓嘴、碓杆、碓耳、碓架（扶手）等构成。碓臼宽约50厘米，深为40厘米，圆形，石质。碓嘴为长石条，上部方形，固定在碓杆上，下部圆形。碓嘴长短大小视碓杆厚薄而定，碓杆、碓耳、碓架为木质。碓分为脚碓和水碓两种，用人力脚踏的为脚碓，用水力推动的为水碓。

风车 风车是民间去除混在谷物、小麦、花生等中的轻杂质木制工具，一般由风叶、料斗、分类槽等组成。人们将风叶摇臂转时，便可将秕谷和草叶等较轻的杂质吹走。

榨油坊 由两部分组成：①水车和碾盘；②榨槽和撞钟。先将晒干的茶仁放进碾盘木槽，拉开水车木插，急流水直下冲击水车转动，带动松木柱中的碾盘齿轮及碾盘四根木柱夹着的铁饼而旋转，慢慢地将木槽内的茶仁碾碎成粉；再将茶仁粉装进杉木板做成的透气木桶内，用大锅头烧开水将茶粉蒸熟，再一斗一斗地装进由禾秆铺好的铁卷；接着用双脚踩实后又将一环一环的茶饼装进榨槽内压实；后用一个悬空的石锤撞击榨槽内的各根大小木尖（石锤是用左右两根，上端一根大杉树，用竹皮扎成的绳子将石锤吊在空中）。榨槽内蒸熟的茶饼在强力榨压下，慢慢挤出油液，并顺着榨槽的小孔流下油缸。直到茶饼之间没有空隙，茶饼的茶油才被基本榨干。

随着现代工业的发展，这些广泛应用于农村的砻、石磨、碓、榨油坊等传统生产生活工具已逐渐被弃用。

第二节 传统生活用具

通衢是客家聚居地，勤劳智慧的客家先民在长期的生活积累中，利用本地盛产的竹子、木材等材料制作了许多生产生活用具。

锅 俗称“锅头”，生铁铸成，形似半球且大。用于蒸、煮食物。通衢还有专门煮粥的生锅。

锣锅 生铁铸成。主要用来煲饭、煲粥、煲水的一种炊具。

煲缽 陶制品，圆形有柄或两边有拉耳。主要用来煲汤、煲菜品。

饭甑 用杉木制成，用来蒸饺或蒸饭的一种炊具。

水缸 旧时农户主要用于盛装生活用水，一般容装2～3担水。通衢镇寨背村盛产水缸。

水桶 又称木桶，可用于盛装水和挑水用的家具。

箩 竹制品。主要用于盛装谷物等。

插箕 主要用于收稻谷时铲谷和舂米时用于扬米去糠的工具。

簸箕 农村普遍使用的一种劳动工具。用竹篾编成，圆形，周边有沿，一面敞口，主要用于填装物质。

米筛 竹篾编成，圆形，周边有沿，一面敞口，用来筛去谷糠和碎米。

糠筛 竹篾编成，圆形，周边有沿，一面敞口，用来分离糠和米。

罗斗 圆形，铁质筛板孔很细小，主要用于筛粉。

吊篮 盛装食物，用绳索悬吊起来，以防鼠猫偷食。

棕笼 用棕衣、木制成，形似木箱，主要用来盛装女人衣物及女人行嫁时嫁妆。

木箱 木制品，长方体，容量大。多用来储存谷物。

高橱 木制品，形体高大。主要用于储存比较好的食物或其他物品。

煤油灯 旧时没有用上电灯之前农村家庭用的照明器具。分为：灯盏，又称小灯；顿灯，稍大的灯，光亮较强；马灯，旧时多用于夜间出行照明。

斗笠 竹篾编成，是一种遮挡阳光和避雨的编织帽。（通衢镇双寨村有手工作坊）

蓑衣 用棕毛制成，披在身上防雨的用具。

随着生活方式的改变和现代科学技术的发展，棕笼、吊篮、蓑衣、饭甑、煤油灯等传统生活用具逐渐被新型生活用具代替。

第二章 衣食住行

第一节 衣着

通衢男女老幼传统穿着布料以农家自织自染为主，布质多为棉质和麻质，称为粗布或土布。款式大多为大襟衫、大裤头、阔裤脚，以黑色为主，兼有蓝、红、白等颜色。民国初期，男人开始穿“七纽四袋”开襟衫和大裤头阔脚裤。女性穿着无大变化。有钱人家和官吏的服装颜色则开始多样化，穿长衫马褂。有的开始学西洋人，穿西装打领带，着左右后有袋的西裤。民国中期，男子开始盛行穿中山装和西式裤子。有少数城里女子热天穿裙子，上身穿短大襟衣；冷天穿旗袍，外加绒毛衣。民国以后出现机织布，如花布、士林布和斜纹布等，穿着的布料有了很大改善。但由于这些布的价格昂贵，普通农家还是以粗布为主。

中华人民共和国成立初期，农村生活条件艰苦，物质匮乏，农民的衣着打扮很朴素。衣服穿了又穿，补了又补。衣服旧了，用色料染新作新衣服穿。有些家里穷的青年男女相亲或女人去喝喜酒，通常拿不出好的衣服着打扮，要到相对富裕的人家去借衣服。20世纪70年代前，工业落后，布匹十分紧缺，国家在20世纪60年代开始实行按人口每人每年发放1.36丈布票的政策，民众可以到供销社剪布做衣服。20世纪六七十年代，出现红卫装、青年装等，服装开始多样化。通衢民众衣着与全国各地一样，在各个时期有不同的特点，所谓：“50年代牛青蓝，穿在身上肉都蓝；60年代毛线蓝，穿上衣服似摇铃；70年代士林蓝，穿在身上显年轻；80年代北京蓝（的确卡），引领潮流人人贪。”

改革开放以后，民众的衣着不断改善，服装衣料发展为线纱、细布、棉绒布、化纤布、混纺布、涤棉布、毛织品、羽绒等。中山装、唐装等旧式服装逐渐被淘汰，青年装、军装、西装、夹克、牛仔服等时装及针织品衣服较为盛行。20世纪90年代以后，人们对衣着更为讲究，对衣料质量要求越来越高。进入21世纪，服饰时装盛行，品种繁多，样式琳琅满目，一应俱全。之前的布匹专卖店、裁缝店、车衣社基本消失，一般都是直接购买成衣，网购衣饰亦很普遍。

第二节 饮食

新石器时期，通衢民众以狩猎为主，而后逐步过渡到农耕。封建社会自然环境恶劣，自然灾害频繁，农民生活饥寒交迫。民国时期，农村90%的农民生活困难，消费水平低，年平均口粮一般仅有稻谷75公斤。人们常以番薯、玉米等杂粮充饥，三荒四月更是吃糠咽野菜。所养的家禽家畜，多作为商品出售，换回油盐、土布和农具、家具等生产、生活必需品。民间曾经流传民谣："春挖野菜夏杂粮，秋采野果冬有糠，一年三百六十日，挨饥受饿脸发黄。"

中华人民共和国成立后，生产力不断发展，农民口粮水平随之上升，食油、肉类消费量不断增加。通衢镇民众习惯一日三餐，以大米为主粮，兼番薯、木薯、芋头等杂粮。一般家庭菜肴以青菜、瓜豆为主。做菜方法有煮、蒸、炒、炖、炆、焗、煎、酿等，多数人喜爱喝清汤，常常自家做豆腐。农村有晒菜干、腌咸菜、腌萝卜干（菜脯）的习惯，有的乡村喜欢以腌浸鸡蛋、腌咸豆腐为辅佐菜肴。1978年改革开放以后，随着经济发展，物质丰富，人民生活逐步得到改善，饮食结构发生很大变化。肉、蛋、鱼、油、水果等消费量大幅度提高，社会食品呈现多样化格局，人们饮食从由解决温饱走向健康饮食。饮食从重早晚轻午餐转变为轻早餐重午晚两餐。早餐改为稀饭或面、粉等食物。

通衢民众热情好客，喜摆酒设宴招待客人。宴席多见荤菜，主要有猪肉、鸡肉、鲜鱼、牛肉、羊肉、鸭肉、鹅肉等。常见菜肴有清炖鸡、白切鸡、五香鸡、茶油香鸡、炒猪杂、炒猪肠、蒸排骨、炒肉片、东坡肉、红烧鹅、酸辣鸭、炆猪脚、蒸肉丸、油炸鱼、蛋卷、酿豆腐、酿香菇、焖狗肉、烧肝花、卷春等。冬至后，农村有晒腊猪肉、猪肝、香肠、板鸭等习俗。

镇内有酿酒传统，主要有糯米酒（俗称黄酒）、粳米酒（俗称烧酒）。婚丧喜庆和节日大多用自制的酿酒。农民喜吸草烟，农家多以茶待客。茶点一般自制，主要有烫皮、炒米、炒薯片、炸油条、炸角里、炸花生等。改革开放后，城乡习惯以绿茶待客，还以红瓜子、糖果、饼干等小食相待。

一、口粮

中华人民共和国成立后很长一段时间，农民口粮按稻谷重量计算。1954年至1980年，多数年份在98公斤至112公斤，其中最低的是1960年，仅75公斤。1981年实行家庭联产承包责任制后，粮食生产发展较快，当年人均粮食248公斤，1982年287公斤，1985年上升到406公斤，基本解决农民吃饭问题。1990年后，随着杂交水稻的推广，农业水稻大幅度增产。国家取消公余粮政策后，农民有余粮拿到市场上去自由交易。

二、食油

农民食油主要是猪油和花生油。1955年，国家对没有油茶、花生生产或食用油不足的农户供应年人均1.62公斤食油。1957年开始，缺油区按定销指标分月安排，发证到户，按月供应。至1961年，国家对农村食油实行只购不销的政策，对缺油的社队不再定销供应。中华人民共和国成立后至改革开放期间，村民食油多以猪油为主，花生油为辅。自农村实行家庭联产承包责任制后，农村农民生产积极性提高，利用畬坝地种植花生，基本解决了家庭食油短缺问题。

三、肉食

中华人民共和国成立前，人们肉食以猪肉为主，但农民一年难有几餐猪肉吃。中华人民共和国成立后，加强了肉食流通管理，在通衢镇设有食品站。因生猪生产量时多时少，国家只对城镇居民和职工的吃肉供应。20世纪六七十年代，国家鼓励农村发展家庭养猪，实行“调六留四”政策，逐渐缓解农村农民吃肉难。改革开放以后，市场开放，生产发展较快，肉食除猪肉外，还有牛、羊等畜食肉类和各种鱼类，丰富了群众的餐桌。

四、燃料

中国有句老话：“开门七件事：柴米油盐酱醋茶。”这七件事与饮食密切相关，而柴是排在七件事之首，可见燃料的重要性。

1.鲁萁、柴 古时将树木、枯草、落叶、朽木作为煮饭、取暖的燃料。通衢镇民众生产生活用火燃料以鲁萁（学名芒萁）为主，辅以柴、杂草、作物秸秆等。采割山上鲁萁，一般是在收割完冬禾之后。生产队将集体山上的鲁萁按人口分给各农户采割，作为农户来年生产生活主要燃料。

2.煤 20世纪五六十年代，一些有条件的家庭开始使用煤做燃料。50年代烧散煤，需要将煤粉与黄土按一定比例加水和在一起，再摊成煤饼。煤饼晾干后打成鸡蛋大小的块，再添加到煤炉烧水做饭。60年代后出现改良散煤“蜂窝煤”。蜂窝煤由人工铁制蜂窝煤模具打制，在农村得到广泛使用。通衢镇本地没有煤矿，民间用煤主要为五华县双头镇开采的散煤，大宗用煤主要由兴宁市四望嶂开采或是北煤南调过来。通衢镇府曾收购五华县双头镇小煤矿窑开采煤矿和开办球煤厂。

3.石油液化气 20世纪80年代通衢多使用石油液化气。液化气燃烧干净、使用方便。2004年5月18日，龙川通衢燃气实业有限公司于通衢镇牛屎坳下窝坑成立，主要经营液化石油气产品及相关燃气机具。法定代表人吴平娣，注册资本400万元。公司员工13人，其中安全管理人员4人。气站占地面积12000平方米，设有4个100立方米地上卧式液化石油气（LPG）储罐，1个5立方米的残液罐。液化石油气供应通衢镇本地及周边地区。

4.电 近年来，电力在厨房的作用越来越大。电磁炉、电热锅、电饭煲、微波炉在民间普遍使用。

第三节 住房

通衢传统客家民居样式以围龙屋为主。围龙屋的正中为方形主体建筑，有前后栋加厢房，有“三栋二横”“三栋四横”结构，多为“上三下三”“上五下五”、二进式、三进式房屋。围龙屋在方形主体建筑基础上扩大，一般在后面加建一围、二围等弧形房屋。围龙屋前面长方形空地叫“禾坪”，也叫“地堂”，再前面是一方半月形池塘，也叫作“风水塘”。围龙屋整体布局是一个大圆形，大的面积可达上万平方米，可居住上百户人家几百口人。小的围龙屋建筑面积也有上千平方米。20世纪80年代后，人们家庭观念有所改变，核心家庭小型化。新建房屋占地面积变小，房屋多采用围龙屋部分结构。

客家人建房相信“风水”，讲究山头方位、来龙去脉、大门朝向、走水定局等。居住之所多选向阳坡地，冬暖夏凉。房屋建在依山傍水之处。新建房屋在选好宅地后，一般由风水先生择日，主要是起工、上梁、砌灶、进火这四个环节。破土动工一定择个好日子，在整个建房过程中，上梁仪式最为隆重。房屋建好后，便是砌灶。客家人认为有食冇食看灶位。过去农村都是大锅灶，用泥砖砌成，灶砌好后，安上灶神。客家人盖新房都要办“进火酒”，要请亲戚朋友邻居庆贺一番。

传统民居主要是土木瓦面结构。20世纪80年代后，砖混或钢混结构楼房者逐渐增多，且大多数靠近乡道、公路，以求交通方便。多数宅居单家独户，占地面积较小，一般为2至3层。房屋装修用瓷片、瓷砖粘贴墙壁和地板，使用金属玻璃窗、豪华门，并将卫生厕所浴室联成一体。

至2020年，通衢镇农村兴建钢筋混凝土结构楼房7346户，6908栋，总面积586016平方米，人均住宅面积18平方米。

第四节 出行

古代，通衢民众出行以步行为主。中华人民共和国成立后，特别是在改革开放后，公路建设快速发展，陆路交通成为主要出行途径。通衢交通四通八达，高速公路、国道、县道穿境而过。此外，全镇17个行政村村村通公路，大多数自然村也铺设水泥路面，人们出行更加便捷。主要交通工具有：

1.自行车 自行车是中华人民共和国成立后一段时期内人们短途代步的主要交通工

具。20世纪80年代前，老品牌“红棉”“永久”“凤凰”等自行车因其耐用一直占领市场，成为人们首选车辆。90年代后，自行车敞开供应，品牌、式样、花色日趋增多。各种规格的山地车、变速赛跑车等相继风行，人们选购余地和购买量也越来越大。21世纪初，随着摩托车的兴起，自行车逐渐成为小孩子的玩具和学生上学的代步工具。

2.摩托车 20世纪80年代前，民间摩托车数量很少。90年代后，各种进口、国产摩托车充盈市场，大量进入家庭，城乡中、青年骑摩托车也越来越普遍，成为上下班和赴墟赶集、探亲访友、搭载乘客的交通工具。私人购买摩托车多以价格几千元的国产车居多。品种主要有两轮男款摩托车和女款豪迈摩托车，以及电动助力车等。

3.手扶拖拉机 手扶拖拉机本为农用机械。20世纪80年代，手扶拖拉机一度成为农村集农用和交通运输于一身的工具。乡村不少农民常搭乘手扶拖拉机赴墟集。21世纪始，随着小汽车、摩托车增多，手扶拖拉机逐渐退出市场。

4.汽车 20世纪80年代以前，人们长途外出有载客汽车可乘，但车辆班次很少。1990年后，各种微型汽车（俗称“小四轮”）开始进入运输市场。90年代后期，私人“小公共”（即小四轮）汽车加入公交序列，镇村“小公共”普及，骑自行车、步行者逐渐减少。2000年后，镇村陆续有私人购置的小汽车出现，小汽车逐渐成为人们出行的主要交通工具。

5.电动车 进入21世纪后，电动自行车、电动汽车逐渐成为人们代步的首要选择。

第三章 生活习俗

第一节 民间习俗

通衢为客家人聚居区，历史悠久，民俗丰富。逢年过节，婚嫁丧葬，建房入宅，举行重要活动仪式等，都有独特的风俗习惯。随着时移世易，社会进步，一些风俗习惯的形式和内容也在与时俱进。

一、岁时习俗

过年 即春节，是最隆重传统的节日，有着一套丰富的过年习俗。农历十二月初，人们便开始为过年准备制作各种食物，包括糯酒（酿糯米酒）、蒸粄、制作粉椒粉片、打炒米（“打”是制作意思），碾粉制作甜粄。到十二月中旬，家家户户开始炸油果、炸煎堆（内实）、炸年糕、炸粄（也有炒的）、炸铜盆皮、番薯饼、炒花生、炒蕃薯干、滚白鸽屎等。

除自家制作食品之外，人们还要到市场上买金针菇、香菇、木耳、红枣、腐竹、赤米（食品红）、古月（胡椒）、豉油、醋、红糖（蔗糖）、茶叶、瓜子、饼干、糖果、柑橘、香烟（或烟丝）、调味酱料香料、食盐、盐露、鱿鱼、咸鱼、蚝豉、红纸、对联、年画（门神）、“神字”、利是袋、灯笼、龙灯、鞭炮、供香、元宝、油烛（蜡烛）、火柴、火水（煤油），购买或制作各种布料、衣服、鞋、袜、帽子等，以备过年之用。

入年卦 又称入年界，也叫过小年，即农历十二月二十五日。从这一日起，家家户户进行大扫除，洗晒被席、馊箕、簸箕、米筛、饭甑、竹篮、小竹筏、茶托、桌、椅、板凳等。在外地工作、经商、打工的人们纷纷返回家乡准备过年。

年三十 即除夕，有吃年夜饭（团圆饭）的习俗。人们一大早开始杀猪、杀鸡、杀鸭、杀鹅以及磨豆腐、打馅、出肉丸、卷春（蛋卷）、酿香信（酿香菇）、酿蚝豉、酿豆腐、准备年夜饭。午后，家家户户张贴对联、门神。到了下午，人们都要洗澡换新衣服、新鞋袜。到了吃年夜饭（团圆饭）时要放鞭炮，家中长老要给儿孙分发压岁钱。除夕夜，遵循传统除旧岁迎新年的“守岁”习俗，人们聊夜守年，不能早睡，一定要等到子时后才能睡觉。子时开始放鞭炮、烟花。在农村，一些农户还在此日祭祖。

大年初一 新年第一天，即大年初一，是迎接喜庆的日子。早餐后，做父母的带着小孩到长辈家去拜年，见到长辈要喊长辈，送上利是，并祝长辈“长命百岁”“新年快乐”。长辈也还礼，给小孩发利是和糖果并祝晚辈“合家幸福，万事如意”。平辈相见，也相互道贺、祝福，互送利是和糖果给对方。大年初一有很多禁忌：除食素不食荤外，还有不能扫地，不能倒垃圾，直到年初三才能倒垃圾。不能到井中去挑水，不能放牛、放猪、放鸡、放鹅、放鸭，不能赤脚，不能下田，不能进菜园，不能换衣服，不能动土，不能打破家中用品，不能打架，不能骂小孩，不能说不吉利的话，等等。如小孩犯禁，其家长当即以“童言无忌”“越打（打碎的碗碟用红纸包好、放好，不能随意乱丢）越发”等语化解。通衢民众有的在这一天食素。素菜有腐竹、粉片、香菇、木耳、金针（黄花菜）、红枣、葱、蒜、芹菜等。还有部分地区的人们在大年初一这天到祠堂祭祖。

大年初二 年初二，嫁进来的女人要回娘家探亲。这一天一般不外出，女人在家聊天或做些针线活，男人带着小孩和供品到一些神坛神庙去上香拜神。家有儿子进入十六岁，年初二要举行“上丁”仪式。备齐猪头三牲、香纸油烛到祠堂里去拜祭祖宗，并在祠堂里吊挂一个大灯笼。有的还摆酒席，宴请亲属、亲戚朋友。举行“上丁”的成年礼，这就标志着社会和亲房承认这个儿童已成人。新生儿的家长，年初二也去祭祖，祈求祖宗庇护、保佑新生儿平安无事，茁壮成长。新嫁的女人，这一天要带着新女婿回娘家探亲，娘家也要隆重接待新女婿。

大年初三 农村有年初一、初二不扫地风俗，即使遍地蔗渣、花生壳、鞭炮纸屑等都不能扫。到了大年初三（俗称穷鬼日），这一天一大早，人们要把屋里屋外都扫得干干净净，俗称“扫穷鬼”。打扫来的垃圾要送到河边或某些荒地上烧掉，一般在烧的地方插几品（支）香和放几个炸煎堆并放鞭炮，意为“送穷鬼”。旧时大年初三这一天互相不串门，不到别人家里去，如进别家的大门，就会被人称为“穷鬼”，不吉利、不受欢迎。确实有要事，便在家门口来商议。随着社会的进步，现在年初三不串门这一习俗已被丢弃。

大年初四 大年初四开始外出探亲访友，妇女们用“箩隔”装上猪肉、甜粄或红粄、油炸品等去探外家（回娘家），有的还携带着小孩回娘家，在娘家聊到出十五才回来，这就叫作“嬲外家”。有的男人也到较远的亲戚朋友家里（如姑姑、舅爷、叔婶等）去拜年，看长辈。年初四开始，农村开始舞龙舞狮、打马灯等表演，改革开放后篮球比赛等文体活动开始兴起。

正月十五闹元宵 农历正月十五日是元宵节。元宵节又称上元节，元宵节有五大传统习俗：①吃元宵；②看花灯；③猜灯谜；④耍龙灯（打香火龙）；⑤踩高跷。元宵节家家户户买鱼、买肉、磨豆腐、杀鸡、宰鸭、打馅、酿豆腐、酿香信、卷春（蛋卷）、出肉圆、卷腐卷等。餐桌上与除夕团圆饭一样丰盛，不同的是正月十五要吃汤圆。汤圆用各种果饵，加芝麻和糖作馅，外面用糯米水浆粉搓成团后，把馅包起来搓圆煮熟。旧时，农村会有演戏或武术表演。夜幕降临，人们擎着龙灯（有鲤鱼龙灯、虾龙灯）、小灯笼、走马灯去看表演闹元宵。村里锣鼓声、鞭炮声此起彼伏，人来人往热闹非常。

正月十六舞龙 旧时，正月十六日，农村有舞龙祈祷丰收的习俗。龙用竹篾和绸布扎成能弯曲伸展的九（节）筒，有龙眼、龙头、龙身、龙尾。舞龙时先拜祖宗，再周游全村，各家各户在龙到来时都要放鞭炮迎接。龙游村表演完后，拆成一小节，由专人去处理。

通衢墟"阿公出行" 旧时，每年农历五月十三日通衢墟会有"阿公（菩萨）出行"活动，即组织一班人敲锣打鼓，吹着唢呐、抬着菩萨，由头锣（大铜锣）鸣锣开道，周游全村。沿途人家都会在门口摆上供品和烧香点烛，祈求菩萨保佑家人出入平安。这一天，很多通衢人都会到通衢墟看"阿公出行"。

石古大王诞辰 石古大王庙（石榴花庙）位于通衢镇玳瑁村石榴花（地名），始建年代无考，坐西北朝东南，供奉"石古大王"，相传每年农历六月初三是石古大王诞辰日。每年这一天，当地会组织举行隆重的庆祝石古大王诞辰祈福活动。其时，香客云集，锣鼓喧天，场面热闹非凡，组织者会请和尚念经做法事，还准备丰盛的宴席，参加活动的人如同赴庙会一样，兴高采烈，祈求风调雨顺、人畜兴旺。石古大王诞辰祈福是当地非常重要的一个民俗活动，远近闻名，除了本县信众外，邻县五华、兴宁等地亦有不少人慕名而来。

中元节 即农历七月十四日，又称"七月节"。旧时人们把中元节视为祖宗的阴魂要回家的日子，要为亡亲烧纸钱吊祭亡灵。在农村有俗语："七月半，鬼乱窜。"故"中元节"又叫作"鬼节"。农村有在中元节包粽子、吃粽子的习俗。传说包粽子是为了纪念楚国诗人屈原，时间在五月节（端午节）。因古时农业生产落后，农历五月前后属青黄不接，无粮做粽子，所以改在农历七月节。传说南宋末年，因元兵入侵，为避兵扰而提前一天过节，因此也就随俗于农历七月十四过节了。按传统，七月十四不仅是吊祭亡灵的日子，也正值夏收夏种之际，村民起早摸黑忙碌了一两个月，度过了一年中最繁忙的农事季节之后，都想休息轻松几天，并邀亲串戚庆祝一番，因此把"七月半"当作一年一度盛大的"田园节"来对待。每年七月十四日过中元节都要裹粽子，而且都包成很大的长方形的灰水粽。煮熟后，把粽子剥开切成块蘸糖吃。是日，家家户户都买鱼买肉磨豆腐，打鱼丸或肉丸酿豆腐、酿苦瓜等。用餐时，人少的家庭还要在桌上摆几副空碗筷以请亡亲一起吃饭；人多的家庭则另外设一桌菜肴，摆上粽子和几副碗筷请亡亲吃饭，以表示对先人的悼念，祈求先人庇佑。

重阳节 又称敬老节、老人节，即农历九月九日。古人认为“九”是奇数，属阳，所以每年九月九日叫作重阳节。通衢地区不兴过重阳节，旧时，只有教书先生（老师）会在重阳节带着学生去爬山登高望远。

冬至节 旧时，通衢地区有“冬至祭祖”之说。孙裔扛猪羊备祭品，到祖坟前顶礼膜拜，分席进餐。如今，冬至习惯吃羊肉汤，还有吃冬至团，取其团圆之意。冬至日祭祖习俗仍在。

二、法定节日

除传统过年、中秋等岁时习俗节庆外，还有元旦、三八、五一等国家法定节日。

元旦 1月1日，又称“新历年”。国务院规定的法定假日，放假一天。

三八妇女节 3月8日是国际劳动妇女节，简称“三八节”或“三八妇女节”。此节日为法定节日之一。

清明节 清明节又名踏青节。扫墓（土话：修地）是清明节前的主要活动。扫墓是为缅怀祖先的恩德和丰功伟绩，寄托人们的哀思，勉励后代不忘祖德，牢记祖训，继承和发扬祖先的事业。每到清明节，外出工作的人都会从四面八方回来，和家人一起，备齐三牲（猪肉、雄鸡、生鱼）、坟头鸡血纸和果品茶烟酒以及香、纸、油烛、鞭炮等物，由长者领着，拿着锄头、镰刀浩浩荡荡去扫墓。

到了要拜祭的坟墓前，拜祭者首先在坟头上压上鸡血纸，并在坟墓界址周围插上“十二龙神”，再在神台上献香纸油烛。之后就开始把坟前和周围的杂草铲掉、扫干净。接着摆开祭品，敬茶敬酒，烧香点烛，焚烧纸钱、元宝，每个人都到坟前烧香敬拜，祈求祖先保佑。拜祭完毕，燃放鞭炮，最后辞坟。

在农村，除了扫墓，还有做艾粄的习俗。制作者先用大米粉和艾叶搓成粉泥，然后用适量的粉泥，把红糖和炒熟的芝麻或用其他料做成的馅包起来蒸熟。农村有传说在清明节吃了艾粄可以驱邪而减少疾病。通衢一些村有在清明节时采集柏树叶、艾叶和茅根绑扎一起，挂在大门上辟邪习俗。

五一劳动节 5月1日是国际劳动节，简称“五一节”或“劳动节”。国务院规定为法定节日。

五四青年节 5月4日是“五四”运动纪念日，被国家定为“中国青年节”，简称“五四青年节”或“五四”。该节日，青年一代开展丰富多彩的爱国主义教育宣传活动。

端午节 农历五月初五日称为端午节。通衢镇在端午节有包粽子、吃粽子的习俗。相传粽子由楚人将竹筒贮米投水祭屈原演变而来。通衢粽子有各种包法，有的用荷叶，有的用蒻叶（形如竹叶）包粽肉。以灰水浸泡的糯米为馅的称灰水粽，以糯米夹豆沙为馅的称糯米豆沙粽，以糯米夹咸肉为馅的称糯米咸肉粽。粽子的形状有三角形、长方形两种。粽子包扎好后煮熟即成。

在农村，还有在端午节饮雄黄酒传统。雄黄，药性辛温有毒，主治百毒、蛇虱毒。将雄黄研成粉末放进酒中就制成雄黄酒，但有毒，建议不喝雄黄酒。有的将雄黄粉末放入清水中制成雄黄水。雄黄酒水一般在端午节早晨洒在屋里屋外的地上，用以消毒和杀死毒虫。有的用雄黄酒水涂在小孩的耳、鼻、额头上，以避除毒虫；有的在端午节早晨设雄黄酒宴以祈雨，希望风调雨顺，五谷丰登。

六一儿童节 6月1日为国际儿童节，简称“六一”或“儿童节”。全国小学生放假一天，举行系列活动庆祝。

七一节 7月1日是中国共产党建党纪念日，简称“七一”。各机关单位和各村党支部都召集党员参加纪念活动，进行党史教育或革命传统教育。

八一建军节 8月1日是中国人民解放军建军节，俗称“八一建军节”。节日期间，县、镇和驻地部队开展拥军优属拥政爱民活动。

教师节 9月10日是中国教师节，简称“教师节”，是1985年国务院规定的教师节日。节日期间，各级党政领导一般会带物品或慰问金到学校慰问教师，以示对教育和知识分子的重视、尊重。

中秋节 即农历八月十五日，中秋节是以家人团聚赏月为主要内容的传统节日，俗称“团圆节”“八月节”。因在农历八月十五，恰值秋季正中，故名“中秋”。通衢人很重视中秋节，有“八月十五大过年”的说法。旧时像过年一样，买鱼买肉、磨豆腐、杀鸡、杀鸭、宰鹅、煨汤、酿豆腐、打肉丸。中午和晚上两餐都把汤菜摆上桌，一家人吃团圆饭。中秋节还有吃月饼的习俗，月饼都做成圆形，月圆人亦圆，取团圆之意。吃过晚饭，当十五的圆月升起来的时候，人们就在门坪或院子里把月饼、柚子、烟、酒、茶摆在桌子上，一家人围着桌子“拜月、赏月”，边吃月饼边喝茶，其乐融融。

旧时，在农村曾有中秋节晚上进行“卜同里”（土话），即“访阴府”的习俗（下阴府找亲人对话）。据传，在八月十五这一天晚上“卜同里”，能引导凡人进入阴间，找到已故的亲人与其“对话”。

国庆节 10月1日是中华人民共和国成立纪念日。21世纪开始，国家规定放假由原来二天改为三天，前后星期六、日进行调整，一连7天，称为“国庆黄金周”，以方便群众外出旅游或购物。

三、婚嫁习俗

通衢传统婚姻礼俗繁琐，婚姻男女大都遵循“父母之命，媒妁之言”。

说媒 在农村乡俗中，男孩长到16岁（虚岁）叫作“上丁”，女孩长到16岁谓“及笄”，皆视为成年可以婚配。在传统婚姻中，子女达到“男大当婚，女大当嫁”的年龄时，做父母的就开始托媒人找对象了，此为说媒也叫提亲。媒人在传统婚姻中起着很大的作用。旧礼俗有“天上无云不下雨，地下无媒不成亲”之说。男女双方必须经过媒人说合才能够结成连理。媒人可以主动“揽活”为男女双方牵线搭桥，也可以是“受人之托，成人之事”。

相亲 旧时男女授受不亲，尤其未婚女孩一般不出村，别村的人不容易见到，难睹芳容。经过媒人说合之后，男方一般会提出“看一看”，这种在媒人的带领下到女方家里作初次访问的活动就称为“相亲”。相亲时男方被女方留下款待，说明已得到女方父母及女方的认可，若迟迟不备饭菜且任由男方告辞出门，则说明这门婚事即将告吹。男女两人首次见面之后，女方家人也可能会去男方家庭“拜访”，通衢人称男方为“相妹”（看男方家境）。若女方父母不愿意接受款待，执意告辞，表明这门婚事难成。女方父母通过观察男方家庭情况，欣然接受邀请，表示愿意接受此门婚姻。

问名占卜 问名，是男家在女家收下提亲礼物后的一个步骤，即请媒人持帖去问女方的姓名及其生辰八字，以便占卜吉凶。旧时，宗亲对阴阳等信仰观念极重，有五行相生相克之说，木火土金水属五行（如木克土、土克水），又有属相冲合之说（如属相猴与属相虎相克）。一事不合，婚事便没有成功的希望。旧时，择偶不仅考虑命相，还要问清女子是谁氏所生，是亲生还是收养，是正室还是继室所生。问名之后，男女两家双方交换“帖子”，也就是互相通告各自的情况。男女双方都要请算命先生排“八字”，看看男女当事人的相性如何，如果相性好婚事就继续进行，不好就免谈。假如一切都很顺利，这门婚事就能进入正题，也就是开始谈论聘金和嫁妆，以及男女双方的各种其他问题。

请期（纳征） 当男女生辰八字相合并缔婚之后，男方即向女方送聘礼（古代叫纳征）。纳征之后，就该迎亲过门了，而此前的准备工作就是请期。请期就是男家占卜择定合婚的吉日良辰，让媒人带些礼品到女家去告知女家，征求女家的同意，谓之“告期”或“送日子”。在请期仪式过程中，进行婚礼仪式第二次占卜活动。活动大体上与问名的占卜相同，主要是选择适当的迎娶吉日、合婚良辰，以及合适的迎亲、送亲之人。占卜的选择中心仍然是八字与属相。通衢人结婚之日不选择农历六月，因六个月是一年十二个月的一半，把一半说成半世，不能白头偕老。不过，嫁娶月一定不能犯男女双方的属相忌讳，否则即为“犯月”。合适的月份，诸如“正七娶鸡兔”等，则为“行嫁月”，可以嫁娶、迎亲。送亲的也不能犯属相的忌讳。请期有口头进行，也有书面的，世族大家或小康耕读之家，大多以书面形式进行，也就是所谓“下婚书”。

哭嫁 旧时，姑娘的婚事大都是“父母之命，媒妁之言”决定的。姑娘对夫君的容貌、为人、家境一无所知，惊恐自己的婚事是否如意，不免担心流泪，此为姑娘为自己的前途“哭嫁”。另外，姑娘从此离开亲生父母到完全陌生的地方生活，是伤心离别亲人而哭。

迎亲 即在举行婚礼当天男方组织队伍到女方家接新娘。在迎亲队伍到来之前，女家还要做许多准备，如挽面（绞脸）、上头戴髻（上头盖）、食姐妹桌等。

送嫁 女子行将结婚之时，在男家称迎娶，在女家称出嫁。出嫁之前，新娘要沐浴、梳妆打扮，与姐妹举行惜别宴等。出嫁之时，要行告祖和辞父母之礼。女子出嫁由父母、众族戚送上轿。新娘上轿时，肩上挽一个皮袋。父母、兄弟姐妹及亲朋好友都会往袋里放钱，人称“上轿钱”。同时口中说着“拿去买田做大屋”。新娘在大门外上轿，其时要放鞭炮。时过境迁，现在都用小车代替“新娘轿”。

压轿 新娘须由祖母或弟弟伴送。旧时婚礼中，舅舅所扮演的角色相当重要。舅舅即新娘之弟，是婚礼送嫁队伍中的男性代表。如无胞弟，也可外借一位男孩充当压轿人。

拜堂 举行拜堂仪式的礼堂（堂屋或大厅）要张灯结彩，门前贴一副对联加横匾，礼堂中间高悬一方形彩灯，彩灯四面分别绘上“龙凤和鸣”“观音送子”“状元及第”“合家欢乐”的图案。拜堂还要设天地桌，桌上置有天地牌位、祖先神座，有龙凤花烛和供品，同时准备两把太师椅，给男方父母接受拜礼时坐。新郎、新娘进入礼堂拜堂成亲。

进洞房 洞房布置有讲究。洞房门楣上会贴上“凤凰麒麟同在此”利是。洞房中双灯双烛，桌上有四只染红的熟鸡蛋，长辈敲去蛋壳，边敲边念：“打卵团团圆，生子中状元；打卵康康确，生子满间角。”当他们吃酒吃蛋时，牵新郎新娘的人会说“早生贵子”之类的好话。之后，新郎新娘双双坐在洞房的床边，叫作“坐帐”，亦称“坐福”。接着亲朋好友把喜果（花生、桂果等）撒向新娘怀中，撒在合欢床上、帐上和桌上，甚至撒向洞房的每一个角落，且边撒边唱祝福词。

闹洞房 闹洞房是传统婚礼中不可缺少的一个环节。传统闹洞房除逗乐之外，还有其他意义，据说闹洞房能驱逐邪灵的阴气，增强人的阳气，因此有句俗语：“人不闹鬼闹。”旧时男女结合多是通过媒人撮合的，互相之间比较陌生，闹洞房能够让他们消除陌生感，为新婚生活开个好头。此外，闹洞房还能使亲友彼此熟识，显示家族的兴旺发达，增进亲友间的感情。

筵席 农村也叫“请酒”。喜筵要按来客的尊卑长幼排定座位，称为请客。排座位的原则是上尊下卑，右尊左卑，客人按其长幼、身份和地位从高到低排列座次。首席要摆在堂屋上方正中，请大亲（又称“上亲、高亲”，即新娘的伯父、父亲、叔父）坐上首右边席位，新郎的父亲或舅父坐上首左边席位作陪，其余则按尊卑长幼对号入座。除堂屋的正席外，次尊贵的席摆在新房中，请新娘的母亲坐首位，由新郎的母亲或舅母作陪。座位排定之后，司仪（主持人）宣布奏乐鸣炮开宴，新郎要先到首席斟酒敬酒，说几句表示感谢的话。然后，厨房端上第一道菜，把婚宴推向高潮。筵席上的菜要大盘大碗，按风俗规矩共要16碗。客人用毕，余下的酒菜让客人带回去，俗称“挟节揽”。

喜筵结束前，媒人早已溜走，谓之“逃席”。倘若不走，“洗媒”的人会把她（他）的脸抹成锅底。喜筵结束后，“大亲”先退到堂屋休息一会儿，吃点水果，由男方尊长陪着说些客套话，待勤杂人员把席面撤去，扫了地，大亲就该起身告辞了。临走时，男家要“打发”衣料、鞋袜之类，讲究的还要有红包。送“大亲”又是一个热闹场面，男家所有体面的人都要出来把“大亲”送到门口，还要鸣炮奏乐，以示敬重。新郎及其父母应送客至村口。

回门 也称“拜门”“唤姑爷”，民间婚俗中的重要礼节。新婚第二天一早，要举行“会新亲”礼仪。新婚夫妇起来后，要一同祭拜神、佛和祖宗，接着拜见父母等长辈，定名分，认大小。这个时候，新娘的婆家的长辈们齐集一堂，接受新婚夫妇的叩拜，长辈不能白白受礼，通常要掏出包有现金的红包或手帕、戒指、化妆品等礼物送给新娘。那些年岁或辈分比新郎新娘小的，则在向新婚夫妇行请安礼时，新婚夫妇也要掏出红包赏给小辈们，作为“见面礼”。婚后的第三天，也叫“三朝”，新娘要在新郎的陪伴下带着礼品回娘家（转外家），与父兄亲友行回见礼，这就是所谓的“回门”。回门是新娘婚后首次回娘家，表示对娘家留恋之意，因此格外重视。旧时，因为有“回门不见婆家瓦”的规矩，所以新娘多在黎明前就出门上路。新娘临行前，要向公婆叩头告别，然后与新郎到娘家会亲。到娘家后，新婚夫妇要向女家堂中的神、佛及祖宗牌位行礼，然后给女方父母及长辈们行叩首礼。新郎还要与内兄弟行礼。礼毕，岳父母家会摆开宴席，请新婚夫妇喝酒。就餐时，新娘要陪着新郎向父母、亲友和邻里敬酒，感谢大家对自己新婚的祝福。饭后，不要急于回家，应再陪父母和长辈聊一会儿，听听他们的教诲，再告辞回家，并应主动邀请二位老人和其他长辈及兄弟姐妹到自己家里做客。回门是旧式结婚礼仪的结束，到了这个时候，一场富有戏剧色彩的结婚仪式才宣告完毕。

童婚 俗称童养媳，也称“摘银生”。旧时的婚姻制度，除明媒正娶的形式之外，收养童养媳的现象也比较常见。有些人家生了男孩，在断奶之前，如有人家因家庭贫穷养不起而出卖刚生下不久的女孩，经面谈合意后，即将其买下，所以有些“阿妹里”（童养媳）是接奶尾的。当然有的是满月后或出生两三个月后被抱养的，童养媳的年龄不等。因为女婴在襁褓中就被抱来，在“婆”家生活，甚至吃“家婆”的奶水，在“家婆”的背上“背”着长大，因而产生一种特殊的“亲情”，从而对婆家忠贞不贰。大部分童养媳都是从小在夫家长大，在婚配以前，与养母是母女相称，在幼年时期还与养母同床共枕；而与丈夫则是姐弟或兄妹相称。待到婚龄时，由父母做主安排结婚，俗称“圆房”。圆房时间一般安排在除夕之夜。这种婚姻几乎可以说不需举行什么仪式，不需大肆铺张宴客等，不管双方是否同意，父母将他们反锁在房间里过夜即算结婚。

纳妾 俗称“讨小婆”“讨细婆”，多在富家或不生男孩家出现。“讨小婆”一般皆得父母默许，所生后代视为合法族裔，而不生男孩的妇女也往往自怨命薄，为避免“不孝有三，无后为大”的指责，而不得不同意丈夫“讨小婆”。

中华人民共和国成立后，国家颁布婚姻法，传统婚庆的复杂程序被逐渐简化，童婚、纳妾等陋习被杜绝。改革开放后，逐渐树立婚姻自由的新风尚、新观念。男女之间自由恋爱、自由结婚。只要男女双方情投意合，相互满意，就到民政部门登记结婚。在农村的婚礼也简单不少。结婚登记后，置些家具、布置新房，请亲戚朋友吃餐饭，就算把婚事办了。也有一些家庭会隆重举办婚礼。

四、生育习俗

生育习俗是妇女在怀孕生产期间及产后一定时间内的一系列风俗和习惯。通衢传统生育习俗有“洗三朝”“做出月”等。

送姜酒 婴儿出生后，家主要给娘家送一瓶黄酒（瓶塞用红纸包着），娘家要将该酒瓶装满米作回礼。

洗三朝 即在婴儿出生后第三天，用苏茅草和扁栢叶烧水给婴儿洗一次澡，称为“洗三朝”。传说用苏茅草洗澡可以避邪。家庭条件好的，洗三朝往往也请接生婆来洗。有些乡村在煮水时要放一些鸡蛋到锅内一齐煮，水开了，蛋也熟了，把蛋捞起来，将蛋壳剥开后，将蛋来回不停地匀婴儿屁股，能较快脱去“胎黄”。匀完后可以送给家人吃，叫作吃“三朝红蛋”。

做出月 即婴儿满一个月时，家主设宴请亲戚朋友前来庆祝，俗称做出月。亲戚朋友带礼祝贺，称为“弥月之敬”。亲戚朋友一般送婴儿帽子、衣服或布料等礼物，农村有些不吃“坐月饭”的人就不去参加。

做“百岁” 即婴儿满百日时，家主买来新鲜猪肉，用小瓦瓮煲猪肉粥（其中要有一小块肥肉）给婴儿吃，以表示婴儿满百日可食肉了，也祝愿其“长命百岁”。

过契 婴儿出生后，按祖先流传下来的习惯，为祈愿婴儿能平安成长，需根据婴儿的

"八字"寻找合适的夫妇认作"契父""契母"（契父契母须为契子契女承担苦难、"神煞"）。先请人写好"过房贴"（"过契书"），后择日由生母带上婴儿、"过房贴"及礼物到"契父""契母"家举行"过契"仪式，"契母"须亲自给"契子"或"契女"洗身，并给"契子"或"契女"穿上新衣服（由"契父""契母"缝制或购买）。从此，"契子"或"契女"逢年过节须带上礼品到"契父""契母"家拜候。"契父""契母"离世后，"契子"或"契女"一般会带上红包赎回"过房贴"（俗称"赎年生"）。

五、寿诞礼俗

通衢镇民间历来有给小孩和老人过生日的传统。

做周岁（对年） 婴儿一周岁时，外祖母备办衣衫、食物、银器、玩物等送给外孙，叫作"岁礼"。"岁礼"中有件不可缺少的东西就是"企车"。"企车"是表示孩子能够站立。周岁时富裕人家会大设筵席庆贺，平常人家也会备酒菜款待乡亲外戚。旧时，农村周岁日有一礼节，俗称"抓周"。即置小孩于一个大簸箕（圆形竹器）内，里面摆着纸、笔、墨、砚、印、戈、洋枪、银圆、算盘、筷子、红蛋、花生米等。如果抓者是女孩，有些东西就改换成尺、针、线、珠、玉、粉、梳、镜台、食品、玩具等让孩子自己选择，以三次为限。他或她抓了三件东西，家里就按这三件东西的性质来判定他或她是智是愚是廉是贪，好像他或她将来的兴趣或趋向，都能在这一刹那间显示出来似的。这当然是一种带有唯心色彩的心理作用的礼俗。

庆祝诞辰 庆祝诞辰，一般将60岁以前的叫"过生日"，60岁以后的生日叫"做寿"。逢十则做大寿，如60岁、70岁、80岁，有男做双（逢0），女做单（逢1）的习俗。有关寿辰的庆祝活动，除非大寿，一般都不邀请亲戚朋友参加，只是家人团聚庆祝一番而已。

传统寿礼事先要设寿堂，摆寿烛，挂大幅红"寿"字或百寿图，铺排陈设，张灯结彩，布置一新。到了生日那天，寿堂正中设寿星老人之位，司仪（礼爷）主持仪式，亲友、晚辈都要来祝寿。辈分不同，礼数有别。平辈往往只是一揖，子侄辈则为四拜。有的并不设寿翁，客人只是到寿堂礼拜，而由儿孙辈齐集堂前还礼。当然平常人家也有不设寿堂，只设寿案的。寿案比较简单，用红纸写上"本命延年寿星君"贴在一块漂亮、干净的木板上，将木板竖立在桌上，桌上再摆上寿桃、寿面，点上一对红蜡烛（红油烛），压一份敬神钱粮就成了寿案，供祝寿者参拜。若是百岁大寿，则不论平时交往疏密，人们都慕名前来祝寿，俗话说："山中虽有千年树，世上难逢百岁人。"

六、丧葬习俗

老人去世后的丧葬，俗称“办丧事”或“做白事”。旧时，丧葬礼仪比起其他习俗要庄严肃穆，而且礼节繁缛。

报丧 逝者去世后，家人应向亲属、邻居和亲戚朋友发出报丧帖子报丧。对于远方的亲戚朋友要派人登门送帖，通报死讯，谓之“走报”。在报丧帖上应写明逝者开吊下葬日期。对于附近的亲属和邻居，孝子要穿孝服、戴孝帽去报丧，到了别人家，不能进门；有人来迎接时，无论长幼，都要磕头。

挖窿（墓穴） 逝者去世后，亲属要请有经验的人挖墓穴。逝者有的生前已选好穴位和备好棺材。

取水给逝者沐浴 入殓（棺材）之前，要由亲属到河边或塘边向水神买“天根水”为逝者抹身，称之为沐浴。买水时，先向河里或池塘里掷几个钱币，然后装一罐子水回来给逝者抹身和洗脸。

整容入小殓与守灵 入殓分小殓和大殓。移逝者入棺叫小殓，盖棺叫大殓。逝者入棺前，要为之整容，如剃头、刮脸、穿寿衣、穿寿鞋、戴寿帽等，然后用纸钱掩面。按俗规，一般在逝者去世后24小时内，要由专人选择好时辰“入殓”，家属在一旁守护，叫作“守灵”。

做斋（佛事） 有的亲属会请和尚为逝者超度亡魂，意思是：人生在世难免做错事、恶事，希望通过做斋“做佛事”，让“逝者”在佛祖面前忏悔思过，并取得原谅，到阴间不再受苦。

“成服”披麻戴孝 成服、孝服分两种：一般人穿白衣，腰系一条白带，孝子孝孙穿麻衣、戴麻帽，腰系草绳，旧时还要穿稻草做的草鞋。麻衣分为全麻和半麻，其中三代以内即女儿、媳妇、子孙穿全麻，其时连帽子、鞋子也要戴孝，唯孙子带白布孝。四代以外则穿半麻。“服衫”即“白长衫”，供五服内的兄弟和侄辈等亲属穿。

入大殓 大殓即把棺材盖上，钉上铁钉，准备出殡。如果还有子孙等人在外未回，必须等齐应到场的人才进行大殓。大殓不仅子孙要在场，而且族中五服内的人也要到场。若逝者是女性，则外家的人要在场，死者的遗容要外家的人亲见后才可封棺大殓。同时，外家来人时，孝子孝孙孝女孝媳须到大门口跪着迎接，待外家的人扶起方能起身回灵堂。外家的人走到灵堂瞻仰遗容，然后进行吊丧。吊丧即将香烛、银钱烧给死者，接着就大殓。

出殡送葬 出殡俗称“还山”。在超度法事做完后，“八仙”（抬棺材的八个人）师傅将棺材钉好，然后绑灵柩抬棺出殡。按传统规定，抬棺的人必须是同姓的宗亲，外姓人不准抬棺。是日，孝家要设早宴款待参加葬礼的众亲友及帮助丧事的“八仙”。

出殡送葬行列，由开路大铜锣，各种轴布、挽联，和尚乐队前行，次为灵柩，孝子孝孙和眷属扶行，嫡长子或孙子捧香炉，女婿打伞，其他孝子持孝杖。路祭完毕，孝子孝孙在路旁跪谢，是为“哀谢”，送葬的亲友们不能按送葬原路返回，各自绕道回去。“八仙”将棺材抬到墓穴前，由和尚在灵柩前念经。“八仙”将棺材送进墓穴中，然后盖土掩埋，择日造坟。

送殡结束，烧灵牌、除幡竹、去灵堂。凡送葬的人不能由原路回去，应择另一条路回孝家。孝家在门口预先准备一火堆和一桶“红米曲水”，让送葬的人回来后跨过火堆，并用手蘸红米曲水摸一摸脸和额头，以示去除邪气。

孝子孝孙送葬回来后，把神祖牌放在厅堂正中。而后，孝子孝孙和众族戚可除去孝服，并将厅堂上的丧联除掉。至此，整个丧葬礼仪结束。

中华人民共和国成立以后，旧时传统丧事白事规矩逐渐简化。改革开放以后，特别是实施丧葬改革以后，丧葬规矩更加简单，人们在殡仪馆就可办理完成。

七、其他习俗

客家风俗“落新屋” 客家人入住新居叫“落新屋”，亦称“新屋进伙”“搬新屋”等，是件喜庆事。旧时“落新屋”讲究多种礼俗，以求平安吉利。按照传统习俗，“落新屋”最讲究的是“进火”和“摆酒”。即在房子装修好之后，主人首先要择一吉日良辰“进火”和在当日宴请亲朋好友。在乔迁之日的时辰到时，主人挑一担谷箩，一箩装上烧好的火砵，箩口放一口铁锅；另一箩里面装上米饭，挑到新屋后，点着香烛，燃放鞭炮，将火砵中的火种引入新灶点燃，即谓“进火”。完成进火后，人们便开始张罗酒席，招待亲朋。有送挂匾的，主人会燃放鞭炮到门外迎接。

带路鸡 在多数客家地区，有送“带路鸡”的习俗。通常对“带路鸡”的要求是：公鸡（完好，双胲未阉），母鸡(新鸡，未下蛋)。据说这是因为一个古老的传说：古时是鸡将先祖带到这方土地，于是才有了家人，为了表示感恩，便有了“带路鸡”的风俗。客家习俗中在搬迁新居、小孩子去外婆家、结婚礼俗时便会有送“带路鸡”习俗。搬迁新居的时候，祝贺的姻亲一般从老家带来一对公母鸡，两只鸡须在新居里养足百日之后，才能杀；小孩第一次去外婆家，外婆也会赠送外孙一只带路鸡，寓意孩子可以记得回去的路，经常去外婆家看看。新婚礼俗中的带路鸡由女方母亲亲自准备，用一条长9尺的红带绑住鸡脚，带子两头各系一只鸡的双脚放于槎箩中，其用意是希望女儿嫁出去后和女婿和好相处，永浴爱河，白头偕老，而且要像鸡一样，要百子千孙，子孙满堂。其9尺长的红带，借九与久的谐音，表示长久之意，希望女儿女婿能长相厮守。还有一种说法，带路鸡记得转娘家带路，多回娘家。嫁到夫家要将带路鸡放出到新娘房中，看看是公鸡先跳到床上，还是母鸡先跳上床，这样就表示第一胎是生男孩还是生女孩。

第二节 客家人美德

一、勤劳俭朴

通衢人民历来勤劳俭朴，耕田种地，不避风雨，起早摸黑，四季劳动。广大妇女更为劳碌，一年到头耕田作地，负水采薪，除与男人一起维持生计外，还要操持家务，养儿育女，养成美德。

二、修桥铺路

通衢有句俗语，“造桥修路积阴功”。乡人认为造桥修路是积德子孙的善举，素有乐捐、献料、出力的传统。人们以积德行善为怀而修补道路，或在桥上加宽木板，或在三岔路口立块指路碑，或在崎岖山坳上捐建茶亭，供过往路人休息。

三、助人为乐

大凡本乡本村哪家人有困难，村民们都会有钱出钱、有力出力对其进行帮助，使其尽快摆脱困境。

四、尊长爱幼

在熟人相遇时都会问好、打招呼，对年纪辈分大的长辈都尊称为大伯、大娘、叔叔、婶娘、阿哥、大嫂、大姐等；对年纪小的则称贤弟、贤侄、贤妹、阿姨等。镇内老人小孩若在路上失跌，无论认识的或不认识的都会热心搀扶、携手问安。

五、热情好客

通衢镇向来有“过家都是客”之说。邻里之间友好往来，热情相待，礼貌让座，尊礼称呼，并以茶烟招待；若是长辈、领导或亲戚朋友来访，则热情招呼或握手，在家里则起身让座，敬以茶、烟、小食或家乡土特产品，并留家以饭菜招待；婚嫁喜庆宴请客人，须先发请帖。客人携礼登门道贺，主人则要立于门口燃放鞭炮恭迎。客人入席，礼让首席，主人派员陪酒。进餐中间，主人持壶亲临席前敬酒，以表谢意，敬酒再三，谦称“怠慢”。客人告别，燃放鞭炮，主人送至门口，招呼“慢走”，或谦说“招呼（待）不周，请多多包涵”。客人回答“多谢厚意”。逢年过节，亲友间礼尚往来，相互探望道贺。

六、崇先报本

通衢姓氏众多，大多都建有祠堂并编有族谱，以表敬祖和传承之意。

七、诚实守信

通衢有“说话算数”“牙齿可以当金使”等俗语。在通衢本地，人能守信，言行可靠，才能取得他人的信任，才能与他人正常交往。如果没有信誉，所言所行不能被信赖，将难以在社会上立足。

八、开拓进取

通衢民众大都是近几百年从外地迁入的，先民和子孙后代能在不同条件、不同历史时期立足、敢做一番过去没有做过的事业，取得事业的发展和成功，其所具备的开拓进取的创业精神是重要保证。

第三节 方 言

通衢话属汉语客家方言，民间有俗语称："龙川自古多声气。"本节对通衢话中的名词、谚语、俗语、歇后语分类举隅，记述如下。

一、名词

（一）实词举隅

人体

头那（人头） 肩胛（肩头） 鼻公（鼻子） 肋月赤（腋窝） 背脢（背部）
肚胈（腹部） 手挣（手肘） 喉连（喉咙） 膝头（膝盖） 口再（嘴巴）
颈（脖子） 脚凹（脚底窝） 手指罗（指纹） 气脉（精力） 大髀（大腿）
脚腩肚（小腿） 耳朵公（耳朵） 眼珠仔（眼球） 额门（额）

称谓

阿爸、阿叔、阿伯（父亲） 阿妈、阿娘、阿扪（母亲） 阿爹（祖父） 阿择（祖母） 阿挤（姐姐） 姐公（外祖父） 姐婆（外祖母） 丈人佬（岳父） 丈人婆（岳母） 心埔、心舅（儿媳妇） 阿伯（伯父） 阿爷（伯父） 细叔、满叔（叔叔） 婶娘（叔叔老婆） 妹崽（少女） 赖崽（男孩） 细满仔、细佬哥（小孩子） 契哥（情夫） 男子喱（男人） 妇女喱（女人） 老公（丈夫） 老婆（妻子） 舅爷（舅父） 舅娘（舅母） 烂嵬（懒汉） 烂仔头（浪荡子）

生活

食朝（吃早饭） 吃昼（吃午饭） 食夜（吃晚饭） 咸解（菜甫） 节裤（短裤）
棉褛（棉袄） 箸（筷子） 斗公（大碗） 水角（口盅） 钵皮（陶碗）
屎湖（厕所） 洗身间（浴室） 里京（现在） 挪搬呢（怎么做） 奈呢（哪里） 做挪呢（干什么）

农事

担竿（扁担） 畚箕 掌牛（牧牛） 莳田（插秧） 禾络（装禾的农具）

脚锄（锄头） 铁搭（铁爪锄） 地坜（犁地） 头牲（牲畜） 犁（旱地）

沟沥（水沟） 塘塈（塘堤） 塅 湖洋、烂澎（烂坭田或山坑田）

歪谷（播种） 打禾（脱粒）扎秆（捆稻草）

捡粪（拾粪） 淋菜（浇菜）给猪吃（喂猪）

自然

热头（太阳） 月光（月亮） 天光（天亮） 好天（晴天） 乌暗天（阴天）

上昼（上午）下晡（下午）日里（白天）夜晡（晚上）天泻屎（流星）

火蛇（闪电） 雷公叫（打雷）落水（下雨） 天扛（彩虹）天狗食日（日食）

天狗食月（月食）一日（一天） 一下里（一会儿）

（二）动词和形容词

睇（看） 望（看） 叩下（蹲） 掂（用手提） 行（走） 乖（听话）

抵（合算）挽（悬挂）律下（往下掉）火覃（烤）劏（宰杀）

嘬(音zuo，吸吮） 冇（没有） 膨（不饱满）撮（欺骗）好彩（幸亏） 博命（拼力） 激气（心情忧郁） 讲鬼（乱说） 眯猛（牢固之意）

冇变（无法改变） 千祈（一定） 刁凉（凉爽） 角落里（边缘处）

眼铁铁（瞪眼睛） 牙察察（龇牙咧嘴）冇定着（说不定）冇相干（没关系）

行衰运（运气不好） 冇括煞（无可奈何） 死犁犁（筋疲力尽）

半天吊（上下不着边） 扯大炮（吹牛皮） 死蛮力（屈脾气）

二、谚语

农事谚语

正月雷公叫，谷种落三到。

正月雷鸣二月雪，犁耙辘簇家里歇。

立春一日雨，早季禾枯死；立春一日晴，早季好收成。

雷打惊蛰前，高山好种田。

春分在前，斗米斗钱；春分在后，斗米斗豆。

清明晴，担秧莳草坪。

清明雨，担秧莳陂睹；清明晴，鱼仔上高坪。

谷雨在月头，有秧唔使愁；谷雨在月腰，寻秧有人留食朝；谷雨在月尾，寻秧难早归。

有谷无处粜，猪仔买断吊。

四月有立夏，新谷粜出老谷价。

芒种落秧不为早，夏至落秧不为迟。

分龙后夏至，翻季有田莳；夏至后分龙，钉多两座笼。

有雨顶天亮，冇雨脚下光。

六月不热，五谷不结。

春雾晴，夏雾雨，秋雾晒出头那屎。

雷打秋，对半收。

白露晴，有谷有包装；白露雨，有谷做有米。

不怕寒露风，只怕寒露雨。

禾怕寒露风，人怕老来穷。

初一落雨初二晴，初三落雨成坭羹。

早禾莳坭皮，翻季莳坭骨。

冬至出“热头”，正月冷死牛，二月冷死马，三月冷死耕田者。

秧好半年禾。

十月有霜，碓头有糠。

耕田有师傅，总爱粪来铺。

一日打肋赤，三日烧火只(烤)。

春早不宜早，春迟不宜迟。

六月割禾，冇闲阿婆。

早禾怕夜风，翻季怕夜雨。

娶亲看娘，莳田看秧。

日落云里走，雨在半夜后。

莳田早，不如莳秧老。

雨打五更，日晒水坑。

气象谚语

春早莫早，春迟莫迟。

春寒雨水，夏寒绝流。

初一落雨初二晴，初三落雨成泥羹。

清明晴，蓑衣笠麻随身行；清明雨，蓑衣笠麻高挂起。

时过三月三，脱了棉衣换单衫。

四月八，大水打菩萨。

鱼鳞天，不雨也风颠。

东焰（指闪电）日头西焰雨；南焰三日北焰对时。

惊蛰未过雷先鸣，四月十五暗天门。

清明晴，鱼仔上高坪；清明雨，鱼仔陂下死。

四月八，大水发。

小满江河满，不满天将旱。

夏至未过，水袋未破。

有雨顶天亮，冇雨脚下光。

芒种夏至，有食懒去。

春雾晴，夏雾雨，秋雾晒出头那屎。

日立秋，蚯蚓有；夜立秋，做一丘。

东虹晴，西虹雨。

雷公先唱歌，落水冇几多。

东闪日头红，西闪雾蒙蒙；南闪三更，北闪对射。

云行东，雨无踪；云行南，雨潺潺。

立冬晴，一冬晴；立冬雨，一冬雨。

十月小阳春，么雨暖温温。

十月十日晴，寒风雨雪尽归正。

小雪大雪，煮饭唔嚓(及)。

冬至出日头，过年冷死牛。

春分秋分，日夜平分。

小寒大寒，冷水成团。

生活谚语

有钱难买老来瘦。

讲得直，了伙食。

食得肥来走得瘦。

讲得真，讲贱身。

有食冇食，嫐到惊蛰。

闲话一大难，正经冇一撇。

外甥是狗，食完就走。

七个和尚，八样腔。

上屋搬下屋，唔见一箩谷。

笔头无力，嘴呷硬。

不识字怨爹娘，不会赚钱怨屋场。

三个妇女婆，当得一面大铜锣。

在家千日好，出门半朝难。

要人出钱，好似戽水上天。

前人开路后人行。

人求我，三月风；我求人，六月雪。

行得夜路多，总会遇到鬼。

有便宜货，冇便宜钱。

好天不出门，等到雨淋头。

正有钱，莫买田；正有谷，莫起屋。

前人种树，后人乘凉。

三、俗语（俚语）

冇学行，先学跑。〔语意〕做事不踏实，想着一步登天。

一千不如八百现。〔语意〕现金交易，不喜欢赊货。

人唔成人，鬼唔成鬼。〔语意〕穿着或打扮怪异。

男人的账簿，细妹的乳姑。〔语意〕有些东西，未经同意，不可以随便触摸。

矮古心肝短梗秤。〔语意〕随意诈骗他人。

矮子敢放火烧天。〔语意〕指胆子大。

山坑山角落，新衫底下着。〔语意〕讽刺见识少，不合时宜的举措或穿着。

鸡嫲屙屎头边热。〔语意〕做事无恒心，不能坚持到底。

人心不足蛇吞象；贪心不足吃月亮。〔语意〕比喻贪婪，不知足，野心大。知足常乐，不要人心不足蛇吞象，最后误了自己的前程。

双寨织笠麻，寨背烧缸瓦。〔语意〕说明通衢地方手工业作坊多，到了什么地方，学做什么事。

四、歇后语

打开天窗——说亮话

姜太公钓鱼——愿者上钩

打破砂锅——焖（问）到底

黄牛过河——角（各）顾角（各）

过时皇历——不中用

泥菩萨过河——自身难保

六月天戴毡帽——不识时务

狗捉老鼠——多管闲事

十个指头——各有长短

老山猪——不怕海螺角

十五个吊桶打水——七上八落

阎罗王贴布告——鬼话连篇

竹篮打水——一场空

大水冲了龙王庙——不识自家人

八仙过海——各显神通

阎罗王嫁女——鬼爱（谁也不要）

三只手指捡田螺——十拿九稳

六十岁亚公换牙——转嫩

一园萝卜——净系头

饭甑开盖——气冲天

窗口鸣笛——鸣（名）声在外

乌龟食秤砣——铁了心

刀劈木柜——爱分箱（要分明）

饭汤洗身——越来越糊涂

生葱拌豆腐——一青（清）二白

钉屐用钻子——多此一举

和尚打伞——无发（法）无天

饭汤洗衫——浆袖（将就）

火烧芭蕉——心不死

饭甑肚里放铁尺——蒸（真）家伙

鸡嬷生春（下蛋）——屙壳（完蛋）

烂灯笼——吊框（腔）

屎出挖粪缸——来不及

哔酒磨豆腐——唔敢逞师傅

街背摆货摊——外行

四面棍——转不过弯来

灯芯打锣——吾敢铛（当）

外甥打灯笼——照旧（舅）

猴子戴面具——人面兽心

膏药贴嘴巴——难开口

赶牛进鸡舍——门路不对

铁公鸡——嘴硬

解开裤子放屁——干干净净

五、方言词语

地理类：岭岗（山） 河沥（河流） 屋肚咿（屋里） 后式背（后面）奈咿（哪里）

植物类：禾（水稻）包粟（玉米）粟咿（小米）番瓜（南瓜）麻咿（芝麻）番豆（花生）番薯（红薯、地瓜）

动物类：牛崽咿（小牛）阿鹊（大喜鹊）禾毕咿（麻雀）老虎哥（螳螂）黄虫察（蟑螂）蚁公（蚂蚁）官蜱（臭虫）火炎虫（萤火虫）蛤虫麻（青蛙）狗虱（跳蚤）脚鱼（鳖） 蚿（蚯蚓）拉跨（蜘蛛）

房屋器类：屋（房子）灶下（厨房）水杓（瓢）洗身间（浴室）水角（口盅）单被（被单）烟筒斗（旱烟斗）

疾病医疗类：火病（肺结核）屙肚（泻肚子）打摆咿（疟疾）发吊（癫痫）发黄疸（肝炎）结舌（口吃）

衣饰类：底衫（内衣）节裤（内裤）棉褛（棉衣）大褛（大衣）围身裙（围裙）

食品类：腊鸭（板鸭）猪利（猪舌）猪镰铁（猪胰）滚水（开水）蒸笼板（年糕）

红白事类：娶心舅（娶儿媳） 做好事（办喜事） 转火（迁新屋、落新屋） 做生日（庆寿）养仔（分娩）过身（逝世） 铲地（扫墓）

日常生活类： 项身（起床）梳髻（梳头）戚眼睡（打瞌睡）闲谈（聊天）漏忘（忘记）剃头（理发）炙火（烤火）洗身（洗澡）走吾得（离不开）行吾得（行不动）拸担（挑担）赴街（赶集）难为伲（麻烦你）怕丑（害羞）话伲知（告诉你）零俐（干净）好漆（肮脏）

六、儿歌

1.月光光，照四方，四方矮，照老蟹，老蟹王，跌落塘，塘中心，两枝针，塘脚下，两条蛇，吓死惹爸俩仔爷。

2.细佬哥，又来叫，又来笑，老鼠打花猫。

3.砻谷哧嚓，舀米煮夜，阿叔食碗粥，阿爷食碗茶，阿妹打喳喳。

4.张古佬，倒大树，倒吾崩，食筒烟，倒唔断，唔好看。

5.酿火里（萤火虫），飞天高。借我刀，切沙糕；借我碗，装甜粄；借我箸，夹豆腐；借我马，我马在石岩下；借我牛，我牛在岭头；借我猪，我猪在田里扪茨菇；借我鸭，我鸭在塘里打竹夹；借我鹅，我鹅在河里打飞舵；借我鸡，我鸡在鸡笼里喔喔啼；借我猫，我猫在屋顶嗷嗷叫。

第四章 居民消费

第一节 消费水平

中华人民共和国成立前，由于生产力水平低下，通衢社会经济发展极不稳定，居民收入低，生活都较为贫困，温饱不足。

中华人民共和国成立后，党和政府带领人民迅速发展生产，但通衢整体上仍处于较低生产水平。人们消费以满足温饱为主要目标，消费结构以食品消费为主。由于生产能力有限，物质资料短缺，国家长时间实行以票证制为主的计划供给消费政策，实行国营商业为主，供销社为辅的商业体制。至20世纪六七十年代，城镇居民消费水平仍停留在“吃饱穿暖”层面。

1978年改革开放后，国家正式确立社会主义经济建设战略目标，计划经济开始迈向市场经济。在20世纪九十年代之前，尽管收入水平不断提高，但受票证制度的限制，消费需求仍被限制，通货膨胀较为严重。直到票证时代终结，面向需求的目标让生产和经营者积极性空前高涨，居民消费也走进面向市场、自由选择时代。

进入21世纪，居民消费品结构发生很大变化，发展型、享受型消费比重上升，消费水平大幅提高。食品方面，大米等主粮消费减少，猪、禽、蛋等营养较高的副食品增加，蔬菜品种也逐渐增多。穿着方面，由过去单一的款式转向多样化，四季分明、丰富多彩。中高档耐用消费品越来越多地进入居民家庭生活中。近年来，通衢居民消费热点呈现多样化。住房、汽车、教育、旅游、娱乐、体育、休闲、通信及数码电子消费等多样化消费品和服务热潮持续升温，成为居民消费迈向更高层次发展的重要标志。2022年，通衢镇人均可支配收入20137元。

第二节 耐用品消费

长期以来，通衢城乡居民家庭耐用品主要是竹木制品，如木床、木桌、木凳、木橱（箱）、竹编品等。改革开放前，部分家庭拥有“三转一响”（手表、衣车、单车和收音机）。1979年起，随着生活水平逐步改善，居民消费耐用品向多样化、电器化、高档化转变，老式笨重的木制品及“三转一响”逐步转变为带床垫的成套床具、红木家具、宫廷床、电视机、电话机、移动电话（手机）、洗衣机、抽油烟机、照相机、电饭煲、电冰箱、空调、热水器、音响、摩托车等。21世纪后，小汽车相继进入家庭。

第五章 美食特产

第一节 特色美食

通衢人勤劳俭朴，务实求真，在长期的生产生活中，利用本地的物产资源，烹制出具有地方特色的美味佳肴，如酿豆腐、酿菜卷、卷春、香信、白切鸡、红焖猪肉等菜肴和红粄、艾粄、蒸笼粄、炸油果、盐味粄、灰水粽、凉粉、汤圆、芝麻糊、豆腐花、豆浆等特色小吃。

酿豆腐 客家酿豆腐是通衢传统菜肴之一。通衢酿豆腐一般分为石膏和卤水两种。制作豆腐时，先将黄豆磨成浆，用沸水撞浆，再用布袋把浆挤出煮沸，用熟石膏粉或盐卤点浆，使其凝结成豆腐。豆腐制成后，把豆腐切成约一寸的方块，投入油锅中煎炸至金黄色，再横切开，在里面塞入馅。吃时再撒上些胡椒粉、葱花，其味鲜美无比。酿豆腐鲜嫩滑香、营养丰富，是客家人逢年过节必不可少的一道菜肴。

酿菜卷 用糯米饭和煮熟后的豌豆仁、生萝卜丝、香芋粒、腊肉、干鱿鱼丝、姜末、葱头末、干芋茎片等搅拌均匀作馅料，用经过焯水后的芥菜叶或包菜叶将馅料包裹成捆状，放置锅里焖熟。

卷春、香信 春卷和香信是通衢客家人常见的菜肴。

卷春，倒过来念就是“春卷”，“春”是季节，“卷”为吃法。在通衢，卷春的制作方法是先将鸡蛋或鸭蛋打散成液状，放在油锅中煎成薄皮，俗称春皮；铲起后待凉，然后将擂好的肉馅外裹春皮卷成条状，即为卷春。

香信的“香”即香菇。制作时先将猪肉擂碎，加少许淀粉、味精，拧成大拇指大小的扁状物，接着将浸润的香菇逐个外贴，最后上锅蒸熟。

香信和卷春结实爽脆，多吃不腻，口感好，通衢人既把它当成平常的菜肴，又常将它当作馈赠亲友的礼物。主要是取“诚信”和“顺利”之意。（香信与“诚信”音近，“春”客家话与“顺”近音）。

白切鸡 白切鸡又名“白斩鸡”，皮爽肉滑，大筵小席皆宜，深受食家青睐。做白切鸡，选料以1.5公斤左右的纯正土鸡为佳。将鸡在滚开汤锅内浸烫熟，取出晾凉后切成块，装在盘中。葱姜切成末装在小碗中，碗内加少许的盐，倒入纯正茶油，切好的鸡和蘸料一起上桌。

白灼河虾 白灼河虾是以河虾、油、盐、香醋、糖、姜葱、生抽为原料制作成的一道菜品。制法一般是先将河虾洗净备用，锅中倒进清水煮沸，放入河虾煮到变色捞出锅。食用时将姜葱切末倒入碗中，加入茶油调汁即可。

清蒸鱼 制作时先将鱼清洗干净，接着在鱼身上切斜刀并在内外均匀抹盐和茶油，然后将鱼放进烧开了水的蒸锅中蒸10分钟，最后将烧热的油倒在撒好葱姜丝的鱼肉上即可。鱼象征着繁荣和盈余（年年有余），是通衢人过新年时必备菜肴。

红烧肉 制作时一般选用肥瘦相间五花肉，烹饪的锅具以砂锅为主。红烧肉肥瘦相间，香甜松软，色泽红亮，味醇汁浓，酥烂而形不碎，香糯而不腻口，深受人们喜爱。

煎堆 煎堆又名油果，是客家人的传统小吃，也是通衢人在新年时不可缺少的食品。煎堆制作比较简便，先将糯米碾成粉，每斗糯米配2.5公斤红糖。然后将糖煮成糖液与糯米粉搓均匀，搓得越久越松软，搓成粉团后再捏成一个个状似乒乓球大小的粉团，放进油锅中烧炸，将粉团炸成深红色即可起锅。

灰水粽 粽子是中华民族传统节庆食物之一，民间传说吃粽子是为纪念屈原。制作粽子时先把糯米浸泡一个晚上，再把糯米滤干水加灰水（用禾秆、布惊叶、豆秆、茶籽壳等烧成灰，再用水过滤而得到的“灰水”）或食用碱水搅拌均匀，接着把泡好的糯米放进洗净的蕉叶包裹好，再包一层芦苇叶，最后用细小的藤条扎紧，放进大锅中煮七八小时。煮熟的粽子金黄、透亮、嫩滑，吃时蘸上蜜糖或糖水，口感甘凉、清爽、糯香。

艾粄 艾粄是一种美味的客家特色传统小吃，是用籼米粉、糯米粉、艾草等做成。艾粄一般在清明期间制作食用，故又叫清明粄。因其加有艾草，故具有消食健胃，散寒除湿，消肿散结，平喘、镇咳、祛痰、护肝利胆等作用。

腐竹 腐竹又称腐皮，是很受欢迎的传统食品，也是客家地区常见的食物原料，腐竹色泽黄白，油光透亮，具有浓郁的豆香味。腐竹是将豆浆加热煮沸后，经过一段时间保温，表面形成一层薄膜，挑出后下垂成枝条状，再经干燥而成。其形类似竹枝状，称为腐竹。

凉粉 凉粉又叫仙人粄，是一种用“仙人草”为主要原料制成的清凉甜品。制作时先用干燥的仙人草放入锅中煎熬。火候到一定程度时，将草渍捞起过滤，然后倒入适量淀粉，并加热不断搅拌。待汤液变成糊状后，倒入瓷钵内冷却即成。经过冷却后的凉粉呈黑色凝胶状，食用时盛于碗中，用汤匙搅碎，配以蜂蜜或白糖，既能解饥渴，又有清热祛暑、助消化、降血脂等多种功效。

豆腐花 用黄豆制作的传统美味小吃。制作豆腐花时先将黄豆用水泡涨，磨碎过滤出豆浆。豆浆如果加入盐卤或石膏，就会凝结成非常稀软的固体，此时加入糖浆或砂糖、红糖即可食用。豆腐花含植物蛋白，有人体必需的8种氨基酸，具有一定的保健作用。

第二节 土特产

通衢镇的土特产较少。改革开放前，通衢以农耕经济为主，大多自给自足，很少有产品能形成商品用于交易，但各地也充分利用当地资源，开展多种经营，形成各地特产，改善生活条件。民间总结通衢各地的特产，形成顺口溜：旺茂墨蔗、双寨笠嫲、寨背缸瓦、三联“索麻”、玳瑁菊花。

旺茂果蔗、水萝卜 旺茂村地处大嵋山脚下，鹤市河下游地带，土层深厚，土地肥沃，灌溉方便，当地除种植水稻外，还大量种植果蔗、水萝卜等经济作物。在20世纪八九十年代，家家户户的房前屋后都种满了果蔗，农闲田地种植的果蔗不但个头高，茎粗，而且皮薄、节间长、蔗汁甜度高；水萝卜清脆爽口，个大质好。通衢人都称旺茂有“赖屋萝卜徐屋蔗”的特色产业，旺茂村的果蔗、水萝卜产品除在通衢鹤市等周边市场销售外，还大量销往县城。

玳瑁菊花 玳瑁村位于龙川县通衢镇玳瑁山东南麓，玳瑁河畔，三面环山，土质疏松，形成独特的“小盆地”地形及气候，很适合杭白菊的生长。玳瑁村于1969年从浙江省桐乡引入了杭白菊种苗，持续种植30余年。1999年冬，在锦归镇政府的大力支持下，锦归镇府、玳瑁村委派人专门前往浙江省桐乡市杭白菊产地考察，并引进优质的杭白菊品种，动员和鼓励农户种植杭白菊。玳瑁村的杭白菊用玳瑁河水灌溉，使用农家肥，纯手工采摘、蒸煮杀青后自然晾干，是无污染无添加剂的绿色产品，可当药用，也可作茶饮。有清肝明目、通经活络、增强人体毛细血管抵抗力等功效。现在，该村及相邻的玳峰村大多数农户都把杭白菊作为主要经济作物，种植、加工杭白菊已成为当地的特色产业。

第九篇　文物遗迹

第一章 典籍记述

清 钦定《古今图书集成》关于通衢巡检司、通衢驿的记述

钦定《古今图书集成》（清陈梦雷编）“城池考”载：“通衢巡检司，在宁仁都，距县七十里，明洪武九年建，成化十年知县秦宣重修，嘉靖间佥事雍澜迁老隆以便水陆盘诘，隆庆二年通衢筑城士民具呈祥允抚按复迁旧址。”

“通衢驿，在宁仁都，明洪武九年典史黄九成建，永乐十年驿丞黄海山修，成化十年知县秦宣重建，隆庆元年兵巡按察使张子弘重修，原设官今革驿事巡司摄之。”

清《清史稿》关于玳瑁山、云衢社学、爱梅亭、最高亭的记述

山川考

玳瑁山 在县东八十里，通衢之山，相传此中有黑石斑点似玳瑁，半山有岩，岩有仙女像，乡人常祈祷。

学校考

云衢社学 明嘉靖元年（1522年）设立，位于通衢驿右。

古迹考

爱梅亭 位于通衢驿侧，明正德十六年（1521年）刑部主事李中谪于驿，见驿东中多梅，遂构有记。

最高亭 位于天羊丫，明嘉靖乙酉（1525年）佥事施儒建，万历六年（1578年）乡官张大纲募修。

清《广东兴图》关于玳瑁山、通衢城、田心屯城的记述

清康熙《广东兴图》卷之五载：“玳瑁山在城东捌拾里，连接蓝关高百丈，周围数十里。石多黑点，状若玳瑁，故名。”

“通衢城 在城东伍拾里，周围肆百捌丈，高贰丈壹尺五寸，东西城机，门贰，南北小水门叁，明嘉靖肆拾肆年建。”

“田心屯城 在城东伍拾里，周围贰百陆拾五丈，高壹丈贰尺，门四有楼，明正德拾壹年屯民筑。”

清《惠州府志》关于廻玳桥、大板渡、大河水渡、蛇头嘴陂的记述

清光绪刘溎年修、邓抡斌等纂《惠州府志》卷五 兴地 津梁载：“廻玳桥，在通衢司城东，土名大河水。距县城六十里。粤闽大路两岸旷澜，水势激驶。邑绅张鸿才建造木桥，随修随圮。洪才子居达等复创石桥，计石梁十，有三桥，面七尺，长三拾三丈奇。嘉庆十九年四月兴工，至二十二年十月竣工。”

“大板渡在通衢二里。”

“大河水渡在通衢东七里许。”

“蛇头嘴陂在田心屯距城五十里，灌田数百余亩，乾隆五十二年知县丁兆凯立碑。”

清乾隆《龙川县志》关于通衢巡检司署的记述

清乾隆白书图修纂《龙川县志》卷之三 社仓载：“通衢巡检司建仓六间，在司署头门内贮谷一千八百一十一石九斗三升六合，内有一百九十五石七斗五升分贮该属田心约内。”

清乾隆白书图修纂《龙川县志》卷之四 官署载：“通衢巡检司在宁仁都距县七十里，明洪武九年典史黄九成创建，永乐三年巡检朱海山重修，成化十年知县秦宣巡检黄教重修，嘉靖间佥事雍澜迁老隆以便水陆盘诘，基改社学，隆庆二年通衢筑城御寇，士民具呈伸威道方逄时申详抚按复迁通衢。”

清康熙二十五年巡检车禹声建造后堂左厅后，乾隆十四年巡检高瞻捐题重修头门大堂二堂及东西回廊，乾隆二十六年巡检于朝拔将各约仓，在头门内建仓六间，分贮各约社谷。

清嘉庆《龙川县志》关于讲约所的记述

雍正七年，奉旨各州县于大乡大村设立讲约之所。邑中设讲约所九，一在通衢关帝庙。

清乾隆《龙川县志》关于岭西屯、田心屯的记述

清乾隆白书图修纂《龙川县志》卷之四 官署载：“岭西屯，在本县兴乐都去县一百里，东至大微山，南至田心屯界，北至罗阳，西至乾坑。”

“田心屯，在本县兴乐都去县一百五十里，东至鳖坑口，南至鹤树下，西至仙女嶂北至岭西屯。”

清乾隆、嘉庆《龙川县志》关于关帝庙、三公祠、方公祠、松风庵等的记述

“关帝庙，在通衢南门内正街。清康熙己未年通衢司赵同芳倡首重修。”

“三公祠，在通衢西门外，祀御寇有功千户长黄公遇寇攻城守御被害，林公倡修城楼，通衢司赵公立像祠内额，曰三公祠。”

“方公祠，在通衢城东，祀明伸威副使方建时，嘉靖末，惠潮寇四起，通衢乃两郡咽喉，商民时被梗塞，公力歼诸寇创城，通衢士民感德，即城南立祠祀之。万历戊寅冬，绅士张大纲黄孟经刘邦羡耆民李永英等因祠卑隘，具呈知县林庭植迁建城东，主簿庞文卿董之众助东关外，若干详于记。”

“松风庵，在田心屯水口，明崇正间建，僧超群重修。乾隆二十一年通屯建塔一座内祀文昌。”

“文昌阁，在田心屯水口松风庵后，邑绅长居达建。”

第二章 文 物

第一节 馆藏文物

一、古陶器

清代通衢寨背、旺宜缸瓦窑烧制缸、罐、瓮、瓶、钵、沟瓦等陶器，文物藏于龙川县博物馆。

二、红色革命文物

农会犁头旗 1927年冬，通衢田心屯（今华城，如下同）美山农民协会制作使用的犁头旗一面，文物藏于广东省革命历史博物馆。

“二五”减租公斗 1927年冬，通衢华城成立美山、南门、西门、东兴、葛藤坪5个农会。实行“二五”减租时，葛藤坪农民协会黄竹坳村制定使用的减租公斗。文物藏于龙川县博物馆。

犁头旗（龙川县博物馆提供）

公斗（龙川县博物馆提供）

《龙川日报》 民国二十七年（1938年）10月12日，侵华日军由日本海、空军护送一个半师团4万余人，在广东惠阳大亚湾登陆，15日惠州被攻占，21日广州全市大火遭沦陷，龙川抗日迫在眉睫，此时，正值国共合作时期，龙川县人民政府组织了龙川民众抗敌后援会。中共龙川县委为扩大影响，以发动民众，宣传抗日，经国民党当局批准立案，创办《龙川日报》，报纸公开发行。社址初设老隆小学，后迁老隆平民医院，由老隆循州印务书局承印（铅印），由龙川县民众抗敌后援会主办，主编、社长张克明，总编辑黄杏文，工作人员曾瑞祥（共产党员）、张修（县委交通员）。于1939年元旦创刊，4开8版，从右至左竖排印刷。后因国民党龙川党部顽固派积极反共，《龙川日报》于同年5月28日被迫停刊，共发行60期。此《龙川日报》（复制品），藏于龙川县档案馆、龙川县博物馆。

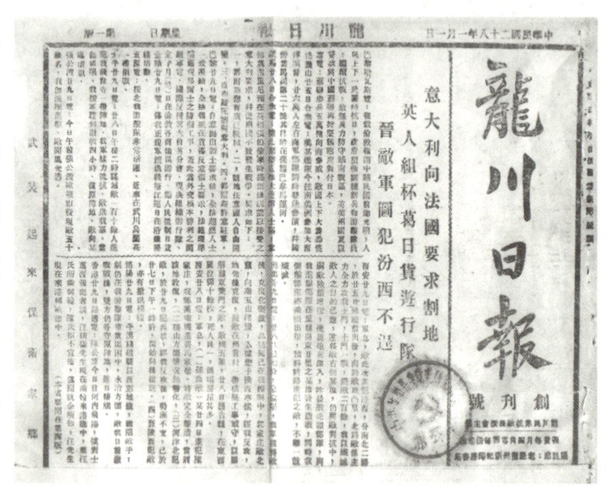
龍川日報

創刊號

意大利向法國要求割地

英人組杯葛日貨遊行隊

晉敵軍圖犯汾西不逞

《龙川日报》

叶青使用的挎包

叶青使用的挎包 解放战争时期，东二支川南武工队员、中共锦归支部书记、夹在两面政权的冷水坑保长叶青使用的皮挎包。皮质，方形，酱油色，长耳，带盖，有锁，高24厘米，宽17.5厘米，厚10厘米。藏于龙川县博物馆。

三、字画

纸质《画花鸟》图轴 总登记号0637，叶绿野水墨画《画花鸟》图轴1幅，纸质，作品现代（1980年），纵：78cm，横：32.3cm，重0.27kg，1980年入馆，作者叶绿野赠——1991年龙川县博物馆藏品（分类账第47页）。

纸质《鹰》图轴 总登记号0642，叶绿野水墨画《松鹤》图轴1幅，纸质，作品现代（1980年），纵：77cm，横：31.5cm，重0.25kg，1980年入馆，作者叶绿野赠——1991年龙川县博物馆藏品（分类账第48页）。

纸质《松鹤》图轴 总登记号0645，叶绿野水墨画《松鹤》图轴1幅，纸质，作品现代（1980年），纵：78.5cm，横：33.5cm，重0.26kg，1980年入馆，作者叶绿野赠——1991年龙川县博物馆藏品（分类账第48页）。

纸质《芭蕉下》图轴 总登记号0657，叶绿野水墨画《芭蕉下》图轴1幅，纸质作品现代（1980年），纵：78.3cm，横：32.4cm，重0.26kg，1982年入馆，作者叶绿野赠——1991年龙川县博物馆藏品（分类账第49页）。

纸质《麻雀》图轴 总登记号0666，叶绿野设色《麻雀》图轴1幅，纸质，作品现代（1980年），纵：93cm，横：33cm，重0.28kg，1985年入馆，作者叶绿野赠——1991年龙川县博物馆藏品（分类账第49页）。

叶绿野水墨画（两幅）

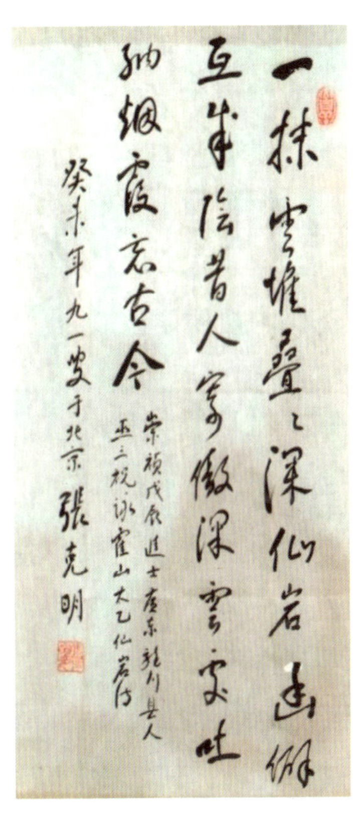

张克明行草书

草书诗《霍山太乙岩》 总登记号0728，张克明行草书霍山太乙岩诗文（未装裱）1幅，纸质，作品现代（2003年），纵：66cm，横：32cm，重6.2g，2003年入馆，作者张克明赠——1991年龙川县博物馆藏品（分类账第54页）。

第二节 不可移动文物

据2007年第三次全国文物普查，经国家和省普查办核定登记入录的通衢文物有74处。其中，红色史迹纪念6处，古民居48座，姓氏宗祠6处，庙堂2处，古井8处，古道1处，古水陂头1处，古窑址2处。

在镇志编修中，经收集、挖掘和整理，通衢不可移动文物古遗迹主要有红色革命史迹、古建民居、姓氏宗祠、书院、庙堂、古城墙、古井、古堤坝、古窑、古墓、碑刻、军事遗迹和驿传。

一、红色革命史迹

红色革命史迹主要有冷水坑启明学校旧址、华宜乡民众抗日自卫协会旧址、中共龙川县临时工作委员会旧址、中共合路口交通联络站旧址、冷水坑苏区烈士纪念碑、崔兰烈士纪念碑。

大革命时期革命活动据点——冷水坑启明学校旧址

冷水坑启明学校旧址位于通衢镇锦归冷水坑村上角山边，建于清代，原为一幢六开的民房，约于1927年以前作为启明学校校址。该校先后开设初级小学一至四年级复式班，1个或2个老师。1933年冷水坑战斗后，于1934年停办，1936年复办至解放后。

1927年，冷水坑农民协会、农民武装赤卫队先后成立，1929年3月，中共冷水坑支部成立，均在启明学校办公、活动。1945至1947年上半年，叶青以教书名义在学校搞地下党的革命活动。1928年，上级党组织派古汉忠、邹高景两同志到冷水坑指导工作；1934年8月，曹进洪带领的红军和游击队20多人；1947年秋，新生队长张其初带领的新生队，均驻在启明学校开展地下党的革命活动。龙川东南部通衢、登云、紫市、鹤市等游击区的杨群、杨茂、黄素、郑朗、黄靖、叶青也经常在启明学校留宿或联系。启明学校，自大革命开始，一直是我党在龙川东南部开展革命活动的重要据点和联络站。学校现在基本保存完好。

华宜乡民众抗日自卫协会旧址

华宜乡民众抗日自卫协会旧址，位于龙川县通衢镇华城村村委会，1938年11月下旬，县临工委在莲塘小学召开“龙川青年保卫家乡座谈会”，田心屯民众几十人在张尉远带领下，参加了会议。会后，在家乡组织抗日救亡团体“新华社”。1939年1月20日，田心屯在华城小学操场（北楼坪）召开“华宜乡民众抗日自卫协会”成立大会，参加大会的有龙川县县长邓鸿芹和龙川各界知名人士及群众共900多人。大会发表了宣言、决议和工作纲领。会后，通过各种会议和活动，宣传抗日，唤起民众，组成抗日民族统一战线。

中共龙川县临时工作委员会旧址

中共龙川县临时工作委员会旧址位于通衢中学，1946年6月30日，东江纵队北撤后，龙川成立“中共龙川县临时工作委员会”，黄素为县临工委书记（兼鹤市中心支部书记），叶春标为组织委员，刘平为宣传委员，机关驻地定为黄素、叶春标两人任教的通衢梅城小学。1947年8月，撤销中共龙川临工委。

1941年，在景韩书院的龙川县第三中学迁往鹤市后，原校舍改办梅城小学。1944年8月—1946年8月，校舍由老隆师范学校借用，后再由梅城小学迁入至1948年春。因此，中共龙川县临时工作委员会机关驻地实为景韩书院（现通衢中学校内）。

中共合路口交通联络站旧址

中共合路口交通联络站旧址位于原通衢华新乡岭西，今老隆镇岭西村合路口。1947年3月，九连山工委根据龙川地形特点建立川中地下交通联络线。其中一条为永和—茅輋—登云—合路口—新径—四甲—河东总部、交通联系总站驻合路口。

冷水坑革命烈士纪念碑

位于锦归冷水坑村中土墩上，纪念碑高约5米、底座2.4米×2.4米，纪念碑平台17米×8.5米，前有12个台阶，碑顶有一颗五角星，纪念碑正面刻有“革命烈士永垂不朽”大字，下镶刻碑文，由通衢镇人民政府立。重修日期为2006年1月1日。

崔兰烈士纪念碑

位于通衢玳峰村，1990年立，坐东南朝西北，纪念碑由二级方柱和一级长梯柱砖砌而成，顶部安放鲜红五角星，梯柱正面灰塑“崔兰烈士永垂不朽”八个楷体字。方柱正面镶刻简介碑文。纪念碑前面，建有三开四柱冲天式牌坊，牌坊正额灰塑有“崔兰烈士纪念碑”七个楷体字。牌坊和纪念碑周围的围墙建成崔兰烈士纪念碑园。

二、名人故居

李荣故居 位于葛藤村下坑二组。建于清代，坐西北朝东南，悬山式，五开间，三进三路，二层，后栋有倚楼，墙基与外墙搪墙，内土砖瓦结构，前面照墙，天池，两边耳房，左耳房（有地下室）斗门，门额书“德馨楼”，建筑面积119平方米。

张克明故居 位于华城村下山排里，建于清代，悬山式，五开间，二进三路，廊柱式石大门，右前屋角有三层阁楼，墙基、阁楼与外墙搪墙，内土砖瓦结构，前有余坪。

叶绿野旧居 位于梅城村才子舍，建于清代，悬山式，五开间，二进三路。于2014年重修，并重嵌匾额，由原广东省委常委、常务副省长钟阳胜题字“叶绿野旧居”。

三、古建筑

1.民居选介

通衢镇现存的古建民居，大多为清代和民国时期的建筑，主要有：儒南村的儒南大王神王氏老屋；葛藤村前进组廖屋、二田组黄屋、孙屋、塘下组陈屋；华新村苏茅田陈屋；华城村荣封第、下东门旺家堂；旺宜村“辉映星聚”陈屋、河背陈屋、上排儒林第、祥胜楼、陈兰九老屋、陈兰九新屋、“圣神光照”屋、下新屋刘屋；寨背村上坪叶氏老屋、程屋叶屋、树头下叶屋；梅城村大夫第、山下叶屋、山下下新屋叶屋、山下黄屋、塘背梅萼第；梅东村石林别墅、白桥黄屋、桃花陈屋、幸福陈屋、花树下围龙屋、陶坑陶屋；双寨村下散黄屋；广福村坝心吴屋、大屋叶屋、走马排刘屋；旺茂村茂北赖屋、茂西徐屋；锦归村井下叶屋；高湖村楼下叶屋；锦太村水口吴屋、寨里吴屋；太楼村老屋里李屋、赤岭李屋、石来口李屋；玳峰村田心何屋、勤丰曾屋；玳瑁村上坝曾屋。

大王神王氏老屋 位于儒南大王神，建于清代，坐西朝东，悬山式，五开间，三进三路，一围龙，面宽33.5米，进深38.5米，建筑面积1289.75平方米。墙基与外墙搪墙，内土砖瓦结构，青砖地面。录入龙川县博物馆“文物录·古建筑”。

苏茅田陈屋 位于华新苏茅田，建于清代，坐南朝北，悬山式，三开间，三进三路，面宽28米，进深27.5米，建筑面积770平方米。墙基与外墙搪墙，内土砖瓦结构，青砖地面。录入龙川县博物馆“文物录·古建筑”。

华城荣封第 位于华城红旗组，建于清代，坐西北朝东南，悬山式，三开间，三进三路，面宽27.2米，进深25.5米，建筑面积693.6平方米。墙基与外墙搪墙，内土砖瓦结构，灰沙地面。录入龙川县博物馆“文物录·古建筑”。

华城朝议第 位于华城村东兴自然村，建于清代，悬山式，五开间，三进三路，前面围墙、斗门、大天池，左右耳房，墙基、外墙搪墙，内土砖瓦结构，门廊、一、二进梁柱结构，有屏风，建筑面积约1800平方米。

上排儒林第 位于旺宜村上排，建于清代，坐南朝北，悬山式，五开间，三进三路，面宽36.5米，进深27.5米，建筑面积1003.75平方米。墙基与外墙搪墙，内土砖瓦结构，三进厅及天井青砖地面，过道灰沙地面。录入龙川县博物馆“文物录·古建筑”。

寨背上坪叶氏老屋 位于寨背村上坪，建于清代，坐西朝东，悬山式，五开间，三进三路，面宽31米，进深25米，建筑面积775平方米。左、右后屋角各有二层阁楼，墙基与外墙搪墙，内土砖瓦结构，回廊、过道、天井灰沙地面。录入龙川县博物馆“文物录·古建筑”。

下新屋叶屋 位于梅城村山下组，建于清代，坐西南朝东北，悬山式，五开间，三进三路，面宽35米，进深30米，建筑面积1015平方米。石砌墙基，土砖瓦结构。凹肚式大门，前有三阶踏跺，中厅二楹，前檐左右半屏有双龙戏珠裙板、雕花隔心、涤环板、隔扇，金柱间四扇屏风，屏额有“俭德堂”阴刻木牌匾，正堂墙中心有神台，下面有香炉。屋前有余坪、半月池塘。录入龙川县博物馆“文物史迹·府第民宅”。

花树下围龙屋 位于梅东村华树下，建于清光绪年间，悬山式，三开间，三进四路，一围龙。墙基与外墙搪墙，内土砖瓦结构，前面有天池、照墙、耳房、斗门、池塘。

石林别墅 位于梅东村梅东桥头，建于清代，坐西南朝东北，叶友龙创建，悬山式，五开间，三进三路二层，面宽37.3米，进深32米，建筑面积1193.6平方米。墙基与外墙搪墙，内土砖瓦结构，灰沙地面。廊柱式麻石大门，门枕有两座雕花箱形门墩，门楣上一对方形门簪，木大门页，廊檐有两座方形柱础，承载两条镌角方柱，门廊柁墩式抬梁结构，梁端两条雕花狮子柁墩，梁柱雕饰飞鸟神兽。中厅前檐，两条石檐柱，前檐左右半屏有裙板、雕花隔心、涤环板、隔扇，后厅有圆木楹柱，屏风，屏风额有阳刻“友爱堂”木牌匾。整座主体着漆绘色，雕梁画栋，檐墙画带绘画神兽飞鸟、祥云蔓带壁画。左、右后屋角各有一个四层阁楼。前面有余坪，池塘和古井。录入龙川县博物馆“文物史迹·府第民宅”。

下散黄屋 位于双寨村散屋，建于清代，坐南朝北，悬山式，五开间，三进三路，面宽36米，进深29米，建筑面积1044平方米。墙基与外墙搪墙，内土砖瓦结构。厅青砖铺地，回廊、过道、侧厅、天井灰沙地面。录入龙川县博物馆“文物录·古建筑”。

大屋叶屋 位于广福村大屋，建于清代，坐西南朝东北，悬山式，五开间，三进五路，面宽52.4米，进深29米，建筑面积1519.6平方米。墙基与外墙搪墙，内土砖瓦结构。厅、房方砖铺地，回廊、过道、天井灰沙地面。录入龙川县博物馆“文物录·古建筑”。

井下叶屋 位于锦归村井下自然村，建于民国十年（1921年）。坐南朝北，悬山式，五开间，三进三路，面宽37米，进深29米，建筑面积1073平方米。墙基与外墙搪墙，内土砖瓦结构，前面有余坪、照墙、半月池塘，左、右后屋角，各有一个三层阁楼。廊柱式大门，前有三阶踏跺，门廊两根石楹柱，一对麻石门枕有雕花箱形门墩，麻石大门额有两个门簪。仪厅有二石楹柱、屏风、隔扇，高门槛。中厅二楹，前左右半屏有“囍”裙板、雕花隔心、涤环板、隔扇，金柱间四扇屏风，高门槛。正堂墙中心有神台，下面有香炉。门廊和中厅梁架结构，梁、柱、柁墩、雀替等雕刻精致，主体内檐墙画带图案寓意深远，色泽鲜艳，整座房屋规模宏大，雕梁画栋，具有鲜明的客家特色方形围屋建筑。

楼下叶屋 位于高湖村楼下组，建于清代，悬山式，五开间，二进五路，墙基与外墙搪墙，内土砖瓦结构，建筑面积900多平方米。右后屋角有阁楼，前有门坪、池塘，一进屏风前额有“光前”，背面有“裕后”牌匾。

吴屋 位于锦太村连塘组，建于清代，坐南朝北，悬山式，三开间，二进四路，面宽37.6米，进深17米，建筑面积639.2平方米。墙基与外墙搪墙，内土砖瓦结构，前右屋角有三层阁楼，左横屋侧有一圆形古井，井深约6米，前面有天池、照墙，两边耳房，右耳房有石拱斗门，一对麻石门枕有雕花箱形门墩，麻石大门额有两个八卦门簪，建筑面积639.2平方米。录入龙川县博物馆“文物史迹·府第民宅”。

老屋里李屋 位于太楼村上村，建于清代，坐东北朝西南，悬山式，五开间，二进四路，面宽35.7米，进深22米，建筑面积785.4平方米。墙基与外墙搪墙，内土砖瓦结构，上厅青砖铺地，天井、回廊、过道灰沙地面。录入龙川县博物馆“文物录·古建筑”。

田心何屋 位于玳峰村南山村田心组，建于清代，坐南朝北，悬山式，三开间，二进三路，一围龙，面宽34.2米，进深32米，左、右后屋角各有一个三层阁楼。墙基与外墙揞墙，内土砖瓦结构，灰沙地面。建筑面积1094.4平方米。录入龙川县博物馆“文物录·古建筑”。

上坝曾屋 位于玳瑁村红星组，建于清代，坐东朝西，悬山式，五开间，三进三路，一围龙，面宽33米，进深41米，建筑面积1353平方米。墙基与外墙揞墙，内土砖瓦结构。正厅青砖铺地，天井鹅卵石铺地，回廊、过道灰沙地面。录入龙川县博物馆“文物录·古建筑”。

2.姓氏宗祠选介

通衢域内姓氏普遍建有宗祠或祖祠，大多建于清代。儒南村有王氏宗祠、陈氏宗祠、张氏宗祠；葛藤村有廖氏宗祠、李氏宗祠；华新村有廖氏宗祠；华城村有陈氏宗祠、张氏（秀公）宗祠、张氏（源善）宗祠、马氏宗祠、李氏宗祠、周氏宗祠、余氏宗祠；旺宜村有陈氏宗祠；广福村有吴氏公祠；梅城村有张氏祖祠；梅东有桃花村陈氏宗祠；旺茂村有竹巷老围景公祠；锦归村有梧峯围叶氏总祠、叶氏宗祠、张氏宗祠；高湖村有叶氏露公宗祠、叶氏茂振公宗祠、叶氏宗祠；锦太村有成田吴氏文阁宗祠，仙塘尾吴氏宗祠、叶氏祠堂、何氏祠堂、黄姓祠堂；玳峰村有何氏宗祠、曾氏宗祠、崔氏宗祠。

陈氏宗祠 位于华城村屯城内，建于明洪武七年（1374年），清乾隆戊辰（1748年）、2009年先后重修。坐北朝南，悬山式，五开间，三进，面宽18米，进深25米，建筑面积450平方米，灰沙墙基，土砖瓦结构。石大门，额镶阳刻“陈氏宗祠”石牌匾，匾上刊“乾隆戊辰通祖重修”，下刊“海阳宗举公宋绍兴丙寅恩科二甲进士盐官陈奉郎二十一世裔孙群庠公化敬书”。录入龙川县博物馆“文物史迹·祠堂”。

旺宜陈氏宗祠 位于旺宜村，建于清代，坐西朝东，三进，进深25米，剩主体，土砖瓦结构，占地面积655平方米。2005年重修。录入龙川县博物馆“文物录·古建筑”。

花树头陈氏宗祠 位于梅东村花树头，建于清代，悬山式，进深35.5米，五开间，三进三路一围龙，土砖瓦结构，占地面积1192.8平方米。录入龙川县博物馆“文物录·古建筑”。

梧峯围叶氏宗祠 位于锦归村梧峯围，建于清道光二十年（1840年），坐西朝东，悬山式，今保存主体三进，进深27米，土砖瓦结构，占地面积270平方米。2013年重修。

高湖叶氏宗祠 位于高湖村湖洋背，建于清代，1996年重修。坐西朝东，悬山式，三开间，三进，面宽18米，进深25米，建筑面积450平方米。灰沙墙基，土砖瓦结构。

刘氏景公祠 位于旺茂村竹巷老围，建于清代，悬山式，坐东朝西，今保存主体三进，进深25米，土砖瓦结构，占地面积250平方米。2003年重修。录入龙川县博物馆“文物录·古建筑”。

3.书院

云衢社学 位于通衢驿右，明洪武八年（1375年）创办的民间社学（每15户设一间）。明正统元年（1436年），云衢社学为县社学。

景韩书院 位于通衢墟今通衢中学校园内，其前身为云衢社学。清咸丰十一年（1861年）前，邑贡生叶及时、张子筠、罗时敬等筹募资金，在通衢城西北角原云衢社学文昌阁兴建书院，取名景韩书院，有对唐代思想家、文学家韩愈道德和文章“高山仰止，景行行止”之意。景韩书院为石砌瓦面二进结构，石大门，书院之中为讲堂，奉祀韩文公（韩愈），左右庑房二间，东壁西园两庑舍前厅祭文昌和魁星，中间院落。清同治三年（1864年）学使何廷谦为大门额石牌匾书“景韩书院”。

书院建成后，人文之风蔚起。清同治九年（1870年），时任广东学政的何廷谦题有一长联：“此乡为闽峤通衢，前朝战垒犹存，宜以诗书回犷俗；其地有昌黎遗庙，多士讲堂新立，固应山斗奉名贤。”景韩书院既是藏书讲学之处，也是祭祀先贤场所，设山长总领院务，主持讲学，每年聘请儒师讲课，主要针对科举考课，讲习儒家经籍、《八股文》。近代爱国志士、诗人丘逢甲曾来书院讲学。

光绪三十一年（1905年），景韩书院改办为明新高等小学堂（县立第二高等小学）。之后，景韩书院先后易名“县立二中”“县立师范”“县立一中分校”“县立三中”。1956年9月，定名为“龙川县通衢中学”，现建成8000平方米的校舍。

4.庙堂选介

通衢庙堂普遍建在明清时期。儒教有通衢城文昌阁、田心屯文昌阁、田心屯魁星楼。道教主要有田心屯关帝庙、文昌庙、龙母庙、华光庙、七圣坛、五谷岭头五谷阿公、南门五谷阿公、排尾五谷阿公、桃板坑口五谷阿公、朱家坝五谷阿公、排尾社令真官、东方岭社令真官、仙子岭东社令真官、麦坳社令真官、福德祠、关帝庙右侧伯公、桃板坑关爷阿公、蛇头咀牛形阿公、石下石古大王阿公、坳尾桥顶阿公、葛藤坪仙子岭仙女庙、儒南大王神仙女庙、通衢城关帝庙、三公祠、方公祠、锦归村新桥墟庙、坳子墟庙、佛子坳庙、玳瑁石榴花石古大王庙、共和庙、关胜庙。佛教有田心屯松风禅寺（院）、高圳庵、兴隆庵、峨云庵、万缘庵、朱家坝斋堂、玳峰南岳庵。基督教有旺宜天主堂、通衢基督教堂、华城福音堂、锦归天主堂、太楼天主堂。

梅城关帝庙 位于通衢古城南门内正街，信奉道教。清康熙己未年（1679年），通衢司赵同芳倡建。硬山顶，三开间，二进，砖瓦结构。大门前两侧各有一匹枣红骏马，一进过殿左侧安放有刘备，关羽，张飞三尊铜像，右侧为寺庙管理人员住房。二进正殿正墙前有长7米，宽2米，高1.5米的漆木神龛，并有饰金带银的绫罗绸缎，以挂仙帐的形式装扮着神龛，里面安放着坐在仙椅上的观音娘娘，正殿两侧安放有周瑜，赵子龙，孙权，曹操等人的铜像。《龙川县志》（嘉庆版）记载："清康熙已未年，通衢司赵同芳倡修南门内正街关帝庙。"关帝庙修成后，一直是当地宗教活动的一个重要场所。人们信关公，将他尊成忠义诚信的楷模、财神和保护神，能给人们带来财运和平安吉祥。人们认为每年的农历六月廿四是关公的诞辰，不少信众烧香敬拜。

石古大王庙（石榴花庙） 位于玳瑁石榴花，信奉道教，始建年代无考，坐西北朝东南，供奉石古大王阿公，1966年"破四旧"时拆毁。1987年重建，三开间一进大殿，二重檐竭山式，琉璃瓦面，建筑面积约300平方米。录入龙川县博物馆"文物录·古建筑"。

田心屯松风禅院（原松风庵） 位于通衢镇华城村松山口，明崇祯年间建，僧超群重修。2014年8月甲午岁重建，主殿竭山顶二重檐，七开三进，二三进五开为大殿，前为院落、仪殿，左右为耳房，院落左端为松风禅院三开三竭山顶牌楼。

5.古井选介

通衢古井普遍自明清时期建造，主要有葛藤村联新组麻石方井、桃花古井；华城村大夫第古井、南门口方井、下东门方井；梅城村山下下新屋麻石方井、山下圆形古井；梅东村花树下方井（现仍保存完好，能正常使用）。录入龙川县博物馆"文物录·古建筑"。

联新麻石方井 位于葛藤村联新组，建于清代麻石方井，井唇用四条边长1.0米，厚0.3米的麻石条围成方形井，井壁用青砖砌成，井深2米，井盘用灰沙铺成，井盘两边和后边有矮围墙，保存完好，仍在使用。

大夫第古井 位于华城村树墩大夫第，圆形古井，于路面1.5米之下，建于清代，据传张三星建造，2009年重修。古井圆形，口径1.1米，深约4米，水深3.8米。井底用青瓦，井身用青砖，井唇用预制成的六块麻石围砌成，井盘用麻石块砌成葵花状，井北边安有井神位。井体依然保存完好，水量充足，清冽甘甜，村民依旧饮用。录入龙川县博物馆"文物史迹·井泉"。

东门口方井 位于华城村下东门自然村。建于清代，井平面呈方形。井口用四块长条麻石围成。井壁皆用青砖砌成。井内径1.1米，水深约7.3米，井深约8米。井坪宽3.2米，照墙高0.20米，北面有砖砌台阶和村道。该井已有150余年的历史，水质清冽甘甜，保存完好，仍在使用。

下东门方井 位于华城村下东门组，建于清代，井唇用四条边长1.2米，厚0.3米的麻石条围成方形井，井壁用青砖砌成，井深10米，井盘用灰沙铺成，井盘两边和后边有1米围墙。现该井已填埋。录入龙川县博物馆“文物史·迹井泉”。

南门口古井 位于华城村南门口自然村。掘于清代，井口用麻石凿成圆形井圈，高出地面0.25米，外批水泥面。井壁皆用青砖砌成。井口径1.45米，水深3.3米，井深3.5米。井坪宽2米。井的南墙立有“陈六世谱公井泉神位”。此井已有150多年的历史，水质清澈甘甜，水源充足，今该井仍在使用。

山下古井 位于梅城村山下自然村。掘建于清代，井沿用四块弧形麻石凿成圆形井圈，井壁青砖砌成，井口高出地面0.05米，厚0.08米。直径1米，井深5米，水深约4米。井坪铺水泥灰沙。此井已有150多年的历史，水质清澈甘甜，水源充足，该井保存完好，现仍在使用。

桃花新井 位于梅东村桃花自然村。建于清代，井均为砖石构筑，井口由四块弧形麻石构成，井壁全系青砖砌成。井径1.1米，水面以上1.1米，井深约6米，井坪灰沙地面。此井已有200多年的历史，水质清冽甘甜，保存完好，现该井仍在使用。

葛藤村联新方形古井

华城村树墩大夫第圆形古井

华城村东门口方井

华城村南门口古井

梅城村山下古井

梅东村桃花新井

四、古树

通衢城古榕 位于今通衢墟东门（原通衢巡检司左侧），属于细叶榕，约植于唐代，宋朝通衢设立宁仁都治所设在榕树右侧。树干离地面3米处，分生出四条粗大枝干，向上延伸，形成庞大的树冠，树围12米，高31米，覆盖面积502平方米。

相传明洪武十年（1377年），首任通衢巡检司巡检邹元标曾与一些谋士在门口树下坐聊，打趣地问谋士崔嵬："我想告这棵榕树的状，你说告它什么罪？"崔答："此榕有三罪，头霸地，尾霸天，鸟雀唧唧闹公堂。"可见明初该榕树已经独霸一方。

清乾隆年间，该榕树曾被雷雨大风刮倒，后被扶植。2018年被录入广东省古树名木信息管理系统。2020年8月8日凌晨0点20分，古榕树突然倾倒，多支主干折断，只幸存一大枝干，随后由市林业局对古树进行抢救复壮。

田心屯城古榕 位于田心屯西门坪，属细叶榕，明洪武初年种植，树围6.5米，覆盖面积531平方米。

锦归古榕 位于锦归村松树墩，有300多年树龄，枝繁叶茂，树围8米，覆盖面积908平方米。

五、名胜

玳瑁山 又称"大嵋山"，位于旺茂村东面，锦归村、玳峰村、玳瑁村北面，海拔956.9米，相传此山中有黑石斑点似玳瑁，半山有岩，岩有仙女像，山顶亦有庙，乡人常祈祷。

仙子嶂 位于儒南村西南面，海拔904米，因峰顶有一类似于棺材的大石，传说是仙人居住的，故名"仙子嶂"。

滴水潭瀑布 位于锦归村洞木坑，源于玳瑁山西北处深山汇成的山坑水，流至坑口时，向30米深的峭壁倾泻，形成一张平滑的水帘，又似天女散花，哗哗的溅水声和水珠落潭的咚咚声清脆悦耳，经久不息。水潭面积约50平方米，水深1.7米，清澈见底，东、西、北三面是数十米的峭壁，南面恰似预留的平台，潭水从西南方向流走。

六、匾额碑刻

1.牌匾

“进士”匾 清嘉庆十九年（1814年），甲戌科田心屯张英洪考取进士。

“贡元”匾

清乾隆二十年（1755年），田心屯江瑞灏考取贡元。

清宣统元年（1911年），己酉科田心屯陈润初（又名陈廷章）考取贡元。

“景韩书院”匾 清咸丰十一年（1861年）前在通衢城西北创建“景韩书院”，书院额立“景韩书院”木牌匾，1998年戊寅岁仲春重立。

“朝议第”匾 田心屯蓝屋朝议第木牌匾。

“孝恩不匮”匾 清康熙年间，龙川知县王瑛赐田心屯陈福平旌匾“孝恩不匮”木牌匾。

“陈氏宗祠”匾 田心屯城陈氏宗祠灰雕匾。

“荣封第”匾 田心屯荣封第灰雕匾。

“敦裕堂”匾 华城敦裕堂灰雕匾。

“司馬第”匾 华城司马第屋阳刻石匾。

“大夫第”匾 梅城（现通衢街）张氏宗祠牌匾。

“亚魁”匾 梅城（现通衢街）张氏宗祠牌匾。

2.碑刻

廻玳桥碑记

龙川知县 胡琫

通衢之东，蓝关之西，有石桥一道。约长三十丈余，因公谐嘉应往来经其地。问诸从者？此桥新磊，所费不赀，翳何桥也？佥曰：此地向无石桥、或渡、或杠，不数年而一易，今虽有桥，并无碑文亦不知为何名？惟相呼为张家桥，云尔。余即停骖道左，观其大势，见上游一带皆山，最高者，名曰：玳瑁，高可五百余仞，田心屯、黄庙屯在其下，周围田亩不下数千百；中有水道，名为大河深浅不等，阔为桥数。忆余往返之时，犹秋晴未雨之时也，水尚潺潺不竭，苦遇春夏之交，阴雨连旬，四山水发，环聚于斯，更不知若何湍激？若何泛滥？匏叶之诗，未可歌也。窃叹！路当闽广之冲，轮蹄释不绝于道，懋迁担负，日计千百余人，若无此桥，虽有渡，不能随到随济，一遇风雨交加，前无去路，后无遮避之所，艰莫甚焉！而陷溺之虞，亦所不免。今得斯桥，诚仁人之用心也。既归，复询此桥谁为倡首？左右曰：无他助，张君碧山一人独创也。其先伊父榕斋造渡舟一，木桥一。继而伊兄理亭，改造高大木桥。行人虽便之，而年深月久，新旧屡更，朽虫不无可虑。碧山曰：通衢一路，吾祖建茶亭，吾父修之，吾父造渡桥，吾兄修之，吾兄虽故，吾何敢不自任而忍听先人之所乐为者而自吾忘之也。于是，鸠工凿石筑墩十又二座，架石梁十又三渡。其往来行人免厉揭其艰，获平坦之履。碧山诚好义也哉。闻其功时，赈饥散粟，竭仓廪，转称贷，屡为大宪所褒嘉。今又筑斯桥，费五六千金不吝，则其平日好善不倦可知也；安得邑之有泽有川，诸所一一如是焉，则周官条狼氏所掌，与司险所职，俱可不俟矣。愧余官斯士，乘舆未舍，而成梁除道之政，未及次第一行，而碧山独任之，余不能不为碧山赋弗替之诗也。因书其事，使泐诸石，以志不朽，并知途人，所呼为张家桥者即廻玳桥也。

“景韩书院旧址”碑刻

景韩书院旧址 清咸丰十一年（1861年）前，为景仰唐代韩愈的道德、文章，由邑贡叶及时、张子筠、罗时敬等募集资金在通衢把文昌阁改建为“景韩书院”。

通衢中学

一九九八年仲春立

第三章 遗 迹

第一节 驿传遗迹

驿传，唐代指驿道、驿站。后随着各朝在古驿道上设定机构、站点的增加，又将驿道上的所有设定机构、站点称作驿传系统，即指古驿道、驿站、驿铺、驿亭、驿邮等。

古驿道为中国古代陆地交通主通道，同时也是重要的军事设施之一，历代由朝廷兵部直接管辖。秦汉时期“旧路”（即古道），乡村大约每十里设一亭（也有五里一亭，十里一长亭），亭有亭长，负责给驿传信使提供馆舍、给养等服务。按唐代馆驿制度，三十里置一驿（设一驿站）。北宋时期，龙川古驿道沿线有官桥铺、县前铺、驿管（驿邮）、涧步铺，赤岭铺（老隆）、乾坑铺（官坑）、合路口铺（岭西）、通衢铺。清雍正十一年（1733年），龙川添设目兵（铺兵）驻防，通衢铺派有铺兵。馆驿是指驿站中或附近的馆所设置，主要用于传递官府文书、军事情报，负责来往官员中途食宿、换马和军用粮草物资的补充。清代驿站，有文报传递、官员接待、物资运输三项功能。

一、通衢驿

北宋时期，通衢始置驿站，为广东东线古驿道在龙川段通衢设立的驿站，由朝廷直差驿丞执掌和管理，负责使客迎送、驿需供应等。明洪武九年（1376年）改设通衢马驿，驿署由典史黄九成创建于古榕西，驿署内有驿站官员办公、接待、居住的厅房，以及客官住房、后勤厨堂、马厩等。明永乐十年（1412年）由驿丞黄海山维修。明成化十年（1474年）由知县秦宣重建。隆庆元年（1567年）由兵巡按察使张子弘重修，明万历二十五年（1597年）又重修一次。

通衢驿丞有：黄海山，明永乐十年（1412年）任；欧阳泰，明天顺七年（1463年）任；邱道，明成化十九年（1483年）任；梁孔林，明正德六年（1511年）任；黄讓，明正德年间任；吴明，明正德年间任；李中，正德九年（1514年）任；林汝材，明嘉靖二年（1523年）任；婁元忍，明嘉靖四十四年（1565年）任；包福，明隆庆二年（1568年）任；王伯和，明嘉庆五年（1571年）任；雷滨，明万历元年（1573年）任；蔡道森，明万历三年（1575年）任。

二、古驿道

通衢古驿道，原为龙川城（佗城）经通衢前往潮州的旧路。自唐武德五年（622年）广东开通东线古驿道后，该路段成为通衢古驿道，自乾坑（官坑）经下板桥、火夹劳、三十六碫、屙屎坑茶亭、新径、合路口、通衢驿站、廻玳桥，至蓝关关隘，路宽1.5米，路面多为鹅卵石铺成，全长约15千米，现仍存有小部分（如石径），其余大部分已改为水泥路面的国道、乡道。

三、驿铺

通衢驿铺，北宋时期设立，位于通衢巡检司署西，设在驿站内，内设驿邮、使客休息、食宿房舍场馆，外有马厩。

四、古道、茶亭选介

古道主要有石径古道（俗称“下径”）、新径古道。茶亭有当风坳茶亭、石径茶亭、屙屎坑茶亭、新径茶亭、合路口茶亭、通衢城爱梅亭、玳瑁分水坳亭、锦归径丫头亭。

石径古道 位于通衢镇葛藤村境内，其线路为“当风坳—石径—石桥—三十六碫—屙屎坑茶亭—径头”，当地人习惯称该古道为“下径”，由北至南，宽0.6米~1.5米，全长约3千米，大多数路面铺鹅卵小石或石块，是通衢境内古驿道的第一段。

新径古道 位于通衢镇华新村境内，其线路为“径头—新径—合路口”，除首段被上板桥水库淹浸外，大部分路段已被整改并铺筑成水泥村道公路。

当风坳茶亭（喜息亭） 位于通衢镇葛藤村境内古驿道“当风坳”（又称“火夹笏”），砖瓦结构，穿心亭，正面大躺窗，是石径古驿道上的第一个古茶亭。建于清康熙四十六年（1687年），由邑人张成吉父子等沿袭捐助煮茶费（直至嘉庆二十五年）集资建成。茶亭后壁有一棵大榕树。21世纪初因修筑公路，该茶亭被拆迁。

石径茶亭 位于通衢镇葛藤村境内石径古道前段，建于清代，砖瓦结构，穿心亭，正面大躺窗。1953年被拆迁。

屙屎坑茶亭 位于通衢镇葛藤村境内古驿道石径段三十六碫南端，建筑年代不详，砖瓦结构，穿心亭，正面大躺窗。2010年因修筑公路，该茶亭被拆除。

石径茶亭

屙屎坑茶亭

合路口茶亭 位于龙川古驿道通衢段合路口与新径交界处，明清时期建，嘉庆二十三年（1818年）增设兵卡。已毁。

爱梅亭 位于通衢驿左侧、原通衢戏院旁，明正德九年（1514年）工部主事李中贬为广东通衢驿丞时辟。已毁。

径丫头亭 位于通衢锦归村径丫头，建于清康熙十八年（1679年）。保存完好。

分水坳亭 位于通衢玳瑁村东北部，建于清朝年间。已遗弃。

五、桥渡

廻玳桥 廻玳桥（又称三星桥），在通衢城东北大河头、蓝关之西。先由邑绅张鸿才捐资建造木渡桥，其子张居达偕侄继父祖志，将该木渡桥改建为石桥。该石桥有石梁10条，桥墩2个，桥面阔七尺余，长约三十二丈，历四载建成。清嘉庆二十二年（1817年），龙川知县胡瑃为该桥撰碑刻。该桥现保存有河西岸梅东村段的一处残桥墩和凉亭的一面墙。

大河水渡 位于通衢城东七里，清康熙二十六年（1687年）由郡痒遴卷田租14石，义学前互店（一间二进）税银2.5两，以膳渡夫。知县潘好让作记。已废。

大板桥 大板桥位于通衢城东二里，建于清代。已废。

第二节 古建筑遗迹

一、故城遗迹

1.通衢故城

唐朝时期开通的广东东线官驿途经通衢，逐渐形成了通衢街道。北宋时期，通衢设驿站。明洪武九年（1376年），通衢置巡检司。

明弘治十七年（1504年），通衢巡检司署、通衢驿站筑土坯。明嘉靖四十四年（1565年），为了强化治安管理，在原通衢驿砖城基础上，由官方主导和出资，民间募捐和劳作，扩建通衢城砖城，历时一年多竣工。据《龙川县志城池》（嘉庆版卷十）载："通衢城因寇乱，明嘉靖四十四年（1565年）八月，乡官张大纲、生员刘邗羡等具呈本道方逢时申详抚按始建。周围四百零八丈六尺，高二丈一尺五寸，东西门城楼二座，南北三小水门各小楼，共用银二千零八十二两，……，嘉靖四十五年告成。"经后来实地调查考证，当时建城所需青砖主要从古城东门口东关段农田取材烧制，东门城楼位于今通衢镇人民政府所在地，南门位于今云鹤路街道桥头，西门城楼位于今通衢石街尾，北顶小门位于今通衢中学北顶操场入口，北侧门位于今龙川县第三人民医院后门与尹氏祖屋背后之间。南门引鹤市河水筑成护城河。故城街道由鹅卵石铺成，故称为"石街"。

当地百姓为纪念建城及御寇有功之人，在通衢城修筑了一些庙宇。其中在通衢城东

通衢古城图、通衢巡检司图（选自《龙川县志》）

修建“方公祠”，祭祀歼寇守城的明威副使方建时；在通衢西门外修建“三公祠”，祭祀守城御寇被害的千户长黄公及倡修城楼的林公、赵公，“三公祠”民间流传至今的叫“黄公庙”，其遗址后被上街尾谢氏拆建为民宅；在通衢城古榕树东北侧修建“百灵祠”（该址现为尹氏民宅），作为收养孤寡老人、流浪人员的行善场所。

明正德九年（1514年），刑部主事李中谪为通衢驿丞，见驿东多梅树，遂建“爱梅亭”（后改称“官梅阁”），在亭中接待文人墨客，吟诗作对，留下不少著名诗词。一时“爱梅亭”高朋满座，文风鼎盛。曾在通衢古城驻留过的名宦有唐代大文学家和政治家韩愈、南宋右相李刚、南宋宝谟阁学士杨万里、明代南京副都御史李中、民国中央参议员丘逢甲等。后人慕其风雅，又将通衢城称为梅城。通衢街道所在的梅城村也因此而得名。

抗日战争时期，为方便百姓躲避日寇飞机轰炸时疏散，拆毁通衢城旧城垣，墙砖作学校、民居建设之用，古城遂没，“爱梅亭”（即“官梅阁”）遗迹亦不存。至今，通衢故城仍保存有西门和直街，张氏祖屋（祠堂），以及原有的关帝庙、三公祠（黄公庙）、百灵祠等遗迹。

2.田心屯故城

宋元时期，田心屯为宁仁都田心图。明洪武二十三年（1390年），宁仁都田心图改设为田心军屯。军屯内设置际留仓、卫所，由千户所派兵驻防统管。

明弘治十七年（1504年），田心屯筑土城，城墙周长二百六十五丈，高一丈二尺，厚五尺，设立城门四座及门楼，即东门、下东门、南门、西门，北边无门而筑有楼。屯城内有民居楼房和一大地坪。明正德十一年（1516年），由田心屯各姓捐赠砖筑城墙，其中马行捐砖筑成一半城墙，陈安六、七世孙捐砖筑城墙37丈，张秀八五世孙捐砖2200块筑城墙12丈7尺，江浩、江溢捐砖筑城墙11丈，李茂捐砖筑城墙3丈，曾秉达捐砖筑城墙7尺。

民国二十九年（1930年），因建华城小学校舍，拆毁大部分城墙，保留部分地段古城墙。保存的城墙高3米，长160米，城砖（火砖）长0.33米、宽0.16米、高0.08米。西门至正南门仍保有护城河160米，宽2.8米、深1.2米。此外，还保存多座古石桥，其中，西门石桥有3条麻石板铺成，每条长4.00米，宽0.35米，厚0.25米。

现在，田心屯故城保存下来的有：①两条主街道，即从东至西的石街路、从关帝庙至南门的直街；②十字街、钟楼、大井头，水涵口，及城墙内通道；③东门的观音池塘、石古池塘，南门的古井，西门坪及古榕树。

二、古塔——华城塔（通屯塔）

华城原本为田心，明洪武二十三年（1390年）设立军屯后称田心屯。明弘治十七年（1504年）田心屯筑土城。明正德十一年（1516年）筑砖城，田心屯建城墙后又称华城。华城塔位于田心屯红崩岗，华城塔最早应建于明弘治年间，故称华城塔（现已消失）。

清乾隆壬午版《龙川县志》记载了清乾隆丁卯科（1747年）举人徐植善《华城塔》诗，诗云："胜概资开辟，嵯峨仙掌擎。倚天红散彩，拔地萏浮茎。霍岭辉堪挹，鳌峰翠若迎。几层苍的烁，一水泻琮峥。捧日红云近，凌霄碧汉青。共瞻文射斗，应识兆题名。香蔼微山拥，光芒玳瑁呈。登攀频极目，景色丽华城。"清嘉庆版《龙川县志》记载："建于清乾隆二十一年（1756），通屯建塔，内祀文昌。"

三、古、近代窑遗址

寨背缸瓦窑 寨背村缸瓦窑，建于清代，主要烧制缸、審、钵、瓦，窑体长30多米，宽1.8米，高1.2米；另一种窑长20米左右，宽1.5～1.8米，高1.2米。已废。

旺宜缸瓦窑 20世纪60年代初，在旺宜高排老屋兴建缸瓦厂，卧式窑，长约30米，主要生产大小缸、罐、審、钵生活用品和沟瓦、涵筒等各种用品。20世纪80年代末停产。

石榴花石灰窑 位于玳瑁村石榴花，建于民国初期。砖砌窑，有三种石灰窑：一是畚箕型，窑高1.7米，进深2米，宽1米；二是甑型，高8米，内径3.5米，窑底用8条（径6厘米）铁条作窑栅，栅宽1.5米，离地2米；三是连续窑，高18米，内径4.7米，口径3米，窑底用8～10条（径6厘米）铁条作窑栅。

梧峯围石灰窑 位于锦归梧峯寨顶围，建于1950年。石砌石灰窑，窑内径2米，高约7米，窑门高1.7米，宽1米，占地面积约200平方米。

四、古堤坝

通衢的古堤坝指截河拦水的水陂堤坝。主要有蛇头嘴水陂、苏茅田水陂、响水陂、曲龙水陂、王家水陂等。

苏茅田水陂

蛇头嘴水陂 位于儒南村蛇头嘴，明嘉靖至隆庆年间由田心屯乡绅陈兰捐资修筑，灌田数百余亩。清乾隆五十二年（1787年），田心屯乡绅张居达捐资挖深、加固蛇头嘴至葛藤村苦连坪的引水渠。龙川知县丁兆凯立碑。

苏茅田水陂 位于华新村苏茅田，建于明嘉靖至隆庆年间。1976年重修，重修的水陂长10米、高5米，开三闸，由原来的木石灰沙结构，改为钢筋混凝土结构，引水渠1千米，可灌溉农田500公顷，具灌溉防涝功能。录入龙川县博物馆“文物史迹·堤坝”。

第三节 军事遗迹

一、通衢巡检司署

巡检司始于宋朝，是朝廷掌管地方治安的机构。明朝后渐增置于各州县关隘要冲之处，清朝沿置。唐朝武德五年（622年），开通广东东线官驿，途经通衢。该驿道为闽粤古驿道，是兴梅地区连接珠三角地区的主要道路，通衢也成为闽粤古驿道上的重镇，曾设置巡检司等重要机构。

明朝洪武九年（1376年），设立通衢巡检司。巡检司署位于通衢驿署左侧，设置有官员办公、居住、处置厅房，后勤厨堂等，永乐三年（1405年）、成化十年（1474年）分别重修，嘉靖年间迁老隆，隆庆二年（1568年）复迁通衢巡检司署旧址。清康熙二十五年（1686年）巡检车禺声建造堂左厅，乾隆十四年（1749年）巡检高瞻捐题重修头门大堂二堂及东西回廊，乾隆二十六年（1761年）巡检于潮拔将各约仓费用于头门内建仓六间（分储各约社谷）。

通衢巡检司设有巡检、副巡检官职。通衢巡检司历任巡检有：邹元标,洪武九年（1376年）任；朱海山，明永乐年间任；黄学，明成化年间；吴琪，明天顺三年（1459年）任；魏同美，明成化十九年（1483年）任；林孟瑞，明嘉靖四年（1525年）任；罗世斌，明嘉靖十三年（1534年）任；陈希周，明嘉靖四十年（1561年）任；龚潘，明隆庆元年（1567年）任；马元德，明隆庆四年（1570年）任；单明渭，明万历元年（1573年）任；林如宾，明万历六年（1578年）任；杜鸣凤，明天启年间任；刘士章，清顺治十五年（1658年）任；王日新，清顺治十八年（1661年）任；王公伟，清康熙七年（1668年）任；车禹声，清康熙二十六年（1687年）任；李奋，清康熙三十八年（1699年）任；赵洪益，清雍正三年（1725年）任；黄履同，清乾隆九年（1744年）任；周华炜，清乾隆十一年（1746年）任；高瞻，清乾隆十三年（1748年）任，赵庚言，清乾隆二十二年（1757年）任；于朝拔，清乾隆二十七年（1762年）任；朱玉振，清乾隆三十八年（1773年）任；涂瑗，清乾隆三十八年（1773年）任；薛维城，清嘉庆十一年（1806年）任。

二、军屯

明洪武二十三年（1390年），宁仁都设田心军屯、岭西军屯。安排少壮军人守备，老弱者屯田生产粮食，入际留仓。军屯内设有际留仓、卫所，由千户所派兵驻防统管。

田心军屯 东至鳖坑口，南至鹤树下，西至仙女嶂，北至岭西屯。

岭西军屯 东至大嵋山（即玳瑁山），南至田心屯界，西至乾坑，北至罗洋。

三、田心屯教场

位于华城村东南部，明初设置，为屯兵习武练马的场所。至20世纪初，田心屯教场大部分场地已被建房占用。

第十篇　人物故事

第一章 人 物

第一节 人物传

本节收录的人物为有突出业绩或对社会有突出贡献，且已故的本镇人士或非本地出生但在本镇活动的外籍人士，共13人。

李 中

李中（1478—1542），字子庸，世称谷平先生，明代官员，曾任通衢驿丞（1514-1523年）。《明史》立有李中传。

李中祖籍江西吉水，迁居随州。明正德二年（1507年）湖广乡试第一名，后考取进士。明正德九年（1514年）进士，其时朝廷内阁首辅杨一清曾经召其为朝廷效力，李中却辞而不受。后几次三番，其情难却遂授任工部主事。当时朝廷宦官专权，以刘瑾为首的太监引外邦僧人进宫迷惑皇帝，宣扬异端邪说。大臣们敢怒不敢言，而且宦官把持朝政，大臣想见皇帝还要看宦官脸色，李中乃正直忠臣，早就看不惯，乃奏《辟异端以正君心疏》。此文讲述帝王之道不可迷信异端邪教，心正则道明，道明则正天下，帝王之道如此，我辈凡人道亦如此。正德皇帝震怒，欲杀李中，幸朝中大臣保住性命，把他贬到广东龙川通衢，任通衢驿丞。

李中自认是大明的良臣，立言就终生践行，立谏就不惜自己的官职。自喻有管仲经世之才，却无法施展。在任通衢驿丞期间，见驿东多梅树，就动员民众，在通衢驿站周边植梅万株，并建爱梅亭。由于通衢驿站位于闽粤古驿道的必经之路（兴梅地区连接珠三角地区的主要道路）上，很多官员、文人、商贾途经通衢驿站，李中就在爱梅亭接待文人墨客，吟诗作对，留下不少著名诗词。一时“爱梅亭”高朋满座，文风鼎盛。

明正德十二年（1517年），江西南部以及江西、福建、广东交界的山区爆发民变。山民依靠山地据洞筑寨，自建军队，方圆近千里。地方官员无可奈何，遂上奏明廷。兵部举荐时任右佥都御史的王守仁（1472—1529）巡抚江西，镇压民变。这位明代著名的思想家、文学家、哲学家和军事家抚赣后，擢请李中作参军，后又擢广东佥事，再迁广西提学副使。明嘉靖十八年（1539年）升为右佥都御史，巡抚山东，进副都御史，总督南京粮储。

李中于1542年病卒于南京，终年64岁。死后嘉靖皇帝封谥号“庄介”。

李中居里名谷平，故学者称为“谷平先生”，著有《谷平日录》《谷平文集》五卷。

附：《明史·李中传》

李中，字子庸，吉水人，正德九年进士。杨一清为吏部，数召中应言官试，不赴。及授工部主事，武宗自称大庆法王，建寺西华门内，用番僧住持，廷臣莫敢言。中拜官三月即抗疏曰：“曩逆瑾窃权，势焰熏灼。陛下既悟，诛之无赦，圣武可谓卓绝矣。今大权未收，储位未建，义子未革，纪纲日驰，风俗日壊，小人日进，君子日退，士气日靡，言路日闭，名器日轻，贿赂日行，礼乐日废，刑罚日滥，民财日殚，军政日弊。瑾既诛矣，而善治一无可举者，由陛下惑异端故也。夫禁掖严邃，岂异教所得杂居？今乃建寺西华门内，延止番僧，日与聚处。异言日沃，忠言日远，用舍颠倒，举错乖方。政务废弛，职此之故。伏望陛下幡然悔悟，毁佛寺，出番僧，妙选儒臣，朝夕劝讲，揽大权以绝天下之奸，建储位以立天下之本，革义子以正天下之名，则所谓振纪纲、励风俗、进君子、退小人诸事，可次第举矣。”帝怒。罪将不测，以大臣救得免。逾日，中旨谪广东通衢丞。王守仁抚赣州，檄中参其军事。预平宸濠。

世宗践阼，复故官。未任，擢广东佥事。再迁广西提学副使，以身为教。择诸生高等聚五经书院，五日一登堂讲难。三迁广东右布政使。忤总督及巡抚御史，坐以不称职，当罢。霍韬署吏部事，称中素廉节有才望，当留。会政府有不悦者，降四川右参政。十八年擢右佥都御史，巡抚山东。岁歉，令民捕蝗者倍予谷，蝗绝而饥者济。擒剧盗关继光，邻境攘其功，中不与辩。进副都御史，总督南京粮储。御史金灿按四川时，尝荐中。中不谢，灿憾之，至是摭他事诬劾。方议调用而中卒。光宗时，追谥庄介。

中守官廉。自广西归，欲饭客，贷米邻家。米至，又乏薪，将以浴器爨。会日已暮，竟不及饭而别。少学于同里杨珠，既而扩充之，沉潜邃密，学者称谷平先生。门人罗洪先、王龟年、周子恭皆能传其学。中族人楷，又传洪先之学。

楷，字邦正。由举人授汤溪知县。母艰服阕，补青田。时倭躏东南，楷积谷资守御。青田故无城。倭至，楷御于沙埠，倭不得渡，乃以间筑城。倭又至，登陴守，日杀贼数人，倭遁去。改知昌乐，亦以治行闻。

张大纲

张大纲（生年不详），字立卿，号衢坡，通衢镇梅城村人。嘉靖二十二年（1543年）癸卯科举人，嘉靖年间官居福建德化知县，平定匪患，造福一方，名留青史。前令张景武筑城新就，虑其低薄辽阔，即改缩增高。适永春贼吕尚四合徒万余，流劫攻城，纲身亲督战，擒斩无遗。自是上杭，永福诸盗，不敢犯境。

张大纲退隐故里后修筑通衢城。自宋朝起，通衢当地文风鼎盛，成为文化之乡。张大纲之孙张兆行、张兆熊都考取举人，其四子张天成及孙张兆泉也考取贡生。张大纲家族一门三举人二贡生，曾声振一方。

张居达

张居达（1761—1826），号碧山，世人称张三星，通衢镇华城村人。贡生授同知，以子希说官加四级，诰奉朝议大夫。其祖父张咸吉（康熙十四年至乾隆元年，1675—1744年）为登仕郎，授按察司经历。张氏“吉字辈”除张咸吉外，其堂兄弟鼎吉、履吉、宗光、孚吉是康熙年间的武举人；丰吉、随吉、渐吉、晋吉、临吉等20位兄弟中有9人都是生员（明清时代凡经县、府学政考试，录取入府州县学的学生称为生员，如廪生、增生、附生、例生、监生等）。

张居达的父亲张鸿才（1713—1774），由庠生捐职卫千总，以孙希说官加级，驰赠朝议大夫，有6子，居达行三，其子孙辈亦多为生员。居达家族中有功名者之多，大有冠盖满门之概。

张居达家族历来关心社会福利事业，造桥修路，兴修水利。明嘉靖年间，田心屯乡绅陈兰于，从东江支流儒南河上游蛇头嘴筑陂引水至葛藤苦连坪注入华城河，在苏茅田筑坝拦水，引水至田心屯灌溉农田数百亩。经过约二百年，随着人口、土地逐年增加，田心屯水量供应严重不足，于是张居达率村民整修蛇头嘴陂，挖深加固引水沟，使沟的水量大增，当时恰逢龙川遭遇特大天旱，此善举确保了田心屯村民及时莳田插秧，农民皆欢天喜地。知县丁兆凯对此甚为赞赏，写有碑记，置于关帝庙中（在《龙川县志》亦有记载）。

此外，张居达祖父张咸吉在石径当风坳建息劳亭，便利挑夫、行人途中歇脚、避雨；张居达父亲张鸿才建通衢城东七里之大河水渡、新径桥，铺垫石径路三十六蹬，名震一时。自张咸吉始，至张居达，祖孙三代在通衢大河水建造桥渡、木桥，继由其兄张居联改造大木桥，然年深月久，朽腐可虑，居达乃奋然曰：“通衢一路，吾祖建茶亭，吾父修之；吾父造渡桥，吾兄修之；吾兄虽故，吾何敢不自任而忍听先人之所乐为者而自忘之也。”之后，居达偕侄等继祖父之志，建造大河水石桥（即廻玳桥），计石梁十，有二桥墩，桥面阔七尺余、长约三十二丈，历四年而功告成！甚受时人颂扬，故该桥被称为“三星桥”。

张居达家族历来非常重视文化教育事业。张咸吉、张鸿才父子捐润步堡田租，乌泥塘租给学校，又捐三台书院音火费十余石，并乐输建造惠郡文坊，对贫穷学生或读书赴试者都给予帮助，曾得到当地官员嘉奖。嘉庆二十五年（1820年）重修龙川县志时，张居达曾参与重修县志，知县胡瑃为主修，诰职张居达为首席经理，《龙川县志》完工后，深受各方赞誉。

清道光六年（1826年），张居达病卒于家乡，享年66岁。

李荣

李荣（1875—1949），又名观妹，号华亭，外号李亚癸，通衢镇葛藤村人。出生于一个贫苦家庭。童年时代，他只念过几年私塾。1893年到广州谋生，当了一名海员。由于他性情憨直，爱打抱不平，很快就加入了香港海外联义社，并被选为孙中山先生宣传革命募集资金的筹饷委员会主任委员。从此，他与孙中山先生结下不解之缘。

1896年10月间，孙中山先生因遭到清政府通缉而逃亡到英国伦敦。清政府驻英大使诱禁了孙中山，并准备把他装在一个大木箱里运回中国，加以杀害。当时李荣闻此消息后，焦急万分，为营救孙中山先生四处奔走，吁请救援，后经各种渠道，克服重重困难，终于求得孙中山先生在英国的老师康德黎先生出面鼎力相助，孙中山先生才得以保释脱险。此后，孙中山先生对忠实可靠的李荣十分赏识，并认其为义子。从此，李荣一直跟随孙中山先生从事革命工作。1911年辛亥革命成功后的第二年元旦，孙中山先生被选为临时大总统，李荣被委任为南京临时中央政府副官，孙中山先生送他一把宝剑，以资鼓励。孙中山先生辞去大总统后，于1917年9月在广州建立了护法军政府，并出师北伐，李荣也随之。1923年孙中山讨逆陈炯明于东莞石龙途中危急，经李荣等全力掩护乃安全返回广州。1925年，李荣跟随孙中山先生到北京商讨国事。

1925年3月12日，孙中山先生病逝于北京，李荣在北京碧云寺为孙中山先生守灵。1929年，李荣护送孙中山先生遗体移葬于南京紫金山，并被委任为陵园管理处少将副处长。

抗日战争时期，李荣疏散回广东，曾任广州水泥厂警卫队队长。1949年广州解放后回乡，同年11月病逝于龙川故里。

崔兰

崔兰（1904—1931），又名如平，通衢镇玳峰村人。1928年3月龙川鹤市武装暴动失利后，叶卓到梅县石扇等地继续开展革命活动，重新积聚革命力量。崔兰在梅县参加叶卓领导的工人纠察队，并于同年5月加入中国共产党，配合古大存部进攻梅县县城。崔兰等人被捕入狱，后经梅城工人赤卫队解救出来。出狱后，与叶卓、黄水泉等回家乡崔屋村开展革命活动，秘密组织30多人的农民武装队伍，遭到鹤市区自卫队和县自卫大队的多次“围剿”。为保存革命力量，崔兰带领突围出来的农民武装转战到龙川大塘肚。1929年1月，中共东江特委在廻龙镇成立中共龙川县临时委员会，叶卓任书记。3月，崔兰任中共龙（龙川）老（老隆）鹤（鹤市）区委书记，领导龙川南部地区革命活动。1930年冬，江西赣西南苏区开始在苏区内开展肃反运动（清肃“AB”团分子）。1931年冬，五兴龙苏区肃反运动达到高潮。10月，崔兰被诬为“AB”团分子，遭杀害于兴宁县大坪双头山枫树坑，时年27岁。1990年，为缅怀崔兰烈士的光辉业绩，龙川县人民政府兴建崔兰烈士纪念碑。

陈丽川

陈丽川（1903—1942），字金滋，又名丽州，通衢镇华新村人。1928年春，考入广东陆军测量学校（公费），毕业后留校任少尉课员。1934年10月任广东沙田测丈队技师，1936年8月经广州警察局长李洁之举荐，改任广州警察局测绘教官，1937年升为三等督察员。在警察局任职时，利用工作之便，常与中山大学龙川籍进步学生张克明、廖寿煌等联系，常将警察局内定的该校进步师生等情报及时转告张、廖等人。1937年北上就读延安抗日军政大学，在校期间加入中国共产党。毕业后，返回广州从事抗日救亡运动，1938年任广州市劳工干部训练班教育长。1939年春，陈丽川编入第五野战补训团任团政治指导员，1941年转移到广东人民抗日游击队第五大队，后转入东江人民抗日游击总队参谋处任参谋。1942年调任总队宝安税务总站站长。1942年夏，在一次日、顽军突然袭击税务总站时，陈丽川为掩护税站人员转移，壮烈牺牲。

张克明

张克明（1913—2016），通衢镇华城村人。1933—1937年，在中山大学就读期间，参加“民族革命同盟”“全国各界救国联合会”等进步组织。毕业后，赴香港组建中大战地服务团，开展前线劳军，宣传、募捐等抗日救亡活动。

1938年，在龙川加入中国共产党，任县委委员、统战部部长，中大服务团支部书记。在县委领导下，创办《龙川日报》，任社长；组织龙川青年抗日先锋队，任秘书长。1942年2月，被国民党当局以“组织匪党，危害民国”罪名逮捕入狱。是年11月保释出狱。

1946年赴香港筹办《民潮》月刊，任督印人。同时参与筹建国民党革命委员会。1948年1月1日成立大会上，当选为中央候补委员。参与筹办香港《文汇报》。1946年8月—1949年4月，奉中共华南分局、民革中央之命，三赴云南省策动万保邦国民党军队起义。

1950年春，受李济深电召到北京，任民革中央组织部副部长。1956—1988年任民革北京市委副主任委员兼秘书长。1980—1992年任民革中央祖国统一工作委员会副主任、主任，民革中央学习委员会主任。1992—1996年，任民革中央监察委员会副主席、民革中央顾问。是民革第三、四届中央委员，第五、六、七届中央常委。1954—1988年任北京市人大代表、政协委员、常委。1964—1998年任第三、四、五、六、七、八届全国政协委员。此外，还担任北京龙川联谊会创会会长、北京海外客家联谊会副会长、全球客家崇正联合总会名誉会长，全球龙川同乡联席会议最高荣誉主席等社会团体职务。2016年1月4日，因病医治无效在北京逝世，享年103岁。

廖寿煌

廖寿煌（1916—1996），通衢镇葛藤村人。于1938年8月投奔延安参加革命，在延安抗大总校学习，直至1945年2月，先后在延安，绥德、陇东、晋绥抗大总校，分校任教员、文教科副科长等职；1946年7月至1956年8月先后在晋北野战军司令部参谋处、西北军干校，四川工兵师（团）、西南军区师范学校、总政宣传部任政教科科长，政治处主任，政治委员、副校长、文教处处长等职。1959年10月至1965年10月在国防部五院二分院科技部任处长、器材部副部长等职；1965年10月任七机部第二研究所物资部部长，1966年至1978年任068工程指挥部副总指挥、总指挥，1978年调入五机部物资管理局任局长，直至1982年11月离职休养。1996年11月20日，因病在北京逝世，享年80岁。

黄干

黄干（1915—2013），男，1915年6月15日生，通衢镇广福村人。1937年10月参加革命，1938年加入中国共产党。抗战时期曾任龙川县区委党支部书记；东江纵队第三支队第一团政治指导员。1946年任博罗县人民解放大队大队长。1947年任东三支一团政治委员，并任河东县县委书记。1949年任粤赣湘边纵队四支队一团政治委员。中华人民共和国成立后，曾任宝安县县长、县委书记，惠阳地委农村工作部部长，汕头地委农村工作部部长，后调中共中央中南局农委、农业部广州动植物检疫局工作，离休前任局级干部（享受副省级待遇）。2013年10月因病在广州逝世，享年98岁。

黄烈

黄烈（1915—1987），原名黄清荃，通衢镇梅东村人，于登云镇天阳村长大。1935年广东省体育专科学校毕业后留校任教，1937年任国民党中央军校广州分校体育教官。1938年12月，黄烈调往延安抗日军政大学。曾被贺龙任命为八路军一二〇师政治部文体干事，后历任八路军体育战斗队长，西北军区军政干校科长，广东粤中军分区及海南作战科科长，华南军区办公室主任，解放军八一体育工作大队大队长，全国第五届政协委员。抗日战争时期，曾组建八路军体育战斗队，是解放军体育工作开创者。中华人民共和国成立后，任八一体工队第一大队队长。1957年，作为副领队率中国队第一次冲击世界杯足球赛。1958年被国防部授予独立自由勋章和三级解放勋章。1978年，借调负责第八届亚洲运动会田径工作，共夺得12块亚运会金牌。1985年国家体委授予其“新中国体育运动开拓者”勋章。1987年11月2日去世，享年72岁，骨灰安放于北京八宝山革命公墓。

孙志

孙志（1925—1999），男，通衢镇葛藤村人。1947年9月参加九连地区游击武装，任河东区江防大队群运组长。同年11月加入中国共产党。1948年9月任粤赣边支队江防大队群运科长兼指导员。1949年6月龙川县人民政府成立后，先后任龙川县公安总队指导员，铁场区委委员，贝岭区工委书记，第十二区区委书记，共青团龙川县委书记，县财经委秘书，龙川县委常委，龙川县人民政府副县长、县长等职，为龙川经济文化和社会发展，提高人民群众生活水平作出了应有的贡献。1957年调任惠阳专署商业处副处长。1958年，任广东省水电厅工程总局办公室副主任、勘测设计院勘测队教导员、党总支书记。1969年后，任广东省革委会农林水战线工作组组长、干校农场领导小组副组长、广东省水利电力设计院副院长、广东省水文局正处级干部。1987年离休，1999年10月于广州病逝，享年74岁。

黄素

黄素（1924—2016），通衢镇广福村人，1941年10月入党，1945年8月任中共广福支部书记。1946年1月，参加“后东特委”党训班，被任命为川南县工委组织委员，负责联络川南鹤市、金鱼（黄布）、雅寄（紫市）等地的党员。1946年5月，负责川南县工委。

1946年8月，成立“龙川县临时工作委员会”，任书记兼川南游击队指导员，并恢复川中、川北党组织，由县临工委统一领导。1943—1947年，先后在登云天阳街育英小学、佗城四甲亨田第二中心小学、天阳小学、通衢广福“私立中正小学”、通衢“梅城小学”、登云“通德小学”任教，一直以教师身份作掩护进行党的地下工作。1947年10月，成立“中共川南工委”，任工委委员，分管地方党建工作。1948年春，到“东江抗征队新生大队第一中队”（后改为川南武工队）任指导员，在川南一带组织武装斗争。1948年8月成立了川南区工委，任书记。

新中国成立后，担任过鹤市区委书记、龙川县首任公安局局长、县委委员，后任粤东公安处、检察院、惠阳地区检察院、统战部科长。1958年被错划为右派分子，被遣返回原籍务农20年。1979年5月得以平反复职并恢复了党籍，先后任龙川县文化馆馆长、龙川县政协副主席。1989年离休，享受副厅级待遇。

叶绿野

叶绿野（1922—2016），原名叶庆瑞，通衢镇梅城村人，曾任广州美术学院教授、广州市文史研究馆馆员。他早年曾受业于岭南画派泰斗高剑父，并在高剑父主办的南中美术学院及春睡画院卒业，画风被高氏誉为“雅淡而富于诗意”，高剑父还特意为之取今名。

叶绿野先生活跃画坛数十年，在国内外举办个展数十次，其新颖、亲切的绘画风格，在当地艺坛和观众中引起巨大反响。1986年应邀到新加坡南洋美术学院讲学并举办展览，在当地掀起一股对中国花鸟画新风貌进行再认识的热潮，许多画作为世界各国美术机构及收藏家所收藏，1994年创作的《荔香醉江南》参加华夏国际展览获金奖；2001年秋应广东省政协邀请创作巨幅画作《满园春色》，作为庆祝中国共产党成立80周年的礼物，由广东省各民主党派赠送给广东省委，时任中共中央政治局委员、广东省省委书记李长春和省委副书记黄丽满等领导为画作揭幕。

叶绿野先生从艺70年，以清逸秀雅、平静和煦、生动传神的画风享誉画坛。他几十年如一日，全心教育，精哺学子，桃李满园，为我国美术事业的繁荣发展作做出卓越贡献。

第二节 人物录

本节收录的人物为当代通衢籍省（部）级干部、厅（司、局、师）级干部、文教科卫体界知名人士，共17人。

何添发

何添发，男，1938年1月生，通衢镇玳瑁村人。中共党员。1959年在江苏省无锡师范学校学习。1961年任无锡市三中教师，市青联副秘书长、侨联副秘书长。1962年在上海戏剧学院表演系学习。1965年在中国音乐学院进修声乐。1967年任上海戏剧学院表演系声乐教师、系党总支委员。1979年任上海戏剧学院党委委员、党办副主任、统战部副部长，上海市侨联常委、副秘书长。1982年任上海戏剧学院党委副书记、组织部部长，上海市侨联常委、副秘书长。1984年任上海戏剧学院党委书记，上海市侨联副秘书长。1987年任上海戏剧学院党委书记兼代理院长，上海市侨联副主席。1990年任上海市侨联主席、党组书记。1993年任中共上海市委宣传部副部长，市侨联主席。1995年任中国侨联党组副书记、专职副主席（副部级）。中共十五大代表，全国政协第9届委员、第10届常委、港澳台侨委员会副主任。

崔永生

崔永生，男，1938年12月生，通衢镇玳峰村人。1965年毕业于暨南大学中文系，同年8月被选调文化部工作。1972年加入中国共产党。先后任文化部政策研究室副主任，民族文化司副司长、司长，中国少数民族美术促进会常务副会长。

廖建新

廖建新，男，1954年1月出生，通衢镇葛藤村人。1969年9月，博罗县杨村柑橘场知青。1972年2月，惠阳地区革委会印刷厂工人。1972年12月，应征入伍。1977年3月，退伍分配到惠阳地区科委以工代干，后转为干部。1983年12月起，先后任深圳市纪委科员、副主任科员、主任科员、副处级干部、党风廉政建设办公室副主任（正处）、常委兼党风廉政建设办公室主任。1997年12月起，先后任中共宝安区委常委兼纪委书记、中共宝安区委副书记兼纪委书记、中共宝安区委副书记。2006年4月起，先后任深圳市政协社会法制委员会副主任（正厅级）、常委兼社会法制和民族宗教委员会主任、科教文卫体委员会主任。2015年7月退休。

廖国才

廖国才，男，1960年5月出生，通衢镇华新村人，中共党员，北京大学高级工商管理硕士，教授级高级工程师，全国轨道交通行业知名专家。

1978年12月应征入伍参加中国人民解放军铁道兵，先后任战士、班长、排长。1984年至1989年，先后在中铁十七局三处从事铁路施工技术工作，任党支部书记、工程师。1990年调入北京城建设计研究总院工作，先后任地铁与轻轨研究所副所长、书记，北京中城捷地铁工程咨询公司总经理，北京城建轨道交通设计院党委书记兼院长、总院副院长，北京城建设计发展集团股份有限公司副总经理等职务。其间，组织参与了赣深高铁选线设站协调工作，争取到赣深高铁途经龙川并设龙川西站。2015年调入央企中交铁道设计研究总院有限公司，历任总院总经理、党委书记兼董事长（正局级）。2020年5月退休。现担任中国应急管理学会轨道交通安全应急管理工作委员会会长、中国退役士兵就业创业服务促进会非传统安全研究院副院长、中国轨道交通协会和中国建筑业协会专家学术委员。

曾荣获北京市“爱国立功标兵”“经济技术创新标兵”和北京奥运会二等功臣称号。作为第一完成人曾荣获北京市科技进步奖、全国交通企业管理现代化创新成果二等奖，并获全国优秀工程勘察设计一等奖、中国优秀工程咨询成果一等奖、华夏建筑科学技术奖、中国土木工程詹天佑奖等。

吴 鸣

吴鸣，字其英，男，1931年3月生，通衢镇广福村人。早年，吴鸣受周围进步青年的影响，开始接触共产主义思想。1948年1月，加入中国共产党，跟随东江纵队第二支队领导机关挺进和平县九连山革命根据地，负责机要电台工作。先后担任译电员、组长、政工员、秘书、军事检察员等职务。1957年，被推荐到广州军区军事检察院工作。1964年，就读中国人民解放军长沙政治干部学校，毕业后回到广州军区政治部群众工作部工作，后调任广州军区一九七医院副政委。1978年10月转业到广州市中级人民法院工作，先后担任政治处副主任、民庭副庭长、执行庭庭长、副局级干部。1991年离休。离休后，热心社会事业，在汶川地震、玉树地震中分别为灾区捐款，新冠疫情期间为武汉抗击新冠疫情一线的医护人员捐款。

何健流

何健流，男，1947年10月生，通衢镇玳瑁村人。大学学历，毕业于兰州交通大学机械系机制专业，中共党员，工程师，高级经济师。1971年后，历任一机部天水星火机床厂团委书记、副厂长、党委副书记，一机部天水油泵油咀厂党委副书记，一机部天水轴承仪器厂党委副书记、书记；1987年后，任铁道部兰州铁路局工厂处政治处主任、总经济师、处长，工业总公司党委书记兼总经理；1993年后，历任铁道部兰州铁路局副局长、纪委书记、党委副书记，副局级干部。2008年退休。

黄善辉

黄善辉，男，1959年1月生，通衢镇梅东村人，1978年2月参加中国人民解放军。1990年10月后在广州军区某部任主任兼高级工程师（师级、大校军衔）、中国人民解放军军械工程学院装备指挥系兼职教授。从事军械工程技术保障研究，重点研究枪械、火炮与自动武器的教学实践、科研应用、技术保障与管理，曾担任全军科技进步奖评审委员会委员和通用武器装备保障专家组成员、广州军区工程系列高（中）级职称评审委员会委员和科技进步奖评审委员会委员。享受“军队优秀科技人才岗位津贴”，获得7项科研成果获军队科技进步奖，3次荣立三等功。2007年1月转业地方工作，历任广东省科协科技交流部、科技普及部、合作交流部部长和副巡视员。曾被评为全国“讲理想、比贡献”活动先进个人、全国“文化科技卫生三下乡”活动先进个人，多次被省直工委、省科协评为“优秀共产党员”。任广东省青少年科技教育协会理事长、高级工程师。在全军发表学术论文30多篇和地方报刊发表文章100多篇，出版《学习思考探讨军事装备保障论文集》《军旅三十载文思武略》《科协工作的记忆》等专著3部。

黄晨光

黄晨光，男，1962年10月出生，汉族，通衢镇梅东村人，出生地龙川县，成长地河源县。全日制大学学历，毕业于中山大学气象学专业，理学学士；在职研究生学历，经济学硕士，工程师。无党派人士。1982年8月参加工作。1999年5月任河源市政协副主席、市气象局副局长。2001年6月任河源市政协副主席、市工商联合会会长。2010年1月至2012年2月，任河源市人大常委会副主任、市工商联合会会长。2012年3月至2016年9月任河源市政协副主席、东源县政府副县长。2016年9月至2017年10月，任河源市政协副主席、市统计局局长。2017年10月后任河源市政协副主席。政协广东省第八、九、十届委员会委员，河源市第五、六届人大代表，政协河源市第二、三、四、五、六届委员会委员。

徐毅

徐毅，男，1964年3月生，通衢镇旺茂村人。广东省委党校现代经济管理专业毕业，在职大学学历，1983年8月参加工作，1985年9月加入中国共产党。2001年6月后，任惠州市发展计划局副局长、党组成员。2005年7月至2008年10月挂任惠东县委常委，2008年10月后任惠州市惠东县委副书记，2012年2月后任惠州市惠东县委副书记、副县长、代县长，2012年3月后任惠州市惠东县委副书记、县长；2016年5月后任惠州市发展和改革局局长、党组书记兼惠州环大亚湾新区党工委委员、管委会副主任，2019年11月后任惠州市发展和改革局局长、党组书记兼惠州环大亚湾新区党工委委员、管委会副主任、一级调研员。2020年1月，任惠州市政协副主席。惠州市十届、十一届市委委员，市十、十一次党代会代表，市十一届人大代表，市十二届政协委员。

林炜东

林炜东，男，1968年2月出生，通衢镇广福村人，中央党校研究生学历，民盟韶关市主委。1990年7月参加工作。2010年3月至2017年8月，历任韶关市教育局副局长、韶关市人大常委会教育科学文化卫生华侨外事工作委员会主任、韶关市旅游局局长；2017年8月至今，任韶关市供销合作联社理事会主任，民盟广东省委会委员；2022年1月，当选民盟韶关市委会主委、韶关市人大代表、政协第十三届广东省委员会委员；2022年1月9日，当选政协第十三届韶关市委员会副主席。

孙肇平

孙肇平，男，1959年12月出生，通衢镇葛藤村人，大学本科毕业，副局级干部、三级高级法官。1980年7月后任龙川县农机公司统计员；1982年10月任龙川县农机局资料员；1985年12月后任龙川县农机学校教师；1987年7月后任深圳市宝安县法院书记员、助理审判员；1992年12月后任深圳市龙岗区法院布吉法庭助理审判员；1993年9月后任深圳市龙岗区法院平湖法庭副庭长（主持工作）、庭长；1997年6月任深圳市龙岗区法院党组成员、政治处主任（副处级）；2001年12月后任深圳市龙岗区法院党组成员、副院长（副处级）；2005年4月后任深圳市龙岗区法院党组成员、副院长（正处级）；2009年11月后任深圳市宝安区法院党组成员、副院长（正处级）；2015年12月后任深圳市宝安区法院党组成员、常务副院长。

何启治

何启治，男，1936年9月14日生，通衢镇玳瑁村人。笔名红耘、柳志。中共党员。1959年毕业于武汉大学汉语言文学专业。历任中宣部山西文化工作队队员，西藏格尔木中学援藏教师，人民文学出版社编辑、编审，《中华文学选刊》主编，人民文学出版社副总编辑兼《当代》杂志主编，享受国务院政府特殊津贴，曾任中央直机关工作委员会委员，2021年荣获中共中央颁发的“光荣在党20年纪念章”。

1965年开始发表作品，1982年加入中国作家协会，著有小说《天亮之前》(合作)，评论集《美的探索》（合作），散文报告文学集《梦·菩萨·十五的月亮》《何启治散文》，散文、评论集《文学编辑四十年》《何启治作品自选集》，报告文学《航天功臣黄春平》等。纪实文学《中国教授闯纽约》获中国505杯报告文学提名奖，传记文学《少年鲁迅的故事》获全国优秀少儿读物一等奖，报告文学《播鲁迅精神之火》（合作）获中国作协优秀报告文学奖，曾获得新闻出版总署优秀编辑奖，编审的多部作品获得茅盾文学奖，是当代文学最高峰作品——长篇小说《白鹿原》的组稿人、终审人和初版责任编辑之一。

陈建中

陈建中，男，1939年生，通衢镇梅东村人。1955年至1961年在广州美术学院附中及学院油画系就读。1962年移居香港，1969年抵达巴黎并定居。1970年至1974年入巴黎国立美术学院深造，1974年赢得法国文化部主办的“国家赞助第一次个展”评审比赛，于1975年3月在法国文化部赞助下在巴黎举办首次个展，是第一位获得此项赞助的亚洲画家。巴黎现代艺术馆、法国国立当代艺术基金、巴黎国立图书馆、蓬托瓦塞美术馆等国家机构均在此展览中购藏了陈建中的作品。从此，陈建中进入专业画家行列，每年展出活动不断，尤以1978年和1979年的“巴黎国际当代艺术博览会”中，法国读卖画廊连续两年推出的陈建中个展最为瞩目。

1980年，陈建中再次代表读卖画廊在瑞士巴塞尔的国际艺术博览会中举办个展。其作品在欧美广被收藏并获得传媒的好评。使他很快成为20世纪70年代知名的写实画家。1986年受聘为广州美术学院客座教授。1998年为广东画院海外特聘画家，2001年为鲁迅美院客座教授。

陈建中在艺术界享有盛誉，具有国际性的社会影响力，被誉为继赵无极、朱德群之后，为中西文化交流史上做出贡献的第三代海外华人艺术家代表之一。

叶玉星

叶玉星，男，1940年11月生，通衢镇寨背村人。1964年毕业于中国科学技术大学近代化学系放射化学专业；1986年1月至1988年9月留学德国柏林自由大学做访问学者。现任中国原子能科学研究院研究员，放射化学研究室主任，中国核化学与放射化学学会理事，中国核学会核化工分会理事，硕士生导师（享受国务院政府特殊津贴的专家）。主持或参与完成的科研成果获国家部委级奖8项，在国内外学术刊物及国内外学术会议上发表论文50余篇，20篇论文摘要被国外文献CA和NIS收录。

刘金文

刘金文，男，1946年生，通衢镇旺茂村人。1982年广州中医学院骨伤科硕士研究生毕业，师从全国著名骨伤科专家蔡荣教授及黄宪章、岑泽波教授。广东省名中医，广东省中医院教授、主任医师、博士生导师，享受国务院政府特殊津贴的专家。曾任广东省中医院大骨科主任、骨伤科主任，骨伤科教研室主任，中国中西医结合学会委员、广东省风湿病学会委员、中华医学会骨伤科分会骨质疏松专科委员会常委、中国医师协会骨科分会微创学组主任委员、广东省中医学会骨伤学会副主任委员。从事骨伤科医、教、研工作三十余年，善于应用中西医结合的方法诊疗骨科疑难杂症，擅长股头坏死、人工关节置换、翻新、创伤、颈肩腰腿痛、骨关节病、骨感染、骨结核、骨关节肿瘤、老年性骨质疏松等疾病的诊治，具有丰富的临床和教学经验，在公开刊物上发表论文二十余篇，主编或参与骨科专著编写7部。

陈 东

陈东，男，1978年12月生，通衢镇华新村人。本科、硕士、博士均毕业于中山大学（原中山医科大学），曾在美国哈佛大学麻省总院担任访问学者工作一年半，医学博士，副教授，硕士研究生导师，现为中山大学附属第一医院普外二科（肝胆胰）主任医师。中国医师协会胆普外科青年委员会委员、中国抗癌协会胰腺癌专委会青年委员会委员；广东省医学会外科学分会肝胆胰分会胆道学组委员、脾脏专门静脉高压症学组委员、胰腺疾病学组委员；广东省抗癌协会胆道肿瘤专业委员会青委常委、广东省医疗行业协会门静脉高压症管理分会常委、广东省健康管理协会胰腺疾病专委会常委；中华肝脏外科手术学杂志编委。从事肝胆胰外科临床工作近20年，对肝胆胰外科的复杂病、疑难病、围手术期处理有丰富的临床经验，擅长胆癌、门脉高夺症脾工能亢进、肝内胆管结石、胆囊结石、胆道疾病、肝癌、胰腺癌等疾病的诊治。在国内外公开刊物发表论著30余篇，主编专著2部，参编专著1部，主持国家自然、省自然基金3项，获国家级、省级、校级教学基金及奖励多项。

林穗玲

林穗玲，女，1991年生，通衢镇广福村人。小时候因高烧引起脊髓灰质炎，导致其双腿瘫痪成了残疾人。2008年广州市残联选拔运动员时，进入广州市女子轮椅篮球队，同年进入省女子轮椅篮球队。2013年进入了国家女子轮椅篮球队，2018年至今担任中国残奥轮椅篮球女队队长。

在杭州第4届亚残运会轮椅篮球女子决赛中，率领中国队以61：30战胜日本队，夺得冠军，这是中国队第三次获得亚残运会冠军。她通过不断的努力屡获佳绩，随国家女子轮椅篮球队获得2013年亚太区轮椅篮球锦标赛亚军、2014年仁川亚残运会冠军；2015年，随国家女子轮椅篮球队征战亚洲及大洋洲轮椅篮球锦标赛，并获得冠军，还取得里约残奥会亚洲地区唯一的一张参赛门票；2016年里约残奥会，带领国家女子轮椅篮球队获得第六名；获得2017年亚太区轮椅篮球锦标赛冠军、2018年轮椅篮球世界锦标赛第四名、2018年雅加达亚残运会冠军、2019年亚太区轮椅篮球锦标赛冠军。2021年东京残奥会上，她率领国家女子轮椅篮球队获得银牌；2023年获得迪拜轮椅篮球世锦赛亚军。

第三节 人物表

本节收录的人物为通衢籍历史上科举（含官职）人士、革命烈士、立功或伤残军人、当代任科（营）级以上干部、文教科卫体界获得高级职称人士、获省直部门以上表彰奖励人员、对本地或国家发展有较大贡献或影响的各界人物及百岁以上寿星。

表 10-3-1　　通衢镇古时科举人士（含官职）

姓名	籍贯	朝代年号	学位	官职
曾玉标	玳瑁村	明嘉靖年间科（无纪年）	武举人	南澳总兵
曾文辉	玳瑁村	清光绪十二年丙戌科	贡生	
叶廷香	高湖村	清康熙三十五年庚寅科	贡生（拔贡）	高要县训导
叶倬昌	锦归村	清乾隆十三年戊辰科	贡生	
叶倬华	锦归村	清嘉庆三年戊午科	贡生	
张大纲	梅城村	明嘉靖二十二年癸卯科	举人	福建德化知县
鞠邦瑞	梅城村	明万历十一年	拔贡	
张天成	梅城村	明万历十七年己丑科	贡生	江南庐州府无为州同
张兆行	梅城村	明万历三十一年癸卯科	举人	杭州府通判
张兆熊	梅城村	明天启元年辛酉科	武举人	
张兆泉	梅城村	明万历四十七年己未科	贡生	潮州府教授
叶隆绪	梅城村	清雍正十三年戊辰科	贡生	
黄香苑	梅东村	清代（无纪年）	贡生	
陈　安	田心屯	明洪武三年		副都尉（从四品）
陈　璿	田心屯	明嘉靖（无纪年）	钦赐副元	
傅可教	田心屯	明万历廿一年癸巳科	贡生（恩贡）	大田县知县
陈绮芳	田心屯	清康熙八年己酉科	武解元	
陈经芳	田心屯	清康熙十一年壬子科	武举人	
陈继芳	田心屯	清康熙二十六年	禀生	
陈三策	田心屯	清康熙二十六年	禀生	
陈辅泰	田心屯	清康熙五十七年	贡生	

续表

姓名	籍贯	朝代年号	学位	官职
陈大猷	田心屯	清雍正元年癸卯科	贡生（拔贡）	
陈圣言	田心屯	清乾隆（无纪年）	以优贡进京，朝考入国子监肄业	光禄寺署正（从六品）
陈开第	田心屯	清乾隆五十年丙午科	武举人	广东虎门骑射（六品）
陈登第	田心屯	清乾隆五十年	武举人	
陈子义	田心屯	清乾隆（无纪年）	贡生	容县学训导（从八品）
陈子智	田心屯	清乾隆（无纪年）	贡生	怀集县学教谕（从八品）
陈永辉	田心屯	清乾隆（无纪年）	贡生	
陈俊贤	田心屯	清代（无纪年）		儒林郎（从六品）
陈赞裕	田心屯	清代（无纪年）		封武德骑尉
陈丰玉	田心屯	清道光二十九年	贡生	保举直隶州判，又保以知县，加知州衔
陈　斌	田心屯	清代（无纪年）		武德骑尉，广东抚标左营守备分府
陈梦月	田心屯	清代（无纪年）	贡生	协把总（九品）
陈家骏	田心屯	清光绪年间	增生	龙川司选委员，补用知县
陈家驹	田心屯	清光绪年间	贡生	
陈润初	田心屯	清宣统元年己酉科	贡生（贡元）	
张秀八	田心屯	明洪武年间		骑射都尉
张大举	田心屯	明嘉靖（无纪年）		收博士中治诗经
张鼎吉	田心屯	清康熙二年癸卯科	武举人	
张孚吉	田心屯	清康熙五年丙午科	武举人	江南池州所千总
汤宗光	田心屯	清康熙五年丙午科	武举人	（本姓张，张孚吉胞弟）
黄彙征	田心屯	清康熙五年丙午科	武举人	
张履吉	田心屯	清康熙八年己酉科	武举人	
张居选	田心屯	清乾隆（无纪年）	举人	
张英洪	田心屯	清嘉庆十九年甲戌科	进士	
张居达	田心屯	清道光六年丙戌科	贡生	授同知，朝议大夫
张超照	田心屯	清代（无纪年）		从九品加军功五品衔
张超辉	田心屯	清代（无纪年）		同知衔、赏戴蓝翎，贵州知县

续表

姓名	籍贯	朝代年号	学位	官职
张希说	田心屯	清代（无纪年）		例授于林郎，州同即用
张超燮	田心屯	清代（无纪年）		迭县主薄（从六品）
张佩珩	田心屯	清代（无纪年）		广西试用县丞
马　俊	田心屯	明洪武二十四年辛未科	举人	总督、武德将军（五品）
傅雄才	华新村	清乾隆元年丙辰科	武举人	福建泉州中军守备
傅松溪	田心屯	清乾隆（无纪年）	举人	
曾　斌	田心屯	清乾隆八年庚戌科	贡生（拔贡）	
傅　龙	田心屯	清代（无纪年）		武信郎
江清灝	田心屯	清乾隆二十年	贡生（贡元）	
廖宋祺	田心屯	清乾隆（无纪年）	举人	
廖元文	田心屯	清乾隆（无纪年）	举人	
廖复裕	田心屯	清代（无纪年）		儒林郎
廖绍基	田心屯	清代（无纪年）		儒林郎
陈辅藻	葛藤村	明天启年间	廪生	礼部司务（从九品）
陈国香	葛藤村	清同治年间	贡生	

表 10-3-2　　民国时期通衢籍入读军校学（职）员

姓名	性别	籍贯	入读军校	职务
何钟琪	男	玳瑁村	黄埔军校四分校第六期步科	学员
叶官杰	男	锦归村	广东燕塘军校	学员
叶绍宗	男	锦归村	中央陆军大学	学员
徐斐章	男	旺茂村	黄埔军校四分校十七期工兵科	学员
黄培华	男	广福村	黄埔军校六期炮兵科	特训处主任
叶忠俊	男	梅城村	黄埔军校六分校（桂林）步科	学员
陈桂芳	男	旺宜村	黄埔军校第四期	教官
陈国英	男	华城村	广东燕塘军校	学员
陈达材	男	华城村	广东燕塘军校	学员
陈丽川	男	华新村	抗日军政大学	学员
廖寿煌	男	葛藤村	抗日军政大学	学员、教员

表 10-3-3　　通衢籍革命烈士

姓名	性别	出生年月	籍贯	参加革命时间、牺牲时间、地点、原因	牺牲前职务	备注
黄作坤	男	1901.10	玳瑁村	1940 年参加革命，1942 年在黄埠作战牺牲。	东江抗日游击队战士	
何春泉	男	1930.12	玳瑁村	1949 年应征入伍，1952 年解放西沙群岛时牺牲。	广州部队通讯员	
何才光	男	1955.4	玳瑁村	1976 年应征入伍，1979 年 2 月在对越自卫反击战中牺牲。	53016 部队班长	党员、立二等功
崔　兰	男	1904	玳峰村	1927 年 2 月参加革命，1931 年 10 月在肃反中被错杀。	中共龙老鹤区区委书记	
何亚生	男	1908.7	锦太村	1931 年春参加游击队，1934 年在冷水坑战斗牺牲。	五兴龙县驳壳队队员	
叶　忠	男	1919.8	锦太村	1947 年参加游击队，1948 年 4 月在成田战斗中被捕，后于鹤市遭杀害。	川南游击队员	
吴定福	男	1943.2	锦太村	1964 年应征入伍，1967 年冬在广州因公牺牲。	广州部队副班长	
叶以南	男	1955.9	高湖村	1976 年应征入伍，1979 年 2 月在对越自卫反击战中牺牲。	53015 部队战士	党员、立三等功
叶秉章	男	1899	锦归村	马来西亚霹雳州归侨	游击队长	
叶亚日	男	1902.11	锦归村	1933 年参加五兴龙县驳壳队，1934 年在冷水坑战斗被捕遭杀害。	五兴龙县驳壳队小队长	
叶荣章	男	1904.2	锦归村	1933 年参加五兴龙县驳壳队，1934 年在冷水坑战斗被捕，于登云鱼子渡遭杀害。	五兴龙县驳壳队队员	
叶亚明	男	1908.10	锦归村	1933 年参加五兴龙县驳壳队，1934 年在冷水坑战斗被捕遭杀害。	五兴龙县驳壳队队员	
叶继生	男	1909.5	锦归村	1931 年参加五兴龙县游击大队，1933 年在兴宁泥陂横坡战斗被捕后遭杀害。	五兴龙县游击大队队员	
叶水华	男	1911.9	锦归村	1933 年参加五兴龙县驳壳队，1934 年在冷水坑战斗被捕遭杀害。	五兴龙县驳壳队队员	
叶科祥	男	1906.11	锦归村	1933 年参加五兴龙县驳壳队，1934 年在冷水坑战斗被捕遭杀害。	五兴龙县驳壳队队员	
叶林祥	男	1907.12	锦归村	1933 年参加五兴龙县驳壳队，1934 年在冷水坑战斗被捕遭杀害。	五兴龙县驳壳队队员	

续表

姓名	性别	出生年月	籍贯	参加革命时间、牺牲时间、地点、原因	牺牲前职务	备注
叶任祥	男	不详	锦归村	1934 年冷水坑战斗中牺牲。	游击队员	
叶美春	男	1918.10	锦归村	1947 年参加游击队，1949 年在登云鱼子渡被捕遭杀害。	川南游击队员	
叶桂章	男	1925.7	锦归村	1950 年应征入伍，1953 年春在青岛剿匪中牺牲。	驻青岛部队排长	
刘仁福	男	1937.6	广福村	1949 年参加解放军，1950 年冬在朝鲜战场牺牲。	志愿军战士	
黄水泉	男	1920.12	双寨村	1927 年参加革命，1930 年在大塘肚被捕，于佗城杀害。	赤龙铁区区联队队长	
黄火荀	男	1918.2	双寨村	1944 年参加革命，1945 年在博罗县罗浮山战斗牺牲。	东江纵队某连指导员	
叶文海	男	1936.5	梅东村	1966 年 7 月 8 日，在武汉抢救两个落水儿童时牺牲。	湖北省少管所医士	
黄坤胜	男	1924.10	梅东村	1946 年参加解放军 1950 年 6 月在抗美援朝战场牺牲。	志愿军副连长	
黄继章	男	1896.6	梅城村	1925 年参加革命，1929 年在韶关被捕杀害。	五兴龙县游击大队指导员	
叶伟周	男	1936.7	梅城村	1956 年应征入伍 1961 年秋在云南中电县因公牺牲。	解放军战士	
叶日标	男	1903.4	寨背村	1925 年参加革命，1928 年 5 月在广州东较场被捕杀害。	龙川县农民自卫军队长	
罗振彬	男	1964 年	寨背村	1986 年—2001年江门海关	缉私队长	
陈旺明	男	1955.4	旺宜村	1976 年 3 月应征入伍，1979 年 2 月在对越自卫反击战中牺牲。	53014 部队 63 分队班长	党员
陈梅添	男	1874.8	华城村	1928 年 3 月 10 日率华宜乡农民自卫军攻打鹤市时被捕，同年 6 月于佗城遭杀害。	农民自卫军队长	
陈龙华	男	1903.4	华城村	1928 年 3 月 10 日率华宜乡农民自卫军攻打鹤市时被捕，同年 6 月于佗城遭杀害。	农民自卫军队员	
张职占	男	1908.9	华城村	1928 年参加工农红军，同年 4 月在南坑尾被捕，于佗城遭杀害。	红五十一军战士	
张玉辉	男	1920.10	华城村	1928 年参加革命，同年 5 月在麦坳被捕，于佗城遭杀害。	地下工作人员	

续表

姓名	性别	出生年月	籍贯	参加革命时间、牺牲时间、地点、原因	牺牲前职务	备注
张　修	男	1914.2	华城村	1938年12月参加地下组织，1942年在河源县黄村战斗中牺牲。	东江抗日锄奸队队长	
张道仁	男	1915.9	华城村	1934年参加革命，1942年10月在增城县红旗山突围中战斗牺牲。	东江纵队电台副台长	
张洪贞	男	1921.8	华城村	1946年参加游击队，1947年冬在茶活战斗牺牲。	川北游击队副连长	
陈小明	男	1920.11	华城村	1947年参加游击队，1948年春在葛藤坪被捕，后遭杀害。	新生大队中队长	
李山川	男	1920.8	华城村	1968年6月24日广西灵山县部队执行任务牺牲。	人民解放军广西部队工程师	党员
陈新源	男	1957.3	华城村	1979年应征入伍，1979年2月17日在对越自卫反击战中牺牲。	53015部队一连班长	党员、立一等功
邓伯荣	男	1921.3	华城村	1947年参加游击队，同年冬于黄石战斗中牺牲。	川北武工队队员	
邓伯泉	男	1922.9	华城村	1946年参加民兵，1947年冬在南坑尾牺牲。	民兵排长	
曾亚福	男	1908.5	华新村	1928年参加革命，同年6月在麦坳被捕遭杀害。	地下工作人员	
陈丽川	男	1903.2	华新村	1936年参加革命，1942年在宝安县与日军作战斗时牺牲。	东江抗日游击总队参谋、宝安县税务总站站长	
陈波兴	男	1906.11	葛藤村	1937年参加革命，同年6月在鹤市金鱼被捕杀害。	地下工作人员	
陈石柱	男	1908.10	葛藤村	1936年参加革命，1937年冬在麦坳被捕遭杀害。	龙川县青年抗日先锋队队员	
张才强	男	1956.11	葛藤村	1976年应征入伍，1979年2月在对越自卫反击战中牺牲。	53015部队班长	党员、立一等功
张纯珍	男	1919.6	儒南村	1943年参加革命，1946年秋在河源县黄村战斗牺牲。	九连区武工队副连长	

表 10-3-4

通衢籍立功军人

姓名	性别	出生年月	籍贯	入伍时间	退伍时间	立功等级
何水安	男	1955.1	玳瑁村	1976 年 2 月	1979 年 12 月	1979 年对越自卫反击战荣立三等功
何石安	男	1958.4	玳瑁村	1976 年 3 月	1981 年 10 月	服役期间荣立三等功
陈初银	男	1958.10	太楼村	1976 年 2 月	1980 年 12 月	1979 年对越自卫反击战荣立三等功
吴云青	男	1955.12	锦太村	1974 年 1 月	1978 年 4 月	服役期间荣立三等功
叶　文	男	1964.7	锦归村	1982 年 10 月	1988 年 1 月	服役期间荣立三等功
叶朝南	男		锦归村	1976 年 2 月		服役期间荣立三等功
赖富宽	男	1956.11	旺茂村	1976 年 2 月	1989 年	1979 年对越自卫反击战荣立二等功、三等功 5 次
刘新汉	男	1955.3	旺茂村	1976 年 3 月	1980 年 12 月	服役期间荣立三等功
徐彬强	男	1985.5	旺茂村	2003 年 12 月	2005 年 12 月	服役期间荣立三等功
刘剑雄	男	1989.7	旺茂村	2005 年 12 月	2018 年 6 月	服役期间荣立三等功
赖卓明	男	1981.10	广福村	1999 年 12 月	2007 年 12 月	服役期间荣立三等功
叶子高	男	1951.12	广福村	1971 年 1 月	1977 年 3 月	服役期间荣立三等功
叶永明	男	1961.8	广福村	1981 年 10 月	1986 年 1 月	服役期间荣立三等功
林汉明	男		广福村	1976 年 2 月		1979 年对越自卫反击战荣立三等功
黄梅胜	男	1931.8	双寨村	1954 年 10 月	1956 年 2 月	服役期间荣立三等功
黄利争	男	1955.10	双寨村	1976 年 3 月	1980 年 12 月	服役期间 2 次立功，1979 年对越自卫反击战荣立三等功。
黄建明	男		双寨村			1979 年对越自卫反击战荣立三等功
黄师龙	男	1979.5	梅东村	1995 年 12 月	1998 年 12 月	服役期间荣立三等功
陈志勇	男	1981.10	梅东村	2002 年 12 月	2014 年 12 月	服役期间荣立三等功
叶自振	男	1957	梅城村	1976 年 2 月	1981 年 1 月	1979 年对越自卫反击战荣立三等功
刘玉波	男	1956.3	梅城村	1976 年 1 月	1980 年 1 月	1979 年对越自卫反击战荣立三等功
鞠汉恩	男	1954.11	梅城村	1972 年 12 月	1985 年 7 月	1979 年对越自卫反击战荣立三等功

续表

姓名	性别	出生年月	籍贯	入伍时间	退伍时间	立功等级
叶运华	男	1955.02	寨背村	1976 年 2 月	1981 年 1 月	1979 年对越自卫反击战荣立三等功
陈谷平	男	1950.1	旺宜村	1971 年 1 月	1976 年 3 月	服役期间荣立三等功
陈星宇	男	1983.6	旺宜村	2006 年 6 月	2019 年	2008 年 11 月荣立三等功
陈洪泉	男	1916.05	华城村			服役期间荣立一等功、三等功，获授模范英雄奖章
陈良球	男	1956.3	华城村	1976 年 1 月	1980 年 1 月	1979 年对越自卫反击战荣立三等功
周国明	男	1957.9	华城村	1978 年 2 月	1980 年 12 月	服役期间荣立三等功
张雄才	男		华城村	1976 年 2 月		1979 年对越自卫反击战荣立三等功
陈　小	男	1964.7	华城村	1982 年 11 月	1985 年 11 月	对越自卫反击战荣立三等功
张　勇	男	1967.7	华城村	1985 年 10 月	1999 年 8 月	1991 年荣立三等功
张振添	男	1944.10	华新村	1965 年		1979 年对越自卫反击战荣立三等功
陈作朋	男	1957	葛藤村	1976 年 2 月		1979 年对越自卫反击战荣立三等功
赵建先	男	1955	葛藤村	1976 年 2 月		1979 年对越自卫反击战荣立三等功
张惠胜	男	1953.3	儒南村	1976 年 2 月	1979 年 10 月	1979 年对越自卫反击战荣立三等功
张永发	男	1954.09	儒南村	1973 年		1979 年对越自卫反击战荣立二等功
陈国标	男	1955.8	儒南村	1976 年 3 月	1980 年 1 月	1979 年对越自卫反击战荣立三等功
张志明	男	1963.11	儒南村	1982 年 10 月	1987 年 1 月	服役期间荣立三等功
李永新	男	1976.12	儒南村	1996 年 12 月	2001 年 12 月	服役期间荣立三等功
李维强	男	1953.12	通衢居委会	1971 年 12 月	1986 年 1 月	服役期间荣立三等功
叶建平	男	1958.2	通衢居委会	1978 年 2 月	1980 年 12 月	服役期间荣立三等功

续表

姓名	性别	出生年月	籍贯	入伍时间	退伍时间	立功等级
李雄光	男	1974.10	通衢居委会	1994 年 12 月	1997 年 12 月	服役期间荣立三等功
张文强	男	1980.3	通衢居委会	1998 年 12 月	2010 年 12 月	服役期间荣立三等功

表 10-3-5 通衢籍伤残军人

姓名	性别	出生年月	籍贯	残级	入伍时间	退伍时间
何　英	男		玳瑁村	二等乙级		
吴云昌	男	1996.3	锦太村	六级	2015.9	2017.9
叶继辉	男		锦归村	二等甲级		
叶大炎	男		锦归村	三等甲级		
赖富宽	男	1956.11	旺茂村	八级	1976.2	1989
陈秋雄	男	1957.10	旺宜村	五级	1978.4	198112
张捷才	男	1931.3	华城村	八级	1950.12	1957.4
张龙生	男	1988.2	华城村	九级	2006.12	2008.12
廖子集	男	1950.7	华新村	精神Ⅱ级	1970.10	1975.11
曾平均	男	1957.8	通衢社区	八级	1976.2	1982.1
李维强	男	1953.12	通衢社区	十级	1972.1	1986.1

表 10-3-6 民国时期通衢籍职官

姓名	籍贯	职务	备注
何德辉	玳瑁村	广东省立老隆师范校长	
叶青天	梅城村	龙川县立一中校长、广东省立老隆师范校长、广东省教育厅科长	
陈国英	华城村	陆丰县揭子区区长	
张国馨	华城村	恩平县、河源县县长	
钟炽伦	华城村	国民党军队团长	
张滨源	华城村	恩平县民政科科长	
陈丽川	华新村	东江抗日总队宝安税务总站站长	革命烈士
廖国香	华新村	国民党粤军副团长	
廖裕昌	华新村	台湾台北市森林警察局所长	
李　荣	葛藤村	中山陵园管理处少将副处长	
陈德裕	儒南村	龙川县老隆粮仓主任、县参议员	

表 10-3-7 **通衢籍省（部）级干部**

姓名	性别	籍贯	任职单位	职务（职级）	备注
何添发	男	玳瑁村	中国侨联	党组副书记、专职副主席（副部级）	退休

表 10-3-8 **通衢籍厅（司、局、师）级干部**

姓名	性别	籍贯	任职单位	职务（职级）	备注
何健流	男	玳瑁村	铁道部兰州铁路局	党委副书记（副局级）	退休
何启治	男	玳瑁村	人民文学出版社	副总编辑	退休
崔永生	男	玳峰村	文化部民族文化司、中国少数民族美术促进会	司长、常务副会长	退休
陈初欣	男	太楼村	新疆煤炭工业厅	副厅级干部	
徐　毅	男	旺茂村	惠州市政协	副主席	
刘仕标	男	旺茂村	广东省老区建设促进会	副会长（副局级）	离休
黄　干	男	广福村	原农业部广州动植物检疫局	局级干部	已故
林炜东	男	广福村	韶关市政协	副主席	
吴　鸣	男	广福村	广州市中级人民法院	副局级干部	离休
黄　素	男	广福村	龙川县政协	副主席（副厅级待遇）	已故
黄　烈	男	梅东村	中国人民解放军原八一体工大队	队长（副军级）、少将	已故
黄晨光	男	梅东村	河源市政协	副主席	
陈道庆	男	梅东村	省林业厅	副厅长	
黄善辉	男	梅东村	广东省科协	副巡视员	退休
张克明	男	华城村	民革中央	监察委员会副主席、顾问	已故
廖国才	男	华新村	中交铁道设计研究总院有限公司	党委书记、董事长（正局级）	退休
廖寿煌	男	葛藤村	第五机械工业部物资管理局	局长	已故
廖建新	男	葛藤村	深圳市政协	常委（正厅级）	退休
孙肇平	男	葛藤村	深圳市宝安区人民法院	常务副院长、副局级干部	退休

表 10-3-9　　通衢籍处（团）级干部

姓名	性别	籍贯	任职单位	职务（职级）	备注
何夜光	男	玳瑁村	甘肃省兰州市复职办公室	主任（正处级）	已故
曾细添	女	玳瑁村	龙川县政协	副主席、 正处级干部	退休
曾洪梅	女	玳瑁村	惠州市妇联	党组书记、主席	
曾志平	男	玳瑁村	惠州市乡镇企业管理局	副局长	退休
何桂芳	女	玳瑁村	原茂名市畜牧水产局	副局长	退休
黄勇花	女	玳瑁村	龙川县政协	党组成员	
何杨柳	男	玳瑁村	龙川县政务服务数据管理局	四级调研员	
曾道祥	男	玳峰村	惠阳专区办公室	主任	
曾建文	男	玳峰村	广东省纪律检查委员会	正处级干部	
曾林添	男	玳峰村	原河源市工商局	局长	退休
曾伟贤	男	玳峰村	韶关市乳源瑶族自治县法院	院长	
曾忠平	男	玳峰村	龙川县人大常委会	副主任	
曾志宏	男	玳峰村	深圳市罗湖区卫生局	调研员	退休
崔惠英	女	玳峰村	茂名市人事局	调研员	
何庚明	男	玳峰村	韶关市北江监狱	四级高级警长 (副处级)	
李日耀	男	太楼村	广州市花都县	县长	已故
李立宪	男	太楼村	中国人民银行深圳市分行行政处	正处级干部	
李道中	男	太楼村	河源市粮食局	正处级干部	已故
李钦生	男	太楼村	工商银行深圳分行	处长	
何添光	男	锦太村	西安航天局	党组书记	退休
吴定绍	男	锦太村	河源市统计局	局长	退休
吴国胜	男	锦太村	广东省物资储备管理局	局长	已故
吴继光	男	锦太村	四川省成都市公安局	副局长	
叶振忠	男	高湖村	深圳市进出口贸易服务（集团）公司	总经理	离休
叶　毅	男	高湖村	广东省军区沙河干休所	政委	离休
叶富华	男	高湖村	中国（深圳）对外贸易中心	副总经理	退休
叶经广	男	高湖村	原韶关市国税局	局长	退休
叶明捷	男	高湖村	龙川县侨联	四级调研员	
叶俊明	男	高湖村	龙川县人大常委会	四级调研员	
叶超强	男	锦归村	广州市电影公司	党委书记	退休

续表

姓名	性别	籍贯	任职单位	职务（职级）	备注
叶朝南	男	锦归村	汕头市直属机关武装部	政委	退休
叶朝洪	男	锦归村	韶关市乳源县	副县长	退休
叶富胜	男	锦归村	广东省珠海市烟草专卖局	副局长	退休
叶书利	男	锦归村	龙川县委、县政府	常委、常务副县长	
叶伟成	男	锦归村	深圳市中级法院经济庭	庭长	
叶剑亮	男	锦归村	东莞市商务局	三级调研员	副团职军转干部
叶达华	男	锦归村	龙川县卫健局	四级调研员	
赖勇平	男	旺茂村	惠州市政协	常委（正处级）	
刘忠东	男	旺茂村	原河源市国税局	副局长	
叶　志	男	广福村	龙川县人大常委会	副主任	
吴俊芳	男	广福村	河源市交警支队	副支队长	
黄　忠	男	广福村	惠阳地区供销社	副主任	
黄向明	男	广福村	河源市职业技术学院	副院长	退休
吴瑞光	男	广福村	原河源市农机局	副局长	已故
黄福平	男	双寨村	河源市政协	常委（正处级）	
黄建明	男	双寨村	惠州市审计局	副局长	
黄捷书	男	双寨村	惠阳地区气象局	副局长	
张爱敏	男	双寨村	河源市委组织部	四级调研员	
陈金彬	男	梅东村	广东省民政厅监察室	主任	退休
陈雪萍	女	梅东村	广东省民政厅老干处	处长	
徐江珊	女	梅东村	广东省审计厅行政审计处	处长	退休
陈森源	男	梅东村	深圳监狱	工会主席	退休
陈德才	男	梅东村	中国地震局驻深圳办事处	正处级干部	退休
叶　军	男	梅东村	广东省建设银行	正处级干部	
蒲莱湘	女	梅东村	韶关市住建局	二级调研员	
陈志林	男	梅东村	广东省广播电视学校	副校长	
黄伟庆	男	梅东村	龙川县委统战部	四级调研员	
叶谦友	男	梅城村	惠州市移民办	副主任（正处级）	正团职军转干部、退休
叶佰钦	男	梅城村	博罗县人大常委会	副主任	
叶海松	男	梅城村	惠城区检察院	检察长	
叶常春	男	梅城村	河源市侨联	副主席	
叶海青	男	梅城村	深圳市盐田区土地资源监察局	局长	

续表

姓名	性别	籍贯	任职单位	职务（职级）	备注
王　良	男	梅城村	茂名市工商银行	行长	
邓彩添	女	梅城村	河源市卫生学校	校长	退休
杨慧英	女	梅城村	惠州市公安局法制科	副处级干部	
钟雁红	女	梅城村	深圳盐田区供电局客户部	主任(副处级)	
叶碧青	男	寨背村	河源市财贸办公室	主任	退休
叶细初	男	寨背村	河源市外经贸局	局长	退休
叶建华	女	寨背村	龙川县政协	副主席	退休
叶园青	男	寨背村	惠州市人大常委会	副秘书长	
叶进科	男	寨背村	广州市教育发展中心办公室	主任	
叶裕林	男	寨背村	湖北省宜昌市政协	提案委员会副主任（正处级）	
叶传增	男	寨背村	惠州市公安局	党组书记	退休
叶美香	男	寨背村	广州市公安局签证处	处长	
叶朝辉	男	寨背村	原广东省工商局人事处	处长	
叶元香	男	寨背村	广东海洋研究所	党委副书记	
叶日芳	男	寨背村	新疆维吾尔自治区克拉玛依市卫生局	处长	
叶刚强	男	寨背村	深圳市交警支队福田区大队	大队长（正处级）	退休
叶新安	男	寨背村	深圳市城管局	主任	退休
叶军平	男	寨背村	深圳市公安局罗湖分局	党组成员（副处级）	
陈宝驹	男	旺宜村	广州市芳村区教育局	局长（正处）	退休
陈勇斌	男	旺宜村	深圳海关风控局	副局长	
陈辉胜	男	旺宜村	惠州市绿化委员会	副主任	
陈秋雨	男	旺宜村	深圳市公安局交警支队	三级高级警长（副处级）	
陈小华	男	旺宜村	深圳市公安局福田分局福强派出所	四级高级警长（副处级）	
李建武	男	华城村	广州市司法局	处长	
李永新	男	华城村	广东电网惠州大亚湾供电局	党委书记、局长	
张　韬	男	华城村	惠州市民政局	局长	
张毅君	男	华城村	中国人民银行新疆博尔塔拉州分行	行长	
张　毅	男	华城村	中国人民银行新疆昌吉州分行	党委书记、行长	
周其光	男	华城村	交通部第四航务工程局设计院勘察处	处长	

续表

姓名	性别	籍贯	任职单位	职务（职级）	备注
陈奕谦	男	华城村	龙川县人大常委会	副主任、正处级干部	退休
陈雪平	男	华城村	原广东省民政厅	一级调研员	
陈伟川	男	华城村	广东省委军民融合办公室军工处	二级调研员	副团职军转干部
张绍昌	男	华城村	天津市塘沽区政协	常委	
张　松	男	华城村	原韶关市房产局	处长	已故
陈家胜	男	华城村	龙川县检察院	检察长	已故
苏　起	女	华城村	龙川县政协	副主席	
陈蔚均	男	华城村	惠阳地区公安局刑侦科、缉私大队	副处级干部	已故
张志良	男	华城村	广州市公安局纪侦大队	副处级干部	
余海平	男	华城村	惠州市税务局	副处级干部	
张建忠	男	华城村	河源市税务局	三级调研员	
张　涛	男	华城村	惠州市师范学校	校长	
周培华	男	华城村	韶关市水利电力局	总工程师	
张坤球	男	华城村	天津市纺织品进出口总公司	总经理	
曾强华	男	华新村	原广东省人事厅	处长	退休
陈作光	男	华新村	广州社情研究室	正处级干部	已故
周志斌	男	华新村	广州市纪委	常委（正处级）	
廖建立	男	华新村	中山市建设银行	高级金融主任	退休
廖百进	男	华新村	江门市建筑设计院	党委书记（副处级）	正团职军转干部、已故
廖　辉	男	华新村	惠州市邮电局	副处级干部	
廖建伟	男	华新村	揭阳市供电局	总会计师（副处级）	
曾仕根	男	华新村	龙川县编办	四级调研员	
孙　志	男	葛藤村	广东省水利电力厅	副局级干部	已故
廖荣秋	男	葛藤村	河源市直属机关党委	书记	退休
廖洪滨	男	葛藤村	龙川县政协	主席	
陈德源	男	葛藤村	潮州市地震局	局长（正处级）	已故
孙开平	男	葛藤村	深圳市住宅局计财处	处长	退休
廖志明	男	葛藤村	原惠州市物资局	局长	退休
陈文卿	男	葛藤村	广州三联华侨房地产有限公司	副总经理	正团职军转干部、退休
陈永平	男	葛藤村	开平市公安局	二级高级警长（正处级）	副团职军转干部

续表

姓名	性别	籍贯	任职单位	职务（职级）	备注
孙伟平	男	葛藤村	深圳市公安局龙岗分局龙新派出所	所长、二级高级警长（正处级）	退休
陈俊强	男	葛藤村	龙川县人大常委会	副主任、三级调研员	
陈伟俊	男	葛藤村	广东拓思软件科学园有限公司	董事、副总经理	
黄伯雄	男	葛藤村	广州市番禺区应急管理局	副局长（副处级）	
陈作松	男	葛藤村	原广西南宁市国税局	副调研员	退休
张水卿	男	葛藤村	深圳市龙岗区人民法院	办公室主任、四级高级法官（副处级）	退休
廖春材	男	葛藤村	龙川县政法委	四级调研员	退休
陈更生	男	儒南村	《广东农村报》报社	总编辑	已故
陈炯生	男	儒南村	广东省社会组织管理局	处长	
陈润泽	男	儒南村	河源市检察院	副检察长、三级高级检察官（正处级）	
张振辉	男	儒南村	河源市文化广电旅游体育局	调研员	退休
张永伟	男	儒南村	广东省广播电视网络股份有限公司	监察室主任、综合部主任（正处级）	
陈振辉	男	儒南村	深圳市罗湖区政法委	二级调研员	
张智武	男	儒南村	深圳市罗湖区人大常委会	二级调研员	
陈海平	男	儒南村	深圳海关	一级主办（副处级）	
陈进标	男	儒南村	深圳市龙岗区人民法院	庭长（副处级）	已故
陈炯旺	男	儒南村	龙川县人民法院	审委会委员、四级高级法官（副处级）	退休

表 10-3-10　　通衢籍科（营）级干部

姓名	性别	籍贯	任职单位	职务（职级）	备注
曾玉青	男	玳瑁村	龙川县残联	理事长、主任科员（正科级）	已故
曾石平	男	玳瑁村	广州花东镇总工会	专职副主席	
何成军	男	玳瑁村	龙川县自然资源局	党组书记、局长	
梁艳莉	女	玳瑁村	龙川县人民检察院第三检察部	主任、一级检察官（正科级）	
何仕强	男	玳瑁村	龙川县粮食局	副局长	退休
曾海平	男	玳瑁村	龙川县科学技术协会	党组成员、副主席	

续表

姓名	性别	籍贯	任职单位	职务（职级）	备注
曾焕华	男	玳瑁村	通衢镇府	党委委员、副镇长	
何玉平	女	玳瑁村	锦归镇府	副主任科员	退休
崔庆周	男	玳峰村	龙川第四区（通衢）	区长	已故
崔庆富	男	玳峰村	鹤山县总工会	主席	军转干部、退休
曾　涛	男	玳峰村	丰稔镇府	党委书记、一级主任科员	
何杏明	男	玳峰村	河源市司法局公证处	主任	退休
崔来德	男	玳峰村	龙川第四区（通衢）	副区长	已故
曾永生	男	玳峰村	河源市司法局	正科级干部	
曾凡平	男	玳峰村	锦归镇府	副主任科员	退休
曾凡兴	男	玳峰村	通衢镇府	党委委员	退休
崔永光	男	玳峰村	广州市公安局天河分局某派出所	所长	
李学泉	男	太楼村	鹤市镇人大主席团	副主席、主任科员（正科级）	退休
梁　冰	女	太楼村	通衢镇府	一级主任科员	退休
李日辉	男	太楼村	龙川县档案局	局长（副科级）	退休
李伯振	男	太楼村	龙川县人力资源和社会保障局	三级主任科员	
李伟东	男	太楼村	通衢镇府	三级主任科员	
李兴中	男	太楼村	龙川县侨联	四级主任科员	
李　彬	男	太楼村	广东工业大学基建处	科长	
李海泉	男	太楼村	龙川县外经委	工会主席（副科级）	退休
何金胜	男	锦太村	龙川县华侨事务办公室	主任	退休
吴定富	男	锦太村	原龙川县工商局	副局长	军转干部、退休
吴锦添	男	锦太村	锦归公社管委会	副主任	已故
吴国球	男	锦太村	锦归镇府	组织委员	退休
郑志初	男	锦太村	通衢镇人大主席团	副主席	
吴利斌	男	锦太村	细坳镇府	党委委员兼武装部部长	
叶明周	男	高湖村	龙川县政协	提案办副主任、主任科员（正科级）	
叶伟	男	高湖村	惠州市发改委	正科级干部	退休
叶高辉	男	高湖村	通衢公社革委会	副主任	已故

续表

姓名	性别	籍贯	任职单位	职务（职级）	备注
叶德友	男	高湖村	紫市镇党委	副书记	已故
吴碧芳	女	高湖村	龙川县侨务办	副主任科员	退休
叶益权	男	高湖村	龙川县公安局	副主任科员	退休
叶　艺	男	高湖村	韶关市税务局	副局长	
叶　青	男	锦归村	龙川第五区（贝岭）	区长	已故
叶金凌	男	锦归村	龙川县司法局	局长	已故
张玉庭	男	锦归村	和平县财贸办公室	主任	退休
叶周文	男	锦归村	龙川县移民办	副主任	已故
叶秋琼	男	锦归村	锦归公社党委、革委会	副书记、主任	退休
叶捌初	男	锦归村	原龙川县卫生局	副局长（正科级）	退休
叶松传	男	锦归村	原龙川县移民办	副主任、主任科员（正科级）	退休
叶志刚	男	锦归村	丰稔镇人大主席团	主席	
叶小琴	女	锦归村	龙川县史志办	副科级干部	
叶文捷	男	锦归村	铁场镇府	副镇长	
叶春青	男	锦归村	紫市镇府	党委委员兼武装部长	
叶东盛	男	锦归村	龙川县委第四巡察组	组长（副科级）	
刘景富	男	旺茂村	陆军装备部防化军事代表局驻桂林和广州地区军事代表室	主任（正营级）	
黄鹏新	男	旺茂村	韶关市公安局浈江分局	正科级干部	
赖细华	男	旺茂村	广东省地震局新丰江地震监测中心站	科长	
徐　雄	男	旺茂村	海南省驻广州办事处	科级干部	退休
刘　镇	男	旺茂村	通衢公社党委、革委会	副书记、主任	退休
刘达雄	男	旺茂村	龙川县公安局法制大队	教导员、三级警长	
刘　凯	男	旺茂村	通衢镇党委	组织委员	
黄益军	男	旺茂村	岩镇镇府	党委委员兼武装部长	
叶木星	男	广福村	登云区公所	区长	已故
吴锦祥	男	广福村	广州市花都区侨务外事办公室	主任	
黄　辉	男	广福村	龙川县人大常委会	二级主任科员	
吴　初	男	广福村	锦归公社党委	副书记	退休
黄东明	男	广福村	原龙川县劳动局	副局长	退休

续表

姓名	性别	籍贯	任职单位	职务（职级）	备注
黄　祥	男	广福村	龙川县城市管理和综合执法局	党组成员、副局长	
黄锦云	女	广福村	附城镇府	副主任科员	退休
黄　亮	男	广福村	河源职业技术学院机电学院	党总支副书记	
黄艺平	男	广福村	龙川县隆师中学	校长	
吴怡忠	男	广福村	佛山市交警支队某大队	教导员	
吴小文	男	广福村	佛山市南海区委宣传部	科长	
张碧礼	男	双寨村	龙川县统战部	副部长（正科级）	退休
黄清云	女	双寨村	龙川县纪委	副主任科员	退休
黄丰光	男	双寨村	河源市疾控中心	副科级干部	
黄仲明	男	梅东村	东源县政府办公室	主任	
黄　泉	男	梅东村	丰稔镇府	党委书记	
陈坚庆	男	梅东村	通衢镇人大主席团	主席	退休
陈伟东	男	梅东村	龙川县工业商务和信息化局	一级主任科员	
黄善源	男	梅东村	龙川县外经总公司	总经理	
陈雪琼	女	梅东村	广东省政府地方志办公室	正科级干部	
陈标庆	男	梅东村	深圳市光明区街道办	正科级干部	
叶素招	女	梅东村	通衢镇府	党委副书记	退休
黄添德	男	梅东村	龙川县乡镇企业局	副局长	退休
黄进才	男	梅东村	龙川县商业总公司	副总经理	营级军转干部、退休
陈国富	男	梅东村	龙川县纪委监委	县财政局党组成员、纪检组长	
陈秀霞	女	梅东村	通衢镇镇府	副镇长、三级主任科员	
黄运周	男	梅东村	龙川县公安局鹤市派出所	所长、一级警长（正科级）	
黄斐卡	男	梅东村	农业银行广州分行东城支行	副行长	
黄婉玫	女	梅东村	农业银行广州分行	副科级干部	
黄伟成	男	梅东村	韶关市公安局	四级警长（副科级）	
鞠道新	男	梅城村	原龙川县工商局	副局长	已故
王小庆	男	梅城村	龙川县住建局	党组副书记、一级主任科员	退休
叶　涛	男	梅城村	龙川县公安局紫市派出所	三级警长（副科级）	

续表

姓名	性别	籍贯	任职单位	职务（职级）	备注
叶平初	男	寨背村	河源市烟草专卖局	主任	
叶伟雄	男	寨背村	广州市航空公司	主任	
叶木香	男	寨背村	通衢镇人大主席团	主席	退休
叶清恩	男	寨背村	龙川县检察院	党委委员、检察科科长	退休
叶日廷	男	寨背村	锦归区公所	副区长	已故
叶日思	男	寨背村	龙川县公安局	副政委	退休
叶超华	男	寨背村	龙川县信访局	副局长	退休
叶云辉	男	寨背村	通衢镇人大主席团	副主席	
叶战辉	男	寨背村	原南海区工商局	副局长	
叶进林	男	寨背村	广州市公安局黄埔分局缉私大队	办公室主任	
叶忠平	男	寨背村	龙川县公安局打私大队	大队长、一级警长（正科级）	
叶雪峰	男	寨背村	龙川县公安局经侦大队	副大队长、一级警长（正科级）	
叶志明	男	寨背村	龙川县公安局治安大队	副主任科员、一级警长（正科级）	退休
叶志军	男	寨背村	深圳市罗湖区看守所	所长	
叶广平	男	寨背村	龙川县公安局	二级警长（正科级）	
叶周初	男	寨背村	龙川县金安中学	校长	
叶艺红	男	寨背村	龙川县教育局	副主任科员	
叶权辉	男	寨背村	龙川县工业商务和信息化局	三级主任科员	
叶志超	男	寨背村	通衢镇府	纪委副书记、四级主任科员	
叶建平	男	寨背村	通衢镇府	副主任科员	
叶仕环	男	寨背村	通衢镇府	四级主任科员	
陈家驹	男	旺宜村	原龙门县计划局	局长	
陈林康	男	旺宜村	始兴县农业农村局	局长	
陈春标	男	旺宜村	惠州市武警支队	正营级干部、少校	
陈立平	男	旺宜村	边防武警深圳七支队	科长（正营级）	
陈坤康	男	旺宜村	佛山市民政局	科长	
陈燕彬	男	旺宜村	惠州市应急管理局	科长	
陈永兴	男	旺宜村	龙川县科技局	一级主任科员	退休

续表

姓名	性别	籍贯	任职单位	职务（职级）	备注
陈元青	男	旺宜村	龙川县委办	一级主任科员	退休
陈燕江	男	旺宜村	广东省惠州监狱	副科长、二级警长（正科级）	
陈星宇	男	旺宜村	深圳市盐田街道办	正科级干部	军转干部
陈斌城	男	旺宜村	佗城镇府	副镇长、三级主任科员	
陈铭章	男	旺宜村	厦门警备区后勤处	助理员（副营级）	退休
陈若飞	男	旺宜村	龙川县人大常委会	副主任科员	退休
陈钦章	男	旺宜村	河源市源城区畜牧兽医渔业局	三级主任科员	退休
陈立巧	男	旺宜村	河源市源城区畜牧兽医渔业局	四级主任科员	
陈　彬	男	旺宜村	广东广播电视台审计科	副科长	
陈东奎	男	旺宜村	河源市教育局人事科	副科长	
陈元伟	男	旺宜村	龙川县纪委监委	四级主任科员	
邬丽清	女	旺宜村	龙川县委办	四级主任科员	
黄文红	女	旺宜村	龙川县税务局	四级主办（副科级）	
陈学平	男	旺宜村	龙川县物资有限公司	副总经理	
张维明	男	华城村	龙川县委办公室	主任	已故
张素廉	女	华城村	原龙川县计生委	主任	已故
张群彬	男	华城村	附城镇人大主席团	主席	退休
张锡俊	男	华城村	原龙川县建委	副主任（正科级）	退休
陈振荣	男	华城村	原龙川县文化局	副局长（正科级）	退休
张国锋	男	华城村	原龙川县质监局	副局长（正科级）	退休
张培铭	男	华城村	紫金县畜牧水产局	局长	
张光贤	男	华城村	广东省水电二局	宣传部长（正科级）	退休
张作周	男	华城村	龙川县登云镇人大主席团	主席	退休
陈志华	男	华城村	珠海市平沙镇人大主席团	主席	
张　敏	男	华城村	赤光镇人大主席团	主席	
张德胡	男	华城村	惠州市科委	科长	
张东秋	男	华城村	深圳保税管理局办公室	副主任	
张满娣	女	华城村	清远市卫生和计划生育局	科长	
谢淑芳	女	华城村	龙川县政协提事法制委员会	主任（正科级）	
何滋云	男	华城村	广州市民政局	科长	

续表

姓名	性别	籍贯	任职单位	职务（职级）	备注
周武宣	男	华城村	佛山市供销社	科长	
陈惠玲	女	华城村	佛山市妇幼保健院	副院长	
张双平	男	华城村	广东省江北监狱教育科	科长	
张钦文	男	华城村	广东省警官学院保卫科	科长	
张海波	男	华城村	江门市粮食局	人事科科长	
张梅岳	男	华城村	韶关市供电局	办公室主任	
张万球	男	华城村	龙川县教育局	副局长	已故
李伯权	男	华城村	原龙川县体委	副主任	已故
张进才	男	华城村	龙川县民政局	副局长	副团职军转干部已故
张强新	男	华城村	原龙川县环保局	副局长	副团职军转干部退休
陈云龙	男	华城村	龙川县公安局	党委委员、副局长、一级警长（正科级）	
张文川	男	华城村	佛山市卫生防疫站	副站长	
张伟雄	男	华城村	龙川县通衢镇人民政府	副镇长	退休
张　勇	男	华城村	龙川县卫计局	副局长	退休
张　洁	男	华城村	原河源县计委	副主任	
张棠辉	男	华城村	原陆丰县计委	副主任	
张松森	男	华城村	原乐昌县经委	副主任	
张庚贤	男	华城村	翁源县人大常委会办公室	副主任	
张培武	男	华城村	龙川县烟草专卖局	副局长	
张国颂	男	华城村	龙川县住建局	副局长	
张科基	男	华城村	麻布岗镇府	党委副书记、三级主任科员	
张坚基	男	华城村	龙川县委宣传部	纪检组长（副科级）	
张东球	男	华城村	深圳市保税管理局	办公室副主任	
陈大浩	男	华城村	铁场镇府	党委委员兼武装部长	
张赤康	男	华城村	惠州市建委质量监督站	站长	
陈伟声	男	华城村	龙川县公安局	副主任科员	退休
张月球	男	华城村	通衢镇府	四级主任科员	

续表

姓名	性别	籍贯	任职单位	职务（职级）	备注
张汉光	男	华城村	河源市职业技术学院	科长	退休
张伯柳	男	华城村	龙川开放大学	副校长	
张　雄	男	华城村	龙川县实验中学	校长	
廖国欣	男	华新村	广州市海珠区纪委二室	主任	
廖建人	男	华新村	龙川县人民银行	行长	退休
陈作彬	男	华新村	连平县人民银行	行长	
陈作椿	男	华新村	韶关市交通局	科长	
陈作兰	男	华新村	南海市建委	副主任	团职军转干部已故
陈作兴	男	华新村	广东省水利厅	科长	退休
陈金添	男	华新村	乳源县供销社	主任	退休
陈作枢	男	华新村	云南省靖边县供销社	主任	退休
张振强	男	华新村	中共龙川县纪律检查委员会	信访科科长	已故
张振添	男	华新村	龙川县人大常委会任免科	正科级干部	退休
傅永新	男	华新村	梅州市统计局	主任科员（正科级）	退休
廖建辉	男	华新村	珠海市香洲区税务局	纪检组副组长、二级主办（正科级）	
陈　清	男	华新村	佛山市南海区公安分局	科长	
陈小武	男	华新村	广州市公安局越秀分局	一级警长（正科级）	
江德威	男	华新村	通衢镇党委	组织委员	退休
陈作能	男	华新村	通衢镇府	副主任科员	退休
廖　武	男	葛藤村	龙川第四区府、通衢乡	党委副书记、乡长	已故
陈镜清	男	葛藤村	新疆和田地区皮山县检察院	副检察长	已故
陈和林	男	葛藤村	肇庆市鼎湖区农业局	局长	退休
廖日亮	男	葛藤村	原紫金县农机局	局长	
陈卫平	男	葛藤村	龙川县水利局	党组副书记、主任科员（正科级）	退休
陈仕根	男	葛藤村	深圳市宝安粮食有限公司	经理	
廖春标	男	葛藤村	惠州市公安局惠阳区分局淡水派出所	所长、一级警长（正科级）	
陈作棠	男	葛藤村	龙川县公安局新城分局	局长（副科级）	退休
陈智翀	男	葛藤村	开平市沙塘镇府	副镇长	
廖东波	男	葛藤村	通衢镇府	三级主任科员	

续表

姓名	性别	籍贯	任职单位	职务（职级）	备注
廖俊辉	男	葛藤村	惠州市消防救援局	综合科副科长	
陈宇龙	男	葛藤村	龙川县委办	纪检组长（副科级）	
陈日强	男	葛藤村	龙川县税务局	四级主办（副科级）	
廖万强	男	葛藤村	龙川县教育局	督学（副科级）	退休
黄金坤	男	儒南村	登云镇府	党委副书记、镇长	
陈淑芬	女	儒南村	深圳市龙岗区人民检察院	一级检察官（正科级）	
陈剑栋	男	儒南村	广东海事局	二级主任科员	
陈炳坤	男	儒南村	龙川县保密局	局长（副科级）	退休
陈剑锋	男	儒南村	通衢镇府	副镇长	
李　玲	女	儒南村	通衢镇府	党委委员	
陈炳亮	男	儒南村	龙川县政协	副主任科员	已故
陈小龙	男	儒南村	龙川县政法委	四级主任科员	

表 10-3-11　　通衢籍取得博士学位人员

姓名	性别	籍贯	授予时间	授予学校	备注
崔剑方	男	玳峰村	2011 年 7 月	中国科学院上海有机化学研究所	理学博士
李添才	男	太楼村		北京城建勘测设计研究院有限公司、中国地质与地球物理研究所	博士
叶淑兰	女	锦归村	2010年	香港浸会大学	国际政治专业博士
叶续源	男	梅城村		美国马里兰州巴尔的摩药物研究院	医药博士，旅美
陈纪文	男	儒南村			博士、科学家，旅美
张阜康	男	华城村	1968 年	清华大学	电子学博士
张超泉	男	华城村	1969 年	清华大学	物理学博士
张卫星	男	华城村	1969 年	北京大学	物理学博士
陈红艺	男	华城村	2008 年	清华大学	物理学博士
陈志豪	男	华城村		广东工业大学	博士
张　容	女	华城村		广州医科大学	医学博士
陈　东	男	华新村		中山大学医学部	医学博士
陈伟俊	男	葛藤村	2022 年	马来西亚亚洲城市大学	工商管理学博士

表 10-3-12　　通衢籍获得高级职称人员

一、医疗卫生类

姓名	性别	籍贯	任职单位	职称	备注
何　明	男	玳瑁村	龙川县人民医院	副主任医师	退休
崔志民	男	玳峰村	惠州市中山大学附属医院	教授	
郑坤城	男	锦太村	东莞市东坑医院	教授、主任医师	
叶粤华	男	高湖村	广西壮族自治区妇幼保健院	主任医师	
刘金文	男	旺茂村	广东省中医院	教授、主任医师	
黄怀球	男	梅东村	中山大学附属三院	教授、主任医师	
张洁红	女	梅东村	广州医科大学附属一院	主任医师	
骆丽莉	女	梅东村	龙川县中医院	副主任护师	
陈锦国	男	旺宜村	龙川县人民医院	副主任技师	
陈凯均	男	旺宜村	龙川县人民医院	副主任医师	
陈明星	男	旺宜村	龙川县人民医院	副主任技师	
张鉴雄	男	华城村	广东医学院	副教授	
陈　东	男	华新村	中山大学附属一院	副教授、主任医师	
陈炳胜	男	华新村	龙川县中医院	副主任医师	
黄晓慧	女	葛藤村	中山大学附属八院	副主任医师	
廖颖钊	男	葛藤村	深圳市中医院	副主任医师	
陈　勇	男	葛藤村	龙川县中医院	副主任医师	
江碧静	男	葛藤村	龙川县中医院	副主任医师	
叶细珍	女	葛藤村	龙川县中医院	副主任技师、副主任护师	
张甘雄	男	儒南村	广州市荔湾医院	主任医师	已故
陈海生	男	儒南村	佛山市骨科医院	教授、主任技师	

二、文化教育类

姓名	性别	籍贯	任职单位	职称	备注
何启光	男	玳瑁村	广东人民出版社	主任编辑	已故
何启治	男	玳瑁村	人民文学出版社	高级编辑	国家级作家
陈婉雯	女	玳瑁村	新华社驻广东分社	主任记者	退休
何其芙	男	玳瑁村	广州市第二中学	高级教师	
曾惠宇	男	玳瑁村	龙川县培英学校	高级教师	
沙运芳	女	玳瑁村	龙川县老隆学校	副高级教师	广东省名班主任工作室主持人
曾德芳	男	玳瑁村	惠州学院	教授	
何志才	男	玳峰村	华南理工大学	教授	
崔剑方	男	玳峰村	南方科技大学	副教授	
崔秋娥	女	玳峰村	龙川县实验中学	高级教师	
崔明初	男	玳峰村	龙川县附城中学	高级教师	退休
曾德乐	男	玳峰村	龙川县培英学校	高级教师	
曾德华	男	玳峰村	通衢镇中心小学	高级教师	
李富海	男	太楼村	华南农业大学	教授	退休
李　辉	男	太楼村	通衢镇中心小学	高级教师	
李朝晖	女	太楼村	龙川县培英学校	高级教师	
吴东满	女	锦太村	龙川县实验小学	高级教师	
叶以平	男	高湖村	龙川县田家炳中学	高级教师	
崔伟彬	男	高湖村	登云镇中心小学	高级教师	
叶淑兰	女	锦归村	华东师范大学	教授	博士生导师、国际政治教研室主任
叶丽娟	女	锦归村	龙川县第一中学高中部	高级教师	
叶建雄	男	锦归村	通衢镇中心小学	高级教师	
赖国运	男	旺茂村	龙川县博物馆	一级美术师	退休

续表

姓名	性别	籍贯	任职单位	职称	备注
赖晋禄	男	旺茂村	广东省政法学院	教授	
徐伟林	男	旺茂村	龙川县田家炳中学	高级教师	
叶　武	男	旺茂村	龙川县新城中学	高级教师	
黄艺平	男	广福村	龙川县隆师中学	高级教师	
吴毛明	男	广福村	通衢中学	高级教师	
叶建英	女	广福村	通衢中学	高级教师	
吴小武	男	广福村	通衢中学	高级教师	
林朝霞	女	广福村	龙川县卓峰学校	高级教师	
郭旭霞	女	广福村	龙川县卓峰学校	高级教师	
林　如	女	广福村	老隆镇第三小学	高级教师	
黄　勇	女	广福村	通衢镇鑫辉小学	高级教师	
张东拉	男	双寨村	河源市教育教学研究院	高级老师	
黄伟芬	女	双寨村	老隆镇第二小学	高级教师	
陈汉平	男	梅东村	龙川县第一中学高中部	高级教师	
陈宇斌	男	梅东村	龙川县第一中学高中部	高级教师	
黄秀球	女	梅东村	龙川县第一中学高中部	高级教师	
张飞云	女	梅东村	龙川县实验中学	高级教师	
卢晓英	女	梅东村	龙川县实验中学	高级教师	
邓　健	男	梅东村	龙川县田家炳中学	高级教师	
陈志达	男	梅东村	龙川县维嘉学校	高级教师	
赖冬美	女	梅东村	通衢中学	高级教师	
黄雄平	男	梅东村	通衢中学	高级教师	退休
陈广才	男	梅东村	通衢中学	高级教师	

续表

姓名	性别	籍贯	任职单位	职称	备注
黄志琼	女	梅东村	通衢中学	高级教师	
叶勇才	男	梅东村	深圳市宝安区塘尾万里学校	高级教师	
叶勇周	男	梅东村	深圳市光明区光明小学	高级教师	
鞠文平	男	梅东村	龙川县第一中学高中部	高级教师	
叶绿野	男	梅城村	广州美术学院	教授	已故
叶丰才	男	梅城村	原广东老隆师范学校	高级讲师	已故
叶丽琳	女	梅城村	广州市广雅中学	高级教师	广东省人民政府督学
叶　慧	女	梅城村	龙川县第一中学初中部	高级教师	
叶　根	男	梅城村	龙川县培英学校	高级教师	
曾志平	男	梅城村	通衢中学	高级教师	
叶海燕	女	梅城村	通衢镇中心小学	高级教师	
叶勇珍	女	梅城村	龙川县实验小学	高级老师	
叶禹汉	男	梅城村	龙川县培英学校	高级教师	
黄振才	男	梅城村	龙川县培英学校	高级教师	
叶　风	男	寨背村	北京航空航天大学	教授	
叶廷恩	男	寨背村	中山大学	副教授	
叶剑全	男	寨背村	龙川县第一中学初中部	高级教师	
叶　斐	女	寨背村	广州市象贤中学	高级教师	
叶建锋	男	寨背村	河源市田家炳实验学校	高级教师	
叶志育	男	寨背村	通衢中学	高级教师	
叶秀娟	女	寨背村	龙川县卓峰学校	高级教师	
叶建华	男	寨背村	龙川县第一中学初中部	高级教师	
叶建军	男	寨背村	龙川一中高中部	高级教师	

续表

姓名	性别	籍贯	任职单位	职称	备注
陈立煌	男	旺宜村	龙川县佗城中学	高级教师	
陈东红	女	旺宜村	老隆镇第二小学	高级教师	
周群彬	男	华城村	龙川县教师发展中心	正高级教师	
张琼林	男	华城村	湖南大学	教授	
陈红艺	男	华城村	深圳大学	副教授、副研究员	
张　弛	男	华城村	原广东老隆师范学校	高级讲师	
周瑞彬	男	华城村	惠州市教育局教科院	正高级教师	
张新燕	女	华城村	龙川县教师发展中心	高级教师	
李建富	男	华城村	通衢中学	高级教师	
周伟汉	男	华城村	通衢中学	高级教师	
张燕辉	男	华城村	通衢中学	高级教师	
何学俊	男	华城村	龙川县田家炳中学	高级教师	
马海强	男	华城村	龙川县培英学校	高级教师	
张巧燕	女	华城村	龙川县培英学校	高级教师	
张艺霞	女	华城村	龙川县培英学校	高级教师	
张国扬	男	华城村	龙川县老隆学校	高级教师	
张　雄	男	华城村	龙川县老隆学校	高级教师	
陈丽萍	女	华城村	龙川县实验中学	高级教师	
马海文	男	华城村	龙川县实验中学	高级教师	
何学林	男	华城村	龙川县第一中学初中部	高级教师	
刁梅兰	女	华城村	龙川县第一中学初中部	高级教师	
陈福才	男	华城村	通衢镇中心小学	副高级教师	
张丽珍	女	华城村	老隆镇第三小学	高级教师	
张秀丽	女	华城村	龙川县卓峰学校	高级教师	

续表

姓名	性别	籍贯	任职单位	职称	备注
黄新霞	女	华城村	龙川县卓峰学校	高级教师	
廖锦昌	男	华城村	广东省机械学院	副教授	
曾仕标	男	华新村	河源职业技术学院	高级讲师	
曾德伟	男	华新村	龙川县第一中学高中部	高级教师	
陈炳栋	男	华新村	龙川县第一中学高中部	高级教师	
廖荣平	男	华新村	龙川县学生德育基地	高级教师	
傅旭燕	女	华新村	老隆镇第三小学	高级教师	
廖洪嫣	女	葛藤村	河源职业技术学院	副教授	
陈细东	男	葛藤村	通衢中学	高级教师	
张振才	男	葛藤村	通衢中学	高级教师	
陈国权	男	葛藤村	龙川县卓峰学校	高级教师	
廖　毅	男	葛藤村	龙川县培英学校	高级教师	
陈　虹	女	葛藤村	龙川县维嘉学校	高级教师	
黄伟芳	女	葛藤村	龙川县维嘉学校	高级教师	
陈惠琼	女	葛藤村	老隆镇第三小学	高级教师	
陈冬菁	女	儒南村	羊城晚报社	高级记者	
陈剑勇	男	儒南村	惠州学院	副教授	
王国才	男	儒南村	龙川县老隆学校	高级教师	

三、工程技术类

姓名	性别	籍贯	任职单位	职称	备注
何国才	男	玳瑁村	航空工业部第631研究所	高级工程师	退休
何明泰	男	玳瑁村	龙川县锦龙无线电公司	高级工程师	退休
何健流	男	玳瑁村	甘肃省兰州铁路局	高级经济师	退休
何启新	男	玳瑁村		高级工程师	退休
何奕卿	男	玳峰村	华南理工大学计算机系	研究员、高级工程师	退休
何益钦	男	玳峰村	电子工业部第七研究所	高级工程师	退休
何惠彬	男	玳峰村	广西壮族自治区化学纤维研究所	高级工程师	
李道生	男	太楼村	广东省路桥航运公司	高级工程师	退休
何添光	男	锦太村	航天工业部第四研究院	高级工程师	退休
叶桂南	男	锦归村	原龙川县科委	高级工程师	退休
叶国馨	男	锦归村	广东科技报	高级工程师	
刘德华	男	旺茂村	惠州市产品质量监督所	高级工程师	
叶文炎	男	梅东村	南雄市农业局	高级工程师	
叶日泉	男	梅城村	广东省外贸开发有限公司	高级工程师	
叶运华	男	寨背村	龙川县交通局	高级工程师	退休
黄嘉珍	女	寨背村	广州航道局	高级工程师	
叶玉星	男	寨背村	中国原子能科学研究院、放射化学研究室	研究员	退休
陈漂兴	男	旺宜村	地质部第十六研究所	高级工程师	
陈南建	男	旺宜村	广东省生物工程研究所	高级工程师	
陈锦康	男	旺宜村	河南省洛阳拖拉机厂	高级工程师	
陈光胜	男	旺宜村	龙川县林科所	高级工程师	退休
陈子高	男	华城村	原韶关市农业局	高级农艺师	退休
陈坤柱	男	华城村	电子工业部工程设计院	高级工程师	已故
张维森	男	华城村	广东省水利水电机械施工公司	高级工程师	
张铁泉	男	华城村	广东省肇庆劳改场	高级工程师	
张志强	男	华城村	惠州市大亚湾电力局	高级监理工程师	
陈剑峰	男	华城村	广州市公交集团	高级工程师	
陈建新	男	华城村	惠州市水电建筑工程有限公司	高级工程师	
张基生	男	华城村	龙川县外贸局	高级工程师	
张光贤	男	华城村	广东省水利电力厅水电二局	高级政工师	退休
曾祥辉	男	华新村	国家四海石油研究所	高级工程师	退休
廖建伟	男	华新村	广东电网揭阳供电局	高级会计师、高级经济师	

续表

姓名	性别	籍贯	任职单位	职称	备注
廖智强	男	华新村	英德市环境监测站	高级工程师	
陈文卿	男	葛藤村	广州三联华侨房产有限公司	高级工程师	退休
陈德源	男	葛藤村	潮州市地震局	高级工程师	已故
陈伟俊	男	葛藤村	广东拓思软件科学园有限公司	高级工程师、高级科技咨询师	国家级创业导师
陈海渊	男	葛藤村	广东电网惠州供电局	高级工程师	
陈炯强	男	儒南村	广州铁路局	高级工程师	退休
陈炎根	男	儒南村	深圳市纺织工业公司	高级工程师	退休

表 10-3-13　　通衢籍获省直部门以上表彰、奖励人员

姓名	性别	籍贯	工作单位	授奖时间	授奖机关（大会）	荣誉称号
邓日英	女	玳瑁村	锦归公社管委会	1982年	国家计划生育委员会	全国计划生育先进工作者
沙运芳	女	玳瑁村	龙川县老隆学校	2018.9	广东省委教工委、广东省教育厅、广东省人社厅、广东省总工会	广东省南粤优秀教师
				2021.8	广东省人民政府	广东省特级教师
曾德华	男	玳峰村	通衢镇中心小学	2012.9	广东省委教工委、广东省教育厅、广东省人社厅、广东省总工会	广东省南粤优秀教师
刘　凯	男	旺茂村	旺茂村民委员会	2021年	中共广东省委农村工作领导小组	2019—2020年脱贫攻坚工作表扬奖
林穗玲	女	广福村	国家女子轮椅篮球队	2021年	东京残奥会	银牌
林辉标	男	广福村	龙川县实验小学	1989.9	国家教育部	全国优秀教师
				2001.12	广东省人民政府	广东省特级教师
谢　强	男	梅东村	通衢镇中心小学		中共中央	全国优秀党员
赖冬美	女	梅东村	通衢中学	2018.9	广东省委教工委、广东省教育厅、广东省人社厅、广东省总工会	广东省南粤优秀教师

续表

姓名	性别	籍贯	工作单位	授奖时间	授奖机关（大会）	荣誉称号
叶丽琳	女	梅城村	广州市广雅中学		广东省委教工委、广东省教育厅、广东省人社厅、广东省总工会	广东省南粤优秀教师
黄继海	男	寨背村	通衢镇司法所	1996年	广东省司法厅	司法所建设先进工作者
陈选才	男	华城村	龙川县第一中学	1959年	国家教育部	全国建设社会主义积极分子
				1960年	广东省教育厅	广东省先进教育工作者
陈福才	男	华城村	通衢镇中心小学	2011年	广东省教育厅	广东省山区优秀教师
				2017年	广东省委宣传部、广东省文明办	广东省岗位学雷锋标兵
廖颖钊	男	葛藤村	深圳市中医院	2021年	世界中医药学会联合会	2020年中医药国际贡献奖（二等奖）

表 10-3-14　　通衢镇获得“光荣在党 50 年”纪念章人员

姓名	性别	籍贯	授予时间	授予部门	备注
曾泉庆	男	玳峰村	2022 年 7 月	中共中央	
何道华	男	玳峰村	2022 年 7 月	中共中央	
崔国强	男	玳峰村	2022 年 7 月	中共中央	
何道明	男	玳峰村	2022 年 7 月	中共中央	
何连光	男	锦太村	2022 年 7 月	中共中央	
叶以宏	男	高湖村	2022 年 7 月	中共中央	
叶明枢	男	锦归村	2022 年 7 月	中共中央	
刘旺培	男	旺茂村	2022 年 7 月	中共中央	
吴兰英	女	广福村	2021 年 7 月	中共中央	
黄伍妹	女	广福村	2021 年 7 月	中共中央	
林精忠	男	广福村	2021 年 7 月	中共中央	
林辉诚	男	广福村	2021 年 7 月	中共中央	
林金华	男	广福村	2022 年 7 月	中共中央	
黄火初	男	双寨村	2022 年 7 月	中共中央	
罗水添	女	梅东村	2021 年 7 月	中共中央	
黄　泉	男	梅东村	2021 年 7 月	中共中央	
黄新球	男	梅城村	2022 年 7 月	中共中央	

续表

姓名	性别	籍贯	授予时间	授予部门	备注
叶福荣	男	梅城村	2022 年 7 月	中共中央	
鞠道明	男	梅城村	2021 年 7 月	中共中央	
张才英	女	华城村		中共中央	
张文蔚	男	华城村		中共中央	
周永彬	男	华城村		中共中央	
张才娣	女	华城村		中共中央	
张明杰	男	华城村		中共中央	
杨福星	男	华城村		中共中央	
张捷才	男	华城村		中共中央	
张东强	男	华城村		中共中央	
陈雪林	男	华城村		中共中央	
张慈贤	男	华城村		中共中央	
李梅树	男	华城村		中共中央	
陈元育	男	华城村		中共中央	
张木恒	男	华城村	2022 年 7 月	中共中央	
曾继传	男	华新村	2021 年 7 月	中共中央	
张细畴	男	华新村	2022 年 7 月	中共中央	
张石华	男	葛藤村	2021 年 7 月	中共中央	已故
陈火文	男	葛藤村	2021 年 7 月	中共中央	
廖石明	男	葛藤村	2021 年 7 月	中共中央	
廖明德	男	葛藤村	2021 年 7 月	中共中央	
陈作森	男	葛藤村	2021 年 7 月	中共中央	
廖锦秋	男	葛藤村	2021 年 7 月	中共中央	
陈文明	男	葛藤村	2021 年 7 月	中共中央	
廖永德	男	葛藤村	2022 年 7 月	中共中央	
张甘必	男	儒南村	2021 年 7 月	中共中央	
陈继泉	男	儒南村	2021 年 7 月	中共中央	
陈荣标	男	儒南村	2021 年 7 月	中共中央	
陈松发	男	儒南村	2021 年 7 月	中共中央	
叶春英	女	儒南村	2021 年 7 月	中共中央	
陈冰标	男	儒南村	2021 年 7 月	中共中央	
叶德辉	男	街道社区	2022 年 7 月	中共中央	
袁添娣	女	通衢镇卫生院	2022 年 7 月	中共中央	

表 10-3-15　　通衢籍百岁老人

姓 名	性别	籍贯	生卒年月
曾　全	男	玳瑁村	—2022
叶长娇	女	玳峰村	1914.01—2017
李梅召	女	玳峰村	1922.09—2023
何天娥	女	玳峰村	1915.10—2018
黄云兰	女	高湖村	1910.09—2017
何添英	女	高湖村	1920.01—2023
赖　秋	女	旺茂村	1911.01—2013
刘春招	女	旺茂村	1915.01—2016
叶水兰	女	旺茂村	1922.08—
吴梅英	女	广福村	1914.12—2016
叶仕娥	女	梅东村	1919.09—2020
杨才姐	女	梅东村	1918.02—
黄阿英	女	梅东村	1895—1999
郑添召	女	梅城村	1917.06—2018
黄源泉	男	梅城村	1913.09—2013
叶瑞金	男	寨背村	1914—2014
叶长娣	女	旺宜村	1915.11—2017
黄亚长	女	华城村	1912.10—2016
张兰英	女	华城村	1912—2012
张兰英	女	华城村	1916.02—2019
黄　秀	女	华城村	1919—2019
张友招	女	华城村	1920.01—2022
张秀兰	女	华城村	1921.09—2023
陈坤珍	女	华城村	1922.07—2022
周先右	男	华新村	1911.11—2015
廖亚英	女	华新村	1917.09—2022
曾己姐	女	华新村	1909.09—2013
廖云娇	女	葛藤村	1923.04—
曾长添	女	葛藤村	1923.06—
黄亚美	女	葛藤村	1910—2012

续表

姓 名	性别	籍贯	生卒年月
张三姐	女	儒南村	1910.04—2017
黄修姐	女	儒南村	1910.08—2016
邓梅英	女	儒南村	1922—2022
叶日明	男	通衢社区	1917.08—2018

第二章 故 事

一、故事

1.神灵白马三郎

相传叶姓族人迁居冷水坑不久，就有异姓人入侵。于是，叶姓族人组织村民抵抗，入侵者远远看见一个骑着白马的人立于山头，威风凛凛，便心生惧意悄悄退去，从此再也不敢侵扰。据传，骑白马的人在家中排行第三，故村民称之为“白马三郎”。为感恩白马三郎，村民将每年农历十月初一定为他的诞辰日。从此，每年白马三郎诞辰日，全体村民及外村一些叶姓族人便聚集在一起，为白马三郎举行隆重的庆祝诞辰活动。

2.六舫公食墨

华城三角屋过去有一位名叫六舫公的人，少时读书勤奋，很有文墨。某年七月节，其母亲给他送去一盘粽子、一碟糖，叫他吃粽子。此时六舫公读书正入迷，于是他一边看书一边蘸糖吃粽子，当他不知不觉吃完粽子时，墨汁亦蘸干了！原来他蘸的并不是糖而是墨盘里的墨水，这便是“六舫公食墨”的故事。又一传说，因六舫公文章好，说他有一肚子墨水。

二、传说

1.马纸飞的传说

华城南门口马姓的先祖马珍，原在京城任指挥官，民间叫他马指挥，明初定居田心屯后，乡间讹称其为马纸飞。说马纸飞有一匹纸马，飞行很快，从京城起飞一瞬间就飞到田心屯，到家后只有他老婆知道。不久，其老婆怀孕，家婆骂她：“我儿子不在家，你怎么怀孕的？”其老婆答道：“你儿经常回来，他是骑纸马飞回来的，不用开门，从天井降落，今晚他会飞回来。”母亲也很想见儿子，当晚其儿子真的飞回来了。母亲不想儿子那么快离家，便偷偷将纸马藏起来。一更鸡啼时，马纸飞就要起飞了，却找不到纸马；二更鸡啼了，还找不到纸马；三更鸡啼，才在厨房灶台侧角找到纸马，马纸飞立即起飞，飞到京城时天就亮了。皇帝上朝，马纸飞迟到，皇帝大怒，说以后再迟到，就要杀头。从此，马纸飞再也不敢骑纸马回家了。

2.玳瑁山的传说

玳瑁山（又称大嵋山）南坡有一仙人石庙，源于玄女娘娘（女娲娘娘）补天的神话故事：传说盘古开天地时，水神共工氏和火神祝融氏在不周山大战，共工被祝融打败了，气得用头去撞支撑宇宙世界的支柱（不周山），导致天塌地陷，天河之水倾泻，注入人世间，生灵受灾。玄女娘娘（女娲）不忍心看着生灵蒙受灾难，于是炼石补天，同时捕折万年海神玳瑁（神龟）之足支撑四极，平洪水，杀猛兽，生灵始得繁衍生息。被捕折的神龟化成玳瑁山，小海龟依偎在玳瑁山下，成为小锦龟。锦归（龟）垌（洞）因此而得名。

玄女娘娘为了不让神龟走动，用一块补天用剩下的石头压在神龟的背上，这就是玳瑁山南坡上的仙子石；同时派海龙王清理沟渣、治水，使民间风调雨顺，百姓丰衣足食、安居乐业。玳瑁山下锦归（龟）垌（洞）的叶、曾、何、崔、李、吴等姓氏子民感恩不尽！为了报答玄女娘娘的恩德，在仙人石上修庙祭祀，庙内供奉玄女娘娘和海龙王。后佛家又请来弥勒佛，辅仁百姓，一起祭祀供奉。每年农历九月二十九日，是仙人石庙的圣诞日，当地都会隆重举行祭祀活动。每隔10年，打醮安龙，道士设坛祭神，和尚念经诵佛，说书劝善，搭台唱戏，烧烟花、舞火龙、过火炼，狮龙锣鼓，应有尽有，足足热闹七天八夜。因娘娘是女子，所以叫仙女石庙，庙中祭祀供奉玄女娘娘、海龙王、土地伯公众神，故又称仙人石庙。

随着时代变化，仙人石庙曾经消失，后又被玳瑁山下老百姓修建祭祀，意在劝世人修身、行善、积德，多做好事，造福社会。

编后记

2021年10月，根据时任镇党委书记黄康同志提出编纂《通衢镇志》的建议，通衢镇党委、政府经研究决定，编纂出版《通衢镇志》。遂成立了《通衢镇志》编纂委员会，挑选编辑工作人员组成编辑部。之后，编辑部根据《广东省地方志工作条例》《广东省地方志行文规定》，结合通衢的历史和现状，制订《通衢镇志》编纂计划和编写方案。

2022年4月，志书编辑部组织工作人员开始征集资料。他们先后多次到县档案馆、县博物馆、县统计局等单位搜集、查阅、摘录相关资料和数据；深入实地调查、考证、拍摄，走访了全镇19个村（居）民委员会、镇属相关单位和知名人物后代、民间知情人士；参阅《广东通志》《惠州府志》《龙川县志》等有关典籍和1988年由锦归乡府编纂的《锦归乡志》书稿。编辑人员坚持尊重历史、实事求是的原则，广泛征求意见，反复论证，查漏补缺，共收集、整理资料38万余字。志书初稿编成后，及时送交县史志办审阅。县史志办朱光进主任对志书初稿进行了认真审阅，并提出了许多宝贵的修改意见。

编纂首部《通衢镇志》，是一项内容浩繁、任务艰巨的文化建设工程。编纂工作历时近三年，数易其稿，今志书终于瓜熟蒂落，付梓出版了。值此，向为《通衢镇志》的编纂给予了大力支持的县史志办、县档案馆、县博物馆、县统计局和镇属有关单位、各中小学、各村（居）民委员会、外出乡贤及社会各界人士表示衷心的感谢！

通衢为千年古镇，历经世间沧桑和风云变幻，以致许多文物遗迹和文字资料遗失，许多古迹、名人轶事无法收录，实为遗憾！由于时间久远，资料征集和考证难度大，编纂人员水平有限、经验不足，在志书编纂中难免有漏缺和欠妥之处，谨请广大读者惠鉴和指正。

《通衢镇志》编纂委员会

2024年9月